es 1276

edition suhrkamp

Neue Folge Band 276

Neue Historische Bibliothek
Herausgegeben von Hans-Ulrich Wehler

Der Charakter der Familie ist zwiespältig: Einerseits sozialer Ort natürlicher und naturnaher Prozesse, besitzt sie andrerseits eminent gesellschaftliche Funktionen. Daher ist sie immer Thema politisch-ideologischer Diskurse, an welchen eine »Geschichte der Familie« spezifischen Anteil hat. Eine Rekonstruktion der Geschichte der Familie hat folglich den aktuellen Zusammenhang von privatem Familienleben und gesellschaftlicher Arbeit in seiner historischen Genese zu erklären. In dieser Perspektive skizziert die vorliegende Darstellung die strukturellen und qualitativen Veränderungen, die das Familienleben der Menschen im Übergang von agrarischen, kleingewerblichen und proto-industriellen Produktionsweisen zu Gesellschaften mit massenhafter außerhäuslicher Lohnarbeit erfuhr. Sie zeigt, wie mit der räumlichen und zeitlichen Trennung von Erwerbsarbeit und Familienleben die Notwendigkeit entstand, in den »privatisierten« Familien die Voraussetzungen für vergesellschaftete Arbeit zu schaffen. Dabei wird deutlich, daß sich die Familie im Zuge dieser Dissoziation von Erwerbsarbeit und Reproduktion zwar einer direkten Bestimmung durch die Logik der Produktion entzog, einer indirekten Bestimmung aber unterworfen blieb. In diesem Prozeß erlangte die Familie als Instrument zur Bedürfnissteuerung der Konsumenten wachsende Bedeutung. Zudem wurde sie mit der Herausbildung staatlicher und kommunaler Wohlfahrt Adressat sozialpolitischer, fürsorgerischer und pädagogischer Interventionen, um den gesellschaftlichen Zweck der »privaten« Familie sicherzustellen.
Reinhard Sieder arbeitet am Institut für Wirtschafts- und Sozialgeschichte der Universität Wien.

Reinhard Sieder
Sozialgeschichte der Familie

Suhrkamp

edition suhrkamp 1276
Neue Folge Band 276
Erste Auflage 1987
© Suhrkamp Verlag Frankfurt am Main 1987
Erstausgabe
Alle Rechte vorbehalten, insbesondere das der Übersetzung,
des öffentlichen Vortrags
sowie der Übertragung durch Rundfunk und Fernsehen,
auch einzelner Teile.
Satz: Hümmer, Waldbüttelbrunn
Druck: Nomos Verlagsgesellschaft, Baden-Baden
Umschlagentwurf: Willy Fleckhaus
Printed in Germany

3 4 5 6 – 92 91

Inhalt

Für Magdalena, Stefan, Cathérine und Daniel

Vorbemerkung

Rund fünfzehn Jahre nach der Aufnahme intensiver Forschungen in west- und mitteleuropäischen Ländern zur Geschichte der Familie erscheint es angemessen, einen Überblick über die Ergebnisse der oft schwer zugänglichen Spezialliteratur zu versuchen – einen Überblick, der nicht nur empirisches Wissen aneinanderreiht, sondern auch eine historische Synthese bietet. Durch diese Synthese sollen neue Einsichten vermittelt oder zumindest der Blick auf die großen Entwicklungslinien gelenkt werden, wenn auch ein solcher Versuch weder Originalität im Detail noch die »Tiefenschärfe« monographischer Studien erreichen kann.

Als Beginn des hier behandelten Zeitraums wurde das späte 18. Jahrhundert gewählt. Eine Fülle von Indizien weist darauf hin, daß in dieser Phase der west- und mitteleuropäischen Geschichte entscheidende Weichen gestellt wurden: Die korporativen Züge des »alten Handwerks« begannen zu verfallen; durch die Verbreitung der Heimindustrie auf dem Land entstand eine Übergangsform der Familie zwischen dem kleinbäuerlichen und dem industrieproletarischen Typus; in den Städten trugen Handel, Geldwesen und Manufaktur sowie vor allem die Expansion der akademischen Intelligenz zur Herausbildung der »bürgerlichen Familie« bei. Damit ist schon angedeutet, daß der Aufbau des Bandes vor allem an der historischen Entwicklung der Produktionsweisen orientiert ist, aus denen die Spezifika des Familienlebens der sozialen Klassen resultieren. Von der bäuerlichen Familie führt die Darstellung zu den Familien der Heimarbeiter auf dem Land, zu den Familien des »alten Handwerks« sowie des Bürgertums und schließt nach einer Skizze der Entstehung städtisch-proletarischer Familien mit den Entwicklungstendenzen der lohnabhängigen Familien bis in die Gegenwart.

Eine gleichermaßen intensive Behandlung aller genannten Familienformen ist aufgrund der Forschungslage nicht möglich. Das Schwergewicht der bisherigen Forschung liegt eindeutig auf der bäuerlichen, der proto-industriellen und der industrieproletarischen Familie. Dagegen fehlt es an detaillierten Studien zur »bürgerlichen Familie«. Ein weiteres Ungleichgewicht der Darstellung ergibt sich aus der Konzentration der bisherigen historischen Forschung auf das 18. und 19. Jahrhundert. Die Entwicklung seit dem Ersten Weltkrieg kann daher nur verhältnismäßig kursorisch behandelt werden. Von den unzähligen Fragen, die sich im Rahmen einer Geschichte der Familie stellen lassen, sollen hier die folgenden im Mittelpunkt stehen: Wie hängen Ökonomie und Familie im Prinzip zusammen? Wie verlief der Übergang von der vorindustriellen zur industriellen Familie? Welche Regulative und Kontrollinstanzen traten an die Stelle der hauswirtschaftlichen Produktion, als die »produktive« Arbeit in die von den Familien getrennten Werkstätten und Fabriken, in die Kontore und Kanzleien »auswanderte«? Löste sich die Familie damit von den Zwängen der Ökonomie, wie das häufig behauptet und mit den Schlagworten von der »Funktionsentlastung«, von der »Privatisierung« und »Intimisierung« der Familie bezeichnet wurde? Oder war es nicht vielmehr so, daß durch die zeitliche und räumliche Trennung von Erwerbsarbeit und Familienleben die Notwendigkeit entstand, in den privatisierten Familien die Voraussetzungen für vergesellschaftete Arbeit zu schaffen? Welche Rolle spielten dabei der entstehende Sozialstaat, die staatliche und kommunale »Familienfürsorge«, die Pädagogik und Justiz? Wie reagierte schließlich die moderne Familie des 20. Jahrhunderts auf ökonomische Krisen und die Katastrophen der beiden Weltkriege? Wie verlief die Herausbildung des »bürgerlichen Individuums« im Verhältnis zu den Zwängen der Familie? Wie diversifizierte sich der Patriarchalismus des »ganzen Hauses«, als die hauswirtschaftliche Grundlage entfiel und die erwerbstätigen Familienmitglieder zu außerhalb des Hauses arbeitenden Lohnempfängern wurden?

Solche und ähnliche Fragen zu beantworten erfordert zwar möglichst detailliertes empirisches Wissen. Ein Versuch, die regionalen Variationen annähernd vollständig aufzulisten, könnte jedoch leicht den Blick auf die wesentlichen Zusammenhänge verstellen. Hier soll deshalb ein exemplarischer Umgang mit der verfügbaren regionalen und lokalen Forschung versuct werden. Es werden jeweils jene Beispiele ausgewählt, die einen grundlegenden Zusammenhang besonders gut verdeutlichen können. Eine ahistorische Statik, in die typisierende Verfahrensweisen leicht verfallen, soll vermieden werden. Prozessen des Wandels wird unsere Aufmerksamkeit ebenso zu gelten haben wie den synchronen Differenzen zwischen sozialen Klassen und Schichten und zwischen den Kulturräumen West- und Mitteleuropas. Die Familie soll nicht aus ihrem soziopolitischen und ökonomischen Kontext herausgelöst werden. Dies wird knappe Exkurse zu historischen Produktionsweisen notwendig machen. Die Familie wird nicht als eine »Welt für sich« verstanden, sondern als ein sozialer Mikrokosmos, in dem sich die gesellschaftlichen Verhältnisse spiegeln und in dem die Menschen leben und arbeiten, im Sinne der jeweiligen Gesellschaft sozialisiert werden und selber ihre Nachkommen sozialisieren. Insofern wird sich die Geschichte der Familie als ein Thema erweisen, das dem Leser Einblick in grundlegende historisch-gesellschaftliche Prozesse verschafft.

Ein Überblick wie der hier vorgelegte kann nur gegeben werden, weil zahlreiche Sozialhistoriker, Demographen, Soziologen, Ethnologen und Anthropologen mühevolle Forschungsarbeit geleistet haben. Ich habe versucht, diesem Umstand in den Anmerkungen Rechnung zu tragen. Eine erschöpfende Auflistung der Fachliteratur ist an dieser Stelle jedoch nicht möglich. Sollte ich manchen Autor zwar rezipiert, das aber nicht hinreichend ausgewiesen haben, bitte ich um Nachsicht. Peter Feldbauer, Josef Ehmer, Christian Gerbel, Alex Mejstrik und Wolfgang Tischler haben einzelne Kapitel, Michael Mitterauer hat das gesamte Manuskript gelesen und kritisch kommentiert. Florian und Markus Freund haben mich bei der technischen Herstellung des Manuskripts unterstützt. Ihnen allen möchte ich herzlich danken.

Wien, im Juni 1986   *Reinhard Sieder*

I. Die bäuerliche Familie

Die bäuerliche Familie ist seit langem ein bevorzugter Gegenstand verschiedener Wissenschaften, insbesondere einer hauptsächlich auf das Land blickenden Volkskunde, der agrarsoziologischen und agrarhistorischen Forschung sowie eines großen Teils der seit den sechziger Jahren begonnenen sozialhistorischen Untersuchungen zum Wandel der Familie. Wie kaum ein anderer Familientypus ist die bäuerliche Familie immer wieder Projektionsfläche rückwärtsgewandter Gesellschaftskritik gewesen. Landläufige Vorstellungen von der »bäuerlichen Familie« sind nicht frei von Romantisierung und Idealisierung. Die Bauernfamilie ist seit dem »Industrialisierungsschock« des 19. Jahrhunderts ein fester Bestandteil der zivilisationskritischen Diskussion. Offenbar verdankt sie ihre Beliebtheit bei Autoren unterschiedlicher ideologischer Orientierung ihrer besonderen »Geschlossenheit«, vereint sie doch über weite Strecken ihrer Geschichte Arbeiten und Feiern, Wirtschaften und kulturelles Leben. So erscheint sie als ein überschaubarer Mikrokosmos, der nicht zuletzt deshalb geeignet ist, die Sehnsucht des modernen, arbeitsteilig und entfremdet arbeitenden Menschen nach einem ganzheitlichen Arbeits- und Lebensstil auf sich zu ziehen. Daß im Laufe der letzten hundert Jahre ein Geflecht von Stereotypen und Klischees über die bäuerliche Familie und das bäuerliche Dorfleben entstanden ist, hatte freilich nicht immer harmlose Folgen. Das Klischee vom bäuerlich-dörflichen Leben, welches – wie man vorgab – keine Klassenkonflikte kannte, diente den Nationalsozialisten als Mikrokosmos der »deutschen Volksgemeinschaft«. Infolge weithin fehlender historisch-soziologischer Kenntnisse von der Realität bäuerlichen und dörflichen Lebens war das Stereotyp der »bäuerlichen Dorfgesellschaft« vorzüglich geeignet, mit Hilfe »germanischer« Mythen und »bäuerlicher« Folklore als die Wiege »deutscher Rasse und deutschen Blutes« propagandistisch genutzt zu werden. (Dies wieder erzeugte den zählebigen Nachkriegsmythos, die deutschen und österreichischen Bauern hätten dem Nationalsozialismus eine Massenbasis auf dem Land verschafft.)[1]

Im folgenden soll versucht werden, einen Überblick über die Entwicklung der bäuerlichen Familie seit dem Ende des 18. Jahrhun-

derts zu bieten. Die zugrundeliegenden historischen und volks-
kundlichen Untersuchungen zeigen eine deutlche Bipolarität: Sie
konzentrieren sich einerseits auf die soziale Struktur bäuerlicher
Haushalte (hierzu zählt die Mehrzahl der Arbeiten aus der historischen Familienforschung), andrerseits auf qualitative Aspekte des
bäuerlichen Arbeitens und Lebens mit deutlichem Schwerpunkt
auf der »materiellen Kultur« der bäuerlichen Arbeitswelt (hierzu
sind vor allem volkskundliche, kulturwissenschaftliche und heimatkundliche Arbeiten zu rechnen). Eine Überblicksstudie, wie
sie hier versucht wird, leidet naturgemäß an dieser Polarität des
Forschungsfeldes, aber auch an der regionalen und lokalen Bor-
niertheit vieler Einzelstudien, die sich nur mit großen Schwierigkeiten zu einem Überblick zusammenfügen lassen.

Die Darstellung nimmt von einer knappen theoretischen Skizze
der bäuerlichen Hauswirtschaft und ihrer sozioökonomischen Besonderheiten ihren Ausgang. Dabei interessiert vor allem, welche
gestaltende Kraft der bäuerlichen Ökonomie für die Familien zukam. Das kann nur im Vergleich zu »unterbäuerlichen« Lebensverhältnissen geschehen. Im weiteren ist die Frage, welche Strategien
der Existenzsicherung aus den Bedingungen boden- und viehwirt-
schaftlicher Arbeit resultierten: Heiratsverhalten, Vererbungsge-
wohnheiten, geschlechtsspezifische Arbeitsteilung usw. werden als
die historisch wandelbaren, teils herrschaftlich bestimmten, teils
kollektiv regulierten »Antworten« der Land- und Viehwirtschaft
betreibenden Menschen auf die von ihnen vorgefundenen Möglichkeiten bäuerlicher Existenzweise gesehen; darüber hinaus interessiert, welche Prädispositionen des Menschen aus der bäuerlichen
Lebensweise entstanden und wie sie sich in habituellen Formen[2]
spezifisch bäuerlichen Ehe- und Familienlebens niederschlugen.
Aus dem Umstand, daß die west- und mitteleuropäischen Gesellschaften des 18. und 19. Jahrhunderts in ganz überwiegendem
Maße bäuerliche oder von bäuerlicher Lebensweise dominierte Gesellschaften waren und sich nur eine Minderheit der Bevölkerung
im sekundären und tertiären Sektor befand, ergibt sich, daß dieses
erste Kapitel zugleich die Folie bildet, vor der die weiteren Kapitel
gelesen werden müssen. Die Phänomene des Wandels und der Differenzierung des Familienlebens, die im Kontext von Urbanisierung und Industrialisierung zu beschreiben sind, sind wesentlich Phänomene der Transformation und der sukzessiven »Überwindung«
bäuerlicher Familienformen und bäuerlichen Familiendenkens.

1. Zur Schichtung ländlicher Gesellschaften

In den Phasen starken Bevölkerungswachstums (vor allem im Hohen Mittelalter, im 16. und 18. Jahrhundert) hielt das Wachstum der Wirtschaft nicht mit der Vermehrung der Bevölkerung Schritt. Das hatte zur Folge, daß nach der Erschöpfung der »guten Böden« auch »Grenzböden« unter den Pflug genommen werden mußten. Während es in Gegenden mit freier Teilung bäuerlichen Besitzes unter den erbenden Kindern *(Realteilung)* zur Besitzzersplitterung kam, bildete sich in Gegenden, in denen nur jeweils eines der Bauernkinder zum Erben der Landwirtschaft bestimmt wurde *(Anerbenrecht)*[3], eine breite »unterbäuerliche« Bevölkerungsschicht. Die immer wieder schubartig erfolgende Vermehrung der nicht-bäuerlichen Bevölkerung führte zur fortschreitenden Binnendifferenzierung der dörflich-ländlichen Gesellschaften. Vor allem in jenen west- und mitteleuropäischen Regionen, in welchen die bäuerlichen Besitzgrößen sehr stark differierten und es zur Herausbildung unterbäuerlicher Bevölkerungsgruppen *(Häusler, Inwohner, Heimarbeiter)* kam, waren die Besitzklassen zugleich deutlich markierte Heiratskreise. Die erbenden Bauernkinder heirateten weitgehend unter sich *(soziale Endogamie)*.[4] Da jedoch immer wieder nicht-erbende Bauernkinder *(weichende Erben)* in unterbäuerliche Schichten abstiegen und eventuell – meist durch eine entsprechende Heirat – auch wieder in die Schicht der Bauern aufsteigen konnten, stellte sich die ökonomische Schichtung der dörflichen Gesellschaften zwar als ziemlich statisch und stabil, die soziale Schichtung jedoch als relativ »durchlässig« dar. Sie war um so »durchlässiger«, je stärker das in ländlichen Gesellschaften primäre Schichtungsmerkmal des Grundbesitzes durch andere Einkommensquellen ergänz- oder ersetzbar wurde. Während etwa Kleinbauern nach der Einführung eines heimindustriellen Nebengewerbes zur Schicht der »Besitzenden« des Dorfes gezählt wurden, solange sie den Mangel an landwirtschaftlichen Erträgen durch das Einkommen aus einem proto-industriellen Gewerbe (s. Kap. II.) kompensieren konnten, sanken sie in der Phase der Reagrarisierung vieler Landgebiete in die dörfliche Schicht der Landarmen ab. Schließlich liefen verwandtschaftliche Bindungen, die durchaus von sozialer und materieller Bedeutung (für die Rekrutierung von Dienstboten, die Versorgung von Kranken und Alten usw.) sein konnten, quer über sozioökonomische Schichtgrenzen hinweg;

dies galt insbesondere in Anerbengebieten, in denen die Kinder einer Bauernfamilie sehr ungleich beerbt wurden. Nicht zuletzt dieser – bislang unzureichend erforschten – Dynamik[5] ist die eminente Bedeutung des bäuerlichen Familienlebens als hegemonialem Lebenskonzept zu verdanken, an dem sich auch unterbäuerliche Bevölkerungsteile orientierten.

Damit ist schon angedeutet, daß die dörfliche Gesellschaft des 18. und 19. Jahrhunderts keineswegs mehr als »closed peasant society« gedacht werden darf. Ihre sozialen Strukturen unterlagen einem sich beschleunigenden historischen Wandel. Da die *Binnenkolonisation* z. B. der Donau- und Alpenländer im 18. Jahrhundert kaum mehr zur Anlage neuer Bauerngüter führte, bedeutete das Wachstum der Bevölkerung bei einer etwa gleichbleibenden Zahl der Höfe in erster Linie eine Zunahme der unterbäuerlichen Schichten.[6] Entgegen den verbreiteten Klischees von der bäuerlichen Gesellschaft bildeten die *Landarmen* und *Landlosen* in vielen west- und mitteleuropäischen Regionen schon seit der ersten Hälfte des 18. Jahrhunderts einen großen Teil der Bevölkerung auf dem Lande.[7] Die sog. »Bauernbefreiung« trug ebenfalls zur Vermehrung der unterbäuerlichen Bevölkerung bei. Während sich etwa in Preußen die ländliche Bevölkerung um 1800 noch zu je einem Drittel aus voll-, klein- und unterbäuerlichen Schichten zusammensetzte, wuchs die Zahl der unterbäuerlichen Bevölkerung in der ersten Hälfte des 19. Jahrhunderts außerordentlich an. Um die Jahrhundertmitte machte der Anteil der landlosen Personen schon ein Drittel der Gesamtbevölkerung Preußens aus.[8] Für Österreich sind ähnliche Zahlenverhältnisse anzunehmen.[9]

Neben den *Kleinbauern* (regionale Bezeichnungen lauten u. a. »haricotiers«, Söldner, Kötter, Gärtner), die in begrenztem Umfang Boden- und Viehwirtschaft betrieben, lebten die Häusler (»cottagers«, »manouvriers«, Hüttler, Keuschler, Brinksitzer, Büdner), die ein kleines Haus und ein kleines Stück Land besaßen, das für eine Kuh, ein paar Ziegen, Schafe und diverses Kleinvieh das Futter abgab. Unterhalb der landbesitzenden und landarmen Bevölkerungsschichten standen die gänzlich besitzlosen Inwohner (Heuerlinge, Herbergsleute, Ingehäusen, Anlieger, Instleute), die – in ihrem Status tief unter den Bauern und auch unter den Häuslern stehend – in hausrechtlicher Abhängigkeit auf den Höfen (oft in Nebengebäuden) oder in den Häusern der Häusler wohnten, sich vom Taglohn oder von einem Handwerk ernährten und höchstens einen Streifen Acker pachten konnten, um Kartoffeln oder Flachs anzubauen. Ähnlich wie sich die Landbevölkerung im Verlauf der Neuzeit in bäuerliche und nichtbäuerliche Schichten differenzierte, bildeten sich innerhalb der Bauernschaft großbäuerliche Gruppen heraus, die sich in Wirtschaftsweise und Lebensstil zunehmend von den mittleren Bauern und den Kleinbauern unterschieden. »Bäuerliches Leben« war daher nach Regionen und Landschaften äußerst vielgestaltig. Bodenwirtschaft oder Viehzucht, Freiteilbarkeit oder Anerbenrecht, Einzelhofgebiet oder Dorfsiedlung, groß- und mittelbäuerliche Wirtschaft oder Kleinbauerntum, durch Gesinde erweiterte Familienwirtschaft oder gesindelose Bauernfamilie – das sind nur die wichtigsten Kriterien, nach welchen sich »bäuerliches Familienleben« differenzierte.

Klein- und Kleinstwirtschaften finden sich – mit zahlreichen Ausnahmen – in Gebieten mit Realteilung. Hier konnte es dazu kommen, daß es infolge starker Besitzzersplitterung bald keine »Vollbauern« mehr gab.[10] Mittleren und größeren Bauernhöfen begegnet man vor allem in Gebieten mit Anerbenrecht. Während in den Gebieten mit gutsherrlicher Eigenwirtschaft (z. B. in den ostelbischen Gebieten und in Schlesien) Betriebe mit über 200 Hektar bewirtschafteter Bodenfläche typisch waren, existierten große Höfe von Grundherren vorwiegend im südlichen Deutschland. (Gutswirtschaften und große grundherrliche Betriebe werden im folgenden nicht weiter behandelt, da sie im historisch-soziologischen Sinn nicht sinnvoll zur »Bauernfamilie« gerechnet werden können.) Bäuerliche Wirtschaften mit einer Betriebsgröße zwischen 20 und 200 Hektar gab es in Hannover, Westfalen, Oldenburg, Schleswig-Holstein, Braunschweig, im südlichen und östlichen Bayern, im Schwarzwald, in Teilen Hessens und Thüringens, in Österreich vor allem im ostalpinen Raum (um Liezen, Bruck, Leoben) sowie im Salzburger Pinzgau. Die mittleren und kleineren bäuerlichen Wirtschaften mit einer Grundgröße unter 20 Hektar dominierten im restlichen Süddeutschland und in Westdeutschland, in Österreich im Weinviertel, im oberösterreichischen Mühlviertel und in Vorarlberg. Bemerkenswert ist, daß Besitzgröße und Güte des Bodens bzw. des Klimas keineswegs immer positiv korrelieren. So finden sich z. B. in den fruchtbaren Landschaften des Main- und des Rheintales mit intensiver Bodenwirtschaft (Gemüse und Weinbau) oder in den klimatisch begünstigten Landschaften der Südsteiermark und des Burgenlandes (ebenfalls Weinbau und

Gemüse) infolge starker Besitzzersplitterung nur geringe Besitzgrößen.[11]

2. Zur Ökonomie bäuerlicher Hauswirtschaft

Der bäuerliche Wirtschaftsbetrieb ist zunächst durch die Einheit
von Produktion, Konsumtion und Familienleben charakterisiert.
Mann, Frau und Kinder sowie Verwandte (vor allem Geschwister
und Eltern des Bauernpaares) lebten und arbeiteten auf dem Hof.
Kaum eine andere Produktionsweise erforderte in so hohem Maß
eine »familienhafte«, d.h. eine auf komplementären und geschlechtsspezifischen Rollen von Mann, Frau und Kindern auf-
gebaute Organisation der Arbeit. Über weite Strecken ihrer Geschichte fand jedoch die bäuerliche Wirtschaft Europas mit den
Arbeitskräften der Eltern-Kindergruppe kein Auskommen. Idealtypisch können drei Formen ihrer Ergänzung durch weitere Arbeitskräfte unterschieden werden: die Bildung sehr komplexer Familienformen, die mehrere Eltern-Kindergruppen und daher eine
größere Anzahl von Arbeitskräften umschlossen (vor allem in zen-
tralrussischen und südosteuropäischen Gebieten); die Ergänzung
durch lediges *Gesinde*, das in den bäuerlichen Haushalt sozial und
hausrechtlich integriert und deshalb weithin zur »bäuerlichen Familie« gerechnet wurde (typisch für große Teile Deutschlands,
Österreichs, der Schweiz und Frankreichs), sowie durch *Taglöhner,*
die außerhalb des Bauernhauses lebten, selber eigenständige Haushalte bildeten und deshalb nicht zur Bauernfamilie gezählt werden
(typisch für norddeutsche und ostelbische, ungarische, norditalie-
nische oder französische Regionen).[12] Hier wird von der mitteleuropäischen bäuerlichen Familie die Rede sein, die sowohl durch
häusliches Gesinde als auch durch Taglöhner ergänzt wurde.
  Die bäuerliche Familie wurde also durch den Personenverband
aller Mitglieder der bäuerlichen Wirtschaft gebildet. Für die Zugehörigkeit zur bäuerlichen Familie spielte es eine nachgeordnete
Rolle, wer mit dem Bauernpaar blutsverwandt war und wer nicht.
Genealogische Beziehungen wurden immer nur dann relevant,
wenn sie mit sozialfunktionaler Bedeutung ausgefüllt wurden[13];
dabei überlagerte die sozialfunktionale Rolle einer Person im Bauernhaus oft ihre verwandtschaftliche Stellung. Das stand in der alteuropäischen Tradition des »ganzen Hauses«[14], die bis in die Frühe

Neuzeit keinen Begriff für die genealogische Familie gekannt und sie etwa mit der Formulierung »mit Weib und Kind« umschrieben hatte.[15] Die genealogische Eltern-Kinder-Gruppe bildete den Kern der bäuerlichen Hausgemeinschaft[16], aus dem sich die Reproduktion der Arbeitskräfte, die Führung der Hauswirtschaft sowie die Ergänzung durch zusätzliche Arbeitskräfte maßgeblich bestimmte.[17] Neben der Erweiterung des genealogischen Kerns durch zusätzliche, verwandte oder nichtverwandte Arbeitskräfte spielte auch die Aufnahme von Personen aus Versorgungsgründen eine Rolle.

Bis ins 19. Jahrhundert produzierte die Mehrzahl der bäuerlichen Hauswirtschaften hauptsächlich für den Eigenbedarf. Nur geringe Überschüsse ihrer landwirtschaftlichen Produkte wurden getauscht oder gegen Geld auf den Markt gebracht. In den von landwirtschaftlicher Arbeit freien Zeiten stellten die Bauernfamilien die benötigten Werkzeuge, Stoffe und Kleidungsstücke selber her. Im Herbst wurden Hanf, Flachs und Wolle zum Spinnen vorbereitet, während der Wintermonate wurde von den Frauen gesponnen, die Männer webten Leinen, verarbeiteten Schaf- und andere Tierhäute zu Schuhen, Schilf und Weiden zu Körben, fertigten Rechen und Gabeln aus Holz, töpferten das benötigte Geschirr: »So bildete das Bauernhaus eigentlich eine Werkstätte der verschiedensten Gewerbe.«[18] Die bäuerliche Wirtschaft war bis in das 19. Jahrhundert nicht auf Gewinn ausgerichtet, sondern auf die Sicherung der eigenen Existenz. Ihre Arbeit mußte die Familie ernähren; die Frage, inwieweit Arbeitsaufwand und Ertrag dabei in einem »rentablen« Verhältnis zueinander standen, war irrelevant: Die bäuerliche Familie bildete in weiten Teilen West- und Mitteleuropas eine vorkapitalistische *Subsistenzökonomie*. In abgelegenen Regionen hielt sich eine fast autarke Bauernwirtschaft, die nur wenige Produkte zwischen Nachbarn tauschte und über den lokalen Markt bezog, bis ins 20. Jahrhundert. So war bei Tiroler Bergbauern noch nach dem Zweiten Weltkrieg eine weitgehende Selbstversorgung festzustellen. Nur wenige Produkte wurden hinzugekauft, darunter vor allem Salz, Eisen- und Hafnerwaren. Bargeldlos wurden zwischen benachbarten Bergbauern Arbeitsgeräte (Körbe, Schlitten, Holzschuhe), auf deren Herstellung einzelne Bauern spezialisiert waren, ausgetauscht. Diverse Arbeitsvorgänge zogen die Errichtung spezieller Nebengebäude des Hofes: der Mühle, des Backhauses, der Dörre, nach sich.

Seit dem ausgehenden 18. Jahrhundert verbesserte sich die bäuerliche Produktionsweise so sehr, daß ein ständig wachsender Teil der Bevölkerung aus der landwirtschaftlichen Produktion freigesetzt und über die Märkte versorgt werden konnte. Die Aufgabe der *Brache* führte zu intensiviertem Ackerbau, der Anbau von Hackfrüchten (vor allem der Kartoffel), der Übergang zur Stallfütterung und – in einer späteren Phase – die beginnende Mechanisierung erhöhten den Ertrag der Landwirtschaft. Dieser Prozeß, der häufig als *Agrarrevolution* bezeichnet wird[19], bildete eine Voraussetzung für die umwälzenden Prozesse der Urbanisierung und der Industrialisierung in den letzten 200 Jahren. Erst mit der enormen Steigerung der landwirtschaftlichen Produktion und ihrer wachsenden Produktivität im 19. und 20. Jahrhundert ging der Anteil der bäuerlichen Bevölkerung dramatisch zurück. Waren vom Hochmittelalter bis ins ausgehende 18. Jahrhundert ziemlich gleichbleibend etwa 80% der west- und mitteleuropäischen Bevölkerung in der Landwirtschaft beschäftigt, waren es um 1900 nur noch etwa 40%. 1970 waren in den west- und mitteleuropäischen Ländern nur noch etwa 10% in der Landwirtschaft tätig.[20]

Gegen Ende des 19. Jahrhunderts wurden auf den Bauernhöfen immer mehr Dienstboten durch Familienmitglieder ersetzt. Die bäuerliche Familie reduzierte sich auf ihren genealogischen Kern und glich sich zumindest in ihrer Zusammensetzung dem »bürgerlichen Familienmodell« an. An die Stelle der Hausgemeinschaft, die auch Gesinde und Inwohner umfaßte, trat immer häufiger die bluts- und heiratsverwandte Eltern-Kinder-Gruppe, mit steigender Lebenserwartung immer öfter unter Einschluß der Großeltern oder eines verwitweten Großelternteils. Dieser Trend setzte sich im 20. Jahrhundert weiter fort. Die bäuerliche Familie durchlief einen Prozeß der *Privatisierung*.

Das Familienleben der bäuerlichen Bevölkerung, die Spezifika bäuerlicher Ehe- und Familienbeziehungen sind nur aus der Kenntnis der bäuerlichen Produktionsverhältnisse und ihrer Komponenten zu verstehen. Deshalb sollen die wichtigsten Formen der bäuerlichen Wirtschaft, die an die je gegebenen naturräumlichen Bedingungen gebunden waren, in ihren Auswirkungen auf das Familienleben untersucht werden.

Ackerbau und Viehzucht bildeten zwei unterschiedliche, wenn auch meist kombinierte Wirtschaftsweisen. Bis zur Erfindung und verbreiteten Anwendung des Kunstdüngers war eine Entkoppelung von Ackerbau und Viehzucht nicht möglich, da die tierischen Fäkalien zur Düngung des Bodens benötigt wurden. Wenn im folgenden von Ackerbau- und Viehzuchtregionen die Rede ist, ist damit nur ein jeweiliges Übergewicht der einen oder anderen Wirtschaftsform gemeint.

Für den Ackerbau als im höchsten Maße naturbestimmter Wirtschaftsform war die Einbindung der Arbeit und des Feierabends in den Rhythmus der Jahreszeiten kennzeichnend. Daraus folgte die saisonal schwankende Arbeitsintensität und der saisonal unterschiedlich hohe Bedarf an Arbeitskräften. Unter den Bedingungen der reinen *Familienwirtschaft* (der bäuerlichen Familie ohne Lohnarbeiter) wurde diese Bedarfsschwankung durch die Verlagerung der Beschäftigung auf sekundäre Arbeiten (Reparatur und Herstellung von Arbeitsgeräten, Herstellung von Rohstoffen und Gebrauchsgegenständen im Rahmen der autarken Hauswirtschaft) während der landwirtschaftlich »toten Saison« kompensiert.[21] Bei zunehmender Marktverflechtung und Monetarisierung traten die Phänomene der saisonalen Arbeitslosigkeit von Taglöhnern und des saisonalen Wechsels eines Teils der bäuerlichen Bevölkerung von der Landwirtschaft zu anderen Erwerbszweigen oder die saisonale Wanderung »überzähliger« Personen (oft auch der Bauernkinder)[22] von wenig ertragreichen Regionen in florierende Landwirtschaftsgebiete immer häufiger auf.

Vor allem zwei Arbeitsgänge in der Produktionsweise der Landwirtschaft konnten zumindest auf größeren Höfen nicht ohne zusätzliche Arbeitskräfte bewältigt werden: das Dreschen und die Getreideernte. Schnitter und Drescher waren daher die am häufigsten beschäftigten ländlichen Lohnarbeiter. Die Einführung neuer Anbautechniken, neuer Fruchtfolgen und neuer Feldfrüchte wie der Kartoffel führten zu saisonalen Arbeitsspitzen, die nur durch die Aufnahme zusätzlicher Arbeitskräfte, z. B. zur Kartoffelernte, bewältigt werden konnten. In Regionen mit großen Bauernhöfen führte der Bedarf an Arbeitskräften in der Erntezeit zu umfangreichen Saisonwanderungen. So wanderten z. B. Schnitter und Drescher aus Böhmen, Mähren und Schlesien bis in die Flachlandregionen Niederösterreichs zur Getreideernte.[23] In den meisten Anbaugebieten mußte aber mit dem regionalen Arbeitskräftepotential ein Auskommen gefunden werden. Hier wurden die Angehörigen der unterbäuerlichen Schichten des Ortes bzw. der Region im Taglohn als Erntearbeiter eingestellt. Während in Ackerbauregionen mit dörflicher Siedlungsstruktur die unterbäuerlichen Schichten überwiegend in eigenen kleinen Häusern wohnten (Häusler), lebten sie in Streusiedlungs- und Einzelhofgebieten in den Bauernhäusern oder in den Nebengebäuden der großen Höfe (Inwohner). Der Bauer ließ sie hier wohnen und verlangte anstelle einer Miete ihre Mitarbeit bei der Ernte und oft auch zu anderen Zeiten des Jahres. Häufig lebten mehrere Inwohnerfamilien in Nebengebäuden des Hofes, die z.B. als »Inhäuser«, »Backhäuser« (Oberösterreich), »Badstuben« (Kärnten) bezeichnet wurden. Wenn der Hof nicht gerade ein Altbauernpaar oder einen verwitweten Elternteil zu beherbergen hatte, wurden Inwohner auch in die für die Altenteiler vorgesehene Stube oder in das in reicheren Gegenden neben dem Bauernhaus errichtete Altenteilerhaus einquartiert (s. Kap. I.8.).

Die bäuerliche Familie stand mithin in vielen Gebieten mit unterbäuerlichen Familien (Inwohner- und Häuslerfamilien) in einem wechselseitigen Abhängigkeitsverhältnis. Da die Zahl der während der Arbeitsspitzen benötigten Arbeitskräfte oft höher war als die Zahl der in das Bauernhaus dauerhaft integrierbaren Arbeitskräfte, bildete sich vielfach ein System der innerdörflichen Koexistenz von Bauern- und Inwohnerfamilien bzw. Häuslerfamilien aus, das den regionalen Gesellschaften eine deutliche soziale Zweiteilung, aber auch – über das Bauernhaus und seine Bewohner hinausgreifende – *paternalistische Züge* verlieh.

In den letzten Jahrzehnten des 19. Jahrhunderts gerieten viele mitteleuropäische Bauern unter den Konkurrenzdruck der agrarischen Großbetriebe, z.B. des ostelbischen und ungarischen Raumes, die die Mechanisierung der Landwirtschaft aufgrund hohen Kapitaleinsatzes (für Erntemaschinen, Transportmittel) und großer Wirtschaftsflächen ungleich schneller vorantreiben konnten als die familienwirtschaftlich organisierten Bauern. Mit der Verbesserung der Transportmöglichkeiten für Massengüter durch die Entwicklung der Seeschiffahrt und der Eisenbahnen erwuchs den mitteleuropäischen Bauern auch in den amerikanischen, kanadischen und australischen Getreidefarmen eine mächtige Konkurrenz. Eine weitere Spezialisierung der Bauernwirtschaften war die Folge.

Ein große Teile der Welt umfassendes Netz des Getreidehandels veränderte die Produktions- und Absatzbedingungen für die Produzenten. Staatliche *Agrarpolitik* (Schutzzölle, Preisstützungen, Anbauordnungen) griff immer stärker in die bäuerliche Wirtschaftsweise ein. Bäuerliche Genossenschaften sollten die notwendige Mechanisierung der bäuerlichen Wirtschaften und den Absatz agrarischer Produkte erleichtern, um gegen die Konkurrenz der »industrialisierten« Landwirtschaft zu bestehen. Die Ideologie des »freien Bauerntums« geriet in wachsenden Widerspruch zur wirtschaftlichen Realität. Zugleich behinderte die Tradition der selbständigen bäuerlichen Wirtschaft genossenschaftliche Kooperation. Die wachsende Marktverflechtung vollzog sich bei völlig verschiedenen naturräumlichen Voraussetzungen. Dies führte zu einer weiteren Diversifikation bäuerlichen Wirtschaftens und Lebens: Die sozialen, kulturellen und materiellen Differenzen zwischen Bauernfamilien mit unterschiedlichem Besitz und in unterschiedlichen ökologischen Lagen verschärften sich.

2.2. Viehwirtschaft

Schon im Hochmittelalter spezialisierten sich Bauern in bestimmten Regionen Mitteleuropas auf die Viehhaltung und die Verwertung tierischer Produkte. Auf sog. »Schwaighöfen« wurde die Viehzucht intensiviert und – damit verbunden – die Käseproduktion entwickelt. Im Unterschied zur Bodenwirtschaft war die Arbeitsbelastung in der Viehwirtschaft über das Jahr relativ gleichmäßig verteilt. In den durch Dominanz der Viehzucht gekennzeichneten Regionen ergab sich daher ein hoher Bedarf an ständig beschäftigten Arbeitskräften. Anders als in vorwiegend bodenwirtschaftlichen Gebieten konnte die Nachfrage nach zusätzlichen Arbeitskräften nicht durch die Saisonwanderung gedeckt werden, sondern es mußte mehr Gesinde aufgenommen werden. In enger Verbindung mit den Erfordernissen der Betreuung des Viehs entstand eine Diversifikation des Gesindes (s. Kap. I.5.). Je mehr Vieh gehalten wurde, desto mehr arbeitsfähige Personen umfaßte die bäuerliche Hausgemeinschaft.[24] Durch die Ausweitung des Viehbestandes und die intensivere Tierhaltung nahm zu Beginn des 19. Jahrhunderts in der ersten Phase der sog. »Agrarrevolution« der Bedarf an ganzjährig beschäftigten Arbeitskräften zu. Vor allem bei den größeren Bauern stieg die Zahl der in die Hausgemeinschaft integrierten Arbeitskräfte, und damit wuchs die Größe des bäuerlichen Haushalts. Dagegen reduzierte sich bis zur Jahrhundertmitte die Haushaltsgröße der Kleinbauern, insbesondere die der Häusler in jenen Regionen, in welchen die Konkurrenz der entstehenden »großen Industrie« zum Verschwinden hausindustriellen Nebenerwerbs führte *(Deindustrialisierung).*[25]

Die Betreuung des Viehs erfolgte in zyklischem Rhythmus (Füttern, Melken, Erneuerung der Streu) und ohne Unterschied zwischen Wochentag und Sonntag. Die Rhythmik der Viehwirtschaft ließ die Nutzung der Arbeitspausen für bodenwirtschaftliche oder auch heimindustrielle Arbeiten zu. Auch in höhergelegenen Regionen wurde auf ein Minimum an Ackerbau nicht verzichtet, denn gerade in Gebirgsregionen waren die Bauern auf wirtschaftliche Unabhängigkeit bedacht. Erst mit der Verteuerung der Arbeitskräfte und dem Sinken der Getreidepreise im späten 19. Jahrhundert gingen dominant Viehwirtschaft treibende Bauern zum Ankauf von Getreide über. Dies hatte dann meist eine Umwandlung der Äcker in Wiesen und eine Ausdehnung des Viehbestandes zur Folge.[26]

In dominant viehzuchtorientierten Gebieten findet sich meist eine deutlich schmalere unterbäuerliche Schicht als in Ackerbaugebieten. In den Bauernhäusern lebten seltener Inwohner. Meist wohnte die unterbäuerliche Bevölkerung als Häusler im Ortskern. In den Dorfsiedlungen war die Viehhaltung gewöhnlich kollektiv organisiert: Die Bauern nahmen gemeinsam einen Viehhirten (»Halter«) auf, der für die Betreuung des Viehs verantwortlich war.[27] In den Streusiedlungs- und Einzelhofgebieten fehlte diese kollektive Organisationsform. Hier mußte jeder Bauer für sich entweder eines der Familienmitglieder zur Betreuung des Viehs bestimmen oder eine Arbeitskraft einstellen.

2.3. Holzarbeit

Die Holzarbeit war in weiten Teilen Mitteleuropas ein integraler Bestandteil der bäuerlichen Wirtschaftsweise. Das gilt insbesondere für den alpinen Raum, wo es zur Herausbildung spezialisierter Waldbauern kam. Die größten Forste waren aber in herrschaftlichem Besitz. Hier wie in den bäuerlichen Eigenwäldern war die Holzarbeit saisonal gebunden. Das Fällen und Transportieren der Stämme erfolgte hauptsächlich im Winter. In Bayern und in den österreichischen Alpenregionen bildete die Holzarbeit nicht nur für viele Taglöhner eine winterliche Beschäftigung. Auch viele Bauernsöhne gingen während der Wintermonate zur Taglohnarbeit in die herrschaftlichen Wälder. Die auf den Bauernhöfen lebenden Inwohner sowie Angehörige der unterbäuerlichen Schichten, die sich während des Sommers mit Taglohnarbeit auf den Bauernhöfen durchbrachten, arbeiteten in den Wintermonaten als Holzknechte.

Im Zuge der merkantilistischen Binnenkolonisation wurden im 18. Jahrhundert in Waldgebieten ganze Dörfer angelegt, die nur aus Häusern und Hütten von Waldarbeitern bestanden, die z. T. kleine Landwirtschaften zur Eigenversorgung betrieben.[28] In der Umgebung von Bergbau- und Verhüttungsbetrieben, von Salinen u. ä., die einen hohen Bedarf an Holz und an Holzkohle als Bau- und Brennmaterial hatten, war die Holzfällerei ebenfalls von Bedeutung. Auch hier besaßen Holzfäller und Köhler häufig ihr eigenes Haus und betrieben auf Eigengrund eine kleine Landwirtschaft. In Gebieten des alpinen Edelmetallbergbaus kam es daher häufig zu einer dichten Besiedlung, die hauptsächlich aus den »Kleinstellen« (kleine, ohne Lohneinkommen nicht lebensfähige Landwirtschaften mit geringem Viehbestand und Grundbesitz) von Bergleuten, Köhlern, Holzfällern, Fuhrleuten bestand. Die Ergänzung ländlicher Arbeiterhaushalte durch eine kleine Landwirtschaft war durchaus typisch und fand sich auch bei den Sudhausarbeitern, etwa in der oberösterreichischen Saline Ebensee, aber auch bei zahlreichen Bergarbeitern in den west- und mitteleuropäischen Kohlerevieren (s. Kap. V.). Mit dem Rückgang des ostalpinen Montanwesens in der Frühen Neuzeit verloren jedoch zahlreiche Häusler und Kleinbauern die für sie existentielle Möglichkeit des saisonalen Nebenerwerbs in der Holzwirtschaft. In der Salzburger Gegend um Abtenau z. B. wurden zwischen 1630 und 1790 zahlreiche Häuser aufgegeben und die dazugehörigen Gründe von Bauern als »Zulehen« übernommen. Dies führte zu einer weiteren Vergrößerung des Viehbestands und zu einer Vermehrung der Dienstboten. Ähnliche mit dem Prozeß der Deindustrialisierung ländlicher Gebiete verknüpfte Verschiebungen zwischen Holzfällerei und bäuerlicher Viehzucht sind auch für andere Regionen belegt.[29] Gegenden, in denen das Bevölkerungswachstum des 18. Jahrhunderts mit reger Bautätigkeit und der Seßhaftwerdung von bis dahin unbehauster Bevölkerung (Inwohner, Gesinde) verbunden war, standen also im gleichen Zeitraum Regionen mit stagnierender

Wohnraumentwicklung und entsprechend restriktiver Bevölkerungs- und Siedlungspolitik der landesfürstlichen und staatlichen Verwaltung gegenüber.[30]

2.4. Weinbau

Eine in vieler Hinsicht besondere Form bäuerlicher Wirtschaft stellte der Weinbau dar: Hier kam es früher als in anderen bäuerlichen Wirtschaftsformen zu einer relativ hoch entwickelten Geldwirtschaft. Innerhalb der feudalen Gesellschafts- und Wirtschaftsstrukturen nahm der Weinbau eine besondere rechtliche Stellung ein. Im Zuge der europaweiten Agrarkrise des Spätmittelalters, die zu sinkenden Getreidepreisen und Grundrenten führte, wurde die Weinkultur überall dort stark ausgeweitet, wo Klima und Bodenbeschaffenheit das zuließen, etwa auf den Lößböden des Rhein- und Moseltals oder in der Wachau. Die Weinkultur versprach höhere Rentabilität als der Ackerbau.[31] Im Unterschied zum Großteil der Ackerbau und Viehzucht betreibenden Bauern waren die Weinbauern gezwungen, ihr Produkt zu verkaufen und aus dem Erlös die Ausgaben für ihren Eigenhaushalt zu bestreiten: Weinbau war von jeher markt- und exportgebunden. So wurde etwa schon im Spätmittelalter und in der Frühen Neuzeit österreichischer Wein in großen Mengen auf dem Schiffsweg über die Donau nach Süddeutschland sowie nach Böhmen und Mähren exportiert.[32] Kauf und Verkauf von Boden (Berganteilen), Erb- und Heiratsgut nahmen in der Weinwirtschaft früh den Charakter von finanziellen Transaktionen an. Die Produktionsweise des Weinbaus begünstigte die Realteilung, die Aufteilung der Güter unter den Kindern. Eine Zersplitterung des Weingartenbesitzes der Weinbauern war die Folge. Ihr stand jedoch die Herausbildung von großen Weingartenbesitzungen in den Händen kapitalkräftiger Bürger sowie geistlicher und weltlicher Herren gegenüber.

Im Unterschied zu den mittleren und großen vieh- und getreidewirtschaftlichen Betrieben findet sich im Weinbau meist wenig Gesinde. Da es in der Weinwirtschaft eine spezifische Winterarbeit nicht gab, war es nicht sinnvoll, über das ganze Jahr Gesinde aufzunehmen. Weinbauern gingen deshalb früh zur Taglohnarbeit über, was durch die geldwirtschaftliche Verflechtung des Weinbaus möglich war. Zahlreiche Inwohner lebten in den Weinbaugebieten. Der Bedarf an Arbeitskräften war über das Jahr hinweg äußerst ungleich, die Weinlese stellte eine extreme Arbeitsspitze dar. Seit dem Spätmittelalter zogen immer wieder zahlreiche Wanderarbeiter – meist unverheiratete Söhne besitzloser Bevölkerungsgruppen – zur Lese in die Weinbaugebiete.[33] Oft kamen diese Wanderarbeiter auch aus den übervölkerten Ackerbaugebieten. So zogen bayrische und westösterreichische Wanderarbeiter in die niederösterreichischen Weinbaugebiete, um hier im Taglohn für Weinbauern und bürgerliche Weinbergbesitzer die Ernte einzubringen. Viele wurden seßhaft und bildeten eine wachsende unterbäuerliche Inwohner- und Häuslerschicht. Weinbaugebiete waren daher meist sehr dicht besiedelt, viele Häuser wurden ausschließlich von Inwohnerparteien bewohnt. Die Wohnverhältnisse müssen hier jenen in städtischen Mietshäusern durchaus ähnlich gewesen sein. Eine »patriarchalische« Hausgemeinschaft im engeren Sinn konnte hier nicht entstehen, da der Hausbesitzer – in der Regel ein Bauer – gar nicht im Haus wohnte. Vom »ganzen Haus« kann hier nicht mehr die Rede sein.

Ein Teil der hauslosen Taglöhner besaß einen kleinen Anteil am Weinberg. Die Intensivkultur des Weinbaus warf offenbar so hohe Erträge ab, daß bereits auf der materiellen Grundlage eines Weingartens ein Haushalt gegründet werden konnte. Weinhauer, die zwar über eigenen Grundbesitz, aber nicht über ein eigenes Haus verfügten, waren durchaus zahlreich. Allerdings besaßen derartige nicht »haussässige« Weinhauer meist zu wenig Weingartenfläche, um nicht zusätzlich in fremden Weingärten als Taglöhner arbeiten zu müssen.[34] Damit fand im Weinbau viel früher als in den anderen Zweigen der Landwirtschaft eine Entkoppelung von Hausbesitz und »Familienfähigkeit« statt.

Die Weingärten waren meist frei verkäuflich, sie konnten vererbt, verschenkt oder getauscht werden. Bis zur Grundentlastung mußte dem Grundherren nur eine bestimmte Menge Most oder Wein sowie eine Geldrente abgeliefert werden. Infolge seiner rechtlichen Sonderstellung und seiner starken geldwirtschaftlichen Verflechtung, woraus sich vor allem die viel häufigere Transaktion des Kaufs und Verkaufs von Häusern und Grundstücken (Weingärten) ergab als etwa in Ackerbau- und Viehzuchtgebieten, trug der Weinbau zur beschleunigten Erosion feudaler Bindungen bei.[35]

Ein Spezifikum des Weinbaus war auch, daß seit dem Mittelalter außer den Weinhauern, die ihre eigenen Weingärten bewirtschafteten, geistliche und weltliche Grundherren, aber auch viele wohlhabende Stadtbürger über Weingartenbesitz verfügten.[36] Sie investierten Kapital in den Kauf von Weingärten und hofften, daß der Verkauf des Weines eine Rendite erbringen werde. Da sie die notwendigen Arbeiten nicht selbst verrichteten, entstand z. B. in österreichischen Weinbauregionen das System der *Drittelpacht*, in welchem der Weingartenbesitzer dem Weinhauer zwei Drittel des erwirtschafteten Ertrags als »Lohn« überließ.[37] Das führte in vielen Weinbaugebieten zur Konzentration von Grundbesitz in wenigen Händen einerseits und zur Herausbildung eines breiten Taglöhnerproletariats andrerseits. Der Weinbau wurde damit als erster Bereich der Landwirtschaft von kapitalistischen Grundsätzen der Gewinnmaximierung, der Bodenrendite usw. durchdrungen. Dabei dürfte der entscheidende Impuls zur *Kapitalisierung der Weinbauwirtschaft* von den Weingartenbesitz akkumulierenden Stadtbürgern ausgegangen sein.[38] Die Zersplitterung des Weingartenbesitzes der Weinhauer (infolge häufiger Güterteilung unter den Erben) einerseits und die Akkumulation von Weingartenbesitz in den Händen geistlicher und weltlicher Herrschaft und eines städtischen Bürgertums andrerseits führten zu einer vielfach bis ins 20. Jahrhundert erhalten gebliebenen Polarisierung: Große Weinhauerbetriebe mit umfangreichem Grundbesitz und bürgerlich-patrizischem Lebensstandard standen der Masse kleiner und mittlerer Weingartenbesitzer gegenüber, unterhalb der noch das Arbeitskräftereservoir der Häusler und Inwohner für die arbeitsintensive Bewirtschaftung der Anbauflächen im Taglohn rangierte.[39]

Die ungleichmäßige Auslastung der Weinhauer bewirkte in manchen Weinbauorten die Herausbildung einer »doppelten Ökonomie«: Eine gewerbliche Tätigkeit bot sich als Ergänzung zur saisonalen Weingartenarbeit an. So verzeichnen Haushaltslisten aus niederösterreichischen Weinbaugebieten zahlreiche Hausbesitzer als »Hauer und Schuster«, »Hauer und Schmid«, aber auch als »Hauer und Weber« etc.[40] Ähnlich wie bei der »Ergänzung« von kleinbäuerlichen Wirtschaften durch erwerbsmäßige Heimarbeit (s. Kap. II.) bot auch manchem Weinhauer die Ausübung eines Gewerbes eine zweite Verdienstmöglichkeit. In größeren Dörfern konnten aus derartigen Konstellationen allmählich reine Handwerksbetriebe entstehen. Der Weingarten wurde dann nur noch nebenbei, oft auch durch Taglöhner betrieben.

In der zweiten Hälfte des 19. Jahrhunderts rekrutierten sich in industrienahen Gebieten aus der breiten Schicht der im Weinbau beschäftigten Taglöhner immer wieder industrielle Lohnarbeiter. Vielfach wechselten Industriearbeiter saisonal zwischen Taglohnarbeit im Weinbau und industrieller Lohnarbeit. Viele Kinder von Taglöhnern zogen die neue Möglichkeit der industriellen Lohnarbeit dem Taglohn im Weinbau vor. Das trifft z. B. für die seit der Jahrhundertmitte entstandene Industriezone des Wiener Beckens und die an seinem östlichen Rand gelegenen Weinbaugebiete zu, die zu einem Reservoir kurzfristig mobilisierbarer Lohnarbeiter für die neu angesiedelten Industrieunternehmen wurden.[41]

Im Unterschied zu Ackerbau und Viehzucht kannte der Weinbau keine ausgeprägt geschlechtsspezifische Arbeitsteilung. Vielfach handelte es sich um Kleinbesitz. Daher konnten auch Witwer und Witwen die anfallende Arbeit bewältigen.[42] Die Kinder wurden in den meisten Weinhauerfamilien nicht im selben Maße als Arbeitskräfte benötigt wie in ackerbautreibenden und viehzüchtenden Bauernfamilien. Typisch dürfte – seit der Mitte des 19. Jahrhunderts – der Wechsel der arbeitsfähigen Kinder zwischen industrieller Lohnarbeit und ihrem Einsatz im elterlichen Weingarten während der Arbeitsspitzen gewesen sein.

Vielfach fehlte im Weinbau die wirtschaftliche Basis für die Versorgung der alten Familienmitglieder im Rahmen eines bäuerlichen Ausgedinges. Die geldwirtschaftliche Orientierung führte häufig zur Gründung eines eigenen, von dem der Eltern unabhängigen Haushalts (Neolokalität) durch die jungen Weinhauer. Eltern und erwachsene Kinder lebten häufiger in getrennten Haushalten.[43] Auch in dieser Hinsicht hat der Weinbau aufgrund seiner Marktorientierung und Monetarisierung die alteuropäische Sozialform des »ganzen Hauses« früh überwunden.

3. Arbeitsteilung, Markt und eheliche Macht

In der Regel hatte ein verheiratetes Bauernpaar an der Spitze der bäuerlichen Hausgemeinschaft zu stehen. Das erklärt sich nicht zuletzt aus der auf Ackerbau und Viehzucht betreibenden Höfen überaus deutlich ausgeprägten Teilung der Arbeit nach dem Geschlecht. Während der Bauer für alle ihm untergebenen männlichen Arbeitskräfte (Söhne, Knechte, Inwohner, Taglöhner) die oberste Instanz war, unterstanden alle weiblichen Arbeitskräfte der Bäuerin. Innerhalb des »männlichen« und des »weiblichen« Arbeitsbereichs war aber meist nur eine geringe Spezialisierung vorhanden. Im Grunde mußten alle als »erwachsen« geltenden Arbeitskräfte die ihrem Geschlecht zugewiesenen Arbeiten beherrschen. Eine Ausnahme bildeten große, vor allem Viehzucht betreibende Höfe, auf denen eine *funktionale* Hierarchie der Arbeitskräfte bestand.

Über die Arbeitsteilung zwischen Mann und Frau kann generell gesagt werden, daß den Männern eher Tätigkeiten zugeordnet wurden, die mit ihrer Entfernung vom Haus, mit höherem Risiko und mit größerer Körperkraft verbunden waren. Stark vereinfachend waren Acker, Wiese und Wald sowie die Zugtiere primär der Arbeits- und Aufsichtsbereich des Bauern. Die Bäuerin dagegen war primär für die Kühe, das Jungvieh und die Schweine, für die Milchwirtschaft, das Federvieh und den Garten sowie für die Hackfrüchte (Kartoffel), für Mohn und Flachs zuständig. Dazu kam die Produktion von Lebensmitteln, das Brotbacken, die Verarbeitung der Milch zu Butter und Käse, die Konservierung von Fleisch, Obst und Kraut. Die tägliche Arbeit des Kochens und Wäschewaschens (die zentralen Arbeiten des von produktiver Arbeit entlasteten Haushalts) machte im 18. und 19. Jahrhundert nur einen kleinen Teil der hauswirtschaftlichen Aufgaben aus. Erst im 20. Jahrhundert nahm der Anteil der auf Küchenarbeit entfallenden Arbeit der Bäuerin in Mitteleuropa deutlich zu.[44]

Die Arbeitsteilung zwischen Bauer und Bäuerin und zwischen männlichen und weiblichen Dienstboten und Taglöhnern unterschied sich innerhalb West- und Mitteleuropas im 18. und 19. Jahrhundert vor allem nach dem Grad der Marktverflechtung und des technischen Entwicklungsstandes der bäuerlichen Produktionsweise. In jenen Regionen, in welchen wegen ihrer Nähe zu großen städtischen Märkten oder wichtigen Verkehrswegen eine frühe Monetarisierung und Kommerzialisierung der Landwirtschaft einsetzte, wurden die wichtigsten Arbeitsgänge immer deutlicher zu Männerarbeit. Das trifft etwa für das Melken in kommerzialisierten Milchwirtschaftsgebieten der Schweiz, Vorarlbergs, des Salzburger Pinzgaus oder für die Getreidemahd in den ostelbischen Gutswirtschaften und nordwestdeutschen Großbetrieben zu. Hier hatte die Nähe zu den großen Hafenstädten und die Entwicklung des hansischen Verkehrs früher als in anderen Gebieten zu landwirtschaftlicher Großproduktion geführt, die auf überregionalen Absatz und große Märkte orientiert war. Dagegen blieben das Melken und Getreidemähen in den eher traditionellen subsistenzwirtschaftlichen und auf lokale Märkte orientierten Familienbetrieben Süddeutschlands und Österreichs Arbeit der Frauen. Überall in Europa, wo das Getreide mit der Sichel geschnitten wurde, waren die Frauen die Hauptschnitterinnen, oder sie schnitten ebenso wie die Männer. Mit dem Übergang zur Getreidesense, deren Gebrauch ungleich mehr Kraftaufwand erforderte, wurde das Getreidemähen von den Männern übernommen. Dies trifft zunächst und vor allem auf die norddeutschen Gebiete zu, in denen die Entwicklung der Guts- und Großbetriebe zu einer Rationalisierung der Feldarbeit führte. Gebiete, in denen das Getreide noch bis in die dreißiger Jahre des 20. Jahrhunderts von den Frauen mit der Sichel geschnitten wurde, hatten durchweg wenig kommerzialisierte, subsistenzwirtschaftliche oder höchstens auf lokale Märkte orientierte Familienwirtschaften (in alpinen Dörfern Österreichs, im Thüringer Wald, im Schwarzwald, im Siegerland).

In weiten Gebieten Deutschlands und Österreichs melkten bis in die dreißiger Jahre unseres Jahrhunderts ausschließlich die Frauen im Rinderstall. Ausnahmen bildeten die Ostseeprovinzen zwischen Holstein und Ostpreußen – hier melkten zu Beginn des 20. Jahrhunderts bereits fast zur Hälfte Männer – sowie die Schweizer Milchwirtschaftsgebiete, von denen die Kommerzialisierung der Milchwirtschaft nach Vorarlberg, in das westliche Tirol und in den Salzburger Pinzgau vordrang. Hier melkten in den größeren Betrieben auf diesen Arbeitsgang spezialisierte Männer (die »Schweizer«). Ähnlich verlief die Entwicklung bei der Fütterung des Stallviehs: Während das Füttern in den nicht kommerzialisierten Gebieten Frauenarbeit war, wurde es mit zunehmender Monetarisierung und Marktorientierung zur Männerarbeit. Auch hier finden wir in den norddeutschen Gutswirtschaften und Großbetrieben früher Männer bei der Stallarbeit als im traditionelleren Süddeutschland und Österreich. In den kleinen Familienbetrieben fütterte das Vieh, wer gerade dazu Zeit hatte, während in den großen Bauernwirtschaften Bayerns, Oberösterreichs und Salzburgs ebenfalls eine deutliche Arbeitsteilung eintrat: Entweder fütterte der Mann, und zwar immer dann, wenn die Viehhaltung modernisiert und intensiviert worden war, oder es fütterte die Frau, wie in den traditionellen, subsistenzwirtschaftlichen Gebieten. Günter Wiegelmann hat »das Prinzip« geschlechtsspezifischer Arbeitsteilung in bäuerlichen Wirtschaften in fünf Tendenzaussagen zusammengefaßt:

Erstens: Je mehr ein Arbeitsbereich im Mittelpunkt des ökonomischen Interesses steht, je mehr er als Beruf aufgefaßt wird und je mehr er auf den überregionalen Handel ausgerichtet ist, desto stärker ist der Anteil der Männer an den Hauptarbeiten. Je enger eine Tätigkeit mit der Hausarbeit verbunden ist, um so wahrscheinlicher wird sie von Frauen ausgeführt.

Zweitens: Je komplizierter die für eine Arbeit benutzten Geräte und Maschinen, desto bedeutender der männliche Anteil.

Drittens: Je mehr Kraftaufwand eine Arbeit nötig macht, desto wahrscheinlicher ist die Ausführung durch männliche Arbeitskräfte.

Viertens: Je feiner eine Arbeit, je mehr Fingerfertigkeit sie erfordert und je eintöniger, desto wahrscheinlicher wird sie von Frauen erledigt.

Fünftens: Je größer die Betriebe und je mehr Arbeitskräfte in einem Betrieb zur Verfügung stehen, desto differenzierter die Arbeitsorganisation und die Arbeitsteilung der Geschlechter, desto eher die alleinige Durchführung der zentralen Arbeiten durch Männer.[45]

Keineswegs aber sind diese Tendenzen ohne Brüche und Ausnahmen zu beobachten. Frauen beteiligten sich auch immer wieder an der Wiesen- und Feldarbeit: sie zerkleinerten die Schollen hinter dem Pflug, jäteten das Unkraut, mähten das Grünfutter, rechten das Heu und halfen bei seiner Einbringung; auch beim Dreschen – übrigens der einzigen echt »geteilten« Arbeit in der Bauernwirtschaft – waren häufig Frauen beteiligt. Andrerseits wurde in der als »weiblich« geltenden Flachsverarbeitung die besonders anstrengende Brechelarbeit immer wieder von Männern übernommen. Insgesamt kann gesagt werden, daß Frauen eher bei regional-typischen Männerarbeiten einsprangen, als Männer typische Frauenarbeit verrichtet hätten.

Die Arbeitsteilung zwischen den Geschlechtern wird vor allem mit den zahlreichen Schwangerschaften der Bäuerinnen, mit den Stillzeiten und mit der Aufgabe, die Kleinkinder zu betreuen, erklärt. Daß die Arbeitsteilung jedoch keineswegs »mechanisch« aus dem biologischen Unterschied der Geschlechter und der sozialen Regelung der Kleinkinderbetreuung abzuleiten ist, läßt sich schon daran erkennen, daß Arbeiten, die in der einen Region als »typische Männerarbeit« galten, in einer anderen Region typischerweise von Frauen ausgeführt wurden. Säen und Pflügen – zwei in Mitteleuropa als männlich angesehene Arbeiten – wurden in einigen skandinavischen Regionen von Frauen erledigt.[46] Es konnte nachgewiesen werden, daß dies z. B. in jenen finnischen Regionen üblich war, in denen Ackerbau wirtschaftlich unbedeutend blieb und die Männer mit der dominierenden Waldwirtschaft sowie mit Fischfang und Jagd ausgelastet waren. Säen hatte hier etwa den Rang des – ebenfalls von Frauen ausgeübten – Gartenanbaus in mitteleuropäischen Gegenden.[47]

Schließlich darf nicht übersehen werden, daß das Kriterium der größeren Körperkraft des Mannes zwar zum weitgehenden Ausschluß der Frauen von manchen bäuerlichen Arbeiten führte – so z. B. von der Holzfällerei (aber selbst hier gibt es Belege über Taglöhnerinnen, die im Holzschlag mitarbeiteten, sowie über Frauen, die – etwa beim Umschneiden von Bäumen mit der zweizugigen Handsäge – eine fehlende zweite Arbeitskraft ersetzen mußten), daß Frauen aber immer wieder auch härteste körperliche Arbeit zu verrichten hatten. So wird etwa über die Verhältnisse im Tiroler Passeiertal aus der Mitte des 19. Jahrhunderts berichtet:

»Die allermühevollste Arbeit bleibt aber immer das Heueintragen. Ein Mann trägt 120 bis 150 Pfund, ein Weib 50 bis 80 Pfund in einer Tracht, oft steile Bergabhänge auf und nieder ... In der Regel trägt man die ganze Ernte auf dem Rücken ein. Diese schwere Mühsal gibt den Frauen ein gedrücktes in's Breite gehendes Aussehen, und bei harten *Eheherren*, die ihre Eheweiber nicht schonen, sind Fehlgeburten die gewöhnliche Folge davon. Totgeborene Kinder sind vorzüglich aus diesem Grunde in Passeier nicht selten ...«[48]

Die Arbeitsteilung zwischen Mann und Frau war offenbar von Kriterien der Hausnähe und der sozialen Regelung der Kleinkinderbetreuung einerseits, von der wirtschaftlichen Bedeutung eines Arbeitsganges andrerseits und – nicht zuletzt – vom Machtverhältnis zwischen Mann und Frau bestimmt.

Aus dem eigenverantwortlich geführten Wirtschaftsbereich der Bäuerin konnte sich eine gewisse Machtstellung der Frau innerhalb der Hausgemeinschaft ergeben. Hier bestanden aber große regionale Unterschiede. Sie gehen auf unterschiedlich gewichtete Einflüsse von bäuerlicher Ökonomie und Markt, auf Wirkungen des Erb- und Eherechts sowie auf regionalspezifische kulturelle Traditionen zurück. Martine Segalen, die bäuerliche Familien in verschiedenen Regionen Frankreichs im 19. Jahrhundert untersucht hat, fand – was die Stellung der Frau betrifft – bedeutende Unterschiede zwischen dem mittleren und nördlichen Frankreich

(Bretagne, Lorraine) und dem Süden Frankreichs (Provence, Languedoc).[49] In der mediterranen Kultur des Südens scheint die bäuerliche Gesellschaft viel deutlicher von den Männern dominiert worden zu sein als im Norden. Nicht zuletzt wurden die männlichen Vorrechte hier auch durch physische Gewalt gegen Frauen gesichert. »Männlichkeit« wurde eng mit der Fähigkeit verknüpft, die Ehefrau zu beherrschen. So lautete etwa ein im südlichen Frankreich verbreitetes Sprichwort: »Jener Mann ist seines Geschlechts nicht würdig, der nicht der Herr seiner Frau ist.«[50] Ein anderes Sprichwort meinte etwas weniger aggressiv, aber dennoch eindeutig: »Le chapeau doit commander la coiffe« (»Der Hut soll die Haube kommandieren«). Auf der Grundlage dieser Ideologie sei, so Segalen, vor allem die *öffentliche* Stellung der bäuerlichen Frauen entscheidend beschnitten worden. In der Bretagne dagegen hätten Redewendungen und Sprichworte eher die Präsenz der Mädchen in den dörflichen Gesellschaften gefordert: »Zeigt her Eure Mädchen, wer sich nicht zeigt, wird nicht gesehen!«[51] Dies ist – wieder der Interpretation von Segalen folgend – als Ausdruck der stärkeren Marktverflechtung der Bauern im Norden Frankreichs zu lesen. In der Bretagne wie in der Lorraine hätten Bäuerinnen auch an der politischen Öffentlichkeit des Dorfes teilgenommen und viele Geschäfte der Bauernfamilien in der Öffentlichkeit erledigt.[52]

Über derartige regionale Unterschiede und Gegensätze hinaus sieht Segalen einen auffälligen Widerspruch zwischen der patriarchalischen Dominanz des Mannes in der bäuerlichen Dorfgesellschaft und der relativen Mächtigkeit der Bäuerin innerhalb des Hauses. Der öffentliche Diskurs der männerdominierten bäuerlichen Gesellschaft, in dem sich die Männer als die unumschränkt Herrschenden selbst stilisierten, habe die Funktion gehabt, die tiefsitzende Angst der Männer vor aggressiven und durchsetzungsfähigen Frauen kollektiv zu unterdrücken.[53] Zahlreiche Indizien sprechen dafür, daß die innerhäusliche Macht der Bäuerin keineswegs nur ihren weiblichen Arbeitskräften gegenüber bestand. Sie symbolisierte sich auch in innerhäuslichen Wirtschaftsbereichen, die für die Bauernfamilie von existentieller Bedeutung waren. So zählte es z. B. in vielen Gegenden zu den Aufgaben der Bauersfrau, die Vorräte an Getreide zu behüten und zu überwachen: in manchen Regionen hatte die Bäuerin das alleinige Recht, den Getreidespeicher (*Traidkasten* in Kärnten) zu betreten. Die Frau verwahrte die

Schlüssel zu Kasten und Truhe, in denen sich die Nahrungsvorräte der Familie befanden.[54]

So wie das bäuerliche Arbeitsfeld mit Ausnahme des Weinbaus deutlich geschlechtsspezifisch segmentiert war, wurden auch die Einkünfte aus der bäuerlichen Wirtschaft weithin geschlechtsspezifisch zugeteilt: Während dem Bauern das Einkommen aus der Getreidewirtschaft und dem Viehverkauf zustand, verwaltete die Bäuerin die kleineren Einkünfte aus dem Verkauf von Milchprodukten, Eiern und Geflügel. Geflügel war vor allem im Einzugsbereich der Städte ein einträglicher Wirtschaftszweig des Bauernhauses. Eier, Hühner, Enten und Gänse wurden von Bäuerinnen auf die städtischen Märkte zum Verkauf gebracht.[55] Auch die Milchwirtschaft war zunächst eine Domäne der Frauen. Erst mit der wachsenden Marktverflechtung der bäuerlichen Hauswirtschaft in der zweiten Hälfte des 19. Jahrhunderts wuchs die Bedeutung der Milchwirtschaft derart an, daß die traditionelle Einkommensteilung immer häufiger einer gemeinsamen Hauswirtschaftskasse wich.[56] Insgesamt scheinen bäuerliche Wirtschaftsformen immer dann in die vorrangige Kompetenz der Männer übergegangen zu sein, wenn ihr Ertrag deutlich zugenommen hatte. Diese Tendenz ist z. B. auch anhand der zuerst in der Schweiz entwickelten Käserei festzustellen: Zunächst im Rahmen der autarken Hauswirtschaft eine typische Frauenarbeit, erfuhr das Käsen mit fortschreitender Kapitalisierung der spezialisierten Genossenschaftsproduktion und der Erzeugung von handelbarem Hartkäse seit dem 16. Jahrhundert eine »Vermännlichung«.[57]

In der traditionellen bäuerlichen Familie verwaltete die Frau das bare Einkommen aus dem Verkauf von Milchprodukten, Eiern und Federvieh. Es diente zum Zukauf der notwendigen Konsum- und Gebrauchsgüter (Salz, Stoffe) und für den Eigenbedarf der Frau und der Kinder. Peter Rosegger erinnert sich, daß seine Mutter »das Vorrecht der Bäuerin«, Hühner zu halten, gegen den Widerwillen des Vaters verteidigen mußte: »Denn die Eier waren zumeist ihre einzige Einnahmsquelle, von der sie einen Teil ihrer Kleider bestreiten mußte, überdies damit auch noch kleinere Bedarfe für die Kinder anzuschaffen hatte …«[58] Über den Verkauf dieser Produkte erhielt die Frau regelmäßig Kontakt zu den Märkten. Einmal in der Woche oder einmal im Monat trat sie mit den Produkten ihrer Eier-, Milch- und Geflügelwirtschaft den Weg auf den Wochen- oder Monatsmarkt der nächstgelegenen Stadt an. Aus dem Verkauf erzielte sie das einzige regelmäßige Geldeinkommen. Der Weg zum Markt führte die Bauersfrau immer wieder über die Grenzen ihres Heimatortes hinaus. Über den Markt kam die Bäuerin mit der städtischen Kultur in Berührung. Vermutlich geht ein Gutteil jenes notwendigen Optimismus, den die gegen Ende des 19. Jahrhunderts in großer Zahl in die Städte wandernden Bauerntöchter bewiesen, auf derart marktvermittelte Berührungen mit der nicht-dörflichen Welt zurück: Viele werden von ihren Müttern ermutigt worden sein, die ihrerseits wußten, daß es in den Städten ein Leben gab, das sich von dem ihren nicht nur nachteilig unterschied.[59]

Die von den Männern besuchten Märkte waren anderer Art: Das Getreide wurde dem Grundherrn, dem Müller oder dem Großhändler angeboten. Das Vieh wurde entweder auf den Viehmarkt getrieben, oder der Händler kam selber ins Haus. Die Männer blieben dabei jeweils unter ihresgleichen. Hier gab es keine Konfrontation von Land und Stadt. Der fachmännische Diskurs der Bauern, wenn sie die Qualität des auf dem Markt angebotenen Viehs diskutierten, wenn sie Wissen um ökonomische Zusammenhänge und agrartechnische Neuerungen austauschten, schloß die Frauen in vielen Regionen aus:

»Es war der Mann, der den Viehmarkt besuchte, nicht nur um Vieh zu kaufen oder zu verkaufen, sondern auch um mitzubekommen, was vor sich ging. Dies zu verstehen war das Ergebnis langer Beobachtungen und einer langen Erfahrung, die schon einsetzte, wenn die Söhne ihren Vätern bei der Arbeit halfen und ihnen zuhörten. Über das Wissen um die Tiere, ihre Mängel, Krankheiten, ihr Alter etc. hinaus war es wichtig zu wissen, wo und wann man das eigene Vieh am besten verkaufen konnte ...«[60]

Der Viehmarkt aber war der Ort, der das Prestige der Bauernfamilie in der dörflichen Gesellschaft maßgeblich regulierte. Der Verkauf eines Tieres war eine prestigeträchtige Sache. Der gute Name des Hauses stand dabei auf dem Spiel. Auf dem Markt zu bestehen erforderte Erfahrung, Verhandlungsgeschick und Geduld. Der Erfolg des Bauern auf dem Markt wog schwer. In einer Welt, die nur wenige finanzielle Transaktionen kannte und in der das wichtigste Geschäft auf dem Viehmarkt stattfand, war der Umstand, daß es die Aufgabe des Mannes war, dieses Geschäft erfolgreich abzuwickeln, von statusdifferenzierender Bedeutung: Hierauf konnten der Herrschaftsanspruch und die Privilegien des Mannes gestützt werden. Die Tatsache, daß Frauen sowohl vom Viehgeschäft als auch von der mit den Viehmärkten verbundenen Geselligkeit der Männer häufig ausgeschlossen wurden, scheint eine der wichtigsten Verknotungen von ökonomischen und kulturellen Determinanten des bäuerlichen Patriarchalismus gewesen zu sein. »Wer sein Pferd an jeder Furt trinken läßt, und sein Weib auf jedes Fest gehen läßt, macht sein Pferd zu einem Klepper und sein Weib zu einer Hure«, lautete ein Sprichwort in mehreren bäuerlichen Regionen Frankreichs.[61] Darin wird – über die bemerkenswerte syntaktische Reihung Pferd - Ehefrau hinaus – das tiefsitzende Mißtrauen des bäuerlichen Mannes erkennbar, das gegen alles Fremde und gegen Einflüsse auf seine Frau bestand, die sich seiner Kenntnis und Kontrolle entzogen. Die sexuelle Konnotation dieses Spruches begegnet im Lauf der Geschichte immer dann, wenn Männer ihre Frauen aufgrund gesellschaftlicher Veränderungen in für sie ungewohnter Weise »aus den Augen verloren«. So bezeichneten auch viele Industriearbeiter der ersten Generation Mädchen und Frauen, die in städtischen Industriebetrieben arbeiteten, gern als »Huren«. Ihr Argwohn richtete sich – ähnlich wie jener der Bauern – auf die Zusammenkunft ihrer Frauen mit zahlreichen Menschen in Bereichen, die sie, die Männer, nicht zu kontrollieren vermochten. Auch ihre Intention richtete sich darauf, ihre Ehefrauen möglichst bald aus der Semi-Öffentlichkeit des Betriebs in den leichter kontrollierbaren Haushalt zurückzuholen (s. Kap. V.).

Fassen wir die Indizien zum Machtverhältnis zwischen Männern und Frauen, wie es aus der Arbeitsteilung und den dargestellten Formen der öffentlichen Repräsentation der Familie resultierte, zusammen, ergeben sich folgende Thesen:

Erstens: Frauen verrichteten immer die nicht- und wenig kommerzialisierte Arbeit oder teilten sie mit den Männern nach den Kriterien von Hausnähe und Körperkraft. Bei Kommerzialisierung (und Mechanisierung) gingen ehemals ausschließlich oder auch von Frauen verrichtete Arbeiten, die nun einkommens- und damit statusträchtig wurden, an die Männer über; Frauen wurden auf nichtkommerzialisierte Tätigkeiten in der Landwirtschaft und auf Hausarbeit beschränkt. Die »Professionalisierung« von landwirtschaftlichen Tätigkeiten ging meist mit ihrer »Vermännlichung« einher. Damit vergrößerte sich der gesellschaftliche Statusvorsprung der Männer.

Zweitens: Beträchtlichen Kompetenzen der Bäuerin im Rahmen der bäuerlichen Hauswirtschaft steht eine fast durchgehende Diskriminierung der Frau an den Orten bäuerlich-dörflicher Öffentlichkeit gegenüber (Markt, Kirche, Gemeindeversammlung). Während die ausgebildete Arbeitsteilung und die von Bauer und Bäuerin geteilte Macht über weibliches und männliches Gesinde zeigen, wie sehr die Bäuerin aufgrund der Integriertheit von Familie und Wirtschaft im »ganzen Haus« in die Produktion einbezogen und noch nicht auf reproduktive Arbeit beschränkt war, stand die Bäuerin in der dörflichen Öffentlichkeit gänzlich hinter dem Bauern zurück. Es scheint geradezu eine Aufgabe der männerdominierten Öffentlichkeit gewesen zu sein, in symbolischer Weise (z. B. in den Redeweisen, in der Reihung von Prozessionen, in der bäuerlichen Gasthauskultur) immer wieder die Männerherrschaft zu behaupten, gleichsam entgegen der täglich zu machenden Erfahrung von den innerhäuslichen Kompetenzen und Arbeitsleistungen der Frauen.

Drittens: Die Bewertung der Frau und ihrer Arbeit hing offenbar nicht von ihrem objektiven Anteil an der familialen Existenzsicherung ab, sondern bestimmte sich vor allem aus der Definitionsmacht der Öffentlichkeit, und diese Öffentlichkeit war fest in der Hand der Männer. Das trifft nicht nur auf die bäuerlichen Regionen West- und Mitteleuropas zu, sondern scheint ein milieuunspezifisches Merkmal der europäischen Gesellschaften gewesen und – wenn auch in abnehmendem Maße – bis in die Gegenwart geblieben zu sein. Die Ubiquität des Patriarchalismus gründet sich auf die durchgehende Beherrschung der lokalen und regionalen Öffentlichkeiten durch die Männer. Die öffentlichen Funktionen der Männer waren von entscheidender ideologiebildender Kraft (die Kirche, die dörflich-politischen Ämter). Ihre Wurzeln sind vielfältig. Generell kann behauptet werden, daß eine makro-historische Linie von neuzeitlichen politischen Versammlungen über mittelalterliche Gerichtsversammlungen bis zu frühgeschichtlichen Heeresversammlungen zurückführt.[62] Die Verknüpfung von Wehrfähigkeit und politischer Berechtigung bedeutete in allen geschichtlichen Phasen der europäischen Gesellschaftsentwicklung den Ausschluß oder zumindest die Zurücksetzung der Frauen in den diversen Formen politischer Öffentlichkeit.

Viertens: Noch allgemeiner läßt sich ein Zusammenhang von »Außentätigkeit« und »Binnentätigkeit« (im und um das Haus) behaupten. Die Außentätigkeit wurde nahezu immer den Männern zugewiesen. Wo im Nahbereich des Hauses Frauen im Zuge existenzsichernder Tätigkeiten zusammenkamen, handelte es sich fast immer um Formen spezifisch weiblicher Öffentlichkeit (z. B. die Spinnstuben, der Eier- und Geflügelmarkt). Die Absenz der Männer wirkte sich hier keineswegs zugunsten der Frauen aus, wie dies aber umgekehrt (siehe das Beispiel des Viehmarktes) immer wieder der Fall war. Kaum eine andere Produktionsweise hat die Frau in solchem Maße in die Produktion einbezogen wie die bäuerliche Wirtschaft. Daß die bäuerliche Familie dennoch zutiefst patriarchalisch war, ist dem Umstand zuzuschreiben, daß die Arbeit der Bäuerin im eigentlichen Sinn »unöffentlich« blieb, was zum einen aus der mangelnden Entfaltung lokaler politischer Öffentlichkeit in den bäuerlichen Gesellschaften West- und Mitteleuropas, zum anderen aber aus der massiven Begrenzung der Bäuerin auf den Bereich des Hauses und sein Umfeld sowie auf die nicht-kommerzialisierten Arbeitsgänge zu erklären ist. Ähnliches ist für die Produktionsweise der Heim- und Hausindustrie festzustellen (s. Kap. II.). Erst die Produktionsweise der industriellen Lohnarbeit sollte eine – wenn auch vielfach begrenzte und beschnittene – Teilnahme von erwerbstätigen Frauen an lokaler und regionaler Öffentlichkeit erlauben. Erst damit begann – auch hier nicht ohne massiven Widerstand der Männer – eine Integration der Frauen in lokale und regionale Formen politischer Öffentlichkeit. Erst damit wurde die politische Berechtigung der Frauen und ihre Emanzipation aus der Vorherrschaft der Männer zum Thema öffentlichen Redens und Schreibens. Erst damit begann, ließe sich verkürzend sagen, für die Frauen der lange Marsch aus dem patriarchalischen alten Europa.

4. Kinder und Jugendliche

Daß die Kinder der Bauern von ihren Eltern im Kontext der bäuerlichen Hauswirtschaft vor allem als Arbeitskräfte und Erben betrachtet wurden, ist eine weithin geteilte Meinung. Sehr unterschiedliche Auffassungen bestehen dagegen über das Maß an Zuwendung, das Bauernkinder unter diesen Auspizien erfuhren.[63] Edward Shorter zufolge wäre die bäuerliche (und unterbäuerliche) Kindheit des 18. und 19. Jahrhunderts geradezu die Antithese zur »modernen« Kindheit in industrialisierten Gesellschaften gewesen. Bäuerliche Mütter des 18. und 19. Jahrhunderts seien ihren Kindern gegenüber viel gleichgültiger und empfindungsloser gewesen. Das sei an der hohen Säuglingssterblichkeit dieser Zeit, an ärztlichen Berichten und Schilderungen darüber, wie sehr Mütter ihre Säuglinge vernachlässigt hätten, abzulesen. Den häufigen Tod von Säuglingen und Kleinkindern hätten die Mütter meist apathisch hingenommen.[64] Elisabeth Badinter und andere Autoren haben daraus den Schluß gezogen, daß *Mütterlichkeit* keine überzeitliche, gleichsam »natürliche« Eigenschaft von Frauen sei, daß *Mutterliebe* mithin nicht einem »natürlichen Instinkt« der Frauen entspringe, sondern mit der Definition der »Natur der Frau« und dem realgeschichtlichen Aufgabenwandel der Frau im späten 18. und im frühen 19. Jahrhundert als *gesellschaftliche Norm* entstanden sei. Nach einer langen Periode der Indifferenz und der Gleichgültigkeit gegenüber den Kindern habe erst das 19. Jahrhundert Mutterschaft in bis dahin nie gekanntem Ausmaß zum Ideal und zur »eigentlichen Bestimmung« der Frauen erhoben.[65] Demgegenüber hat Carola Lipp darauf hingewiesen, daß die Erklärung der Psychohistoriker, die breite Masse der europäischen Mütter des 18. und 19. Jahrhunderts sei den Schmerzen und Tränen ihrer Säuglinge und Kleinkinder aus Mangel an »Empathie« und »Spontaneität«[66] gleichgültig gegenübergestanden, vollkommen unzulänglich ist.[67] Im folgenden sollen die wichtigsten Indizien für das Eltern-Kinder-Verhältnis im Bauernhaus skizziert und ihre Bewertung im sozialen und ökonomischen Kontext der bäuerlichen Hauswirtschaft versucht werden.

Angesichts dessen, was bisher über das Leben der mitteleuropäischen Bauern im 18. und 19. Jahrhundert gesagt wurde, kann es kaum überraschen, daß bäuerliche Eltern wenig Zeit hatten, sich ihren Kindern in einer Weise zuzuwenden, die wir heute als »kindgerecht« bezeichnen würden. Allerdings, und das darf nicht außer acht gelassen werden, unterschied sich die Situation der Bauernkinder im 18. und 19. Jahrhundert *insgesamt* von der Kindheit in anderen sozialen Schichten und zu anderen Zeiten: Die bäuerliche Familie war noch nicht auf Reproduktionsaufgaben, insbesondere nicht auf Sozialisationsaufgaben, konzentriert. Hier lebten und arbeiteten bluts- und heiratsverwandte Personen mit nichtverwandten Mitgliedern der Hausgemeinschaft zusammen. Eine enge Verflechtung des kindlichen Lebens in die alltäglichen Arbeitsprozesse, der enge Kontakt mit der umgebenden Landschaft und mit den Tieren schufen eine Situation, die nur unter größter Vorsicht mit späteren, in ihrer sozialen, wirtschaftlichen und kulturellen Gesamtstruktur gänzlich verschiedenen Lebenslagen von Kindern verglichen werden sollte. Die Gefahr, heutige Standards der sozialen und psychischen Betreuung von Kindern als »natürlich«, kultur- und zeit*un*spezifisch zu setzen und vergangene Familienverhältnisse daran zu messen, ist hier besonders groß.

Ohne Zweifel hat eine geschützte, von den Härten bäuerlicher Existenzsicherung abgeschirmte »kindliche« Sphäre im alten Bauernhaus nicht bestanden. Das Aufziehen der Kinder erfolgte als integraler Bestandteil aller hauswirtschaftlichen Arbeits- und Lebensprozesse. Die Mutter legte den Säugling in der Küche oder am Feldrand ab, wenn sie zu arbeiten hatte. Hier wurde der Säugling oft lange allein gelassen. Säuglinge und Kleinkinder wurden häufig ihren älteren Geschwistern zur Beaufsichtigung überlassen.[68] Das sog. »Steckwickeln« scheint über das 18. Jahrhundert bis in die Anfänge des 19. Jahrhunderts in Europa praktisch universell verbreitet gewesen zu sein.[69] Das Wickeln der Säuglinge mittels langer Wickelbänder erfolgte derart fest, daß das Kind weder Arme noch Beine rühren konnte. Offenkundig diente dies zunächst der »Ruhigstellung« des Kindes: Die bäuerlichen Ammen von Cusset zum Beispiel hängten die in ihre Steckwindeln gepreßten Kinder einfach an einen Nagel, wenn sie ihrer Arbeit nachgehen wollten.[70] Eine Folge war, so kann angenommen werden, daß der Säugling seine motorischen Fähigkeiten nur sehr langsam entwickeln konnte. Diese Wickelpraxis ist aber auch als ein Indiz dafür zu bewerten, daß eine spielerische Interaktion zwischen Säugling und Mutter (oder Amme) nicht erfolgen konnte und auch nicht beabsichtigt war. Andrerseits wurden die Säuglinge auf diese Weise vor bestimmten Unfall- und Erkrankungsgefahren (offenen Herdstellen, dem unvermeidbaren Luftzug in den rauchgefüllten Küchen) geschützt. Dieses Wickelverfahren war sehr zeitaufwendig, und die Windeln wurden daher – insbesondere in arbeitsintensiven Phasen – so selten gewechselt, daß ärztlichen Berichten zufolge wunde Körperstellen und Infektionen überaus häufig waren. Für viele europäische Regionen ist belegt, daß die Phasen erhöhter Arbeitsintensität in der Landwirtschaft mit erhöhter Säuglingssterblichkeit einhergingen. In der Gegend von Montpellier z. B. waren die Frauen zu bestimmten Jahreszeiten ständig mit dem Sammeln der Blätter des Maulbeerbaumes oder mit den Seidenraupen beschäftigt: »In der Zeit, in der die Seidenraupe wächst, gehen die meisten Kinder ins Paradies ein«, hieß ein geflügeltes Wort.[71] In anderen Gegenden starben viele Kinder während der Hanf- oder der Getreideernte, weil sie von ihren Müttern wegen der Feldarbeit vernachlässigt wurden. Hinzu kam, daß während der Erntemonate die Seuchen- und Infektionsgefahr besonders groß war.[72] Erst in England, dann in Frankreich und schließlich mit deutlicher Verspätung auch in Deutschland und Österreich wurde die Praxis des Steckwickelns im Laufe des 19. Jahrhunderts auch in weiten Kreisen des Volkes allmählich aufgegeben – etwa ein Jahrhundert nachdem die städtischen Mittel- und Oberschichten begonnen hatten, den Rat der Ärzte zu beherzigen und ihren Säuglingen mehr Bewegungsfreiheit zu lassen.[73]

Daß unter den Lebens- und Arbeitsbedingungen des Landvolkes die Absicht vorherrschte, Säuglinge und Kleinkinder vor allem anderen ruhigzustellen, darauf weist – außer den Steckwindeln – auch der verbreitete Gebrauch von Wiegen und Schnullern hin. Die Ärzte beklagten diese Praktiken und warnten vor ihren Folgen.[74] Eine weitere, wahrscheinlich die quantitativ erheblichste Ursache für die hohe Säuglingssterblichkeit bildete das Füttern von Brei oder von Kuh- und Ziegenmilch anstelle der Muttermilch. Das bewirkte Magen- und Darmerkrankungen der Säuglinge, die häufig tödlich verliefen. In mehreren europäischen Ländern, vor allem aber in Frankreich, herrschte die danach benannte »französische Sitte«, den Säugling einer »Säugamme« zu überlassen. Während um die Mitte des 18. Jahrhunderts im Bürgertum der Städte ein deutlicher Trend zur Brustfütterung einsetzte, sollen gerade die »einfachen französischen Frauen« ihre Kinder an gedungene Ammen zum Stillen gegeben haben, um selber der Arbeit nachgehen zu können.[75] Demgegenüber sprechen Berichte aus Deutschland und Österreich davon, daß Bauernmütter ihre Kinder im allgemeinen selber gestillt hätten. Stillen beeinflußte die Überlebenschancen der Kinder in positiver Weise vor allem deshalb, weil Magen- und Darmerkrankungen ungleich seltener waren und sich durch das Ausbleiben des Eisprungs während der Stillzeit die Geburtsintervalle vergrößerten, was die Überlebenschancen der Neugeborenen erhöhte.[76]

Kostkinder, die von Familien der unterbäuerlichen Schichten aus den städtischen Findelhäusern gegen ein Kostgeld übernommen wurden, dürften oft eine nachlässige Betreuung erfahren haben. Das für die Kostkinder bezahlte Entgelt stellte für viele Häuslerfamilien eine willkommene Aufbesserung ihres mageren Einkommens dar. Eine »sparsame« Ernährung der Kostkinder weist darauf hin, daß eher »dingliche« Beziehungen zu diesen Kindern bestanden haben. Zwei Zitate aus weit voneinander entfernten Regionen Europas mögen dies illustrieren. Ein französischer Arzt schildert um 1900, wie er auf seinen Rundfahrten auf der Île de Ré (vor der Küste von La Rochelle) zur Herbstzeit die Bauernhütten häufig verschlossen fand. Die Säuglinge seien verlassen in ihren Wiegen gelegen, »nur ein Stück Obst neben ihnen oder ein Kanten Brot, vielleicht sogar ein mehr oder weniger sauberer Lappen zum Saugen«.[77] In der Steiermark war das uneheliche Kind einer Dienstmagd von seiner Mutter um 1920 auf einen Kostplatz in eine Häuslerfamilie gebracht worden. Als die Dienstmagd ihr Kind eines Tages – unangemeldet – besuchen wollte, fand sie das Haus versperrt. Eine Nachbarin erzählte ihr, daß die Ziehmutter im Taglohn bei einem Bauern arbeite und erst abends heimkomme. Als es der Mutter endlich gelang, in das Haus einzudringen, fand sie das Kind auf dem Fußboden sitzend und vor sich hinweinend. Neben ihm stand ein Gefäß mit Pflaumen, einige Brotrinden lagen auf dem Boden.[78] Ähnliche Beispiele ließen sich in großer Zahl anführen.

Insgesamt scheint die These hinreichend belegt, daß sich Mütter und Ziehmütter nicht in die Bedürfnisse der Säuglinge und Kleinkinder einzufühlen vermochten. Die Einstellung gegenüber Kleinkindern war fatalistisch: Entweder ein Kind überlebte, oder es starb. Der Tod eines Kleinkindes wurde durch die Geburt eines weiteren Kindes quasi »wettgemacht«. Die Unkenntnis der Ursachen und Zusammenhänge gab *magischem Denken* breiten Raum. In einer Welt, in der die Geburt eines Kindes mit tödlichen Gefahren für das Leben der Mutter, mit drängenden Nahrungsproblemen für die gesamte Familie und für die ledige Dienstmagd mit dem drohenden Verlust des Arbeitsplatzes verbunden war, rief die Geburt eines Kindes Angst und Sorge, aber auch Aggressionen hervor. »Nicht zufällig spielen Schuld und Sanktion eine große Rolle im Aberglauben um Geburt und Schwangerschaft.«[79] Das Kind bildete eine Projektionsfläche für die Ängste der Erwachsenen. Carola Lipp argumentiert, daß magisches Denken und rituelle Verhaltensformen um Schwangerschaft und Geburt nicht individueller Natur, sondern kollektiven Interpretationen entsprangen. Die Identität des einzelnen stellte sich in bäuerlichen Gesellschaften insgesamt über die symbolischen Handlungsweisen seiner sozialen Gruppe her. Der einzelne ordnete sich in die starre, »positionale« Struktur des Dorfes, der Hausgemeinschaft, der Eltern-Kinder-

Gruppe ein. Hier war weder für die individualistische Herausbildung einer Persönlichkeit noch für eine »Introspektive« in die Seele des Anderen Platz. Individuelle Motive waren weitgehend irrelevant; was zählte, war die Art und Weise, wie einer seinen Platz im System der ländlichen Gesellschaft ausfüllte.[80] Dieses Grundmuster der dörflich-bäuerlichen Interaktionsweise setzte gewissermaßen schon mit der Geburt des Säuglings ein. Damit ist nicht gesagt, daß die menschlichen Beziehungen in diesen Gesellschaften keine »emotionale Qualität« besessen oder daß diese Mütter ihren Kindern gegenüber »keine Gefühle« gehabt hätten. Sie wurden nur anders wahrgenommen und geäußert: nicht introspektiv über Empathie und Sprache, sondern durch Symbole und rituelle Verhaltensweisen.[81] Wie sonst wäre es zu erklären, daß die Kinder aus mangelndem Wissen und Einfühlungsvermögen schlecht gepflegt und ernährt wurden und als Folge von Pflegeschäden, mangelnder Beaufsichtigung und falscher Ernährung häufig starben, daß aber die Eltern ängstlich darauf bedacht waren, ein Neugeborenes gleich nach der Geburt zu taufen? Wie sonst ließe sich erklären, daß selbst totgeborene Kinder mit einer Trauerrede in der Kirche, mit ordentlichem Leichenzug und Glockengeläute – also unter erheblichen Kosten – beerdigt wurden?[82] »Gefühl« und »Emotion« sind, so ist daraus zu schließen, keineswegs überzeitliche, universelle Konstanten, deren Vorhandensein oder Fehlen sich platterdings konstatieren ließe, sondern sie sind sozial und historisch wandelbar. Letztlich scheinen sie von dem je möglichen Maß an existentieller Sicherheit – sowohl im leib-seelischen als auch im wirtschaftlichen Sinn – abhängig zu sein. Daß die Mütter des vormodernen Europa gegenüber ihren Kindern »gleichgültig« gewesen seien und diese deshalb »in die gräßliche Todesmühle« traditioneller Kinderaufzucht gerieten, wie das Shorter behauptet[83], erscheint daher als zu oberflächlich gedacht. Wenn Historiker in so komplizierte Bereiche sozialer und psychischer Zusammenhänge vordringen wollen, werden sie ihr Vokabular und ihre Theorien verfeinern müssen.

Wuchsen die Kinder heran, begegneten ihnen Eltern und andere Erwachsene oft mit außerordentlicher Härte, vor allem dann, wenn die Kinder zur Arbeit angehalten werden sollten. Etwa vom vierten Lebensjahr an wurden dem Kind Arbeiten aufgetragen, die seinen körperlichen Fähigkeiten angemessen erschienen. Je größer die Höfe, um so differenzierter war die Arbeitsteilung nach dem Alter und nach dem Geschlecht. Vielfach wurde jedoch erst von einem gewissen Alter an zwischen Buben- und Mädchenarbeit differenziert. Da viele Bauern zusätzlich zu landwirtschaftlicher Arbeit auch hausindustrielle Tätigkeiten zu verrichten hatten, unterschied sich die Arbeit der Bauernkinder in diesem Bereich kaum von jener der Häusler- und Inwohnerkinder. Die graduelle Abstufung ihrer Leistungsfähigkeit, nach der sich innerhäusliches Prestige, zugeteilte Nahrungsmenge und symbolische Rangordnung bestimmten, wurde von den Kindern übernommen. Sie orientierten sich selber an ihrer Leistungsfähigkeit und bezogen daraus ihr Selbstwertgefühl. Die Maßstäbe ländlich-bäuerlicher Arbeitsfähigkeit wurden *verinnerlicht*: »Man gewöhnte sich so zu der bestimmten Arbeit, daß von seiten der Eltern kein Zwang, keine Drohung, kein Schelten nötig war.«[84] Die Arbeitsgänge, in die das Kind allmählich hineinwuchs, waren vielfältig. Sie reichten von den Arbeitsgängen auf dem Feld, auf den Wiesen und im Wald, in der Viehzucht bis hin zu handwerklichen Arbeiten in der Herstellung von Werkzeugen, zur Produktion von Nahrungsmitteln, Stoffen usw. Zudem wechselten die Arbeiten im Tages- und im Jahresrhythmus.

Die Stellung des Kindes innerhalb der Geschwisterreihe hing maßgeblich davon ab, ob es sich um ein Anerben- oder ein Freiteilungsgebiet handelte. Wurde in Anerbengebieten eines der Kinder zum Erben bestimmt, geriet es über kurz oder lang in eine Sonderstellung innerhalb der Kindergruppe. Das dürfte in Anerbengebieten mit Ältestenerbrecht *(Primogenitur)* stärker akzentuiert gewesen sein als in Anerbengebieten mit Jüngstenerbrecht *(Ultimogenitur)*. Wurde das erstgeborene Kind zum Erben bestimmt, wuchs es in seine Hoffolgerrolle hinein und bezog eine gegenüber jüngeren Geschwistern an Rechten und Pflichten übergeordnete Stellung.[85] Allerdings darf nicht übersehen werden, daß die Erbfolge in vielen europäischen Regionen nicht nach strikten Erbregeln, sondern nach komplexen Erwägungen der Familie erfolgte: nach den im Lauf der Jahre beobachteten Fähigkeiten und Eigenschaften der einzelnen Kinder und nicht zuletzt nach dem Interesse der Eltern, entweder länger in der Position der Haushaltsführung zu verbleiben oder aus nicht vorhersehbaren Gründen zu einem früheren Zeitpunkt zu übergeben. Was das für das Verhältnis der Kinder zu ihren Eltern und für die Beziehungen der Geschwister zueinander bedeutet hat, läßt sich schwer beurteilen. Daß sie in höherem Maße ambivalent und durch Konkurrenz geprägt waren als in Familien, in denen die Wahl des Erben keine soziale und wirtschaftliche Bedeutung hatte, kann als sicher gelten. Pierre Bourdieu hat am Beispiel eines Dorfes in den Pyrenäen darauf hingewiesen, daß auch die Stellung des präsumtiven Erben durchaus belastend sein konnte: Von ihm forderten die Eltern volle Mitarbeit und umfassende Kompetenz, ihm gewährten sie, solange er die Macht im Haus noch nicht übernommen hatte, oft weniger Rechte als den weichenden Erben, denn er würde eines Tages ohnehin »alles« bekommen. Von ihm verlangten sie solidarische Unterstützung im Alter, von ihm ging aber auch die eigentliche Bedrohung der elterlichen Privilegien aus.[86]

Häufig wurde eine der Töchter dazu angehalten, den alternden Eltern beizustehen und mit diesen in das Ausgedinge zu gehen. Für manche Gegend wird berichtet, daß man sich, um das sicherzustellen, auch nicht scheute, ihre Heiratschancen durch Verweigerung eines Heiratsguts oder gar durch systematische »Verdummung« zunichte zu machen. Albert Ilien und Utz Jeggle konnten belegen, daß die schwäbischen Dorfbewohner nicht sagten, dieses oder jenes Mädchen sei »blöd«, sondern es sei »dubbelig gemacht« worden, oder – noch deutlicher – es werde »als Dubbel gehalten«; die Sprache sei hier – wie so oft – verräterisch.[87] Auch Bourdieu berichtet aus den Pyrenäen, daß wiederholt eine Tochter des Hauses »dumm gemacht« worden sei; so sparte man ihre Mitgift und behielt sie als Magd der Eltern im Haus.[88]

In Freiteilungsgebieten war das Verhältnis der Geschwister ebensowenig spannungsfrei. Die Kinder sahen die Geburt jedes weiteren Kindes – durchaus realistisch – als Minderung ihrer Zukunftschancen. Jedes weitere Kind verminderte bei gleichem Nahrungsspielraum den Lebensstandard um ein »gehöriges und genau zu quantifizierendes Stück«.[89] Bei der Aufteilung des elterlichen Anwesens unter den erbberechtigten Kindern wurde die bis dahin schwelende Konkurrenz zwischen den Geschwistern manifest: Wer erhielt welchen Acker, welche Weide, welches Vieh? Die Qualitätsunterschiede waren kaum auszugleichen, die geschwisterliche Rivalität konnte sich zur wirtschaftlichen Konkurrenz steigern. Von geschwisterlicher Liebe war da oft nichts mehr zu spüren.[90]

Lernen auf dem Bauernhof erfolgte »nicht so sehr durch Reden und Hören als durch unmittelbare Teilnahme«.[91] Sie beschränkte sich keineswegs auf das – oft romantisierte – bäuerliche Vater-Sohn-Verhältnis. Der vierjährige Bauernbub begleitete den zehnjährigen Kuhhirten[92], das Mädchen lernte von der »Großen Dirn«:

Innerhalb der Hierarchie der Arbeitskräfte – die ab dem arbeitsfähigen Alter Bauernkinder wie Gesinde gleichermaßen umschloß – lernte der Jüngere vom Älteren, so daß die hierarchische Struktur der Bauernfamilie nicht nur durch positionale Autorität und Macht, sondern auch durch die abgestufte Arbeits- und Leistungsfähigkeit im Bewußtsein verankert wurde. Dabei kam dem älteren Dienstboten gegenüber dem jüngeren Bauernkind häufig eine akzentuiert autoritative Rolle zu. Daß sich die Hierarchie der bäuerlichen Arbeitsorganisation auch auf der »reproduktiven Seite« des bäuerlichen Familienlebens: bei Tisch, auf dem Weg zur Kirche getreulich spiegelte, zeigt noch einmal, wie sehr hier die Strukturen der Produktion mit jenen der Konsumtion untrennbar verwoben waren.

Die Schule blieb bis in das späte 19. Jahrhundert eine den Prinzipien der bäuerlichen Welt gänzlich fremde, weil nicht-empirisch organisierte Institution des Lernens. Sie blieb, liest man autobiographische Texte daraufhin durch, weithin unbedeutende Nebensache. Im allgemeinen galt die Regel, daß die Kinder nur dann zur Schule geschickt wurden, wenn die Arbeit auf dem Hof dazu Zeit ließ. Ein regelmäßiger Schulbesuch fand oft nur während der Wintermonate statt, wurde aber in alpinen Regionen durch die winterlichen Erschwernisse häufig behindert.[93] Umgekehrt richtete sich die Schulverwaltung im ländlichen Bereich vielfach nach den Erfordernissen der Landwirtschaft. Während der Erntezeit fiel der Schulunterricht aus (»Ernteferien«, »Sommerbefreiung«). So wie auch andere Bevölkerungsgruppen, die ihre Kinder zur Arbeit brauchten, standen die Bauern der Schule vielfach feindlich gegenüber. Nach anhaltendem Widerstand bäuerlicher (und heimindustrieller) Eltern schulpflichtiger Kinder[94] gelang es in den meisten mitteleuropäischen Ländern erst gegen Ende des 19. Jahrhunderts, den regelmäßigen Schulbesuch der Landkinder durchzusetzen.[95]

Mit einsetzender Pubertät schlossen sich die Bauernkinder den örtlichen Jugendgruppen an. Während aber die weibliche Jugend weithin unorganisiert blieb und nur informelle Treffpunkte wie etwa die *Spinnstube* kannte, erreichte die männliche Jugend in vielen ländlichen Gegenden Europas einen hohen Grad an Institutionalisiertheit. Unter vielfältigen regionalen Bezeichnungen[96] hatte die Gruppe der ledigen Burschen als *Burschenschaft* eines Ortes verschiedene Aufgaben, vor allem jene der Regulierung der Partnerwahl und der Eheanbahnung. Auf dem Weg von und zur Kirche, bei

den Tanzveranstaltungen der Faschingszeit, bei den Kirchweihfesten, bei Hochzeiten und Begräbnissen usw. bildeten die ländlichen Burschenschaften verschiedene Bräuche und Rituale aus,
mit denen sie einerseits ihre Interessen gegenüber den Erwachsenen und gegenüber den Burschen anderer Orte und Pfarren zu
verteidigen suchten (die Konkurrenz auf dem »Heiratsmarkt«),
mittels derer sie aber auch ihre eigenen Mitglieder an die soziale
Ordnung des Dorfes, an die geltenden Regeln im Verkehr der Geschlechter banden. Insofern kam den männlichen Jugendgruppen
normsetzende und ideologiebildende Wirkung zu. Bemerkenswert
ist, daß die Burschenschaften in der Regel sowohl die Bauernsöhne
als auch die Burschen unterbäuerlicher Schichten organisierten.
Hier waren präsumtive Hoferben, weichende Erben, Dienstboten
und Taglöhner gleichermaßen vertreten. Geschlecht, Alter und
»Stand« (im wesentlichen: Geschlechtsreife und Ledigenstatus)
bildeten die Kriterien der Gruppenzugehörigkeit.

Es hat den Anschein, als hätte die Burschenschaft soziale Klassen-
und Schichtgegensätze übertönt. In ihrem Binnenleben bildete die
Burschenschaft eine vor allem nach dem Lebensalter strukturierte
Hierarchie, in der – entgegen ihrer sonstigen Inferiorität – ältere
Knechte eine führende Rolle spielen konnten. Dennoch regulierte
die Burschenschaft den lokalen Heiratsmarkt entsprechend den
Kriterien einer nach Grund- und Hausbesitz und damit verbunde-
nem Ansehen differenzierten Gesellschaft. Mit Initiationsriten und
Trinksitten sowie einer oft ausgeprägten Hierarchie (Wahl des Älte-
sten als Anführer) stellte die Burschenschaft eine auf die männliche
Jugend begrenzte Teilöffentlichkeit der ländlichen Gesellschaft her.
Die Mädchen waren von dieser Teilöffentlichkeit ausgeschlossen.
Ihnen kam in den Aktivitäten der Burschenschaften weitgehend
nur Objektstatus zu: das von den Burschen kollektiv kontrollierte
»Gasslgehen«, das »Fensterln«, das nach bestimmten Regeln ver-
laufende Tanzen auf den Kirchweihfesten usw. sah die Mädchen
weithin als die Objekte einer männlich beherrschten Regulation
von Partnerwahl und Eheanbahnung.[97] In den Spinnstuben, die
von den kirchlichen und weltlichen Obrigkeiten immer mißtrau-
isch beobachtet und kritisiert wurden (s. Kap. II.), traf sich die
weibliche Jugend des Dorfes zur gemeinsamen Arbeit. Die Besuche der Burschen – von kirchlichen und weltlichen Obrigkeiten
immer wieder als Gefahr der »Unsittlichkeit« angeprangert – verliefen nach demselben Grundmuster wie das »Fensterln«, »Gassl-

gehen« usw.: Die Burschen bewegten sich kollektiv und »öffentlich« auf der Gasse, die Mädchen *erwarteten* ihren Besuch *im Haus.*[98]

Die auf die Burschen beschränkten Trinksitten unterstrichen das männliche Privileg auf die Bildung einer normsetzenden und statusrelevanten Öffentlichkeit. Die Separierung der Burschen und Mädchen in der Kirche oder bei Hochzeiten stellte nicht nur eine räumliche Segregation der ländlichen Jugend nach dem Geschlecht dar, sondern spiegelte zugleich die Ausgestaltung der männlichen Kollektive als »politische«, normsetzende und normüberwachende Sphäre, von der die Mädchen ausgeschlossen blieben. Ihre regulative Kraft zeigten die Burschenschaften vor allem bei Verstößen gegen den je gültigen Sittenkondex durch die Inszenierung von *Rügebrauchtum* (»Katzenmusik« u. ä.)[99], aber auch in den von ihnen getragenen Aktivitäten des Faschings als jener Jahreszeit im ländlichen Leben, in der die soziale Ordnung »auf den Kopf gestellt« und darüber zugleich verfestigt wurde. Über die verschiedenen Formen des dörflichen Hochzeitbrauchtums (Wegsperre[100]), in welchen die Burschen das Verhältnis der Geschlechter symbolisch repräsentierten, wuchsen die männlichen Jugendlichen »nach« und »neben« ihrer innerhäuslichen Prägung in die – dem häuslichen Patriarchat nahekommende – Sozialordnung des Dorfes hinein und verinnerlichten deren Deutungsmuster, Hierarchien und Werte. Insofern bereiteten die Gesellungsformen der männlichen und weiblichen Jugend die Segregation der sozialen und politischen Kultur der Erwachsenen in der ländlichen Gesellschaft vor. Sie führten die Jugendlichen in eine Erwachsenengesellschaft, in der Frauen von den normsetzenden und statusrelevanten Formen lokaler und regionaler Öffentlichkeit weitgehend ausgeschlossen und auf wenige, spezifisch »weibliche« Formen der Geselligkeit verwiesen wurden.

5. Das Gesinde

Es ist ein Charakteristikum der bäuerlichen Wirtschaft in West- und Mitteleuropa, daß der Bedarf an Arbeitskräften nicht nur durch bluts- und heiratsverwandte, sondern auch durch nichtverwandte Personen gedeckt wurde. Mit Ausnahme der norddeutschen und ostelbischen Gebiete, in denen Gutswirtschaften und

Großbetriebe dominierten und vertraglich gebundene Taglöhnerfamilien (die Heuerlinge, Insten, Dreschgärtner, Kossäten) in eigenen kleinen Häusern in der Nähe der Gutshöfe wohnten, wurde der beständige Arbeitskräftebedarf in den bäuerlichen Gebieten West- und Mitteleuropas durch das in die bäuerliche Hausgemeinschaft integrierte und hausrechtlich abhängige Gesinde gedeckt.[101] Dagegen konnte die ost- und südeuropäische Bauernfamilie bei niedrigem Heiratsalter und sehr *komplexen Familienformen* genügend Arbeitskräfte aus der genealogischen Familie und den in die Hausgemeinschaft integrierten Verwandten rekrutieren. Die meist mehrere Generationen umfassenden und mehrere Eltern-Kinder-Gruppen einschließenden Bauernhaushalte *(joint families)*[102] in Zentral-Rußland und auf dem Balkan *(Zadruga)* kannten kein Gesinde.[103]

Während es für die Kinder der Inwohner, der Häusler, aber auch vieler Kleinbauern üblich war, zu einem Bauern »in Dienst zu gehen«, verblieben die zu Erben vorgesehenen Kinder der Bauern überwiegend im Elternhaus. Ein Teil der weichenden Erben (Bauernkinder, die das Elternhaus nach der Hofübernahme durch den Haupterben verlassen mußten), verdingte sich ebenfalls als Gesinde in fremdem Haus. Das bäuerliche Gesinde setzte sich also überwiegend aus den Kindern unterbäuerlicher und kleinbäuerlicher Schichten, z. T. aber auch aus nichterbenden Bauernkindern zusammen.

Das ledige Gesinde der mitteleuropäischen Regionen wurde meist auf Zeit in das Bauernhaus aufgenommen. Aus seiner Integration in das Bauernhaus ergab sich meist, daß das Gesinde ledig sein mußte.[104] Daraus wieder folgte, daß Knecht oder Magd zu sein vielfach auf das zweite und dritte Lebensjahrzehnt beschränkt und im allgemeinen keine lebenslange Stellung war. Man hörte auf, Knecht oder Magd zu sein, wenn einem eine Heirat möglich wurde. Bauernkinder konnten eventuell in einen Hof einheiraten oder mit Hilfe ihres Erbteils ein kleines Haus erwerben. Andere Dienstboten wechselten vom Status des Gesindes zu dem der Inwohner, die als solche dem Hof weiterhin als Arbeitskräfte erhalten blieben, oder in den Status von Häuslern, die sich nur zu bestimmten Zeiten von den Bauern als Arbeitskräfte anwerben ließen. Aufgrund der sozialen Inhomogenität (bezogen auf seine Herkunft), der lebenszeitlichen Begrenztheit sowie der differenten Perspektiven der Knechte und Mägde nach Beendigung ihrer Dienstzeit ist das bäuerliche Gesinde in West- und Mitteleuropa nicht als eine selbständige soziale Klasse innerhalb der ländlichen Gesellschaft, sondern als eine sozio-kulturell distinkte Altersphase anzusehen. Erst mit der auf die Gesindephase folgenden Heirat plazierte sich das Individuum mehr oder weniger dauerhaft in einer der (meist unterbäuerlichen) sozialen Schichten der ländlichen Gesellschaft.

Verschiedene Untersuchungen haben gezeigt, daß die bäuerliche Familie mehrere unterschiedlich akzentuierte Phasen durchlief.[105] Ein besonders variables Element der bäuerlichen Familienstruktur bildete die Subgruppe des Gesindes. Die Zahl des Gesindes wurde im wesentlichen dem jeweils gegebenen Bedarf an zusätzlichen Arbeitskräften angepaßt. Einer der wichtigsten Faktoren, von dem die Einstellung von Gesinde abhing, war die Zahl der arbeitsfähigen Bauernkinder. Waren die Kinder des Bauernpaares noch klein und arbeitsunfähig, benötigte der Hof mehr Gesinde. Heranwachsende und zunehmend arbeitsfähige Kinder ersetzten oft sukzessive Knechte und Mägde oder reduzierten zumindest deren Anzahl. Das trifft vor allem auf Bauernhöfe mittlerer Größe zu.[106] Große Höfe und insbesondere große Höfe in Viehzuchtgebieten hatten unabhängig von der Zahl der Kinder einen stetigen Gesindebedarf. Hier war eine deutliche funktionale Hierarchie der Knechte und Mägde gegeben. So soll etwa ein im Salzburgischen Pinzgau ansässiger Bauer mit einem Grundbesitz von über 150 Joch im Jahr 1798 43 Knechte und Mägde im Dienst gehabt haben.[107] Wie eng der Zusammenhang zwischen der Aufnahme von Gesinde und den Erfordernissen der Bauernarbeit war, geht aus dem Umstand hervor, daß die Bezeichnungen für die Positionen des Gesindes innerhalb der Arbeitshierarchie des Hofes von den dem Gesinde zugeteilten Arbeitsgängen abgeleitet wurden. Aus dem schon erwähnten Salzburger Pinzgau sind zum Beispiel zahlreiche Gesindebezeichnungen überliefert.

An der Spitze der Gesindehierarchie stand hier der »Bauknecht«. Er war der Vertreter des Bauern gegenüber den anderen Knechten. Er besprach jeweils die Arbeit eines Tages mit dem Bauern und teilte die ihm unterstellten Knechte zur Arbeit ein. Neben ihm nahm der »Melker« eine hervorragende Stellung in der Gesindehierarchie ein. Er verfügte über besondere Erfahrung im Melken, in der Käserei und in der Betreuung erkrankten Viehs. Ihm standen eine weibliche Hilfskraft (die »Melkerin«) und ein männlicher Helfer (der »Schosser«) zur Seite. Die dem Bauknecht und dem Melker nachgeordnete Position nahm der »Einwerfer« ein, eine Bezeichnung, die sich wohl auf einen Arbeitsgang bei der Heuarbeit bezog. An dritter Stelle war der »Oberroßknecht« zu finden, der im »Unterroßknecht« oder »Roßbuben« einen Gehilfen hatte. Danach kamen der »Stadler«, der »Schopper« und der »Sommerer« (nach Arbeitsgängen bei der Heuernte). Der »Kühbub« hatte im Winter das Galt- und Zuchtvieh zu betreuen, der »Gaisser« beaufsichtigte die Ziegen, der »Ochsner« die Ochsen auf der Weide. Am unteren Ende der Hierarchie standen der »Büscher« und der »Laufer«, jugendliche Hilfskräfte mit wenig differenzierten Aufgaben. Der »Schwender« wurde zur Reinigung der Almen eingestellt und war – wie auch der »Schäfer« – nur im Sommer im Dienst. Bei den weiblichen Dienstboten wurde häufig zwischen der »Kuhdirn« und der »Saudirn« unterschieden. Auf großen Höfen gab es auch eine »Hühner-« und »Gänsemagd«. Zur Beaufsichtigung des Kleinviehs wurden Mädchen wie Buben eingesetzt.[108] Ähnlich, wenn auch nicht immer derart differenziert, waren die Gesindebezeichnungen auch in anderen Regionen, in denen die Viehzucht dominierte.[109] War – wie in der Mehrzahl der mittelgroßen Bauernhöfe – die Zahl des Gesindes geringer, fielen mehrere der auf großen Höfen spezialisierten Tätigkeiten auf je einen der Knechte und Mägde. Auf einem niederösterreichischen Hof mit 40 Hektar Wirtschaftsfläche waren in den zwanziger Jahren des 20. Jahrhunderts acht Dienstboten beschäftigt. Der Bauknecht war zugleich Pferdeknecht; ihm waren ein zweiter und ein dritter Knecht sowie ein »Wasserbub« untergeordnet. Weiterhin wurden eine »Schweizerin« (Melkerin), eine »Saumagd« und eine »Kuchlmagd« beschäftigt.[110] Auch bei wesentlich geringeren Gesindezahlen wurde an der funktionalen Differenzierung und damit an einer expliziten Hierarchie des Dienstpersonals festgehalten.

Das weibliche Gesinde stand unter der Oberaufsicht der Bäuerin. Insgesamt waren weibliche Dienstboten dem männlichen Gesinde deutlich an Prestige unterlegen. Das geht unter anderem aus der bäuerlichen Tischordnung hervor. Für einige mitteleuropäische Regionen – so für dänische Landwirtschaftsgebiete – ist belegt, daß die Männer bei Tisch saßen und die Frauen standen.[111] Die Tischordnung im Bauernhaus spiegelte *immer* die Arbeitsordnung.[112] Eine so auffällige Degradierung der weiblichen Arbeitskräfte bei Tisch läßt auf die relative Geringschätzung ihrer Arbeit schließen. Aber auch wenn die Frauen bei Tisch saßen, waren sie den männlichen Arbeitskräften symbolisch nachgeordnet, insbesondere durch die Reihenfolge der Essensausgabe und durch die nach dem Geschlecht differenzierte Größe der Portionen. Über die Verhältnisse in kleinbäuerlichen Familien der Weststeiermark vor dem Ersten Weltkrieg wird folgendes berichtet: »Es war auch Brauch, daß die besseren und schöneren Fleischstücke ausnahmslos den Männern vorgelegt wurden und sich die Weiberleut mit den minderen Qualitäten zu begnügen hatten.«[113] Insgesamt wurden die Bauernfamilien von den Dienstboten vorrangig nach der Qualität des gereichten Essens eingeschätzt. Die öffentliche Meinung wußte genau darüber Bescheid, bei welchem Bauern die Dienstboten schlecht ernährt und hart behandelt, bei welchem die Kost gut und ausreichend war. Danach bestimmte sich nicht unwesentlich, zu welchen Bauern die als besonders »tüchtig« geltenden Dienstboten in den Dienst gingen und welche Bauernhäuser sie eher mieden.[114]

Der Gesindedienst begann im jungen Alter. Bis zum Ende des 18. Jahrhunderts dürften männliches und weibliches Gesinde um das 10. Lebensjahr in den Dienst eines Bauern getreten sein. Im 19. Jahrhundert verschob sich – nicht zuletzt mit der allmählichen Durchsetzung der Schulpflicht – das Eintrittsalter auf das zwölfte bis vierzehnte Lebensjahr. Allerdings mußten die Kinder von Häuslern und Inwohnern oft schon vor Beendigung ihrer Schulpflicht zu einem Bauern, um dort leichtere Aufgaben (Kinderhüten, Viehhüten) zu übernehmen.[115] Häufig fand der Übergang insofern fließend statt, als ein Häuslerkind zunächst nur nachmittags zum benachbarten Bauern ging, um dort etwa auf ein Kleinkind aufzupassen, ehe es in das Bauernhaus aufgenommen wurde. Die ersten Dienstplätze wurden häufig bei Verwandten oder auf Höfen gefunden, zu denen – z.B. über ältere Geschwister – schon eine *Patron-Klientel-Bindung* bestand. Häufig wurden die bäuerlichen Dienstherren auch als Tauf- und Firmpaten gewählt. Die wirtschaftlich begründete Arbeitsbeziehung fand hier eine zusätzliche paternalistische Akzentuierung. Für die ihr Elternhaus verlassenden Kinder muß der Antritt des Dienstes im Bauernhaus eine eindrückliche lebensgeschichtliche Zäsur bedeutet haben. Vermutlich konnte sie zu einem traumatischen Trennungserlebnis werden, wenn auch nicht »moderne«, emotional »aufgeladene« Eltern-Kind-Beziehungen zurückprojiziert werden dürfen. Für das frühe 20. Jahrhundert sind zahlreiche Berichte überliefert, die von häufigem Trennungsschmerz der Kinder, von Schwierigkeiten, sich in das Leben auf dem Bauernhof einzugewöhnen, und von Heimweh zeugen.[116] Der Eintritt in den Dienst des Bauern wurde als Übernahme des Kindes in die häusliche Gemeinschaft des Hofes symbolisch gestaltet. Meist begleitete die Mutter das Kind und stellte es der Bauernfamilie vor. Dann wurde gemeinsam gegessen (das gemeinsame Mahl als *Integrationsritual*) und nach einer Besichtigung des Hofes ließ die Mutter ihr Kind in der Obhut der Bauernfamilie zurück.[117]

Bäuerliches Gesinde wurde entweder aus den unterbäuerlichen Schichten, aus den weichenden Erben von Bauernfamilien oder aus im Haus bleibenden nichterbenden Bauernkindern (den Geschwistern des Bauern und/oder der Bäuerin) rekrutiert. Ein Teil des Gesindes war daher mit dem Bauernpaar verwandt.[118] Das Gesinde wechselte in vielen mitteleuropäischen Regionen immer wieder den Dienstgeber, im Extremfall jährlich zu zwei Terminen.[119] Einzelne Fallbeispiele deuten darauf hin, daß verwandte Gesindepersonen oft länger im selben Haus blieben als nichtverwandtes Gesinde oder daß sie häufiger in dasselbe Haus zurückkehrten. Es liegt auch durchaus nahe, anzunehmen, daß infolge der kindähnlichen Stellung des jugendlichen Gesindes im Bauernhaus verwandte Dienstgeber von den Jugendlichen oder deren Eltern vorgezogen wurden. Das könnte insbesondere bei jungen Dienstmägden bedeutsam gewesen sein, übernahmen doch Bauer und Bäuerin quasi-elterliche Verantwortung für ihr Gesinde. Demgegenüber stellt sich die Frage, inwieweit sich jährlich wechselnde Dienstboten im Bauernhaus »heimisch fühlen« konnten. Eine vorwiegend auf kärglichen Strukturdaten zu Größe und Zusammensetzung der bäuerlichen Hausgemeinschaften aufbauende Historische Familienforschung kann darauf kaum plausible Antworten geben.

Wenn es auch sicher zutreffend ist, das nichtverwandte Gesinde zur Familie (im Sinne der Hausgemeinschaft) zu zählen[120], sind doch erhebliche Unterschiede in der sozialen Erfahrung von verwandten und nichtverwandten Knechten und Mägden anzunehmen. So machte es – um es an einem extremen Gegensatz zu verdeutlichen – einen großen Unterschied aus, als Geschwister des Bauern für eine gewisse Zeit Knecht oder Magd zu sein und Aussicht auf eine Heirat und damit vielleicht sogar auf eine bäuerliche Vollstelle zu haben oder etwa als Kind armer Inwohner über Jahrzehnte zum Gesindedienst gezwungen zu sein, nur geringe Hoffnungen auf Heirat zu haben, im Fall einer Heirat aber weiterhin als

Taglöhner im »untertänigen« Verhältnis zum Bauern zu verbleiben. Die Frage, inwieweit sich aus dem Zusammenleben und -arbeiten von Knechten und Mägden mit unterschiedlichen prospektiven Karrieren innerhalb des Gesindes soziale Spannungen, Gruppenbewußtsein oder gar Formen eines »primitiven Klassenkampfes« ergeben konnten, ist ebenso ungeklärt wie die Frage, inwieweit infolge von »Peer-Group«-Effekten in der innerhäuslichen Gruppe des Gesindes, aber auch innerhalb der dörflichen Gesellschaft eine Solidarisierung der Jugendlichen entstehen konnte, die Klassen- und Schichtunterschiede in ihrer subjektiven Wahrnehmung zu dämpfen vermochte. Insbesondere ältere Literatur, die die »Erziehungsgemeinschaft« des Bauernhauses betont, ist insofern unter Ideologieverdacht zu stellen, als hier die Absicht der Harmonisierung von sozialen Unterschieden Pate gestanden haben könnte.[121]

Während das Gesinde in kleinbürgerlichen Gegenden meist mit der Bauernfamilie am selben Tisch saß, nahm es in reicheren Bauernfamilien – etwa des Salzburger Pinzgaus – meist an einem eigenen Gesindetisch Platz.[122] Auch die Qualität des Essens soll sich auf dem Tisch der »Bauersleute« mitunter von der am Gesindetisch unterschieden haben. So berichtet Laurenz Hübner über wohlhabende Salzburger Bauern: »Der vermöglichere Bauer hält sich hier mit seiner Hausfrau und den zur Arbeit noch unfähigen Kindern meistens seinen eigenen Tisch und eine bessere Küche als die der Dienstboten... Bei kleineren Wirtschaften frühstückt und ißt Bauer und Bäuerin mit dem Gesinde; bei größeren aber ist dies nicht der Fall.«[123] Interessant ist, daß hier betont wird, die »zur Arbeit noch unfähigen Kinder« säßen am Tisch des Bauern. Andere Berichte bestätigen, daß die bereits »in Arbeit stehenden« Kinder des Bauern mit dem Gesinde aßen: »die erwachsenen und in Arbeit stehenden Söhne und Töchter teilen mit dem Gesinde den Mittagstisch«, heißt es in einer Beschreibung der bäuerlichen Verhältnisse in Oberösterreich aus den sechziger Jahren des 19. Jahrhunderts.[124] Das belegt erneut, daß die Tischordnung im Bauernhaus immer die Arbeitsordnung widerspiegelte.[125] Es wird daraus aber auch erkennbar, daß die arbeitsfähigen Bauernkinder in erster Linie in ihrer Funktion als Arbeitskräfte der bäuerlichen Wirtschaft gesehen wurden. Ihre Arbeitsleistung bestimmte ihren innerhäuslichen Status. Dennoch setzte im frühen 19. Jahrhundert unverkennbar ein Trend zur räumlichen und sozialen Separierung von Bauersleuten und Gesindepersonen ein. Auf den größeren Höfen wurden eigene

Gesindestuben errichtet. Das wurde in der ersten Phase der »Agrar-revolution« durch die rapide wachsenden Gesindezahlen gefördert.[126] Ähnlich dürfte sich die räumliche Ordnung des Schlafens zunehmend differenziert haben. Während aus kleinbäuerlichen Regionen mit kargen Wohnverhältnissen berichtet wird, Bauernkinder und Gesinde hätten mitunter im selben Raum geschlafen[127], wissen wir von mittel- und großbäuerlichen Höfen, daß Bauernkinder und Gesinde in getrennten Schlafkammern untergebracht waren.[128] Meist wurden den Knechten und den Mägden separate Schlafkammern zugewiesen. Häufig lag die Kammer der Mägde im Bauernhaus, die der Knechte jedoch in einem Nebengebäude. Bisweilen schliefen Knechte auch im Stall. Das wurde mit der Notwendigkeit der Betreuung des Viehs, insbesondere der Pferde, begründet.[129] Die zunehmende Differenzierung der bäuerlichen Bevölkerung im Verlauf des 19. Jahrhunderts hatte auch eine innere Differenzierung der bäuerlichen Hausgemeinschaft zur Folge. Die Erfahrung der sozialen Ungleichheit durch die Dienstboten sollte daher nicht unterschätzt werden, auch wenn sie einerseits patriarchalisch (durch die Unterwerfung der Kinder wie der Knechte und Mägde unter die Herrschaft des Bauern) und andrerseits jugendlich-egalitär (z. B. in der dörflichen Burschenschaft) übertönt sein konnte.

Die Entlohnung der Dienstboten erfolgte in einem Mischsystem aus Natural- und Geldlohn. Nahm der Bauer einen Dienstboten auf, vereinbarte er mit ihm eine bestimmte Summe Geldes. Zusätzlich wurden den Knechten Hemden oder eine Sonntagshose, den Mägden Kleiderstoff, Schürzen, Strümpfe oder Pantoffeln u. ä. für Weihnachten versprochen. Wurde ein Stier verkauft, gab es mitunter Trinkgeld für die Dienstboten.[130] Die Verpflegung wurde als Teil der Entlohnung betrachtet. Insofern war die bäuerliche Küche nicht Teil der »privaten Reproduktion« wie im Haushalt von lohnabhängigen Familien, sondern integraler Teil des bäuerlichen Wirtschaftsbetriebs.

Die Arbeitszeit der Dienstboten konnte nicht einheitlich nach Stunden geregelt werden, sondern hing von den saisonal unterschiedlich langen Tagen sowie von den Arbeitserfordernissen ab, die sich ebenfalls saisonal und nach je aktuellen Arbeitsgängen unterschieden. Ungeschriebene Regeln, Traditionen und Gewohnheiten regelten die Tages-, Wochen- und Jahresarbeitszeit. Norbert Ortmayr spricht von einer *moralischen Arbeitszeit,* da sie sich nicht nach der Uhr, sondern ausschließlich nach aktuellen Notwendigkeiten der bäuerlichen Wirtschaft richtete und weitgehend verinnerlicht war.[131] Die zahlreichen Bauernfeiertage wurden – entgegen obrigkeitlichen Bemühungen, sie abzuschaffen – streng eingehalten. Nur die Stallarbeit mußte auch an Sonn- und Feiertagen verrichtet werden.[132]

Beim Frühstück schaffte der Bauer den Dienstboten die Tagesarbeit an, auf größeren Höfen besprach er sich mit dem ersten Knecht, der dann die Anordnungen des Bauern an das übrige Gesinde weitergab. Pausen, Mittagszeit und Feierabend waren meist streng geregelt, blieben aber infolge der Naturgebundenheit der Arbeit an die saisonal unterschiedlichen Tageszeiten gebunden. Während es im Sommer wenig Freizeit gab, waren die Winterabende lang: »Im Winter saßen die Dienstboten beisammen, erzählten Witze und sangen Lieder. Im Fasching gingen sie zu Tanzveranstaltungen.«[133] Zu Mariä Lichtmeß (2. Februar) hatten die Dienstboten vielfach acht Tage frei. Diese Tage wurden von vielen Knechten und Mägden zur Suche eines neuen Arbeitsplatzes benützt. Fast die Hälfte der niederösterreichischen Dienstboten wechselte im 19. Jahrhundert jährlich den Hof. Die andere Hälfte blieb im Durchschnitt zwei bis vier Jahre, ganz selten blieb ein Dienstbote länger. Die Ursachen für dieses »unstete« Dienstbotenleben werden einerseits darin vermutet, daß die Jugendlichen in der Phase des Gesindedienstes Erfahrung sammeln, die Region kennenlernen, vielleicht auch den regionalen Heiratsmarkt »durchwandern« wollten. Hier drängt sich eine entfernte Parallele zum handwerklichen Gesellenwandern auf. Andrerseits wurde diese Mobilität aber vermutlich auch durch die innere Dynamik der bäuerlichen Hausgemeinschaft bedingt: Es wurde schon darauf hingewiesen, daß Dienstboten durch heranwachsende Kinder des Bauern ersetzt wurden. Der Wechsel des Hofes hatte auch mit der Möglichkeit zum Aufstieg eines Dienstboten in der Gesindehierarchie zu tun. Und schließlich könnte der Wechsel des Dienstgebers auch einer Strategie der Dienstboten entsprochen haben, den Stellenmarkt in Bewegung zu halten und die Bauern immer wieder zu Einstellungsgesprächen zu zwingen, bei denen die Konditionen verhandelt und die Kriterien einer »moralischen Ökonomie«, Kriterien eines »gerechten« Dienstherrn und einer »gerechten« Bäuerin immer wieder ins Gespräch gebracht werden konnten. Hierbei spielte die Frage der Kost, die den Dienstboten vorgesetzt wurde, eine erhebliche Rolle.[134] Sie scheint, wie Esther Goody bemerkt hat, weit über ihre vordergründige Bedeutung hinaus von symbolischem Gewicht gewesen zu sein: An ihr ließ sich kritisieren, was an den Prinzipien patriarchalischer Herrschaft nicht kritisiert werden konnte.[135] Aber auch Verletzungen der Feiertagsordnung u. ä. wurden einem Bauern in der dörflichen Öffentlichkeit »nachgesagt«, und ein solcher Bauer wurde in der Folge gerade von den wegen ihres Arbeitsfleißes begehrten Arbeitskräften gemieden. Die Bedeutung des Ansehens, des »Rufs« oder – in der Sprache der Sozialanthropologie – des »symbolischen Kapitals der Ehre« zeigt sich z. B. darin, daß die Bauern »ehrenrühriges Nachreden« mancherorts in die Dienstbotenordnung aufnahmen und mit Entlassung bedrohten.[136]

Die Dienstbotenzeit war eine Zeit des Lernens. Der erste Knecht »richtete den Wasserbuben ab«[137], die Bäuerin lehrte der »Kindsdirn« die Küchenarbeiten und andere Tätigkeiten im Haushalt. Auf dem Feld lernte das Gesinde die Arbeiten weitgehend durch Beobachtung und Nachahmung. Nur wenn es unvermeidlich war, erklärte ein erfahrener Dienstbote einem jüngeren, wie er eine bestimmte Arbeit zu verrichten hätte: Lernen erfolgte – wie auch bei den Bauernkindern – weitgehend empirisch. Allerdings sollte die kognitive Sozialisation – etwa durch das Erzählen von Geschichten an langen Winterabenden, bei Tisch oder bei bestimmten Arbeiten – nicht unterschätzt werden. Die bäuerliche Lebenswelt verfügte über einen reichen Vorrat an tradierten Deutungsmustern und »lehrreichen« Geschichten, die von einer Generation an die nächste weitergegeben wurden. Sie enthielten zwar meist nicht explizites, sondern implizites Wissen, das jedoch in seiner Eindrücklichkeit nicht weniger Bedeutung besaß und zur Orientierung des einzelnen in der Welt des Dorfes, zur Ausdeutung der sozialen Unterschiede und zur Auseinandersetzung mit den geltenden Normen der ländlichen Gesellschaft diente.

Für die jungen, meist noch in kindlichem Alter aufgenommenen Dienstboten wurde die bäuerliche Hausgemeinschaft zum »verlängerten Elternhaus«: Dem Bauern und der Bäuerin kamen quasielterliche Rollen zu. Des öfteren sprachen die jüngsten Dienstboten Bauer und Bäuerin auch mit »Vater« und »Mutter« an. Die Bezeichnungen »Mädchen« (»Mensch«) und »Bub« für die jüngsten Dienstboten weisen ebenfalls auf deren kindähnliche Stellung in der Bauernfamilie hin. Bestand zwischen den Herkunftsfamilien der jungen Dienstboten und der Bauernfamilie eine Beziehung im Muster von *Patronage* und *Klientel*, verstärkte sich die autoritative Stellung des Bauern und der Bäuerin: »Da hattest dir nix zu sagen 'traut, weil das hätten eh den anderen Sonntag schon die Mutter oder da Vater gewußt«, erinnert sich eine ehemalige Dienstmagd. »Wenn man als Dirn (= Magd) ein schlechtes Gewissen ghabt hat, hat ma am Sonntag beim Heimgehen schon wieder Angst ghabt, sie (Bauer oder Bäuerin) hätten mit der Mutter oder mit'm Vater schon gredet.«[138]

Aber auch die älteren Dienstboten übten auf die jüngeren einen gewissen Einfluß aus. Zwischen den Dienstboten waren vermutlich Beziehungen der Dominanz und der Unterordnung häufiger als egalitäre oder gar »verschwörerische« Beziehungsformen.[139] Die Hierarchie der Arbeitskräfte spiegelte sich auch bei Tisch wider: Dem ersten Knecht stand das Recht zu, als erster in die Schüssel zu langen. Respektierte ein jüngerer Dienstbote dieses Recht nicht, wurde er entsprechend zurechtgewiesen.[140] Vor dem ersten Knecht oder der ersten Magd hatten aber auch die Kinder des Bauern Respekt. Waren sie in arbeitsfähigem Alter und in der Rolle von Dienstboten auf dem Hof, unterstanden sie auch als leibliche Kinder des Bauern dem vorgesetzten Gesinde. Die Tochter eines niederösterreichischen Bauern, 1925 geboren, war seit ihrem vierzehnten Lebensjahr am elterlichen Hof als Magd tätig: »Mit vierzehn Jahren mußte ich einen Dienstboten ersetzen... Wenn wir (beim Einbringen der Weizenernte, R. S.) keine rechte Lust hatten und nicht aufpaßten, bekamen wir vom ersten Knecht gleich Schimpfe oder eine Watsche, da hatten wir dann Respekt vor ihm.«[141]

Für die älteren Dienstboten war die Zeit, die sie als Knechte oder Mägde verbrachten, meist zugleich eine »Wartezeit« auf die Heirat und das damit verbundene Ende ihres Gesindedienstes. Die meisten Dienstboten sparten im Hinblick auf die Gründung eines Haushalts, aber vor allem sammelten die Mägde Bettwäsche, Handtücher und ähnliches, die sie entweder selber herstellten oder von der Bäuerin als Naturallohn erhielten. Karl Renner berichtet über seine Schwester, die bei einem mährischen Bauern in nur fünf Jahren von der Gänsemagd zur Großmagd aufgestiegen war (sie war die Nichte des Bauern), wie sie vor ihrer Heirat mit einem Häuslersohn die »Aussteuer« zusammentrug: »... das Leinenzeug erhielt sie nacheinander von der Bäuerin, zu nähen und sticken hatte sie es selbst. Die Bettfedern mußte sie selbst schleißen, ebenso eine gewisse Anzahl landesüblicher Frauenkleider und Tücher und selbst Kinderwäsche fertigstellen.«[142] Dies unterstreicht sowohl den transitorischen Charakter des Gesindedienstes als auch das »hausmütterliche« Verhalten der Bäuerin gegenüber der Magd.

Auf kommerzialisierten und rationalisierten Bauernhöfen veränderte sich allmählich der Status des Gesindes: seine Integration in die bäuerliche Familie wich zunehmend einer distanzierten »Unternehmer-Arbeiter«-Beziehung. Gleichzeitig zeigten sich erste Tendenzen der Privatisierung der bäuerlichen Familie, die sich gegenüber dem nun zunehmend als »familienfremd« betrachteten Personal abzuschließen begann.[143] Je ausgeprägter die soziale Differenzierung zwischen bäuerlicher, kleinbäuerlicher und unterbäuerlicher Bevölkerung in einer Region wurde, desto früher wurde das Gesinde von der Bauernfamilie separiert. Getrenntes Wohnen und Essen einerseits, aber auch die schrittweise Emanzipation aus der hausrechtlichen Abhängigkeit kündigten das Ende seiner Integration in die bäuerliche Familie an. Immer mehr Dienstboten wanderten in die zentralen Orte der Regionen und in die Städte ab, wo ihnen regelmäßige Entlohnung im sekundären und tertiären Sektor der Wirtschaft eine bessere Existenzgrundlage und insbesondere auch eine frühere Heiratsmöglichkeit versprach. Andrerseits hielten sich in stadt- und verkehrsfernen Gebieten (wie etwa in Tiroler Gebirgstälern) bis in die Mitte des 20. Jahrhunderts »alte« hausrechtliche Abhängigkeitsformen. Hier machte das integrierte Gesinde aber auch gewisse Prozesse der Privatisierung und Emotionalisierung der innerfamilialen Beziehungen mit. Insofern dürfen Erinnerungen an die letzten »treuen Dienstboten« im Bauernhaus nicht einfach in frühere Zeiten zurückprojiziert werden.

6. Sexualität, Partnerwahl und Heirat

Heiraten war in bäuerlichen Kreisen eine unabdingbare Voraussetzung, wollte man in den Besitz eines bäuerlichen Hofes gelangen oder einen von den Eltern übernommenen Bauernhof erhalten. Die Notwendigkeit, gemeinsam mit einem Ehepartner der bäuerlichen Hausgemeinschaft vorzustehen, bestimmte – gleichsam als zentrale sozioökonomische Determinante – den gesamten Umgang mit potentiellen Ehepartnern, mit Erotik und Sexualität. Insofern wäre es irreführend, die Sexualität der Bauern von ihrer »hauswirtschaftlichen« Bestimmtheit loszutrennen und sie »für sich genommen« einschätzen zu wollen. Das in der Literatur verbreitete Urteil, Liebe und Sexualität hätten in der bäuerlichen Gesellschaft eine vollkommen unterdrückte, durch das Kalkül der wirtschaftlichen Besitzsicherung brüskierte Rolle gespielt, scheint ähnlich oberflächlich wie die Behauptung von der »Gleichgültigkeit« der Frauen gegenüber ihren Säuglingen und Kleinkindern. Auf der Institution des Bauernpaares gründeten sich Spielräume und Varianten des vorehelichen und des ehelichen Verhältnisses der Geschlechter.

Die Position des Bauern und die der Bäuerin mußten – von Krisenphasen und seltenen Zwischenlösungen abgesehen – stets besetzt sein. Eine bäuerliche Familie ohne Bauer oder ohne Bäuerin ist als Regelfall undenkbar. Da die Frauensterblichkeit durch die mit den Geburten verbundenen Gefahren hoch und die durchschnittliche Lebenserwartung niedrig war, entstand immer wieder die Situation, daß sich ein Bauer zwei- oder dreimal verheiratete. Das geschah vor allem dann, wenn der Hoferbe noch nicht alt genug war oder wenn noch zu viele Kinder im Haus waren, die nicht im Ausgedinge versorgt werden konnten, ohne die Hauswirtschaft übermäßig zu belasten. Die daraus resultierenden Probleme häufiger Stiefelternschaft, der Rivalität zwischen Kindern erster, zweiter oder dritter Ehe wurden vielfach untersucht.[144] Für Fragen der Sexualität scheint besonders wichtig, daß daraus große Altersunterschiede zwischen den Ehegatten resultieren konnten. Insbesondere Zweit- und Drittheiraten zwischen deutlich älteren Männern und jüngeren Frauen waren häufig. Der umgekehrte Fall fand sich seltener und vor allem dann, wenn Bauern- oder Häuslersöhne in Bauernhöfe einheirateten, d. h. wenn eine verwitwete Bäuerin ihr *Wiederaufgriffsrecht* wahrnahm und nochmals heiratete, um die Bauernwirtschaft weiterzuführen.[145] Da die Bäuerin jedoch in vielen Regionen auf das Aufgriffsrecht verzichtete und statt dessen nach dem Tod des Mannes den Hof an einen Nachfolger übergab, waren die Zweit- und Drittehen von Männern insgesamt häufiger als jene von Frauen.[146]

In einer Ökonomie, die wesentlich auf dem Besitz und der sachgerechten Bearbeitung von Grund und Boden beruhte, bestimmten sich die Heiratschancen von Männern und Frauen aus dem elterlichen und zu ererbenden Grundbesitz, aus der persönlichen

Arbeitsfähigkeit (Körperkraft und Gesundheit) und aus dem der elterlichen Hauswirtschaft zu entnehmenden Heiratsgut. Diese Kriterien wurden durch Eigenschaften wie körperliche Attraktivität oder persönliche Ausstrahlung überformt. Sie spielten wohl meist eine Rolle, waren aber nicht von ausschlaggebender Bedeutung. Dieser »instrumentelle« Charakter der Partnerwahl konnte auch zu erheblichen Altersdifferenzen zwischen den Eheleuten führen. Bäuerliche Partnerwahl war keine »persönliche« Angelegenheit, die nur die einander wählenden Partner betroffen hätte: Sie tangierte das Schicksal der Hausgemeinschaft, der Eltern, der Geschwister und auch das des Gesindes. Insofern war es opportun, die Wahl des Ehepartners aus dem kollektiven Interesse der Hausgemeinschaft mitzubestimmen. Das geschah durch die Formen der Eheanbahnung, die von der dörflichen Jugend im Wissen um die wirtschaftlichen Zusammenhänge reguliert und kontrolliert wurde, aber auch durch die Vorbereitung von Eheschließungen durch Eltern und Verwandte. Dies konnte – in der extremen Ausformung desselben Prinzips – bis zur Arrangierung von Eheschließungen durch Vermittler (»Kuppler«) führen, die im Wissen um wirtschaftlich »passende« Ehekandidaten eine dem hauswirtschaftlichen Kalkül angemessene Eheschließung gegen »Belohnung« in die Wege leiteten. Man könnte auch negativ formulieren: Eine »personalisierte«, dem Geschmack des einzelnen überlassene, von wirtschaftlichem Kalkül freie Partnerwahl hätte zumindest in einem großen Teil bäuerlicher Familien zu persönlichen und wirtschaftlichen Katastrophen geführt. Dies sollte uns davor warnen, »moderne« Ansprüche an die Ehe auf die bäuerlichen Verhältnisse des 18. oder 19. Jahrhunderts zu projizieren.[147]

Hinzu kommt, daß die Heirat die nahezu einzige Möglichkeit bot, in den Besitz von Grund und Boden zu gelangen, wenn wir vom Erbgang selber absehen. Im Vergleich dazu hatte der Erwerb von Grund und Boden durch Kauf und Verkauf im 18. und 19. Jahrhundert eine völlig untergeordnete Bedeutung. Eine Ausnahme bildeten nur der Kauf und Verkauf von Kleinhäusern und von Berganteilen im Weinbau. Es war daher die Eingebundenheit des Subjekts in ein gesellschaftliches System der Produktion, der Besitzsicherung und des intergenerationalen Transfers von Besitz, dem die wirtschafliche »Vernünftigkeit« der Partnerwahl geschuldet war. Verhielt sich der einzelne Mensch gegen die Logik des Systems, wurde ihm das – am Widerstand der Eltern, an der Sanktionierung seines unangepaßten Verhaltens durch die dörfliche Gesellschaft (Rügebrauchtum) – drastisch vor Augen geführt.

Je nach vorherrschenden Erbregeln, Besitzgrößen und Wirtschaftsweisen unterschieden sich die »systemischen Zwänge«, denen der einzelne – über die lebensgeschichtliche Disponierung seiner Deutungsmuster ohnehin meist widerstandslos – gegenüberstand. In Freiteilungsgebieten war eine Heirat nur möglich, wenn die Erbteile *beider* Ehepartner ausreichend waren. In Anerbengebieten lag das Schwergewicht meist auf dem Erbe des Mannes, seltener auf dem der Frau. Es ist zu vermuten, daß daraus Folgen für das eheliche Machtverhältnis resultierten. Ein »Spezialfall«, an dem sich gleichwohl der Zusammenhang von Partnerwahl und Strategien der Besitzsicherung anschaulich zeigen läßt, sind Freiteilungsgebiete, in denen die Zersplitterung der Wirtschaften (bis hin zur mangelnden Subsistenzbasis) dadurch vermieden werden sollte, daß mehrfach zwischen zwei Familien geheiratet wurde, so daß Besitzverlust durch »Wegheirat« und Besitzgewinn durch »Einheirat« einander kompensierten.[148]

Daß auch die weichenden Erben in der Verteilung der Heiratschancen einer familienwirtschaftlichen Logik ausgeliefert waren, ergab sich aus dem kollektiven Interesse, die Arbeitskräfte des Hofes möglichst aus der Gruppe der Kinder zu rekrutieren. Darüber hinaus gab es vielfach das hauswirtschaftliche Motiv, die Töchter »der Reihe nach« – die älteste im Haus lebende Tochter jeweils vor einer jüngeren – zu verheiraten. Über die Einrichtung des *Heiratsgutes* verfügte das Bauernpaar über entscheidenden Einfluß. In den Erinnerungen von ehemaligen Bauernkindern ist daher immer wieder von »heiraten *dürfen*« bzw. von »Sie (die Eltern/die Hausgemeinschaft) haben mich (noch) nicht heiraten lassen« die Rede.[149]

7. Inwohner und Häusler

War der über das Jahr bestehende Bedarf an Arbeitskräften durch die Angehörigen der bäuerlichen Hausgemeinschaft – das Gesinde eingeschlossen – zu decken, bestand in Phasen höchsten Arbeitskräftebedarfs die Notwendigkeit, weitere Personen »in Dienst zu nehmen«. Sie wurden im allgemeinen im Taglohn bezahlt. Eine Sonderform stellte die naturalwirtschaftliche Entlohnung dar, etwa das Recht, einen kleinen Acker für den Eigenverbrauch zu bestellen. Den bäuerlichen Familien korrespondierten also meist unterbäuerliche Familien, die temporäre Arbeitskräfte für den Bauernhof stellten. Die auf diese Weise immer nur für kurze Zeit beschäftigten Tagelöhner waren gezwungen, ihren Lebensunterhalt auf vielfältige Weise zu gewinnen. Häufig war die Kombination der Taglohnarbeit auf Bauernhöfen mit proto-industrieller Heimarbeit (s. Kap. II.). Ähnliches galt aber auch für den Taglohn im Bergbau und die Holzfällerei. Taglohn in der Landwirtschaft war saisonal gebundene Arbeit und ließ sich mit diversen nichtlandwirtschaftlichen Lohnarbeiten gut kombinieren. Andrerseits wirkte der lokale und regionale Stand an Tagelöhnern auf die Binnenstruktur der bäuerlichen Hausgemeinschaft zurück. Waren genügend Tagelöhner vorhanden, konnte das bäuerliche Gesinde reduziert werden.

Vielfach übten Häusler – neben dem Taglohn in der Landwirtschaft – auch gewerbliche Tätigkeiten aus. So erwähnen Haushaltslisten des 17. und 18. Jahrhunderts aus Salzburg und Tirol einen »Kramer« (Kaufmann), »dermalen aber auch ein Schneidermeister und Spielmann«, einen »Schmied und Kramer«, »Maurer und Weber« usw.[150] Aber auch die Kombination von Gemeindediensten und hausindustriellen Gewerben ist überliefert: »Weber und Mesner«, »Schneider und Nachtwächter«.[151] Ein Gewerbe allein konnte offenbar den Lebensunterhalt dieser Familien nicht sichern. Die Beispiele charakterisieren die häufige Notwendigkeit des »Mischerwerbs« in den unterbäuerlichen Schichten.[152] Zum Teil ergänzten einander die kombinierten Gewerbe saisonal: Weber im Winter, Maurer im Sommer. Häusler, die das Gewerbe des Schusters oder des Schneiders ausübten, gingen meist auf »die Stör«, d. h. sie zogen von Haus zu Haus und von Hof zu Hof, nahmen hier Aufträge entgegen und führten sie an Ort und Stelle aus. Weber zogen des öfteren mit zusammenklappbaren Webstühlen von Hof zu Hof und verwebten den von den Bauern gezogenen Flachs. Häusler, die einen eigenen Acker besaßen, waren meist auf den nächsten Bauern angewiesen, wenn sie ein Pferd oder einen Ochsen zum Ackern benötigten. Borgte der Bauer dem Häusler ein Zugtier für einen Arbeitstag, mußte das durch einige Arbeitstage des Häuslers auf der Bauernwirtschaft »zurückgezahlt« werden. Viele Häusler »pachteten« einen Acker von einem benachbarten Bauern. Die »Pacht« aber bestand meist in Arbeitstagen, die die

Häusler auf dem Bauernhof abdienen mußten. Eine oberöster-
reichische Häuslertochter erinnert sich:

»Mutter mußte für den Acker arbeiten. Immer, wenn es viel Arbeit gab,
und das war außer an den Regentagen fast immer der Fall, wurde sie geholt. Das ging den ganzen Sommer hindurch bis zum Maschinendre-
schen im Herbst. Sie kam daheim kaum mit der Arbeit nach. Aber die Arbeit beim Bauern war einfach wichtig, sonst hätten wir den Acker nicht
bekommen.«[153]

Die Kinder der Häusler gingen meist zu den umliegenden Bauern
in den Dienst. Über mehrere Jahrzehnte jährlich angelegte Haushaltslisten lassen den Schluß zu, daß Bauern immer wieder auf
dieselben Häuslerfamilien zurückgriffen, wenn sie Kinder und Jugendliche als Dienstboten einstellten oder Tagelöhner zur Erntearbeit aufnahmen.[154]

Es bestand eine wechselseitige Abhängigkeit zwischen Bauern, Inwohnern und Häuslern *(Reziprozität)*. Die Bauernfamilien wären
in ihrer Binnenstruktur nicht möglich gewesen, hätte es nicht das
Komplement der Häusler- und Inwohnerfamilien gegeben. Die
Schicht der Inwohner und der Häusler nahm einerseits die weichenden Erben aus den Bauernfamilien auf; andrerseits stellte sie
für Bauernfamilien ein Reservoir an kurzfristig rekrutierbaren
Arbeitskräften zur Verfügung, für deren dauerhafte Reproduktion
die Bauernwirtschaft nicht aufkommen mußte. Die Kinder der
Häusler und Inwohner gingen größtenteils auf die umliegenden
Bauernhöfe in den Dienst. Schließlich übernahmen Häusler und
Inwohner gewerbliche und handwerkliche Funktionen, die die ursprünglich autarke bäuerliche Hauswirtschaft im Laufe ihrer Spezialisierung auf Ackerbau, Viehzucht oder Weinbau nicht mehr
wahrnehmen konnte, sowie niedere dörfliche Ämter. Die Reziprozität zwischen Bauern- und Häusler- bzw. Inwohnerfamilien ist
um so bemerkenswerter, als zwischen den Bauernhöfen einer Region – also auf derselben sozialen und ökonomischen Ebene –
kaum Arbeitsteilung bestand. Dies und die Funktion des Bauern
als Arbeit- und Dienstgeber spricht dafür, die Beziehung zwischen
Bauern und den in ihrem Umfeld angesiedelten Häuslern und Inwohnern als Patron-Klientel-Verhältnis mit wechselseitigen, aber
asymmetrischen Verpflichtungen zu verstehen.[155]

8. Die Altenteiler

Die zunächst weitgehend autarken Bauernwirtschaften verfügten über keinerlei geldwirtschaftliche Möglichkeit, die alten und arbeitsunfähig gewordenen Familienmitglieder zu versorgen.[156] Die Einrichtung des *Altenteils* (regionale Bezeichnungen lauten Ausgedinge, Auszug, Austrag, Ausnahm, Leibzucht, Leibgedinge, Viertel, Nahrung usw.) sollte die Versorgung des alten Menschen im Rahmen der bäuerlichen Hauswirtschaft sicherstellen. Der Altbauer und/oder die Altbäuerin, mitunter auch noch deren unversorgte Kinder, blieben in der Hausgemeinschaft. Sie bezogen entweder einen eigenen Raum des Bauernhofs (das Stübl etc.) oder ein eigenes kleines *Auszugshaus,* das neben dem Hauptwohngebäude des Hofes errichtet wurde (Auszugshäusl, Ausnahmshäusl oder Stöckl in Österreich, Stöckli im Berner Oberland, Nahrungshäusl in Bayern und Salzburg usw.).[157] Eigene Auszugshäuser bestanden vor allem in Einzelhof- und Weilersiedlungen. In Dorfsiedlungen war die Altenteilsstube typisch. In ertragsschwachen und durch extreme Wohnungsnot gekennzeichneten Regionen teilte das Altbauernpaar auch den Wohnraum mit den übrigen Hausbewohnern.

Bei den in Nord-, West- und Mitteleuropa verbreiteten Formen des *Ausgedinges* handelte es sich aber nicht nur um eine hauswirtschaftliche Form der Altenversorgung. Der zunächst mündliche, später auch schriftlich festgehaltene Vertrag zwischen zwei Generationen stellte die Abtretung von Rechtsansprüchen und die Übertragung von Eigentum *inter vivos* dar – mit den für die Zeit feudaler Abhängigkeit geltenden Einschränkungen bäuerlichen »Eigentums« als bloß »geliehenem Gut« *(Lehen).* Die Regelung des Verhältnisses der Generationen im Bauernhaus konnte – nach Regionen, Hofgrößen, wirtschaftlicher Konjunktur, Zeitpunkt der *Hofübergabe* – sehr unterschiedliche Formen annehmen. Es gibt Gegenden, in denen der alte Bauer und die alte Bäuerin nicht an die nächste Generation übergaben, sondern bis an ihr Lebensende in der Führungsposition der Hauswirtschaft verharrten (z.B. in einigen Tiroler und Salzburger Tälern). In anderen Gegenden war die Übergabe des Hofes an den Erben zu Lebzeiten des Bauern üblich. In der Regel war die Hofübergabe mit der Verheiratung des Hoferben zeitlich verbunden. Die Zahl formeller *Übergabsverträge* nahm insgesamt vom 18. zum 19. Jahrhundert deutlich zu.[158]

Die vertragliche Regelung der Hofübergabe entwickelte sich in der Frühen Neuzeit; Vorformen finden sich jedoch bereits im Frühen Mittelalter und in Stammesrechten.[159] Die historische Entstehung des Ausgedinges reicht bis in Zeiten starker grundherrschaftlicher Einflußnahme auf die bäuerliche Wirtschaft im Hoch- und Spätmittelalter zurück. Leibeigene Bauern waren vom Grundherrn ausgewechselt worden, wenn es dem Grundherrn wirtschaftlich geboten schien. Der Grundherr war daran interessiert, Bauern, die aufgrund ihres Alters, einer Krankheit etc. nicht mehr voll leistungsfähig waren, »abzustiften«. Auch die Verwitwung eines Bauern konnte ein Motiv zur »Abstiftung« sein, da der Hof die volle Arbeitskraft des Mannes und der Frau erforderte. Die »Abstiftung« eines Bauern, seiner Frau und seiner Kinder bedeutete jedoch meist nicht ihre Vertreibung, sondern es wurde ihnen weiterhin das Wohnrecht und der Anspruch auf Verköstigung auf dem Hof zugestanden. Daraus ergab sich das Zusammenleben des Altbauern und dessen Familie mit dem Hoffolger, der ein leiblicher Sohn des Altbauern, aber auch ein Nichtverwandter sein konnte. Im 17. Jahrhundert dürfte letzteres häufig gewesen sein.[160] Andrerseits wäre es für die Höfe nachteilig gewesen, über eine zu lange Zeit Bauern und Altenteiler ernähren zu müssen. Im Lauf der Zeit entstanden durch die regional vorherrschende Praxis der »Ab-« und »Neubestiftung« der Höfe durch die Grundherren bäuerliche *Gewohnheitsrechte*, an denen auch nach der Gewährung des Erbrechts an die Bauern festgehalten wurde.

Mit der Spezialisierung und Intensivierung bäuerlicher Wirtschaftsführung gewann das Ausgedinge an Bedeutung. Im 18. Jahrhundert ging zudem von der Neufassung der militärischen Konskription eine die Einrichtung von Altenteilen fördernde Wirkung aus: Um die Freistellung ihrer Söhne vom Militär zu erreichen, übergaben viele Bauern den Hof zu einem früheren Zeitpunkt. In manchen Regionen kam es sogar zur Einrichtung doppelter Ausgedinge: Während der Altbauer noch lebte, übergab sein Sohn bereits an einen Enkelsohn.

Mit der besonders im 19. Jahrhundert rasch steigenden Lebenserwartung nahm der Druck auf den Bauern, den Hof noch zu Lebzeiten an seinen Nachfolger zu übergeben, weiter zu. Der präsumtive Hoffolger drängte, den Hof zu übernehmen und damit heiraten zu können. Innerhalb weniger Jahre verdoppelte sich in manchen Orten die Zahl der Ausgedinge.[161] Erst damit wurde die *Dreigeneratio-*

nenfamilie zur typischen Konstellation im mitteleuropäischen Bauernhaus. Die unter dem Industrialisierungsschock einsetzende konservative Familienforschung des 19. Jahrhunderts sah in der bäuerlichen Dreigenerationenfamilie eine vorbildliche Lösung der Altenversorgung.[162] Durch ihre Schriften entstand das falsche Klischee, die bäuerliche Familie sei »zu allen Zeiten« eine Dreigenerationenfamilie oder – noch unzutreffender – eine »Stammfamilie« gewesen. Darunter verstand man eine Dreigenerationenfamilie, in der die Leitung der Hauswirtschaft beim *pater familias* lag *(Senioriatsprinzip)*. Da jedoch in der Mehrzahl europäischer Bauerngesellschaften die Hofübergabe mit der Übernahme aller hausväterlichen Kompetenzen durch den jungen Nachfolger verbunden war, stellten die ohnehin erst im 19. Jahrhundert häufiger entstandenen Dreigenerationenfamilien überwiegend *keine* »Stammfamilien« im klassischen Sinne dar. Vielmehr dürfte die Hofübergabe *inter vivos* (als Durchbrechung des Senioriatsprinzips) geradezu eine *Alternative* zur »Stammfamilie« gewesen sein.[163] Wie essentiell dieser oft verwischte Unterschied zwischen »vaterzentrierter« und »sohnzentrierter« Dreigenerationenfamilie ist, läßt sich schon aus dem für viele Gegenden typischen Wohnungs-Arrangement erkennen: Der seine hausväterliche Macht abtretende Bauer verließ das Bauernhaus und zog in ein – oft in deutlicher Entfernung errichtetes – kleines Auszugshäusl. In einer Gesellschaft, die den sozialen Status der Menschen wesentlich von ihrem Hausbesitz abzuleiten pflegte (bis hin zur Ableitung des Rufnamens vom Namen des Hauses), war das sozusagen die »offensichtlichste« Minderung seines Status. »Stammfamilien« konnten – meist nur für eine kurze Zeit im Familienzyklus – entstehen, wenn dem Hoffolger gestattet wurde, schon *vor* der Übergabe des Hofes zu heiraten. In Europa wurden sie bislang in nennenswerter Zahl nur in Gebieten Süd- und Mittelfrankreichs, etwa in den Pyrenäen, im Languedoc, in der Provence und in Teilen der Auvergne nachgewiesen.[164] Aber auch hier bildeten »Stammfamilien« jeweils nur eine kurze transitorische Phase. Aus dem Umstand, daß die mächtige Position des Hausvaters in jedem Fall über kurz oder lang an den »Jungbauer« übergehen mußte, resultierte eine besondere Konflikthaftigkeit der bäuerlichen Dreigenerationenfamilie. In Verkennung dieser Umstände wurde die fälschlich generalisierte »Stammfamilie« von konservativer Seite als Indiz für »stabile« gesellschaftliche Verhältnisse angesehen.[165] Volkskundler, Soziologen und Historiker späterer

Generationen haben dieses ideologiebefrachtete Stereotyp übernommen.[166]

Es hat den Anschein, als wäre das Ausgedinge im 17. und 18. Jahrhundert zunehmend ein wirtschaftliches Problem geworden. Jedenfalls wuchs das in diversen »Eigenthumsordnungen« festgehaltene Interesse der Grundherren, ein die bäuerliche Wirtschaft zu
sehr belastendes Ausgedinge (zu lange und zu hohe Auszugslei-
stungen) zu verhindern.[167] Zwischen den auf dem Hof zusammenlebenden Generationen scheint die Regelung des Ausgedinges in
dieser Zeit immer mehr zu einem Konfliktfeld geworden zu sein.
War schon der Zeitpunkt der Hofübergabe ein häufiger Streitpunkt
zwischen dem Bauern und seinem Nachfolger, bildete das alltägliche Zusammenleben von Bauern und Auszüglern eine in höch-
stem Maße sensible Konstellation. Im Spannungsfeld einer häuslichen Ökonomie, die die wirtschaftliche Belastung durch die
Versorgung inaktiver Altbauern minimieren mußte, erwies sich das
Verhältnis zwischen den Generationen als äußerst konfliktreich.
Überlieferte Redewendungen, wie »Übergeben und nimmer leben«, »Auf der Altenbank ist hart sitzen«, können als Indiz hierfür
gewertet werden. Es könnte sich aber auch um Redewendungen
handeln, mit denen die Bauern die Verzögerung der Hofübergabe
vor der Familie und der dörflichen Öffentlichkeit zu rechtfertigen
pflegten.

Ein weiteres Indiz für die Problematik des Verhältnisses der Generationen im Bauernhaus bildet der Inhalt vieler Altenteilverträge,
wie sie vor allem seit dem 18. Jahrhundert schriftlich und notariell
beglaubigt abgefaßt wurden.[168] Die detaillierte Regelung des Zusammenlebens von Alt und Jung bis hin zu Fragen, ob der Altbauer
das Haus von vorne oder nur durch den Hintereingang betreten
dürfe, die genaue Festlegung der Nahrungsmengen, die den Alten
zur Verfügung gestellt werden müßten usw., stellten zwar immer
nur »Vorsichtsmaßnahmen« der übergebenden Bauern dar, lassen
aber den Schluß zu, daß in den jeweiligen ländlichen Gesellschaften
genügend Wissen um Fälle harter und »ungerechter« Behandlung
von zunehmend wehrlosen Altbauern bekannt gewesen sein müssen. Andrerseits legen zeitgenössische Berichte nahe, die Ursachen
für manches gespannte Generationenverhältnis in Forderungen der
Altbauern zu sehen, die dem Hof wirtschaftlichen Schaden zufüg-
ten.[169] Auseinandersetzungen bis hin zum Vatermord sollen aus
solchen Konstellationen entstanden sein. Gleichgültig, ob die Ur-

sachen für Konflikte eher bei der jungen oder bei der alten Generation lagen – im Interesse der Grundherrschaft konnten sie keinesfalls sein. Daraus ist wohl zu erklären, daß das Ausgedinge z.B. in Sachsen, Hessen und Baden zeitweilig verboten war. 1798 schlug ein anonymer Schreiber im *Westfälischen Anzeiger* die Schaffung von Moralgerichten vor, die die Streitfälle zwischen Bauernkindern und deren Eltern schlichten sollten.[170] Ein gespanntes Verhältnis zwischen den Generationen scheint eher die Regel als die Ausnahme gewesen zu sein: »Es beherrschte das Familienleben der Bauern von Litauen bis Finnland und von dort bis Süddeutschland.«[171]

Der Zeitpunkt und das Alter der übergebenden Bauern variierten sehr stark. Kurzen Phasen des Ausgedinges stehen Jahrzehnte dauernde Ausgedinge gegenüber. Eine im Jahre 1899 veranstaltete Fragebogenuntersuchung für Böhmen ergab, daß die Bauern hier 15 bis 25 Jahre als Auszügler lebten.[172] An der Südküste Schwedens betrug die durchschnittliche Auszugszeit 26 Jahre.[173] In Oberbayern gingen die Bauern im Alter von 45 bis 50 Jahren ins Ausgedinge.[174] Ähnliche Übergabealter werden aus dem Schwarzwald und dem Odenwald in Süddeutschland berichtet.[175] Auch in den österreichischen Kronländern betrug die Auszugsdauer selten weniger als 15 bis 20 Jahre.[176]

Auf reicheren Höfen gingen die Bauern oft früh ins Ausgedinge, da der Hof die damit verbundene wirtschaftliche Belastung leicht ertragen konnte. Keineswegs hing der Zeitpunkt der Hofübergabe nur mit der körperlichen Leistungsfähigkeit des Bauern zusammen; eine Vielzahl miteinander korrelierender Faktoren spielte dabei eine Rolle. Systematisch kann zwischen Anlässen zur Hofübergabe, die eher auf der Seite des Übergebers, und solchen, die eher auf der Seite des Hoffolgers lagen, unterschieden werden. Wenn der Bauer oder die Bäuerin verwitweten, erfolgte in vielen Gegenden zum nächstmöglichen Zeitpunkt die Übergabe an den Hoffolger. Das entsprach der wirtschaftlichen Besonderheit der bäuerlichen Produktionsweise, die mit Ausnahme des Weinbaus durch eine nach dem Geschlecht organisierte Arbeitsteilung charakterisiert war. Mitunter dauerte es aber noch einige Jahre, bis eines der Kinder alt genug war, um den Hof übernehmen zu können. Größere Höfe konnten solche Interimszeiten durch die Übertragung hausmütterlicher Funktionen an Verwandte (z.B. eine Schwester des Bauern) überwinden.[177]

Die Verwitwung eines Bauern oder einer Bäuerin mußte aber nicht notwendig die Hofübergabe zur Folge haben. In einigen mitteleuropäischen Regionen bestand das Rechtsinstitut der *ehelichen Güterteilung*, derzufolge ein verwitweter Bauer oder eine verwitwete Bäuerin das Recht hatten, die bäuerliche Wirtschaft weiterzuführen (Wiederaufgriffsrecht). Vor allem in jenen Regionen, in denen der grundherrschaftliche Einfluß auf die Wirtschaftsführung der Bauern von alters her gering war und schon früh ein bäuerliches Erbrecht bestand, konnte das Interesse des Bauern oder der Bäuerin, ihre privilegierte Stellung im Haus möglichst lange zu bewahren, eine neuerliche Verheiratung bewirken. In solchen Regionen fand das Ausgedinge nur geringe Verbreitung.[178] Im 18. und 19. Jahrhundert ging diese Praxis in den Anerbengebieten zugunsten einer früheren Hofübergabe an eines der Kinder zurück. Das Ausgedinge wurde immer häufiger einer Wiederverehelichung vorgezogen. Möglicherweise ist das auch als Ausdruck einer zunehmenden *Emotionalisierung* der Beziehung zwischen Ehegatten anzusehen, die es schwieriger machte, einen verstorbenen Ehepartner aus hauswirtschaftlichen Gründen (oder auf Wunsch des Grundherrn) unverzüglich durch einen anderen Ehepartner zu ersetzen.[179] Dies hängt aber auch mit dem im Verlauf der »Agrarrevolution« steigenden Ertrag bäuerlicher Wirtschaften zusammen, denn die Bildung einer Dreigenerationenfamilie bedeutete für die bäuerliche Hauswirtschaft eine wirtschaftliche Belastung.

Heimindustrielle oder gewerbliche Einkommen, aber auch Einkommen aus »ausgenommenem« landwirtschaftlichen Besitz machte manche Altenteiler relativ unabhängig. Sie behielten sich eine Kuh, ein Schwein oder einen Acker zur persönlichen Nutzung vor. Vereinzelt scheint das Ausgedinge materiell so hinreichend abgesichert gewesen zu sein, daß ein verwitweter Altbauer im Ausgedinge nochmals heiraten konnte.[180] Unmündige Kinder des Altbauern gingen häufig mit den Eltern in den Auszug. In einigen Gebieten scheint es eine wichtige »Nebenfunktion« des Ausgedinges gewesen zu sein, ledigen Töchtern der Altbauern, die infolge der Geburt eines unehelichen Kindes in ihr Elternhaus zurückgekehrt waren, vorübergehend Unterkunft zu gewähren. Verließ die Tochter nach einiger Zeit wieder ihr Elternhaus, blieb das Enkelkind des Bauern häufig weiterhin im Auszug.[181] Das unterstreicht die Bedeutung des Auszugs als einer Institution, die die Schutzrechte der nichterbenden bzw. der erblassenden Familienmitglieder sichern sollte und über eine bloße »Altersversorgung« hinausging.

Eine frühe Hofübergabe entsprach häufig dem Wunsch des Hoffolgers, den Hof übernehmen und heiraten zu können. Die Heirat des Hoferben war in der Regel an den Zeitpunkt der Hofübernahme gebunden. Höchstens für kurze Zeit konnte ein jungverheirateter Bauernsohn neben dem Vater leben, der noch der Hausgemeinschaft vorstand.[182] Wenn sich der Machtwechsel in der Praxis auch über einige Zeit hingezogen haben mag, sah die bäuerliche Bevölkerung in Anerbengebieten eine Koppelung von Heirat und Übernahme der Hausgewalt durch den Erben vor. Das hatte wohl nicht zuletzt mit dem innerehelichen Machtverhältnis zu tun: Zwischen der Macht des Mannes im Haus und der Sicherung seiner Macht in der Ehe dürfte ein enger Zusammenhang bestanden haben.

Berechnungen von Ernährungswissenschaftlern haben ergeben, daß die von den Altenteilern ausbedungenen Mengen an Nahrungsmitteln gar nicht vollständig konsumiert werden konnten.[183] Offenkundig wurden für den Konfliktfall möglichst hohe Mengen an Getreide, Eiern, Fisch, im 19. Jahrhundert auch an Kartoffeln festgelegt. Darauf bezieht sich auch die verbreitete Redewendung: »Lieber zuviel austragen, als hinterher streiten.« In einzelnen Fällen ist belegt, daß nicht konsumierte Mengen von den Altenteilern verkauft wurden.[184] Auf der vollständigen Erfüllung der Altenteilverträge wurde einerseits im akuten Konfliktfall, andrerseits in jenen Fällen bestanden, in denen eine Hofübergabe unter Nichtverwandten erfolgte und der »geschäftsmäßige« Charakter der Transaktion an die Stelle der familialen Solidaritätsforderung trat.[185]

Im Übergabsvertrag wurden gewöhnlich auch die Ansprüche der Miterben (vor allem der Geschwister des Hoffolgers) geregelt. Die Auffassung vom »gemeinsamen« Familienbesitz hielt die Ansprüche der Miterben in Grenzen. Der Wert des Hofes wurde so gering wie möglich veranschlagt, um die Erbschaftsanteile der Miterben möglichst niedrig zu halten. Das war mit dem Römischen Recht, das im 19. Jahrhundert in den Rechtsvorstellungen bäuerlicher Gesellschaften allmählich Wirksamkeit erlangte, unvereinbar. Nach dem Römischen Recht sollte jedes der erbberechtigten Kinder einen gleich großen Anteil am wahren Wert des Hofes erhalten. Hinzu kam, daß immer mehr Kinder überlebten und die Zahl der Erbberechtigten vermehrten. Mit der steigenden Lebenserwartung verlängerten sich die Auszugszeiten. In dieser Schere »neuer Gerechtigkeit« und wachsender wirtschaftlicher Belastung der Höfe durch das Ausgedinge und die Ansprüche der weichenden Erben wurde die »Erbstreitigkeit« zum vielfach literarisch gestalteten Charakteristikum bäuerlichen Familienlebens.

Die Verschuldung der Höfe aus den Lasten des Ausgedinges und der Abfindung der Miterben stieg an. Immer mehr junge Bauern sahen sich gezwungen, bei Geldinstituten Kredite aufzunehmen, um die Geschwister »abfinden« zu können.[186] In einigen Teilen Europas ging man ab der Jahrhundertwende von der Besitzweitergabe über den Übergabsvertrag ab. Statt dessen verkaufte man den Hof an den Erben. Die Altenteiler legten den Kaufpreis auf die Bank und lebten von den Zinsen. Das gilt freilich nur für einige kommerzialisierte und ertragreiche Landwirtschaftsgebiete Europas, etwa für Teile Dänemarks und Schwedens. Für manche großbäuerlichen Regionen Westpreußens wird aus den achtziger und neunziger Jahren des 19. Jahrhunderts berichtet, daß die Altbauern den Hof verließen und in eine nahe Stadt zogen, um hier den Lebensabend auf der materiellen Grundlage einer jährlichen Rente, die ihnen ihre Kinder ausbezahlten, zu verbringen.[187] Auch in Österreich wurden zu Beginn des 20. Jahrhunderts stark marktorientierte bäuerliche Betriebe nicht mehr »übergeben«, sondern verkauft. In stadtfernen Gebieten wurde jedoch vielfach bis in die Gegenwart am Übergabsvertrag festgehalten. Die Einführung von Bauernpensionen – schon am Ende des 19. Jahrhunderts vorgeschlagen[188], aber in den meisten europäischen Ländern erst nach dem Zweiten Weltkrieg realisiert – hat einen Teil der unmittelbaren Belastung der Hoffolger auf die Solidargemeinschaft aller Bauern (und aller Steuerzahler) übertragen.[189] Das hat den wirtschaftlichen Gründen der intergenerativen Spannungen im Bauernhaus viel an Schärfe genommen.[190] Ganz beseitigt hat es sie nicht.

II. Die Familien der Heimarbeiter auf dem Land

Die Familien der Heimarbeiter bilden eine Übergangsform zwischen den Familien der Bauern und Handwerker und jenen der lohnabhängigen Arbeiter und Angestellten des industriellen Zeitalters. Obgleich noch eine Variante des »ganzen Hauses«[1], sind die Familien der Heimarbeiter auf dem Land schon durch einige Eigenschaften charakterisiert, die später für die Familien der industriellen Arbeiter charakteristisch sein sollten. Entfaltung, Verlauf und Endkrise des heimindustriellen Gewerbes werden heute weithin als die Übergangsphase der *Proto-Industrialisierung* diskutiert.[2]
Was das Familienleben der Hausindustriellen betrifft, interessiert hier die Frage, inwieweit die Heimarbeiter bäuerliche Verhaltensweisen und Denkformen ablegten, weil sie ihrer sozialen und ökonomischen Situation nicht mehr entsprachen. Inwieweit haben sie eine halbproletarische Form des Familienlebens entwickelt und damit zur allmählichen Transformation des alteuropäischen Patriarchalismus, der auf der Wirtschaftsform des »ganzen Hauses« gegründet war, beigetragen?

1. Zur Ökonomie der Hausindustrie

Die Hausindustrie folgte einer ihr eigentümlichen Logik der Produktion, die mit dem Begriffssystem der klassischen politischen Ökonomie kaum zu fassen ist.[3] Wie die nicht kommerzialisierte Bauernfamilie war auch die Heimarbeiterfamilie nicht auf das kapitalistische Prinzip der Profitmaximierung, sondern auf »Grenzleistungen« und »Selbstausbeutung« (A.V. Čajanov)[4] ausgerichtet. Obwohl die Hausindustrie im Verlauf ihrer Entwicklung in zunehmendem Maße durch Markt- und Geldbeziehungen und die kapitalistische Organisation von Handel, Vertrieb und Absatz bestimmt wurde, bildeten die Heimarbeiter nur zögernd und unvollkommen kapitalistische Verhaltensweisen und ein Rentabilitätsdenken aus. Andrerseits – und das macht den Widerspruch von Lebenskultur und ökonomischer Logik des proto-industriellen Gewerbes aus – traten die Heimarbeiter auf dem Land objektiv aus der traditionellen bäuerlichen Produktionsweise heraus: Im Unterschied zu Formen innerdörflichen Austauschs zwischen Bauern und Handwerkern gründete die industrielle Heimarbeit bereits auf dem Ware-Geld-Prinzip. Hier wurden nicht mehr nur lokale Marktbedürfnisse befriedigt, sondern es entstand der Prototyp eines überregionalen Exportgewerbes.[5]

Der Name *Hausindustrie* bezeichnet den Umstand, daß die Herstellung der Waren in den Häusern und Wohnungen der Heimarbeiter stattfand. Häufig arbeiteten alle Mitglieder der Familie oder die meisten von ihnen zusammen. Typisch war daher die Beteiligung der Kinder an der Arbeit. Anders als im Handwerk wurden die hergestellten Waren nicht von den Produzenten selber vertrieben. Sofern die Heimarbeiter die von ihnen verarbeiteten Rohstoffe im Rahmen ihrer Landwirtschaft nicht selbst produzierten (Hanf, Flachs), schoß ein Händler oder Kaufmann den Heimarbeitern Geld für den Kauf der Rohstoffe vor oder belieferte die Heimarbeiter damit. Häufig gehörte dem Händler, der auf diese Weise sein Kapital »verlegte« *(Verleger)*, auch das Werkzeug, z. B. der Webstuhl. Das städtisch-zünftige Weberhandwerk war mit seinen begrenzten Arbeitskräften und – wie etwa in der Stadt St. Gallen – einer zünftigen Beschränkung der Zahl der Webstühle je Meister der schon im 16. und 17. Jahrhundert steigenden Nachfrage immer weniger nachgekommen. Städtische Webermeister begannen als kleine Verleger und Zwischenhändler in Erscheinung zu treten.[6] Die Ansiedlung von Heimindustrie wurde durch den Umstand begünstigt, daß in ländlichen Gebieten kein allgemeiner Zunftzwang existierte und Frauen- und Kinderarbeit nicht verboten war. (Allerdings waren die sog. Landweber in manchen Regionen schon seit der Frühen Neuzeit in Zünften organisiert.)[7] Die merkantilistische Politik des 18. Jahrhunderts unterstützte derartige Ambitionen zur Industrialisierung des Landes durch die Erteilung von *Privilegien* (vor allem durch die Lockerung oder Aufhebung von Zunftschranken). Zunehmend waren es auch Manufakturen und frühe Fabriken, die an die Hausspinner und Weber Aufträge vergaben. So verfügte etwa die Schwechater Kottonfabrik seit den fünfziger Jahren des 18. Jahrhunderts im oberen Waldviertel über ein dichtes Netz verlegter Spinner. Mittelsleute der Fabrik, sog. Spinnfaktoren, sorgten für die Organisation des Verlags.[8] Der Umstand, daß ein Teil der Heimarbeiter neben der gewerblichen Arbeit eine kleine Landwirtschaft betrieb, aus der sie den Großteil ihrer Lebensmittel bezogen, erlaubte es den Unternehmern, niedrigere Stücklöhne zu bezahlen, als ihnen dies bei städtischen Arbeitern möglich gewesen wäre.

Hausindustrie konnte sich vor allem in jenen ländlichen Gebieten ausbreiten, in denen überschüssige Arbeitskräfte vorhanden und diese daher besonders billig waren. Das war besonders dort der Fall, wo das im 16. Jahrhundert einsetzende und im 18. Jahrhundert erneut verstärkte Wachstum der Bevölkerung und eine Zersplitterung der bäuerlichen Wirtschaften durch Erbteilung (Realteilung) zu einem raschen Anwachsen der ländlichen Unterschichten geführt hatten. Immer mehr Menschen waren in solchen Gebieten auf einen Erwerb zusätzlich zur oder außerhalb der Landwirtschaft angewiesen. Heimindustrieller Erwerb konnte in vielen europäischen Regionen eine landwirtschaftliche *Vollstelle* ersetzen oder zumindest eine unzureichende landwirtschaftliche Existenzbasis zur Vollstelle ergänzen. Das bedeutete nicht zuletzt die Erfüllung von Ehevorschriften, die die Berechtigung zur Eheschließung auf Inhaber von Vollstellen beschränkten, um die Vermehrung eines ländlichen Proletariats zu verhindern. Die quantitativ besonders ins Gewicht fallenden Branchen der Heimindustrie, wie vor allem verschiedene Zweige der Textilerzeugung, schlossen vielfach an Arbeitsgänge in der autarken Bauernwirtschaft an, z.B. an das Flachs- und Hanfspinnen, in manchen Regionen auch an das Verweben des Garns. Aber auch die Anfertigung von hölzernen Werkzeugen, von Tongeschirr usw. war ein fester Bestandteil der bäuerlichen Ökonomik gewesen.[9] Die ländliche Bevölkerung verfügte daher über eine beträchtliche empirische Kompetenz, die der Hausindustrie zugute kam. Die heimindustrielle Erwerbsarbeit von Mädchen und Frauen hatte eine große Bedeutung. Um etwa einen Weber mit Garn zu versorgen, waren ca. zehn bis zwölf Spinnerinnen erforderlich. Obwohl mit der Proto-Industrialisierung auch Männer zu spinnen begannen (was die Überwindung einer traditionellen Bewertung des Spinnens als »weiblichem« Arbeitsgang bedeutete), blieb das Spinnen doch ein vor allem von Mädchen und Frauen ausgeübter Produktionszweig der Heim industrie. So waren z.B. 1770 28% der Mädchen und Frauen in Niederösterreich in der heimindustriellen Textilerzeugung beschäftigt, die Mehrzahl davon als Spinnerinnen.[10] Gerade das Einkommen aus proto-industrieller Erwerbsarbeit ermöglichte es vielen Frauen, zu heiraten und einen eigenen Haushalt zu gründen. Die Proto-Industrialisierung bedeutete eine gravierende Verbesserung der Erwerbsmöglichkeiten ländlicher Unterschichten. Eines ihrer hervorstechenden Merkmale war, daß sie nicht nur in verkehrsgünstigen Regionen, sondern – nicht zuletzt infolge des Interesses der Verleger an möglichst niedrigen Lohnkosten – auch in entlegenen Gebirgstälern Einzug hielt.[11]

Entscheidend für die Ausbreitung proto-industrieller Gewerbe war unter anderem auch, ob sie sich mit den jeweils vorherrschenden Formen kleiner Landwirtschaften vereinbaren ließ. Wie eng die Verknüpfung von bäuerlicher Wirtschaft und ländlichem Gewerbe sein konnte, zeigt das Beispiel der »Weberbauern« des niederösterreichischen Waldviertels. In der ersten Hälfte des 19. Jahrhunderts lebten hier zahlreiche Bauern, die zugleich Weber waren und auch Webergesellen beschäftigten. Zwar wurde die Handwerkslehre von diesen Webergesellen – im Unterschied zum städtischen Handwerk – meist beim eigenen Vater absolviert, aber das Gesellenwandern zwang auch die Webergesellen, das Elternhaus zu verlassen und sich bei einem anderen Weberbauern zu verdingen.[12] Ein anderes Beispiel bieten die Stickerinnen des Bregenzer Waldes, deren Ehemänner häufig Viehzucht betrieben.[13] Ob sich eine derartige gewerblich-bäuerliche »Doppelökonomie« mit der Zeit unter dem Einfluß des Handelskapitals zu reiner Heimindustrie reduzierte und die Landwirtschaft aufgegeben oder ob am Grundbesitz und an der Bewirtschaftung des eigenen Bodens festgehalten wurde, hing von regionalen Besonderheiten, nicht zuletzt von der Vereinbarkeit des bäuerlichen und des hausindustriellen Produktionssegments ab.[14] Es erscheint als sinnvoll, an der begrifflichen Unterscheidung von *Hausindustrie* (mit bäuerlich-gewerblichem Mischeinkommen) und *Heimindustrie* (gänzlich vom Kapital des Verlegers abhängig) festzuhalten.[15]

Schließlich mußten für die Proto-Industrialisierung bestimmte ökologische Bedingungen gegeben sein. Viele Heimweber produzierten – auf der bäuerlichen Seite ihrer »doppelten Ökonomie« – ihre Rohstoffe selber. Hierfür mußte jedoch z. B. die natürliche Voraussetzung zum Flachsanbau bestehen (insbesondere hohe Niederschlagsmengen). Für die Weiterverarbeitung war weiches, wenig kalkhaltiges Wasser günstig, weil es das Dörren des Flachses und das Bleichen der Leinwand begünstigte.[16]

Die *Territorialisierung des Gewerbes*[17] erfaßte mit ihrer Dynamik weite Teile des ländlichen West- und Mitteleuropa. In den Mittelgebirgen Mittel- und Ostdeutschlands, im Zürcher Oberland, im

Kanton Appenzell, im Bregenzer Wald, in der Ebene des Boden-
sees, in den hügeligen Landschaften des Schwarzwaldes, in den
Dörfern Böhmens, Schlesiens und Galiziens, des niederösterreichischen Waldviertels und des oberösterreichischen Mühlviertels, in
Krainer Dörfern entlang der italienisch-innerösterreichischen
Handelsstraße usw. entstanden Zentren der Heim- und Hausindustrie. Anschließend an die handwerklichen Traditionen autarker
Bauernwirtschaften oder bedingt durch regionale Rohstoffvorkommen verlegten sich kleinbäuerliche Familien unter dem Druck
sinkender Grenzerträge ihrer kleinen Landwirtschaften sowie
hausbesitzende Taglöhner auf die gewerbliche Warenproduktion.
  Obwohl die Lage der Heimarbeiter mit jener der industriellen
Lohnarbeiter viele Gemeinsamkeiten aufweist, fehlen doch wichtige Elemente: Die Heimarbeiter verließen ihr Haus nicht, um zur Arbeit zu gehen; sie wurden nicht nach den Grundsätzen der arbeits-
teiligen Produktion in Fabriken zusammengefaßt. Insofern blieben
sie dem permanenten Zugriff und der unmittelbaren Kontrolle
durch die Kapitalisten entzogen. Ein kapitalistisches Verhältnis
zwischen Verleger und Arbeiter verband sich hier noch mit einer
vorkapitalistischen Organisation der Arbeit in der Familie der Produzenten. Das wieder ermöglichte einen Differentialgewinn der
Unternehmer, der sich aus der billigen Reproduktionsform der Heimarbeiter und den Erträgen der Unternehmer auf den neu aufge-
schlossenen städtischen und überseeischen Absatzmärkten ergab.

2. Zur materiellen Lage der Heimarbeiter

Unter der Voraussetzung, daß die Verleger regelmäßig Aufträge an
die Heimarbeiter erteilten, und das war im 18. Jahrhundert – wenn
auch mit konjunkturellen Schwankungen – aufgrund der hohen
Nachfrage des Marktes nach Heimarbeitprodukten der Fall, konnten die Heimarbeiter ihr Einkommen gegenüber ihrer kleinbäuerlichen Ausgangslage erhöhen.[18] Allerdings mußten sie sich dazu
vom agrarischen Arbeitsrhythmus vollständig lösen und – vor
allem in der textilen Heimarbeit – täglich zwölf Stunden und
mehr bei monotoner Arbeit verbringen. In manchen Regionen ver-
dingten Heimarbeiterfamilien deshalb Taglöhner für ihre kleinen
Landwirtschaften, da sie mit ihrer heimindustriellen Arbeit mehr
verdienten, als sie den Taglöhnern in derselben Zeit für landwirt-

schaftliche Arbeit bezahlten.[19] Mit der Ausdehnung der täglichen Arbeitszeit und mit dem Übergang von saisonaler zu ganzjähriger gewerblicher Arbeit wurde das duale System der Unterhaltssicherung durch hausindustrielle und kleinbäuerliche Reproduktion immer weniger möglich. Damit differenzierte sich die dörfliche Gesellschaft in ihrer Produktionsweise und in ihren soziokulturellen Strukturen. Sie erfuhr eine zunehmende Polarisierung nach dem Kriterium des Besitzes von Grund und Boden; Gruppendenken und soziale Konflikte nahmen zu. Dabei erwies sich die Produktionsweise der besitzenden Bauern auch kulturell als stärker; viele Heimarbeiterfamilien stiegen in die Schicht der Dorfarmen ab *(Pauperisierung)*.

Vom späten 18. Jahrhundert bis zum Ende des 19. Jahrhunderts erlebten die gänzlich auf Heimarbeit angewiesenen Familien in den meisten west- und mitteleuropäischen Regionen eine zunehmende Verelendung. Der Verlust überseeischer Märkte, die Auswirkungen der Kontinentalsperre, wachsende Schutzzölle etc. führten zu einem Preisverfall bei den proto-industriellen Produkten. Damit verfielen auch die von den Verlegern an die heimindustriellen Produzenten bezahlten Löhne. Die Folge war, daß sich die Heimarbeiter gezwungen sahen, ihre Arbeitszeit zu erhöhen und die Stückzahl ihrer Produkte »im Akkord« zu maximieren. Dennoch wurden sie in vielen Regionen auf ein extrem niedriges Einkommensniveau gedrückt. Die Strategie der Verleger war, die wachsenden wirtschaftlichen Risiken der heimindustriellen Produktion voll auf die Arbeiter abzuwälzen.

Solange die Heimarbeiter einen Teil ihrer Nahrungsmittel in der eigenen kleinen Landwirtschaft selber produzierten, trafen sie Preiseinbrüche und Absatzkrisen noch nicht existentiell. Der Besitz von eigenem Grund und Boden – er überschritt meist nicht die Größe von einigen wenigen Hektar – und das Mischeinkommen aus Landwirtschaft und Hausindustrie bewahrten manche Familien davor, in die Schicht der Armen des Dorfes abzusinken. So genossen z. B. die Weberbauern oft durchaus innerdörfliches Ansehen und vermochten auch kommunalpolitische Positionen zu besetzen.[20] In anderen Regionen gaben jedoch immer mehr Heimarbeiter ihre Landwirtschaft auf. Für viele war gerade die Kargheit ihrer Böden das Motiv gewesen, zur Heimarbeit überzugehen. Die Zeit der höchsten Arbeitsbelastung kollidierte in manchen Branchen der Heimindustrie – etwa in der Leinenweberei – mit den Phasen der höchsten Arbeitsbelastung in der Landwirtschaft. Während der Sommer- und Herbstmonate, wenn die Zahltage kamen, der Überseehandel seine höchste Frequenz hatte und die höchsten Leinenpreise zu erzielen waren, ergaben sich auch in der Landwirtschaft die höchsten Arbeitsspitzen.[21] So kam es, daß in manchem Dorf die Landwirtschaft allmählich von der Heimarbeit verdrängt wurde. Emil Sax beschreibt diesen Vorgang für Thüringen:

»Sobald in einem Dorfe die Industrie Eingang gefunden hat, verbreitet sie sich anfangs unmerklich; aber mit der größten Vertrautheit der Bevölkerung und geschwellt von günstiger Konjunktur gewinnt sie immer mehr an Boden, wird immer ausschließlicher zum Hauptgewerbe im Ort, bis zuletzt das Ackerdorf verschwunden und ein Industriedorf entstanden ist.«[22]

Hatten die Heimarbeiter einmal ihre landwirtschaftliche Existenzgrundlage aufgegeben, waren sie auf höhere Einkommen aus der Heimarbeit angewiesen und gerieten damit in vollständige Abhängigkeit vom Verleger. Konjunkturelle Einbrüche auf überlokalen und überseeischen Märkten und daraus resultierende Lohnverluste bedeuteten nun für die Heimarbeiterfamilie oft Hunger und Not. Der Verleger erteilte keine Aufträge; ihm entstanden daher in Krisenzeiten auch keine Lohnkosten, das Risiko trug allein der Heimarbeiter. Der Umstand, daß Heimarbeiter unter dem Schein ihrer Selbständigkeit und »vereinzelt« in ihren Häusern keine kollektive Organisation zur Durchsetzung ihrer Interessen zustande brachten, führte zu starker vertikaler Abhängigkeit, während eine horizontale Vergesellschaftung kaum zustande kam.[23] Das erleichterte es den Verlegern zusätzlich, das Risiko der kapitalistischen Produktion auf die Heimarbeiter abzuwälzen. Als individuelle Form der Gegenwehr blieb den Heimarbeitern häufig nur der Betrug. »Die Arbeiter unterschlagen Rohmaterial, Garn oder Tuch, verkaufen oder verpfänden gelieferte Waren, erhöhen betrügerisch auf irgendwelche Weise ihr Arbeitsquantum usf.«, berichtet Rudolf Braun über die Handweber im Kanton Zürich.[24] Die Fabrikanten wußten davon und hielten die Arbeitslöhne niedrig. Zwar wurde hier 1717 eine Arbeitsschutzkommission ins Leben gerufen, bei der sich Heimarbeiter über erlittenes Unrecht beschweren konnten. Aber niemand konnte einen Fabrikanten zwingen, einem Heimarbeiter weitere Aufträge zu erteilen, wenn dieser sich über ihn beklagt hatte. »Und wie leicht kann sich der Beschuldigte rächen... Der

Fabrikant hält… einen auflüpfischen Weber straff im Zügel: Gibt er ihm schlechtes Arbeitsgerät, oder schickt er bei notwendigen Reparaturen den Geschirrflicker nicht gleich vorbei, so erleidet der Weber beträchtliche Lohnausfälle.«[25]

Die Aufgabe oder das Fehlen nebenbei betriebener kleiner Landwirtschaften machten die Heimarbeiter aber auch von landwirtschaftlichen Krisen arg betroffen. Mißernten und Teuerungen der Nahrungsmittel konnten zu bitterer Not und mitunter sogar zum Hungertod führen. In einem erzgebirgischen Dorf mit 320 Haushalten verhungerten gegen Ende des 18. Jahrhunderts in zwei Hungerjahren 700 Menschen.[26]

Viele Heimarbeiter waren zuvor Taglöhner in der Landwirtschaft oder Dienstboten gewesen. Daß sie zu Heimarbeitern wurden, hing häufig mit ihrer Absicht zusammen, eine Familie zu gründen. Dazu erwarben sie in der Regel ein kleines Haus, für das sie sich häufig in hohe Schulden stürzten.[27] Auch viele Kleinbauernsöhne, die ein hausindustrielles Gewerbe betrieben, aber an ihrer landwirtschaftlichen Existenzgrundlage festhalten wollten, versuchten eine weitere Besitzzersplitterung durch Realteilung zu vermeiden und begannen, ihre Geschwister »auszuzahlen«. Auch das förderte die Verschuldung von hausindustriellen Familien.[28] Die familienwirtschaftliche Produktionsweise war eng an das Haus gebunden: es war Wohn- und Arbeitsstätte zugleich und damit umfassende »Lebensbedingung«.[29] Die Verschuldung vieler Heimarbeiter, die auf den Erwerb eines Hauses ohne vorherige Ansparung zurückging, »die Neigung, ein Haus oder Teile eines Hauses zu erwerben, um damit einen festen Mittelpunkt für Arbeit und Familienstruktur zu besitzen«[30], zeigt zugleich den Übergang von der agrarischen Produktionsweise zu der zunächst familienwirtschaftlichen Form industrieller Arbeit: Aus dem Versuch, die familienwirtschaftliche Eigenständigkeit der Heimarbeiter unter den Bedingungen einer kapitalistischen Organisation von Markt, Absatz und Vertrieb zu bewahren, resultierten Verelendung und Verschuldung der Produzenten. Als das »ganze Haus« der Heimindustriellen zunehmend von seiner agrarischen Basis abgelöst wurde, gerieten die Familien in Abhängigkeit von den Verlegern, die sie zu (unbezahlter) Mehrarbeit zwingen konnten.

Produzierten die Heimarbeiter schon bei relativ gutem Auftragsstand zu niedrigen Preisen, machten sie sich bei schlechter Auftragslage gegenseitig zu Konkurrenten, die einander unterboten, um einen Auftrag zu erhalten. Die Ausdehnung der Arbeitszeit bis in die späten Nachtstunden und die verstärkte Heranziehung der Kinder bei Arbeitsspitzen waren die Folge ungleichmäßiger Auftragslage. Phasen angespannten Arbeitens und extensiver Arbeitszeit folgten solche, in denen der Mangel an Aufträgen Passivität und damit Not und Entbehrung erzwang. Ein wesentliches Kennzeichen der Ökonomie der heimindustriellen Familien war, daß nicht das individuelle Arbeitseinkommen in seinem Verhältnis zur individuellen Arbeitsleistung, sondern das kollektive Familieneinkommen über längere Zeiträume hinweg der Maßstab des Handelns war. Nicht der Arbeitsaufwand und sein jeweiliges Verhältnis zum erzielbaren Stückpreis und nicht der Ertrag je Arbeitsstunde machten die Rationalität dieser häuslichen Ökonomie aus, sondern das Interesse an einem Gesamteinkommen, das den Unterhalt der Familie auch bei Preiseinbrüchen oder Auftragsmangel sicherzustellen vermochte.[31] Dabei kam es immer wieder vor, daß die erzielten Preise unter die Schwelle der Kosten zur Selbsterhaltung absanken. Umgekehrt produzierte eine Heimarbeiterfamilie auch bei sehr guter Auftragslage nicht wesentlich mehr, als sie zu ihrem Unterhalt benötigte: Über das Lebensnotwendige hinaus Besitz zu erwerben und Einkommen zu akkumulieren, war den Heimarbeitern wirtschaftlich unmöglich und entsprach auch nicht ihrer Arbeitsmoral.[32] »Alle in Kauf genommenen Veränderungen im Produzentenverhalten dienten ausschließlich der Stabilisierung des bäuerlichen Reproduktionsverhaltens, der Aufrechterhaltung des traditionellen geographischen, ökonomischen, sozialen und kulturellen Kontextes ihrer lokalen Existenz.«[33] Die Familien der Heimindustriellen blieben großteils der bäuerlichen Subsistenzökonomie verhaftet, während sie auf den lokalen und regionalen Märkten im ungleichen Tausch ihrer Arbeitsprodukte gegen den Stückpreis von den Verlegern ausgebeutet wurden.[34]

Als die Heimindustrie schließlich unter den Konkurrenzdruck der Fabriken geriet und es den neuen Fabrikherren, die zum Teil als Verleger angefangen hatten, gelang, durch Zentralisierung und Mechanisierung der Produktion die Preise weiter zu drücken, wurde die Heimindustrie in vielen Branchen und Regionen endgültig ruiniert. Die entscheidende Zäsur stellte die Mechanisierung der Baumwollspinnerei dar. Dem Rückgang der proto-industriellen Textilindustrie folgte die Zentralisierung und Mechanisierung anderer heimindustrieller Produktionszweige. Damit gingen der unterbäuerlichen Bevölkerung in weiten Gebieten West- und Mitteleuropas gewerbliche Verdienstmöglichkeiten verloren (Deindustrialisierung). Jene Familien, die eine duale Einkommensstruktur von kleinbäuerlicher Wirtschaft und Hausindustrie aufrechterhalten hatten, zogen sich mit dem Niedergang der Hausindustrie auf die ihnen verbleibenden landwirtschaftlichen Ressourcen zurück. Allenfalls fanden sie im saisonalen Baugewerbe u. ä. einen Ersatz für den verlorenen hausindustriellen Zuerwerb. Parallel zur Deindustrialisierung des Landes verlief jedoch auch in der Landwirtschaft ein umwälzender Veränderungsprozeß, der öfters als »Agrarrevolution« bezeichnet wird (s. Kap. I.).[35] Die ihre Produktivität erhöhende Landwirtschaft benötigte mehr dauerhaft in die bäuerliche Hausgemeinschaft integrierte Arbeitskräfte. Der Anteil der hausrechtlich abhängigen Personen in der Landbevölkerung nahm wieder zu. Die Zahl der Inwohner und Häusler stagnierte und ging in manchen Gegenden sogar zurück. Die Errichtung von Kleinhäusern und die Ausbreitung von neuen Siedlungen kam zum Stillstand. Das Bevölkerungswachstum schlug in der Folge nicht mehr in der Schicht der haussässigen unterbäuerlichen Bevölkerung, sondern in einer wachsenden Größe der bäuerlichen Haushalte zu Buche.[36]

3. Partnerwahl, Heirat und Ehe

Die Familien der Heimarbeiter waren durch die Einheit von Wohnen und Arbeiten charakterisiert. In den meisten Heimarbeiterfamilien lebten und arbeiteten Mann und Frau zusammen. Unverheiratete Heimarbeiter führten selten einen eigenen Haushalt.[37] Das gilt insbesondere für viele Regionen mit heimindustriellen Weberfamilien. Hier webte häufig der Mann, während Frau und Kinder spannen und spulten. Eine derartige Arbeitsteilung zwischen den Geschlechtern konnte aber auch in Familien praktiziert werden, in denen verwitwete Frauen mit jugendlichen oder erwachsenen Söhnen zusammenlebten. Solche Verhältnisse kamen u. a. im niederösterreichischen Waldviertel häufig vor.[38]

Zahlreiche Untersuchungen zeigen, daß das Heiratsalter von Heimarbeitern häufig niedriger lag als das Heiratsalter der Bauern und Handwerker derselben Region. Heimarbeiter waren nicht an die Übergabe des Hofes und nicht an den formellen Abschluß einer

Ausbildung oder an die Erlangung der Meisterschaft in einem Handwerk gebunden. In Regionen, in denen sich Heimarbeit verbreitete, sank das Heiratsalter meist ab[39], besonders dann, wenn Mann und Frau gleichermaßen in die Heimarbeit einbezogen waren und weder grundherrschaftliche Einflüsse noch bäuerliches Besitzdenken eine Rolle spielten. Das entsprach der verstärkten Nachfrage nach Arbeitskraft und dem Wachstum der Heimindustrie auf dem Land, setzte aber einen wachsenden Teil der Bevölkerung der Verarmung aus, als die Verleger begannen, ihren Gewinn auf Kosten der Heimarbeiter zu maximieren und als die Produktion der Fabrikindustrie zu Absatzkrisen für das hausindustrielle Gewerbe führte.

Das sinkende Heiratsalter wird auch damit erklärt, daß die das Sexualleben der jungen Familienmitglieder meist sehr unterdrückenden Lebensverhältnisse in den Herkunftsfamilien den Wunsch hervorriefen, sobald als möglich zu heiraten und einen eigenen Haushalt zu gründen.[40] Dieses Motiv scheinen die jungen Heimarbeiter mit den Kindern der Industriearbeiter späterer Jahrzehnte gemeinsam gehabt zu haben.[41] Dazu kamen aber auch ökonomische und familienzyklische Ursachen. Die familienwirtschaftliche Produktionsweise machte eine frühzeitige Heirat und Familiengründung, ungeachtet der jeweiligen wirtschaftlichen Lage, zur »elementaren Vorbedingung der Erzielung eines relativ optimalen Einkommens der beiden Ehepartner«. Das war eine Voraussetzung für das Überleben der Familie in der kritischen Phase der Geburten und des damit verbundenen Ausfalls der Frau als Arbeitskraft.[42]

Die frühen Heiraten der Heimarbeiter hatten auch steigende Geburtenziffern zur Folge.[43] Allerdings starben viele Kinder an mangelnder Ernährung und Pflege. Die Säuglings- und Kindersterblichkeit war bei den Heimarbeitern höher als in vorwiegend landwirtschaftlichen Gebieten.[44]

Für mehrere hausindustrielle Regionen ist belegt, daß sich auch die Erbgewohnheiten änderten. Anders als in bäuerlichen Anerbengebieten stand nicht die Sorge um die möglichst ungeteilte Übergabe des Besitzes an den Hoffolger im Mittelpunkt. Infolge des Verdienstes aus der heimindustriellen Arbeit konnte vorhandener Besitz an Grund und Boden unter den Kindern aufgeteilt werden. Für das Zürcher Oberland beobachtete J. C. Hirzel 1792, daß sich mit der Möglichkeit zu heimindustrieller Arbeit »das Calcul« der Bevölkerung änderte:

»Ich habe drei bis vier Söhne, jeder bekömmt etwas Wieswachs, wenigstens zu einer Kuhe, etwas Acker usf. Dies mag schon ein Schönes zum Durchbringen der Haushaltung abwerfen, und die Bearbeitung dieses kleinen Gütgens läßt Zeit genug übrig, sich durch Fabrikverdienst das übrige zu erwerben. Zuletzt fand man auch diesen hinlänglich, wenn man nur einen Winkel im Hause hatte, sein Spinnrad oder den Webstuhl zu stellen, und Platz zu einem Garten, sich Gemüse zu pflanzen.«[45]

Die Gelegenheit zu Heimarbeit »beschleunigte und vervielfältigte die Ehen und vermehrte dadurch die Theilung und den Wert der Güter«.[46] Die Erwerbsmöglichkeiten der Heimarbeit ließen es nicht mehr notwendig erscheinen, Grundbesitz möglichst ungeteilt zu erhalten. Hier fand die allmähliche Transformation bäuerlicher Heirats- und Vererbungsmuster statt.[47] Meist bestand die Familie nur noch aus Eltern und Kindern, und sobald diese erwachsen waren, oft nur noch aus dem Ehepaar; drei Generationen in einem Haushalt waren selten.

Während das bäuerliche Kalkül des Erwerbs oder der Sicherung von Grundbesitz durch Heirat an Einfluß verlor, kam der Arbeitskraft der Ehepartner weiterhin große Bedeutung zu. Bei den Webern z. B. konnte es wichtig sein, ob eine Braut oder ein Bräutigam über das erforderliche Maß an Handfertigkeit verfügten. Aber auch der Besitz eines Webstuhls konnte die Heiratschancen verbessern.[48] Andrerseits heirateten auch viele Heimarbeiter, ohne die notwendigen Werkzeuge zu haben. Sie begaben sich in besondere Abhängigkeit von den Verlegern, die ihnen das Arbeitsgerät gegen Miete oder Lohnabzüge zur Benützung überließen. Wieder andere hatten zwar das notwendige Werkzeug, waren aber mit keinerlei Wohnungseinrichtung ausgerüstet. »Frühe Ehen zwischen Leuten, die zwar zwey Spinnräder, aber kein Bett zusammenbringen, geschehen bey diesen Leuten ziemlich häufig«, schrieb der Pfarrer von Wildberg im Kanton Zürich.[49] Solche Hochzeiten wurden gemeinhin »Bettelhochzeiten« genannt, worin sich das veränderte, vom Besitz einer bäuerlichen Wirtschaft entlastete Heiratsverhalten, wie auch die skeptische Distanzierung der Besitzenden von den besitzlosen Heimarbeitern ausdrückt. Kirchliche und staatliche Obrigkeiten bemühten sich, solche »Bettelhochzeiten« zu verhindern, indem sie eine bestimmte Summe Geld oder den Besitz von Immobiliarvermögen zur Voraussetzung machten, um die Erlaubnis zur Heirat *(Ehekonsens)* zu erteilen.[50]

Viele Indizien weisen darauf hin, daß persönliche Motive der

Brautleute gegenüber den kollektiven Interessen der Familie an Bedeutung gewannen. Durch die neue Unterhaltsquelle der Heimarbeit konnte eine Heirat nicht mehr die Existenzgrundlage der Eltern und Geschwister gefährden. Die Heirat war nicht mehr im selben Maß ein Vertrag, der das Schicksal der Herkunftsfamilien bestimmte. Die Ehe wurde zu einem Vertrag zwischen den Brautleuten, und ihre persönlichen Interessen gingen zunehmend in die Entscheidung der Partnerwahl ein. Sympathie und sexuelle Anziehung dürften dabei an Gewicht gewonnen haben. Diese *Personalisierung der Partnerwahl* und der Heirat stieß aber auf das Mißtrauen und den Unmut der kirchlichen und der weltlichen Herrschaft, weil sie aus traditioneller Sicht häufig zu wirtschaftlich »unvernünftigen« Heiraten führte. Ein entrüsteter Pfarrer aus dem Zürcher Oberland schildert, wie ein mittelloses Heimarbeitermädchen in die Ehe eintrat:

»Beym Rädchen oder Webestuhl, ohne Kenntnis anderer häuslichen und ländlichen Arbeiten aufgewachsen; täglich fast in mutwilliger Gesellschaft bis tief in die Nacht, und wenn die Arbeit vollendet war, den Tagverdienst oder einen Theil desselben für Naschwerk oder Branntewein hingebend, jeder Lüsternheit frohnend, wozu kein noch so schändliches Mittel, selbst Veruntreuung an dem zu verarbeitenden Stoffe, oder Verschleppung von Waaren aus dem älterlichen Hause, nicht verschmähet wurde, und dann in den Ehestand getreten, wenn die Not sie dazu zwang, oft mit einem ebenso leichtsinnigen und ebenso armen Jüngling verbunden, im ganzen Vermögen weder Bett noch Hausgeräthe – ... was für Folgen von solchen mittellosen Ehen, wo solche oft noch die wenigen Kleider die sie hatten dem Krämer schuldig waren?«[51]

Heimarbeit bot, so kann diese Klage des Pfarrers interpretiert werden, Gelegenheit zu manch kleinen Freuden, die die Kleinbauern aus Mangel an Bargeld noch nicht gekannt hatten. Das zunächst in den städtischen Unterschichten entstandene Bedürfnis nach Unterhaltung und modischer Kleidung zog in die Heimarbeiterdörfer ein. Zudem entwickelte sich hier der Anspruch, jenen Menschen zu heiraten, den man liebte, mit dem einen Sympathie und sexuelle Anziehung verbanden. Das vom höfischen Adel übernommene und an die Verhältnisse des städtischen Bürgertums adaptierte Konzept der ehelichen Liebe[52] verbreitete sich auf dem Land wahrscheinlich zuerst in den besitzlosen Schichten der Heimarbeiter.[53]
  Keineswegs bedeutete jedoch diese Personalisierung der Partnerwahl, daß die künftige gemeinsame Heimarbeit der Eheleute bei

der Wahl des Ehepartners keine Rolle gespielt hätte. Im Gegenteil: Martine Segalen konnte feststellen, daß die Weber in der von ihr untersuchten französischen Region von Vraiville im 18. und 19. Jahrhundert ebenso danach trachteten, einen Ehepartner aus einer Weberfamilie zu finden, wie auch Bauern oder Taglöhner bei der Partnerwahl überwiegend unter ihresgleichen blieben (soziale Endogamie).[54] Kaum jemals heiratete eine Webertochter einen Bauernsohn oder eine Bauerntochter einen Webersohn.[55] Da die Erwerbsarbeit im Haus und in vielen Fällen von den Ehepartnern gemeinsam durchgeführt wurde, kam der Wahl des Ehepartners aus dem eigenen Milieu offenbar hohe Bedeutung zu. Über die vordergründige Vertrautheit des Ehepartners mit den Handgriffen der Heimarbeit hinaus war es wohl auch die kulturelle Prägung in der Herkunftsfamilie, die einen Ehepartner aus demselben Milieu geeigneter erscheinen ließ als Angehörige anderer sozialer Gruppen.[56] Schließlich ist auch die Abschließung des Heiratskreises der besitzenden Bauern gegenüber den Heimarbeitern zu bedenken. Die Personalisierung der Partnerwahl vollzog sich nur innerhalb der eigenen sozialen Gruppe. Auch bei den Heimarbeitern blieb die Ehe vor allem anderen eine Arbeitsbeziehung, und darauf mußte bei der Partnerwahl allemal Rücksicht genommen werden.

4. Sexualität und dörfliche Jugendkultur

Was die Stellung der Heimarbeiterkinder von jener der erbenden und am elterlichen Hof bleibenden Bauernkindern unterschied, war ihre relative Unabhängigkeit von elterlichem Einfluß bei Partnerwahl und Berufsentscheidung. Der Übergang von der bäuerlichen zur heimindustriellen Produktionsweise brachte es mit sich, daß die Herrschafts- und Kontrollmöglichkeiten der Eltern gegenüber ihren Kindern geringer wurden. Besitz an Grund und Boden spielte eine immer geringere Rolle. Weder der Zeitpunkt der Heirat eines Kindes noch die Wahl des Ehepartners waren einem kollektiven wirtschaftlichen Interesse der Familie unterzuordnen. Weder bewirkte die Erwartung des Familienerbes die Unterordnung eines Erben unter den Willen der Eltern, noch verfügten die Eltern über die Möglichkeit, mit der Drohung der Enterbung oder der Verzögerung der Hausübergabe ein botmäßiges Verhalten ihrer Kinder zu erzwingen. Schließlich gelang es den jungen Paaren, auf der Basis des eigenen heimindustriellen Einkommens früher zu heiraten und einen eigenen Hausstand zu gründen.

Aber auch die Form der Eheanbahnung selbst erlebte eine Veränderung. In einer bäuerlichen Gemeinschaft mit strengem Anerbenrecht wäre es der dörflichen Jugend unmöglich gewesen, die Heirat eines Burschen mit einem von ihm geschwängerten Mädchen zu erzwingen, wenn diese Heirat ökonomisch nicht vernünftig schien, also nicht in das Kalkül der bäuerlichen Familienwirtschaft paßte. Bei den Heimarbeitern hingegen änderten sich allmählich die Vorstellungen von Sitte und Moral. Die verletzte Ehre des geschwängerten Mädchens wurde einklagbar, denn auf übergeordnete Interessen einer bäuerlichen Familienwirtschaft mußte nicht mehr Rücksicht genommen werden. In der Überschaubarkeit des Dorfes konnte das geschwängerte Mädchen einen Liebhaber, der seiner Verantwortung nicht nachkommen wollte, »zur Ehre ziehen«. Die Aufnahme regelmäßigen Geschlechtsverkehrs kam nun einer Verlobung (im Sinne eines gegenseitigen Eheversprechens) gleich, über deren Einhaltung die Dorfgesellschaft und insbesondere die dörfliche Jugend wachte.

Vorehelicher Geschlechtsverkehr, der eine Schwangerschaft des Mädchens zur Folge hatte, führte jetzt häufig zur Eheschließung, auch dann, wenn die materiellen Voraussetzungen nach bäuerlicher und kirchlicher Vorstellung nicht gegeben schienen. Aus dem Kanton Zürich berichtet Johann Schulthess, daß es manche Heimarbeiter- und Kleinhäuslerstochter geradezu darauf angelegt habe, geschwängert zu werden, um zu einer Heirat zu gelangen:

»Die Töchter, wissend, dass sie unter keinem andern Beding jemahls einen Mann bekämen, öffnen den Nachtbuben die Kammern und geben sich preis, der gewissen oder der ungewissen Hoffnung, im Falle der Schwängerung, der Schande nicht überlassen zu werden... Das sog. zu Licht gehen wird als Recht und Freyheit angesehen und für nichts sündliches gehalten. Hochzeit ist allemal die Folge von Schwängerung.«[57]

Obwohl der abendliche Besuch bei den Mädchen, der »Kiltgang« oder das »z' Licht go«, wie es in der Zürcher Landschaft hieß, das »Fensterln« oder »Gasslgehen«, wie es in österreichischen und bayrischen Ländern genannt wurde, seinem Wesen nach kleinbäuerlichen und dörflichen Verhältnissen in vorindustriellen Zeiten entstammte[58], erfuhr diese Praxis der Eheanbahnung in Verbreitungsgebieten der Heimarbeit eine drastische Ausdehnung. Die durch die neue Erwerbsquelle früher und häufiger »ehefähig« geworden Heimarbeiter bedienten sich also einer traditionellen Praxis, mit der sie ihre auf einer neuartigen materiellen Basis geschlossenen Ehen einleiteten.

Die Verringerung der elterlichen Verfügungsmacht über die Lebensplanung der Kinder bewirkte in heimindustriellen Regionen eine Stärkung der dörflichen Jugendkultur. An die Stelle der patriarchalischen und hausgebundenen Regulative des Heiratsverhaltens traten die genossenschaftlichen Regulative der Dorfjugend. Neben dem »Kiltgang« und seiner sozialen Kontrolle durch die Dorfgesellschaft bot die Spinnstube einen wichtigen Ort, an dem sich die Sexualkultur der Jugendlichen regulierte.

Die Spinnstube war in Mitteleuropa und darüber hinaus weit verbreitet.[59] Ursprünglich eine abendliche Zusammenkunft der Hausgemeinschaft, zu der Verwandte und Nachbarn eingeladen wurden, entwickelte sie sich in vielen europäischen Regionen immer mehr zu einer Veranstaltung der Jugend des Dorfes. Als ein typischer Brauch des »alten Feierabends« trafen sich hier vor allem die ledigen Mädchen der Dörfer, wenn das »Tagwerk« beendet war. Zunächst eine Einrichtung der bäuerlichen Gesellschaft, war ihre Dauer auf die Wintermonate begrenzt, in denen die bäuerliche Bevölkerung weniger Arbeit und mehr Zeit zu Geselligkeit und Vergnügungen hatte. Die Mädchen und Frauen spannen und strickten hier gemeinsam. Dabei wurden die Ereignisse des dörflichen Lebens ausführlich besprochen. In den Kommentaren von Vertretern geistlicher oder weltlicher Herrschaft ist immer wieder von »unnütz Geschwätz«, »unzüchtig Reden« und »allerhand Yppigkeiten« die Rede.[60] Zahlreiche Verordnungen und Verbote richteten sich gegen den Besuch der ledigen Burschen bei den in den Spinnstuben versammelten Mädchen.[61] Die Forderung nach dem Ausschluß der männlichen Jugend erstreckte sich auch auf ihr Zusammentreffen mit den Mädchen auf dem Weg von und zur Spinnstube. Was den Argwohn der Obrigkeit erweckte, war die für die Erwachsenen unkontrollierbare Zusammenkunft der Geschlechter, bei der das Leben der Erwachsenen wie auch die Affaren und Beziehungen der Jungen besprochen und solcherart einer kollektiven Kontrolle unterworfen wurden:

»Was in der Gemeind argerliches geschicht, wird in der Gunckelstuben ausgetragen, man singt Buhl-Lieder, unkeusche Lieder: man redet unkeusch, man reiset ärgerlich herum, man tantzet frech darein ... erzehlen unkeusche Geschichten von Eheleuten (sic!): sie kochen, essen, trincken was sie zu Haus gestohlen«, heißt es in einem alemannischen Gebet- und Erbauungsbüchlein aus dem 17. oder 18. Jahrhundert.[62]

Selbst zu Ende des 19. Jahrhunderts scheinen in heimindustriellen Dorfgemeinden noch innerhäusliche Geselligkeitsformen der weiblichen Jugend – immer eng verbunden mit heimindustrieller Arbeit – verbreitet gewesen zu sein, die für die Burschen des Ortes willkommene Kontaktmöglichkeiten boten. Aus einem mährischen Hausweberort wird berichtet: »Im Winter kamen am Abend täglich die Freundinnen meiner Schwester, etwa acht Mädchen aus der Nachbarschaft zu uns, um Strohschnüre zu flechten. Da ging es immer lustig zu, es wurde gesungen, Dummheiten gemacht, erzählt; und natürlich kamen auch die Burschen, die die Mädels dann heimbrachten.«[63]

Die Senkung des Heiratsalters und die Aufhebung der Heiratsschranken für nachgeborene Kinder durch den hausindustriellen Erwerb führten zu einer wachsenden Bedeutung der Sexualität im Alltag. Der Übergang von Kleinbauernstellen zur Heimindustrie beseitigte die Ungleichheit der Erben. Die Jugend der Heimarbeiterdörfer wurde in ihrem sozialen Status homogener, als es die Jugend in bäuerlichen Anerbengebieten war. Gleichzeitig glichen sich im erotisch-sexuellen Bereich die Verhaltensweisen der Geschlechter an. Die von Pfarrern und herrschaftlichen Beamten immer wieder geäußerten Klagen über die »Sittenlosigkeit« der Heimarbeiter deuten darauf hin, daß sich das sexuelle Verhalten der Heimarbeiter von den bäuerlichen Gewohnheiten unterschied. Die immer wieder behauptete »schamlose Unbefangenheit der Geschlechter« war vor allem Kritik an den veränderten Verhaltensweisen der Mädchen und Frauen[64]:

» . . . das gemeine Mädchen versteht die Kunst zu kokettieren in seiner Art vollkommen so gut als die Dame, entblößt ebenso unverschämt den Busen, und gewisse andere Reize so halb und halb, weil es mehr hilft als ganz. Bleibt der Jüngling noch spröde, so hilft es seinen Sinnen durch Branntwein nach, und erscheint der Jüngling nicht auf seine Einladung in seinem Bette, so besucht es ihn in dem seinigen.«[65]

Hier klingt – liest man diese Sätze gegen die Intention ihres Verfassers – eine gewisse Emanzipation der Mädchen und Frauen im sexuellen Bereich an. Andrerseits wurden voreheliche Sexualbeziehungen allem Anschein nach meist im Hinblick auf eine spätere

Ehe aufgenommen. Die teilweise hohen Raten vorehelicher und außerehelicher Geburten lassen darauf schließen, daß geplante Heiraten bei Konjunktureinbrüchen und Absatzkrisen häufig aufgeschoben werden mußten. Da das von der Dorfgemeinschaft anerkannte Verhältnis mit der Aufnahme des Geschlechtsverkehrs begann, war die voreheliche Schwangerschaft sehr häufig. In den meisten bisher untersuchten heimindustriellen Gebieten stieg im Lauf des 18. und 19. Jahrhunderts die Zahl der sog. »Brautschwangerschaften«.[66] Auch die vorehelichen Geburten waren in manchen Heimarbeitsgebieten zahlreich. Sie dürften jedoch ebenfalls eher Ausdruck ökonomischer Krisen und verminderter Heiratsfähigkeit denn Ausdruck allgemeiner »Unsittlichkeit« gewesen sein.

5. Geschlechtsrollen und Arbeitsteilung

Anders als Bauern- und Handwerkerfamilien kannte die typische Heimarbeiterfamilie keine strikte Unterscheidung von Arbeitsgebieten des Mannes und solchen der Frau. Während das Spinnen im Bauernhaus als Arbeit der bäuerlichen Mädchen und Frauen eine lange hauswirtschaftliche Tradition hatte und auch als heimindustrieller Arbeitsgang weiterhin meist von Frauen ausgeübt wurde, rückten die Männer in der textilen Proto-Industrie erstmals in eine in bäuerlichen Kreisen überwiegend als »weiblich« angesehene Arbeitssphäre ein. Die Verbreitung der Heimindustrie bewirkte in vielen Gegenden eine tendenzielle Angleichung der Arbeitsaufgaben von Mann und Frau. In manchen Regionen konnte man Frauen sogar als Messer- und Nagelschmiede[67], Männer als Spitzenklöppler[68] oder Handspinner[69] finden. Für Krain wurde 1838 berichtet: »Es giebt ganze Dörfer, wo jedes Haus einen Webstuhl hat. Männer und Weiber spinnen auf dem Handspinnrade im Winter halbe Nächte, und sind ebenso gut in Verfertigung der ordinären Leinwand unterrichtet.«[70] Wenn die heimindustrielle Arbeit dazu führte, daß Frauen für die Hausarbeit keine Zeit aufbringen konnten, kam es vor, daß ihre Ehemänner die Hausarbeit übernahmen.[71] Von westfälischen Spinner- und Weberfamilien wissen wir, daß die »Männer… kochen, fegen und melken, um das gute fleißige Weib in seiner Arbeit ja nicht zu stören«.[72]

Die das Volk zum Zweck der Kontrolle beobachtenden Zeitgenossen sahen in solchen Formen der Arbeitsteilung eine Umkehrung der »natürlichen« Verhältnisse. Dies habe zur Folge, argumentierten sie, daß die Töchter der Heimarbeiter nicht hinreichend auf ihre künftigen Aufgaben als Hausfrauen und Mütter vorbereitet würden. Der Pfarrer eines Weberdorfes im Kanton Zürich berichtet 1857: »... ist diese unausgesetzte Tätigkeit am Webstuhle mit einem andern Nachtheil verbunden, der sich erst in jener Zeit offenbart, wenn die Weberin einer eigenen Haushaltung vorstehen sollte: Sie kennt nichts vom Kochen, nichts vom Flicken, des Reinhaltens der Zimmer ist sie ungewohnt, kurz sie kann nichts, als am Webstuhl verdienen.«[73]

In Weberfamilien sah die typische Arbeitsteilung so aus, daß der Mann webte, die Frau die Ketten säuberte und die Kinder spulten. Über die Arbeitsteilung in den Familien der thüringischen Spielzeugmacher berichtet Sax: »... es bildet sich innerhalb der Familie eine peinlich genaue Arbeitsteilung aus und alles geht flink von der Hand. Der Vater z. B. lakiert und malt den Kopf, die Mutter schneidet Kleidchen zu, die Töchter nähen die Kleidchen und ziehen sie über das Gestell, ein Knabe streicht die Beine an, der jüngste schlägt die Tschinellen auf; und der Stürzenschläger ist fertig.«[74] Wenn heimindustrielle Arbeit noch mit Landwirtschaft gekoppelt war, konnte es sein, daß die weiblichen Mitglieder der Familie am Spinnrad saßen, Väter und arbeitsfähige Söhne auf dem Feld arbeiteten oder auch die Mahlzeiten vorbereiteten: »Nicht selten sieht man Großmutter, Mutter und Enkelin mit Spinnen beschäftigt, während der Vater und der erwachsene Sohn auf dem Felde arbeiten oder andere häusliche Arbeit verrichten, die Mahlzeit vorbereiten, Rüben putzen oder Kartoffel schälen.«[75]

Die Lockerung traditioneller Vorstellungen von männlicher und weiblicher Arbeit bis hin zur Umkehrung der Verhältnisse entsprach der Notwendigkeit, die Organisation der Arbeit an die materiellen Lebensbedingungen anzupassen. Die restriktiven Bedingungen, unter denen die Heimarbeiter leben und arbeiten mußten, nötigten zu einem Höchstmaß an »familialer Kooperation«.[76] Das zwang die in der Heimarbeit tätigen Menschen je nach branchen- und konjunkturspezifischen Verhältnissen dazu, traditionelle Formen der Arbeitsteilung aufzugeben und gegen überkommene Rollenleitbilder von Mann und Frau zu verstoßen.

6. Konsumverhalten

Während dem Ehemann und Vater in der Bauern- und Handwerkerfamilie die Rolle des privilegierten Konsumenten zukam, der aus
seinen Vorrechten bei Essen, Trinken und Bekleidung einen Zugewinn an inner- und außerfamilialem Ansehen bezog, weisen viele
Indizien darauf hin, daß in den Familien der Handwerker eine eher
»gleichberechtigte« Form des Konsums von Männern und Frauen
üblich war. Zeitgenössische Beobachter berichten, daß Mann und
Frau hier meist gemeinsam getrunken und geraucht hätten.[77] Da
Frauen und Kinder in den Heimarbeiterfamilien ebenso Geld verdienten wie die Männer, glichen sich auch die Trinkgewohnheiten
der Geschlechter an. Vorarlberger Stickerinnen, die in einem der
Heimarbeiterhäuser zusammenkamen, um einander während der
Arbeit zu unterhalten, legten Geld zusammen und ließen sich Wein
und Kaffee aus dem Wirtshaus holen. Aber auch in den Gasthäusern sprachen die Heimarbeiterinnen häufig dem Alkohol zu.[78] Sobald es das Einkommen erlaubte, konsumierten Heimarbeiter –
Männer und Frauen – Genußmittel wie Kaffee, Tee, Wein, Schnaps,
Konfekt, Schokolade.[79] Auch das Tabakrauchen scheint im 18. Jahr-
hundert in vielen Heimarbeiterfamilien üblich geworden zu sein:
Analog zur Angleichung der Trinkgewohnheiten sollen nicht nur
die Männer, sondern auch Frauen und sogar Kinder geraucht haben.[80] Gerade im Statuskonsum scheint sich die Tendenz zur
Gleichberechtigung der Geschlechter deutlich manifestiert zu haben.[81] Viele Beobachter haben das als »irrationalen Luxus- und
Überkonsum« bezeichnet: »... es fehlt nicht an Beispielen, daß das
Mädchen... seinen ganzen Erwerb um seinen Leib hängt, und der
Bursche... seinen Sparpfennig in eine Taschenuhr, silberne Schnal-
len, mit Silber beschlagene Tabakspfeifenköpfe von Meerschaum,
welche Artikel ihm die Juden aufzuschwätzen wissen, steckt, und
das übrige verbraucht oder im Bier und Branntwein vertrinkt.«[82]

Über den Konsum der Heimarbeiter im Zürcher Oberland wird
berichtet, daß sich die Sitten des Volkes durch den Fabrikverdienst
sehr »verschlimmert« hätten. Große Summen gingen für Wein und
»gebrannte Wasser« aus dem Lande; auch das Kaffeetrinken sei allgemein üblich geworden.[83] C. Meiners bemerkt dazu in seinen
Briefen über die Schweiz:

»Die meisten Fabrikarbeiter [gemeint sind die Heimarbeiter, R. S.] begnügen sich nicht mit nahrhaften und verdaulichen, aber wohlfeilen und

einfachen Speisen; sondern es gelüstet sie nach den Leckereyen der Städter, mit welchen sie bekannt zu werden Gelegenheit haben. Caffee mit dem fettesten Rahm ist das tägliche Gedränk aller Fabrikarbeiter, sowie Fleisch die tägliche Nahrung, und zwar sehr oft das zarteste und theuerste, was man nur haben kann.«[84]

Heimarbeiter waren also durch ihre Marktorientiertheit nicht mehr ausschließlich auf die lokale Ernährungsweise und den örtlichen Ernteertrag angewiesen. In wirtschaftlichen Krisenzeiten konnten viele Heimarbeiter – an die Versorgung mit Genußmitteln über den Markt gewöhnt – nicht mehr zu traditionellen Speisen der Landbevölkerung (vor allem Mus und Brei) zurückkehren. Die Verringerung der Kaufkraft in Krisenzeiten konnte vielfach nicht mehr durch subsistenzwirtschaftliche Versorgung kompensiert werden. Von »Brod und Wein und gebranntem Wasser« als alleiniger Nahrung wird berichtet.[85] Hanssen schreibt über die Klöpplerinnen in Nordfriesland um 1830: »Sie erhalten sich fast bloß mit Kaffee und Brot; manche haben sich aber leider an den Teepunsch gewöhnt, um sich spät abends wach zu halten.«[86]
  Diese bürgerlichen Zeitgenossen zutiefst »unvernünftig« erscheinenden Verhaltensweisen stellten die Reaktion der Heimarbeiter auf das für sie zunächst ungewohnte Geldeinkommen dar. Eine längerfristige Planung des Haushalts war infolge der schwankenden Konjunkturen und Auftragslagen unmöglich. Der Arbeitsbelastung entsprach die stimulierende Wirkung von Kaffee, Tee und Alkohol um so mehr, je länger bei Arbeitsspitzen bis in die Nacht gearbeitet wurde. Darüber hinaus sieht Hans Medick in diesem »Luxuskonsum« aber auch ein soziales Äußerungs- und Kundgabemittel. Die Wiederherstellung der Arbeitskraft an Sonn- und Feiertagen, in Festen, Spielen und Wettkämpfen habe sich nicht »privat«, sondern in Gesellschaft vollzogen. Trinken und Essen seien ein konstitutives Element der »plebeischen Kultur«[87] der Heimindustriellen gewesen. Über ihren öffentlichen Konsum seien die ländlichen Gewerbetreibenden in einen »gesellschaftlichen Wettstreit« getreten, in den sozialen Binnenbeziehungen ebenso wie nach außen, im Verhältnis zu anderen Schichten und Gruppen. Unterstützte dieser »Luxuskonsum« unter den Heimarbeitern ein neues Gemeinschaftsbewußtsein, verhalf er nach außen zur Distanzierung der Heimarbeiter von ihrer bäuerlichen oder bürgerlichen Umwelt. »Als Status- und Prestigekonsum diente er einer sozialen Schicht zur symbolisch-demonstrativen Selbstdarstellung, die

über die traditionellen Mittel bäuerlicher Selbstrepräsentation, wie sie in Besitz und Eigentum gegeben waren, nicht mehr verfügte und der bürgerlichen ›Kulturgüter‹ noch nicht teilhaftig geworden war…«[88]

Haushalt und Familie der Heimarbeiter waren ein integrierter Bestandteil dieser »plebejischen Öffentlichkeit«. Infolge des eintönigen Charakters der Arbeit war das Bedürfnis der Heimarbeiter nach Geselligkeit besonders groß. Tätigkeiten, die nicht an immobile Maschinen wie den Webstuhl gebunden waren, wurden deshalb in den Sommermonaten oft im Freien verrichtet. Sowohl das Spinnen als auch das Klöppeln wurden häufig vor die Haustür oder an einen schattigen Platz verlegt. An den Winterabenden versammelten sich die ledigen Mädchen des Dorfes in den Spinnstuben. Von den Bandwebern in der Lausitz wird berichtet, daß sie nach getaner Arbeit in der einsetzenden Dämmerung »auf Nachbarschaft« gingen.[89] – Die Familie war noch kein Ort abgeschirmter Privatheit und Intimität. So wie es noch keine klare Grenze zwischen Erwerbsarbeit und Familienleben gab, bestand auch keine klare Grenze zwischen privatem und öffentlichem Leben.

7. Die Kinder der Heimarbeiter

Heimarbeiterkinder blieben häufig bis zu ihrer Verehelichung und z. T. auch noch länger im Elternhaus. Als Arbeitskräfte trugen jugendliche und erwachsene Kinder wesentlich zum Einkommen der Familie bei. »Gerade in kleinbäuerlichen und protoindustriellen Familien war dies eine der wenigen Perioden, in denen Eigentum erspart und für das Alter vorgesorgt werden konnte.«[90] Im Unterschied zu Taglöhnerfamilien, die ihre Kinder bald aus dem Haus schicken mußten, weil sie sie nicht ernähren konnten, benötigten viele Heimarbeiter ihre Kinder als Arbeitskräfte. Die in manchen Regionen höhere Geburtenrate der Heimindustriellen ergab sich vor allem aus dem niedrigeren Heiratsalter, das durch die Heimarbeit möglich wurde.[91] Kinder waren für ihre Eltern »lebendes Kapital«: als Arbeitskräfte und zur Versorgung im Alter. In ihren ersten Lebensjahren brachten sie aber mehr Belastungen als ökonomischen Nutzen mit sich. Erst später übertraf ihr ökonomischer Nutzen die von ihnen verursachten Reproduktionskosten. Bei den Heimwebern des 18. Jahrhunderts konnten größere Kinder das Familieneinkommen verdoppeln, sobald sie nicht nur spulten, sondern auch selber webten.[92] Das soll etwa bei den Heimwebern im Kanton Appenzell ab dem 10. Lebensjahr der Fall gewesen sein.[93] Schon nach kurzer Anlernzeit verdiente hier ein halbwüchsiges Kind mehr, als die Eltern für seinen Lebensunterhalt aufbringen mußten.[94]

Die Kinder der Hausindustriellen lernten die Handgriffe ihres Gewerbes von den Eltern. Es gab aber auch Eltern, die ihre Kinder gegen Bezahlung eines Lehrgeldes zu einem Weber in die Lehre schickten. In jedem Fall blieb der Erwerb der notwendigen Fertigkeiten empirisch, d. h. auf Lernen aus Erfahrung beschränkt. Insgesamt waren Erwerbsarbeit und Erziehung der Kinder keine getrennten Bereiche. Die von klein auf beobachtete und dann gemeinsam verrichtete Arbeit vermittelte nicht nur die manuellen Fertigkeiten, sondern auch milieuspezifische Einstellungen und Verhaltensweisen: »Sobald die Kinder sich regen können, müssen sie arbeiten, und die Profession ihrer Eltern erlernen; (sie) folgen insensiblement ihren Sitten und Gebräuchen«, wußte schon der junge Laurenz Zellweger 1723 über die Erziehung der Kinder in den Heimarbeiterfamilien des Kantons Appenzell zu berichten.[95]

Aufgrund der hohen Kindersterblichkeit mußten mehr Kinder geboren werden, als schließlich das arbeitsfähige Alter erreichten. Um selbst überleben zu können, mußte die heimindustrielle Familie jene Ressource sicherstellen, die ihr nach dem Verlust ihrer landwirtschaftlichen Existenzgrundlage noch verblieben war: die menschliche Arbeitskraft. Bedeuteten hohe Geburtenraten kurzfristig die Sicherung des Überlebens, führte das generative Verhalten der Heimarbeiter längerfristig zu einer »malthusianischen« Entwicklung auf dem Arbeitsmarkt. Schwankungen der Nachfrage nach Arbeitskräften konnte es sich nur unzulänglich anpassen und trug so zur Verarmung der heimindustriellen Arbeiter bei. Im späten 19. Jahrhundert, als besonders die Einkommen im hausindustriellen Textilgewerbe zurückgingen, konnten jedoch auch mehrere mitarbeitende Kinder den Verdienst der Familien kaum mehr steigern.

Aufgrund dieser ambivalenten ökonomischen Bedeutung der Kinder für die heimindustriellen Familien ist es nicht verwunderlich, daß Rudolf Braun in Dokumenten zur Lebensweise der Heimarbeiter im Zürcher Oberland sehr unterschiedliche Einstellungen zu den Kindern gefunden hat. Sie waren davon abhängig, ob die Heimarbeiter noch eine kleine Landwirtschaft behalten hatten oder nicht. »Es ist auffallend, wie der Besitz an Grund und Boden auch in verlagsindustriellen Kreisen sippenerhaltend wirkt. Wo sich auf industriellem Verdienst ein Bergbauerntum aufbaut, ist das Kind verpflichtet, in die gemeinsame Wirtschaft ›hineinzugeben‹. Es kann sich der Aufgabe nicht entziehen, die Zinsen des Gutes mit Spinnen und Weben zu erarbeiten.«[96] Dagegen hätten landlose Heimarbeiter nicht danach getrachtet, die Zahl ihrer Kinder möglichst groß zu halten, um daraus wirtschaftlichen Nutzen zu ziehen. Viele Eltern hätten es nicht ungern gesehen, wenn eines ihrer Kinder fortzog und bei fremden Leuten als Kostkind aufgenommen wurde. Mitunter hätten Eltern im Tod eines Kindes eine Entlastung vom materiellen Problem seiner Versorgung erblickt. Das Kleinkind habe die Mutter von der Arbeit abgehalten. Ein anderer Grund seien die oft überaus beengten Wohnverhältnisse gewesen. Das starke Bevölkerungswachstum habe bei aufrechtem Verbot von Neubauten zu katastrophalen Wohnverhältnissen geführt.[97]

Ob Kinder nun willkommene Arbeitskräfte waren oder eher die mit ihnen verbundenen wirtschaftlichen Lasten und sozialen Reproduktionskosten gesehen wurden – die Ehepaare hatten ohnehin kaum eine Möglichkeit, die Zahl ihrer Kinder gezielt zu bestimmen. Sie verfügten über keine verläßlichen Praktiken der Geburtenkontrolle. Heidi Rosenbaum vermutet deshalb, daß unter durchschnittlichen Lebensbedingungen von Heimarbeiterfamilien ein bis zwei Kinder als wünschenswert angesehen wurden. Vieles spreche dafür, daß weitere Kinder im allgemeinen als große Belastung empfunden wurden, »und zwar sowohl auf Grund der schlechten Wohnverhältnisse als auch des Arbeitsaufwandes, den ihre Aufzucht erforderte«.[98]

Über die Praktiken der Säuglings- und Kleinkinderpflege in heimindustriellen Familien liegen nur wenige Beobachtungen vor. Sax berichtet von den thüringischen Heimarbeitern, daß die Säuglinge nur kurz gestillt worden seien, da es die Mütter zuviel Zeit gekostet habe.[99] Die kurzen Stillzeiten begünstigten jedoch eine weitere Empfängnis, so daß der Versuch, beim Stillen Zeit zu sparen, zu einer rascheren Geburtenfolge führte.

Für die heranwachsenden Kinder bot sich eine dichte, von der täglichen Routine der Heimarbeit gekennzeichnete Atmosphäre. Wenn die Mutter von der Obsorge für die Kinder entlastet werden sollte, um ihre heimindustrielle Arbeit verrichten zu können, mußten sich ältere Geschwister um die Kleinen kümmern. An eine gesonderte »Erziehung« der Kinder war nicht zu denken. Ihre Sozialisation geschah gewissermaßen nebenbei. Primäres und lebensnotwendiges Ziel war die »Erziehung zur Arbeit«. Die persönlichkeitsbildenden Einflüsse beschränkten sich keineswegs auf die einzelnen Familien. Interaktionsformen der unterbäuerlichen Schichten, die als »plebejische Kultur« des Dorfes beschrieben wurden[100], prägten das Heimarbeiterkind. Etwas davon ist auch in den Erinnerungen eines mährischen Webersohnes zu spüren, die in die neunziger Jahre des letzten Jahrhunderts zurückreichen. Der Vater betätigte sich – neben der Weberei – an Samstagen und Sonntagen als Friseur:

»Fürs Haareschneiden bekam er fünf Kreuzer, fürs Rasieren drei Kreuzer. An Samstagen war die Stube oft bis vier Uhr früh voller Leute, die sich rasieren oder die Haare schneiden ließen. Sie blieben aber sitzen, auch wenn sie längst bedient waren, und erzählten Geschichten. Da die Stube voller Leute war und alle Bänke besetzt waren, konnten wir Kinder nicht schlafen gehen. Wir lauschten aber gern den Erzählungen.«[101]

Je nach Art des heimindustriellen Gewerbes begannen Kinder im Alter von drei, vier oder fünf Jahren bei der Heimarbeit mitzuhelfen[102] – und dies in engen, schlecht belüfteten und ungenügend belichteten Räumen.[103] Die physische und psychische Belastung der Kinder ergab sich vor allem aus den extensiven Arbeitszeiten.[104] Kinder mußten – z. B. in Weberhaushalten – die monotonen Hilfsarbeiten des Aufspulens der Webfäden auf hölzerne Spindeln verrichten. Aussagen ehemaliger Heimarbeiterkinder belegen, daß sie vor allem unter der Monotonie der ihnen zugewiesenen Arbeiten zu leiden hatten:

»Spulen war für uns Kinder eine schreckliche Marter. Da hockten wir Stunde um Stunde auf dem niedrigen Stühlchen hinter dem Spulrad bei der entsetzlich eintönigen und ermüdenden Arbeit, immer nur spulen, spulen, spulen. Der Rücken schmerzte, der rechte Arm, der das Rad drehen mußte, drohte zu erlahmen, die Finger der linken Hand wurden von den scharf gesponnenen Fäden, die zur gleichmässigen Verteilung auf die Spule geleitet werden mußten, blutig gerissen.«[105]

Die Arbeit der Heimarbeiterkinder hatte häufig gesundheitliche Schäden und körperliche Mißbildungen zur Folge.[106] Darüber hinaus beeinträchtigte sie die Schulbildung. Für Kinder, die vor und nach der Schule arbeiten mußten, boten die Schulstunden oft die einzige Ruhepause.[107] Ein Lehrer in einem thüringischen Heimarbeiterort bemerkte über eine seiner Schülerinnen, daß sie während des Unterrichts beinahe regelmäßig einschlafe, da sie bis in die Nacht hinein arbeiten müsse.[108] Ähnlich wie viele Fabrikarbeiter wandten sich auch Heimarbeiter häufig dagegen, daß ihre Kinder die Schule besuchen sollten. Noch 1842 wehrte sich der Kiebinger Weber Jakob Thoma energisch gegen die Anordnung des örtlichen Kirchenkonvents, seine beiden Söhne sollten wenigstens in den Wintermonaten regelmäßig die Schule besuchen.[109] Heidi Rosenbaum ist wohl zuzustimmen, wenn sie meint, daß die behördliche Vorschrift des Schulbesuchs vielen Heimarbeitern angesichts ihrer Abhängigkeit von der Arbeitskraft ihrer Kinder »als eine Zumutung und besondere Schikane« des Staates erscheinen mußte.[110]

Erreichten die Kinder der Heimarbeiter ein Alter, in dem sie an Eheschließung und Haushaltsgründung zu denken begannen, konnte es häufig zum Konflikt zwischen den Interessen der Eltern an der »Verwertung« der Arbeitskraft ihrer Kinder und deren Wunsch nach sozialer und wirtschaftlicher Selbständigkeit kommen. Für die Eltern waren jugendliche und erwachsene Kinder wirtschaftlich von hohem Nutzen, wenn ihr Arbeitsverdienst in die Familienkasse floß und ihnen nur ein Taschengeld zugestanden werden mußte. Vor allem die Töchter gaben ihren Verdienst meist ohne Widerstand an ihre Eltern ab. Dies ist ein Verhaltensmuster, das auch bei den in die Stadt abgewanderten Töchtern von Bauern und Heimarbeiterfamilien bis ins 20. Jahrhundert beobachtet werden konnte.[111] Rudolf Braun schließt daraus auf enge Loyalitätsbindungen zwischen Eltern und Kindern. Andrerseits gibt es Hinweise, daß erwachsene Kinder gerade wegen ihrer Möglichkeit, selber Geld zu verdienen, gegen die wirtschaftlichen Interessen ihrer Eltern aus deren Haushalt ausschieden. Johannes Merz, Sohn einer Appenzeller Weberfamilie, verließ mit 18 Jahren sein Elternhaus, wo er für seine Arbeit nur ein Trinkgeld erhielt: »Als ich dann über die stiefmütterliche Behandlung nachdachte und merkte, daß ich sogar meine körperliche Entwicklung und Schulbildung hatte zum Opfer bringen dürfen, da verlor ich meine lang geübte Gutmütigkeit. Ich packte alle meine Herrlichkeiten zusammen und reiste dem Dorf Wald zu.«[112]

Das von den erwachsenen Kindern der Heimarbeiter erarbeitete Geldeinkommen lockerte offenbar ihre hauswirtschaftliche Abhängigkeit und ermöglichte eine frühere Emanzipation aus der

Herkunftsfamilie. Das traf vor allem auf Heimarbeiterfamilien ohne eigenes Haus zu. Hier fehlte weithin die »eiserne Kette von Reproduktion und Erbschaft« (L. Tilly). Eine Senkung des Heiratsalters war die von bürgerlichen Zeitgenossen häufig beklagte Folge.[113] Die Möglichkeit zum individuellen Lohnerwerb verringerte den Zwang zur kollektiven Reproduktion im Elternhaus und begünstigte die Herausbildung individueller Lebenskonzepte.

8. Die Wohnverhältnisse

Im Hinblick auf die Wohnverhältnisse der Heimarbeiter sind die historischen Quellen – wie für das Wohnen auf dem Land im allgemeinen – besonders spärlich. Bis in das 20. Jahrhundert fehlen außerhalb der Großstädte systematische Erhebungen.[114] Sicher ist, daß die Verbreitung der Hausindustrie Ende des 18. Jahrhunderts zu einem wellenartigen Ansteigen der Bautätigkeit auf dem Land geführt hat. Zahlreichen Heimarbeitern und Taglöhnern wurde der Bau eines kleinen Hauses gestattet. Während seit dem 17. Jahrhundert eine Fülle von Verboten die Errichtung neuer Häuser unterbinden sollte, führte die merkantilistische und populationistische Politik des späten 18. Jahrhunderts zur Aufhebung aller Verbote, die die Vermehrung der Bevölkerung und die Industrialisierung hemmen konnten. Durch die Aufteilung von Gemeindeland und agrarisch wertlosen Gründen der Herrschaft wurde diese Ansiedlungspolitik unterstützt.[115] Im niederösterreichischen Waldviertel z. B. wurden zwischen 1786 und 1803 3468 Häuser neu errichtet, die Hälfte davon allein in den vier Jahren von 1786 bis 1790, nachdem Kaiser Josef II. die Verpflichtung zur Arbeit für die Grundherren aufgehoben hatte (Robot-Abolition).[116] Da den Herrschaften nunmehr kostenlose Arbeitskräfte nicht mehr zur Verfügung standen, verloren sie das Interesse an wenig ertragreichen Wirtschaften. Andrerseits mußten sie nun an der Ansiedlung landarmer Leute interessiert sein, um die Reproduktion ortsansässiger Landarbeiter für ihre verbleibenden Güter zu sichern.[117]

Die Bautätigkeit, die vor allem in Sammelsiedlungen erfolgte, kam insbesondere einem Teil der hier sehr zahlreichen Inwohner zugute, die sich nun aus den bäuerlichen Hausgemeinschaften emanzipieren konnten. In ländlichen Gesellschaften, deren zwei zentrale Statuskriterien Haus- und Grundbesitz waren, bedeutete die Errichtung eines Hauses einen wesentlichen Zuwachs an Sozialprestige. Der Inwohner war hausrechtlich abhängig, der Häusler hingegen – zumindest im Wohnen – eigenständig. Die Ansiedlung von Heimarbeiterfamilien in kleinen Häusern hatte die Dominanz von Kleinfamilienhaushalten zur Folge. Darüber darf aber nicht vergessen werden, daß Grundkauf, Hausbau und an den Hausbesitz gebundene Steuerleistungen eine ökonomische Belastung für die Häuslerfamilien mit sich brachten, der die Inwohnerfamilien nicht unterlagen.[118]

Gleichzeitig mit der Neusiedlung wuchs die Zahl der Inwohner in vielen proto-industriellen Regionen weiter an. Die Errichtung neuer Häuser hielt mit dem Bevölkerungswachstum vielfach nicht Schritt.[119] Ein erheblicher Teil der Weber in der Waldviertler Textilregion wohnte weiterhin als Inwohner bei Bauern, die oft selbst neben ihrer kleinen Landwirtschaft webten und spannen. Im Jahr 1840 bewohnten in der Pfarre Gmünd knapp 60% der Weberfamilien ein eigenes Haus, gut 40% lebten als Inwohner in den Häusern von Bauern und Webern.[120]

In Gebieten mit seit Jahrhunderten geübter Freiteilbarkeit begünstigte die Zersplitterung der Güter die Seßhaftwerdung unterbäuerlicher Bevölkerungsschichten. In der Hauptphase der Proto-Industrialisierung – der zweiten Hälfte des 18. Jahrhunderts – stieg etwa in der Region um den Bodensee die Zahl der Häuser stark an. Deshalb waren hier auch viel weniger Hausindustrielle gezwungen, als Inwohner zu leben. Die Errichtung eigener kleiner Häuser (in der hausindustriellen Region um St. Gallen bildete sich ein eigenständiger Haustyp: das »Weberhöckli«, heraus[121]) führte – gemessen an den Wohnbedingungen der Inwohner – sicherlich zu einer Hebung der Wohnkultur. Freilich dominierte die Einheit von Leben und Arbeiten die Gestaltung des Wohnraums, der gleichzeitig Werkstatt war. Das Kind einer mährischen Weberfamilie erinnert sich an sein Elternhaus in den achtziger Jahren des 19. Jahrhunderts:

»Die Stube war circa fünf mal fünf Meter groß. Darin befand sich ein Kachelofen, wie es in allen Häusern üblich war, dann eine Ofenbank, ein Bett, in dem nur die Eltern schliefen, ein Tisch und ein Webstuhl, der allein ein Viertel der Stube in Anspruch nahm. Der Fußboden war aus Lehm. Wir Kinder schliefen auf dem Backofen – den gab es auch in jedem Haus – sowie auf der Ofenbank oder auf dem Fußboden. Als Unterlage im Bett diente den Eltern loses Stroh, kein Strohsack, und für uns Kinder genügten mit Stroh gefüllte Kartoffelsäcke, die tagsüber im Schuppen lagen und vor dem Schlafengehen hereingeholt wurden. Im Winter waren sie eiskalt. Zum Zudecken hatten wir nur alte Kleider, Nachthemden oder dergleichen waren unbekannt... Wenn wir nachts hinaus mußten, mußten wir auch im Winter bloßfüßig, nur im Hemd, ins Freie zum Misthaufen gehen.«[122]

Bis ins ausgehende 18. Jahrhundert wurde der überwiegende Teil der Häuser auf dem Land aus Holz erbaut. Steinhäuser galten als Zeichen des Wohlstands. Zunächst waren nur Pfarr- und Wirtshäuser sowie Mühlen, nach dem Dreißigjährigen Krieg auch die Häuser der reichen Bauern immer öfter aus Stein errichtet worden. Am raschesten scheint der Steinbau in den markt- und geldwirtschaftlich orientierten Weinbaugegenden vorgedrungen zu sein. Die kleinen Häuser – und damit auch die Häuser der Heimarbeiter – waren jedoch weiterhin fast durchwegs aus Holz oder aus Lehm.

Offenbar hatten viele dieser Häuser neben der Küche nur einen einzigen Wohnraum.[123] Meist war nur die Küche zu beheizen. Allenfalls gab es noch eine Kammer. Die Häuser waren jedoch sehr dicht belegt und beherbergten oft mehrere Parteien. Aus Haushaltslisten geht hervor, daß die Wohnparteien häufig wechselten. Mehrere Familien, Witwen mit ihren Kindern und alleinstehende Personen, lebten in diesen Häusern zusammen. Angesichts der geringen Größe der Wohnhäuser muß hier ein sehr dichtes Miteinanderwohnen von zwei und mehr Familien und von »unvollständigen« Familien (Witwer und Witwen mit Kindern) als durchaus typisch angenommen werden.[124] Ob es unter solchen Umständen zu solidarischen Lebensverhältnissen kommen konnte oder eher Reibereien und Konflikte zwischen den Bewohnern die Regel waren, wissen wir nicht. Aus einigen Gegenden wird berichtet, daß die Familien die ihnen zugestandenen Ecken des Raumes mit Kreide- oder Farbstrichen auf dem Fußboden markierten und der Ofen von den zusammenlebenden Familien abwechselnd benützt wurde.[125] Zu solchen Verhältnissen war es aber auch schon vor der Proto-Industrialisierung in ländlichen Regionen – etwa in den Tiroler Freiteilungsgebieten – gekommen. Über die Hausteilungen im Oberinntal schreibt ein Beobachter 1806, hier würden selbst die kleinsten Häuser oft von mehreren Familien geteilt.[126] Häufig scheint es infolge des Mangels an Räumen und an Betten notwendig gewesen zu sein, daß Eltern ihre Kinder zu sich ins Bett nahmen, wie Volksmissionare und Pfarrer des 18. Jahrhunderts bisweilen entrüstet vermerkten.[127] Wiederholt beanstandeten Regierungskommissäre in Vorarlberg die sich aus dem Zusammenwohnen mehrerer Familien in einem Raum ergebende »Unsittlichkeit«. Insbesondere klagten sie, daß erwachsene mit unerwachsenen Kindern beiderlei Geschlechts zusammen schliefen. Sie plädierten daher für die Begünstigung des Häuserbaus oder wenigstens für die Vermehrung der heizbaren Stuben.[128]

Insgesamt kann aber wohl gelten, daß die Proto-Industrialisierung zu einer Verminderung der Arbeitswanderung von Männern und Kindern auf dem Land geführt hat. Die »Arbeitsnomaden« der vorindustriellen Gesellschaft verdankten der Ausbreitung der Heimindustrie ihre Seßhaftwerdung. Die neue Erwerbsmöglichkeit führte zur »Verhäuslichung« der Landarmen und Landlosen und damit zur weiteren Vermehrung jener ländlichen Bevölkerungsschichten, die zuvor ohne eigenes Dach über dem Kopf keine Chance auf Heirat und Familiengründung gehabt hätten. Damit jedoch bereitete sich eine weit größere Wanderungsbewegung vor, als sie Mittel- und Westeuropa je zuvor gekannt hatten: die Wanderung in die industrialisierten Städte. Nach dem Niedergang vieler heimindustrieller Regionen und ihrer Reagrarisierung erfaßte sie zahlreiche Heimarbeiter, die sich nun gezwungen sahen, der in den industriellen Fabriken zentralisierten Lohnarbeit nachzuwandern. Jene Bevölkerungsgruppen, die von der Deindustrialisierung des Landes in die an personeller Größe und Produktivität wachsenden Bauernwirtschaften gezwungen wurden, folgten diesem Weg in die Städte, als Mechanisierung und Rationalisierung schließlich auch die bäuerlichen Betriebe ergriffen und als ihnen die industriellen Löhne einen vergleichsweise höheren Lebensstandard versprachen.

III. Die Familien der Handwerker

Ähnlich wie die bäuerlichen Familien wurden auch die der Handwerker durch eine enge Verflechtung von Wirtschaftsweise und Familienleben bestimmt. Allerdings kann die Handwerkerfamilie nicht generell wie die Bauernfamilie als Sozialform des »ganzen Hauses« bezeichnet werden. Hierzu fehlten häufig der Besitz eines Hauses und die an seine Vererbung gebundenen Strategien. Andrerseits war auch im Handwerkerhaushalt die Trennung von »privater Haushaltung« und Wirtschaftsbetrieb noch nicht vollständig (wenn auch deutlicher als im Bauernhaus) ausgebildet; die in den Meisterhaushalt aufgenommenen Lehrlinge und Gesellen waren hausrechtlich abhängig wie das bäuerliche Gesinde und gehörten zum Haushalt des Meisters. Das ist jedoch nur ein erster, oberflächlicher Befund. Wesentliche Unterschiede zum Bauernhaus ergaben sich vor allem aus den differierenden Produktionsverhältnissen. Sie sollen hier für den Typus der Handwerkerfamilie, wie er im 18. und im frühen 19. Jahrhundert im organisatorischen Rahmen der *Zünfte* in den Städten bestand, dargestellt werden.

1. Zur Ökonomie des zünftigen Handwerks

Schon zu Beginn unseres Untersuchungszeitraumes geriet das »alte Handwerk« unter den Druck einer Wirtschaftsdynamik, die mit den Beharrungstendenzen der Zünfte konfligierte.[1] In der zweiten Hälfte des 18. Jahrhunderts stieß die gewerbliche Entwicklung an die konkurrenz- und expansionshemmende Verfassung der Zünfte. Da das zünftige Handwerk darauf mit seiner »Abschließung« reagierte, wich das nicht in Zünften organisierte Gewerbe vor allem auf das Land aus. Das führte entgegen dem städtischen Charakter des Handwerks im Hochmittelalter und in der Frühen Neuzeit dazu, daß die Zahl der Handwerker auf dem Land um 1800 in Deutschland die der städtischen Handwerker erreichte und z. T. sogar übertraf.[2]

Aber auch in den Städten verlor das zünftige Handwerk im Wettkampf mit nicht-zünftigen Gewerben, Manufakturen und ersten

Fabriken allmählich an Boden. Dennoch geschahen die bedeutendsten Veränderungen erst in der zweiten Hälfte des 19. Jahrhunderts. Die *Gewerbefreiheit*, d. i. die Freiheit vom Zunftzwang, wurde zwar in vielen west- und mitteleuropäischen Ländern schon zu Beginn des 19. Jahrhunderts (in Österreich erst 1859) gesetzlich anerkannt. Aber die »zünftigen Strukturen« wirkten im Verhalten vieler Handwerker noch fort, als sie gesetzlich schon aufgehoben waren.[3] Es scheint, als wären sie über die Jahrhunderte zur »sozialen Natur« der städtischen Gewerbetreibenden geworden. Solange die kleinbetriebliche und handwerkliche Produktionsweise erhalten blieb (aus Kapitalmangel, infolge von Standortnachteilen in den dicht bebauten Stadtkernen, Rohstoff- und Transportproblemen u. a. m.), änderte sich an der sozialen Verfassung des Handwerks nichts.[4] Zumindest bis in den Vormärz kann daher vom »alten Handwerk« gesprochen werden.

Die Verwendung derart typisierender Begriffe darf nicht darüber hinwegtäuschen, daß die Grenzen zu anderen Sozialtypen durchaus fließend waren. Insbesondere in den kleinen Städten betrieb die überwiegende Mehrzahl der Handwerker eine kleine Landwirtschaft zur Versorgung mit Nahrungsmitteln für den Eigenverbrauch.[5] Landwirtschaft und Handwerk prägten zugleich die soziale Physiognomie vieler kleiner Städte (*Ackerbürgerstädte*). Da das *Dorfhandwerk* noch viel stärker mit landwirtschaftlicher Subsistenzwirtschaft verbunden war, jedoch infolge des weitgehenden Fehlens zünftiger Organisation keine eigenständigen sozialen Züge ausbilden konnte, wird es – nachdem es im Abschnitt über die unterbäuerliche Familie wiederholt angesprochen wurde – hier nicht weiter behandelt.

Die handwerkliche Produktionsweise wird meist als eine Form der *einfachen Warenproduktion* verstanden. Damit ist jedoch über die *Lebensweise* der Handwerker noch nichts ausgesagt. Im Gegensatz zur bäuerlichen Produktionsweise kannte das zünftige Handwerk eine detailliert geregelte Berufsausbildung. Die Handwerkslehre mit der abschließenden Gesellenprüfung und die darauffolgenden Gesellenjahre – in der Regel mit dem von den Zünften auferlegten Zwang zum Gesellenwandern verbunden – stellten ein gestuftes Ausbildungssystem dar, das mit dem Gesindedienst im Bauernhaus insofern vergleichbar ist, als es nicht nur Ausbildungszwecken im eigentlichen Sinn, sondern auch komplexen gesellschaftlichen Zielen diente: Es zwang den in Ausbildung Stehenden in die Hausgemeinschaft des Meisters und damit unter dessen hausväterliche Gewalt, es verlängerte die »Wartezeit« auf die Meisterschaft und die daran gebundene Heiratsfähigkeit und regulierte auf diese Weise die Konkurrenz der Produzenten.

Während in der bäuerlichen Produktionsweise alles vom Besitz bzw. von der Verfügung über bewirtschaftbaren Boden abhing, waren die Produktionsmittel des Handwerkers ungleich leichter zu erwerben. Allerdings trat hier die Anforderung der handwerklichen Qualifikation als regulierendes Instrument an die Stelle des Grundbesitzes. Sicherte die bäuerliche Produzentengemeinschaft ihr Auskommen durch die Kontrolle von Haus- und Grundbesitz, regulierte die Handwerkerschaft ihren »Nahrungsspielraum« über die von den Zünften kontrollierte Zulassung zur Meisterschaft. »Familienfähigkeit«, bei den Bauern idealtypisch an die bäuerliche »Vollstelle« gebunden, wurde im Handwerk an die Erlangung der »Meisterschaft« geknüpft.

Das wirtschaftliche Ziel des »alten Handwerks« war nicht die Profitmaximierung, sondern – dem Prinzip der »Nahrung« bei den Bauern vergleichbar – die Sicherung eines konsensual definierten, standesgemäßen Lebensniveaus. Daraus resultierten ein langer, aber wenig intensiver Arbeitstag, viele Feiertage, der »blaue Montag« und häufige Unterbrechungen der gewerblichen Arbeit, sei es zum Zweck der landwirtschaftlichen Subsistenzarbeit, sei es zu Formen spontaner Geselligkeit.[6] Die Absicht der Zünfte, jegliche »ruinöse Konkurrenz« zu unterbinden, führte zur Beschränkung der Betriebe: vielfach ließen die Zünfte höchstens zwei Gesellen und einen Lehrjungen je Handwerksmeister zu. In kleineren Städten arbeiteten Meister oft auch ohne Lehrjungen und Gesellen.[7] Die Betriebsgröße schwankte je nach Auftragslage.

Die Produktionsweise des »alten Handwerks« hatte trotz wachsender Spezialisierung der einzelnen Gewerbe auch im 18. Jahrhundert noch eine Art *ganzheitlichen* Charakter. Der Grad der Arbeitszerlegung war gering. Vielfach wurde ein Werkstück noch nach den Vorstellungen und Wünschen eines Auftraggebers gefertigt. Abgesehen von »Störhandwerkern«, die ihre meist bäuerlichen Kunden in dünn besiedelten Gebieten aufsuchten, befanden sich Wohnung und Werkstätte meist im selben Haus. Bei den armen Handwerkern waren Wohnung und Werkstätte – ähnlich wie bei den Heimarbeitern und Landhandwerkern – identisch. Es liegt deshalb auf der Hand, daß die Arbeitsprozesse und die Kommunikationsformen der Produzenten das Familienleben entscheidend bestimmten.

Griffen Grundherren und dörfliche Gemeinschaft über »Be- und Abstiftung«, Regelungen der Allmende, kollektive Kontrolle der Erb- und Heiratsvorgänge, des »gerechten« Verhaltens der Bauern gegenüber dem Gesinde u. a. m. in die bäuerliche Hauswirtschaft ein, war die städtische Handwerkerfamilie dem umfassenden Sozialregulativ der Zunft unterworfen. Ihr oblag die Regelung der »privaten, geselligen, sittlichen, rechtlichen Lebensbedingungen ihrer Mitglieder«.[8] Die ökonomischen Ziele der Zünfte, Konkurrenz auszuschalten und ein »gerechtes Auskommen« der Zunftmitglieder zu sichern, beherrschten über die Koppelung von Meisterschaft und Familienfähigkeit auch den Heiratsmarkt. Mit der deutlichen Bevorzugung der Meistersöhne (bei der Aufnahme in die Lehre, durch die Verkürzung ihrer Lehrzeit, ermäßigtes Lehrgeld u. ä.) trugen sie eine »dynastische« Komponente in die Welt des Handwerks. Kinder »minderer« Geburt, insbesondere die Kinder von Eltern mit »unehrlichen« Berufen[9] und die Kinder lediger Eltern wurden in der Regel vom zünftigen Handwerk ausgeschlossen. Die Begünstigung der Meistersöhne durch die Zünfte sollte nicht die Herausbildung von familienbetrieblicher Kontinuität über Generationen, sondern die neolokale Niederlassung des jungen Meisters erleichtern. Auf diese Weise konnten »Handwerkerdynastien« entstehen, die aber nicht mit der *Perennität* (d. h. der fortwährenden Hausgemeinschaft der jeweils wirtschaftsführenden und der nachfolgenden oder im Altenteil befindlichen Generation) der bäuerlichen Hauswirtschaft verwechselt werden dürfen.[10] Die häufige Neolokalität wurde vor allem durch die hohe Mobilität der Handwerksgesellen unterstützt, die aus dem von den Zünften verfügten *Wanderzwang* resultierte.

Eine weitere Aufgabe der Zünfte war die Sicherung der Rechte der Meisterwitwen. Witwen durften das Gewerbe des verstorbenen Ehemanns weiterführen, wenn sie innerhalb einer gewissen Zeit einen Gesellen desselben Gewerbes ehelichten. Damit waren auch die vom verstorbenen Meister eventuell hinterlassenen Waisen versorgt. Derartige Witwenheiraten wurden durch das vielfach schon im mittelalterlichen Handwerk verbreitete Rechtsinstitut der ehelichen *Gütergemeinschaft* begünstigt.[11] Die Wiederverheiratung der Meisterwitwe hatte auch den Effekt, Gesellen zu Vollstellen gelangen zu lassen. Die Zünfte sorgten auch dafür, daß die Töchter der

Handwerksmeister mit Gesellen verheiratet wurden. Das dürfte in der Mehrzahl der Fälle zwar nicht zur Weitergabe des Betriebes über die Tochter, sondern ebenfalls zu einer neolokalen Niederlassung des Schwiegersohnes geführt haben – es sei denn, der Brautvater war zuvor gestorben –, sicherte aber sowohl dem Bräutigam als auch der Braut eine standesgemäße Heirat.[12] Die Zünfte regulierten also mit dem Heiratsmarkt zugleich die Anzahl der Handwerksbetriebe und vice versa. Die soziale Regulierung des Heiratsverhaltens und der Partnerwahl war untrennbar mit der Sicherung der »Nahrung« des alten Handwerks verbunden.

Der dynastische Charakter der zünftigen Heirats- und Wirtschaftspolitik ist u. a. an den weitreichenden Auflagen der »ehrlichen Geburt« für Meister und Meistersgattin abzulesen: Die Hildesheimer Zunft der Schmiede verlangte z. B. im 18. Jahrhundert eine über mehrere Generationen zurückreichende »Ahnenprobe«.[13] Auf diese Weise wurde der Zugang zur Meisterschaft erschwert und zugleich für die Nachkommen des eigenen Standes freigehalten. Damit standen Vorschriften der Zünfte für einen »sittlichen Lebenswandel« ihrer Mitglieder in ursächlichem Zusammenhang. Die mit der Standeszugehörigkeit verbundenen Privilegien wären nicht aufrechtzuerhalten gewesen, hätten die Zünfte nicht versucht, ein Normensystem zu errichten, das es den Angehörigen des Handwerks ermöglichte, sich von Leuten »minderen« Standes zu unterscheiden (d. i. das Prinzip der *sozialen Distinktion*[14]). Ehebruch soll häufig mit der Verstoßung des Ehebrechers aus der Zunft geahndet worden sein.[15] Ebenso wurde der Lebenswandel der Lehrjungen und Gesellen streng kontrolliert. Ihre Integration in die Hausgemeinschaft des Meisters und ihre damit verbundene Unterwerfung unter die hausväterliche Autorität erleichterten die soziale Kontrolle. Ähnlich wie Bauer und Bäuerin gegenüber den jüngeren Dienstboten, beanspruchten auch Meister und Meisterin eine quasi-elterliche Erziehungsautorität gegenüber dem Lehrling. Die manchenorts gebräuchliche Bezeichnung »Lehrkind« weist darauf hin. Ähnlich wie die Eltern der bäuerlichen Dienstboten ihr Kind der »hauselterlichen« Obhut des Bauernpaares anvertrauten, ging der ritualisierten Aufnahme des Lehrlings in das Gewerbe eine Vereinbarung zwischen den Eltern des Lehrlings und dessen künftigem *Lehrherrn* voraus. Sie betraf das etwaige Lehrgeld, die Bedingungen der Verköstigung des Lehrlings im Meisterhaus, die Dauer der vorgesehenen »Probezeit« u. a. m.

Ähnlich wie das Bauernhaus bildete auch die Handwerkerfamilie eine Gruppe mit extrem starren sozialen Positionen und hierarchisierten Beziehungsformen. Die Arbeitsbeziehungen repräsentierten sich in symbolischen Verkehrsformen, etwa bei Tisch. Obwohl explizite Regeln für den Ausbildungsgang bestanden, wurden den einzelnen Personen nicht so sehr leistungsgebundene und »persönliche«, sondern positionsabhängige Eigenschaften zugeschrieben. Die Verkehrsformen waren hochgradig ritualisiert, was sich etwa in feststehenden Begrüßungsformeln ausdrückte.

Der einzelne Meisterhaushalt war – im Inneren derart ausgeprägt hierarchisch organisiert – in eine nicht minder hierarchisierte städtische Gesellschaft eingegliedert, deren vielfältigen sozialen Kontrollen er seinerseits unterlag. Der Ruf des Hauses war von sozialer und wirtschaftlicher Bedeutung, und er hing weitgehend davon ab, was von den Binnenverhältnissen des einzelnen Haushalts öffentlich bekannt war. Die dichte Verflechtung der einzelnen Handwerkerfamilie in die sozialen Netze der Zunft, der Nachbarschaft, der örtlichen und regionalen Marktbeziehungen, der Pfarre usw. ließ ihre Abschottung nach außen kaum zu. Obwohl der Haushalt des Handwerkers eine eigenständige Rechts- und Sozialsphäre bildete, war er noch kaum »privatisiert«.

Im Unterschied zum Bauern, dessen gesellschaftliches Ansehen und dessen Stolz vor allem auf dem Umfang seines Grundbesitzes, seiner Viehherde u. ä. beruhte, gründete sich das Ansehen des Handwerkers auf seine handwerklichen Fähigkeiten, letztlich auf die Güte seiner Produkte, auf seine sprichwörtlich gewordene »meisterhafte Arbeit«. Der *Berufsstolz* war neben der *ehrlichen Geburt* und der *ehrbaren Lebensführung* das dritte Element des zünftigen Handwerks, über das sich der Meister – und mit ihm die Angehörigen seines Haushalts – von anderen Bevölkerungsgruppen unterschied.[16]

Wie sehr die Ökonomie des zünftigen Handwerks noch dem Prinzip der »Nahrung« verpflichtet war, zeigt sich in dem Umstand, daß der Meister nicht in der Lage war, Produktionskosten und Preise exakt zu berechnen. Weder war eine Trennung von landwirtschaftlicher Subsistenz und Gewerbe, noch eine klare rechnerische Trennung von Lohnkosten und familialen Reproduktionskosten möglich. So wie die Meistersgattin für ihren Ehemann, für sich und die Kinder kochte, nähte und die Wäsche wusch, tat sie das auch für die in die Hauswirtschaft integrierten Lehrlinge und Gesellen.

Umgekehrt wurden Lehrjungen auch zu »familialen« Reproduktionsarbeiten herangezogen (Aufkehren der Wohnung, Beaufsichtigung eines Kleinkindes u.ä.). Der Preis, den der Meister durch den Verkauf eines Werkstücks erzielte, konnte unter den Gestehungskosten liegen, ohne daß die Kalkulation des Meisters deshalb »falsch« gewesen wäre. Das unterschied die ökonomische Logik des zünftigen Handwerks von kapitalistischer Rationalität.[17]

Solange die Macht der Zünfte vor Konkurrenz schützte und die Sicherung der »Nahrung« funktionierte, erwuchs dem Meister aus mangelnder »Rechenhaftigkeit« auch kein Problem. Erst als die Zünfte unter der Dynamik von Industrialisierung und Kapitalisierung zerbrachen, machte sich die fehlende kaufmännische Ausbildung der Meister als Mangel bemerkbar, der ernste wirtschaftliche Folgen haben konnte. Die Versuche in der zweiten Hälfte des 19. Jahrhunderts, »zünftige Verhältnisse« mittels eines kleingewerblichen Protektionismus gegen die Konkurrenz der Industrie aufrechtzuerhalten, liegen ebenso in dieser Tradition wie – in makrohistorischer Perspektive – der Versuch, der drohenden Proletarisierung des Mittelstandes und verschärftem Klassenkampf in den dreißiger Jahren des 20. Jahrhunderts durch die Errichtung einer »ständischen Gesellschaft« zu begegnen (vgl. den österreichischen »Ständestaat« 1934 bis 1938[18]). Als in der zweiten Hälfte des 18. Jahrhunderts die Agrarpreise stiegen und die Löhne nicht mithalten konnten, erlitt das Handwerk vielerorts eine dramatische Krise, da die Kaufkraft der Bevölkerung und damit die Nachfrage nach handwerklichen Produkten drastisch sanken. Gleichzeitig drängten bei verstärktem Bevölkerungswachstum immer mehr Menschen in die nichtzünftigen Gewerbe und in die Heimindustrie (s. Kap. II.). Viele Handwerksbranchen erfuhren daher gegen Ende des Jahrhunderts einen raschen Niedergang.[19]

Entstanden in den bäuerlichen Anerbengebieten aus der Bindung an das zentrale Produktionsmittel des Haus- und Grundbesitzes und aus der geringen geldwirtschaftlichen Verflechtung häufig Dreigenerationenfamilien, bot sich im Handwerk eine andere Lage: Der Handwerksmeister war nicht unbedingt auf die Ererbung seiner Produktionsmittel angewiesen. Anders als der Bauer mußte er nicht zu Lebzeiten an einen Nachfolger übergeben. Analoges galt für seine Söhne. Entgegen den Annahmen der älteren Literatur zur Geschichte des Handwerks[20] warteten sie in der Regel nicht auf die Übernahme der Werkstatt von ihrem Vater, sondern begaben sich nach Abschluß der Handwerkslehre – die in der Regel nicht in der väterlichen Werkstatt stattfand – auf Wanderschaft und sahen sich nach einer eigenen Werkstatt oder der Heirat mit einer Meisterwitwe oder einer Handwerkertochter um. Nur in seltenen Fällen, scheint es, kehrte der Sohn wieder zu seinen Eltern zurück.[21] Der meist geringe Ertrag der Handwerksbetriebe hätte für die Ernährung zweier Generationen nicht ausgereicht. Die Einrichtung eines Ausgedinges erübrigte sich, denn der Meister arbeitete in der Regel bis an sein Lebensende. Im Unterschied zur bäuerlichen Familie umfaßten die Familien der zünftigen Handwerker deshalb nur in seltenen Fällen drei Generationen.

Nach dem Tod des Meisters wurde seine Witwe im Rahmen zünftiger Regeln versorgt. Entweder heiratete sie einen Gesellen, der auf diese Weise das Meisterrecht erlangte, oder es wurde ihr aus der Zunftkasse eine Witwenrente ausbezahlt. Für die Stadt Salzburg wissen wir für die Jahre 1647 und 1794 aus genauen Haushaltslisten, daß Handwerkerwitwen entweder auf ein Barvermögen zurückgreifen konnten oder von einem »Gnadengeld« und Einkünften aus Heimarbeit (Nähen, Stricken) lebten. Selten jedoch hatten sie noch etwas mit dem Meisterbetrieb ihres verstorbenen Mannes zu tun.[22] Es scheint, daß das Zusammenleben von drei Generationen im Handwerk tunlichst vermieden wurde. Möglicherweise waren sich die Handwerker der am bäuerlichen Ausgedinge beschriebenen Konflikthaftigkeit einer Altersversorgung im gemeinsamen Haushalt bewußt. Anders als die Mehrzahl der Bauern verfügte zumindest ein Teil der Handwerker in den Städten über hinreichende Geldmittel, um das Problem der Altersversorgung in Form der Geldrente zu lösen.

Eine häufigere Übernahme des väterlichen Handwerksbetriebs durch einen der Söhne fand sich zunächst nur in Gewerben, die eine höhere technische Ausstattung erforderten, wie bei den oberösterreichischen Sensenschmieden[23], in denen einige Familien die Krisen des 17. Jahrhunderts überstanden und hier als »Sensendynastien« im 18. Jahrhundert ihre Branche beherrschten. Andere Beispiele sind die Glashütten und die Brauereien. Michael Mitterauer hat aus österreichischen Haushaltslisten und Hausbüchern errechnet, daß die Erblichkeit von Handwerksbetrieben erst im 18. und im frühen 19. Jahrhundert zugenommen hat. Sowohl in der Stadt Salzburg als auch in Wien stieg die Zahl der erwachsenen Söhne, die als Gesellen bei ihren Vätern arbeiteten und offenbar auf die Übernahme der väterlichen Werkstatt warteten, vom 17. über das 18. bis ins 19. Jahrhundert an. Mitterauer führt das vor allem auf die Aufhebung des Wanderzwangs für Gesellen Ende des 18. Jahrhunderts zurück.[24] Insgesamt kann wahrscheinlich gelten, daß eine Vater-Sohn-Folge im Handwerk weiterhin nicht die Regel, aber um so verbreiteter war, je häufiger Handwerker über Hausbesitz verfügten und die Produktionsmittel einen höheren Vermögenswert darstellten, der nicht ohne weiteres durch Kauf oder Miete erworben werden konnte.[25] Erst als das Haus im Zusammenhang mit produktionstechnischen Veränderungen zunehmend selbst zum handwerklichen Produktionsmittel wurde, begünstigte es eine häufigere Vater-Sohn-Folge. Nach der Gewährung der Gewerbefreiheit im 19. Jahrhundert dürfte der Besitz eines Hauses oder eines Hausanteils (»Stockwerkseigentum«) die Konkurrenzfähigkeit des Gewerbetreibenden begünstigt haben, da er die Aufnahme von mehreren Lehrlingen »auf Kost und Quartier« ermöglichte (*Lehrlingszüchterei*). Andrerseits stieg mit der Größe der Städte auch der Anteil der Handwerker, die zur Miete wohnten. Ihr Anteil machte in Städten wie Wien schon im 16. und 17. Jahrhundert die überwiegende Mehrheit aus. Hier war die Vater-Sohn-Folge besonders selten. Auch in den kleineren Ackerbürgerstädten wohnten viele Handwerker zur Miete. Die verbreitete Vorstellung, das »Handwerkerhaus« sei – dem Bauernhaus vergleichbar – als »ganzes Haus« die typische und vorherrschende Form handwerklichen Lebens gewesen, ist daher zu revidieren.

2. Partnerwahl, Heirat und eheliche Macht

Ähnlich wie die bäuerliche Wirtschaft war auch das Handwerk im allgemeinen eine Produktionsform, die nach einem der Hausgemeinschaft vorstehenden Ehepaar verlangte. Die Handwerkszünfte sahen für den Meister den Status des Ehemannes und Hausvaters vor. Häufig war mit der Erlangung der Meisterwürde auch die Zuerkennung des Bürgerrechts einer Stadt verbunden, so daß hier drei der wichtigsten Kriterien sozialer Reife miteinander verflochten wurden. Noch um die Mitte des 19. Jahrhunderts lagen die Erlangung der gewerblichen Selbständigkeit, die Gründung eines eigenen Haushalts und die Heirat im Leben eines Gewerbetreibenden eng beieinander.[26] Der Umstand, daß schon die Zunftsatzungen des Mittelalters und der Frühen Neuzeit häufig explizit erwähnten, der Meister habe ein eigenes Haus, eine Werkstatt und ein Eheweib zu »besitzen«[27], darf nicht dazu verleiten, die primäre Ursache auf der normativ-legalistischen Ebene zu sehen. Sie kodifizierte nur, was die Produktionsweise praktisch und angemessen erscheinen ließ. Die enge Verquickung von reproduktiver Arbeit und kleiner Warenproduktion – wobei auch Lehrlinge und Gesellen häufig im Meisterhaushalt verpflegt wurden –, die Bedeutung der Familie des Meisters als Ort der Erziehung des Lehrlings, die quasi-elterliche Rolle von Meister und Meisterin ihm gegenüber, nicht zuletzt auch die häufig betriebene Landwirtschaft erforderten die Familienhaftigkeit des Handwerkerlebens. Dabei ist zu bedenken, daß der Haushalt eine umfassende Vorratswirtschaft notwendig einschloß, daß landwirtschaftliche und handwerkliche Arbeit oft von Mann und Frau getrennt verrichtet wurden und daß der Vertrieb der handwerklichen Produkte auf Wochen- und Jahrmärkten ebenfalls eine Arbeitsteilung von Mann und Frau erforderlich machte.[28]

Aus der Verbindung gewerblicher Selbständigkeit und der Heiratsfähigkeit ergab sich, daß sich die Handwerksmeister meist erst nach dem 25. Lebensjahr verheirateten. Das Heiratsalter der Frauen lag – sofern es sich um ihre erste Heirat handelte – im Durchschnitt etwa zwei Jahre darunter.[29] Daß der Kreis der möglichen Ehepartner sowohl bei den Männern als auch bei den Frauen durch das Kriterium der ehelichen Geburt und der »ehrbaren Herkunft« eingeschränkt war, wurde schon erwähnt.[30] Vielfach praktizierten die Zünfte eine Überprüfung der »Standesgemäßheit« der Braut, was sie damit legitimierten, daß die Braut als Meistersgattin in die Zunft aufgenommen und damit deren Ehre und Schutz teilhaftig wurde. Es gibt bislang keinen Hinweis, daß die Handwerksmeister ihre Ehefrauen in signifikanter Häufigkeit aus Meisterfamilien desselben Handwerks gewählt hätten. Derartige Heiraten ergaben sich aber aus der Praxis, daß Gesellen die Töchter oder die Witwen verstorbener Meister ehelichten und mit verschiedenen Begünstigungen der Zunft auf diese Weise leichter zur Meisterschaft gelangten. Roller hat daraus auf die relative Gleichförmigkeit der häuslichen Arbeiten der Handwerkersfrauen in der »Haus-, Garten- und Feldarbeit« geschlossen.[31] Es ist aber auch zu bedenken, daß – mit Ausnahme der wenigen großen Städte – die Heiratskreise des je eigenen Handwerks zu klein gewesen wären, um eine zünftige Endogamie zu praktizieren. Daß berufliche Endogamie, wenn sie sich ergab, auch in Handwerkerkreisen begrüßt wurde, illustriert das Beispiel der Bremer Zinngießer, die es jedenfalls für einen Vorteil hielten, wenn der Bräutigam »eine bei der Profession aufgewachsene Frau (erhielt), die… ihm in vielen Stücken an die Hand gehen konnte«.[32]

Es ist unübersehbar und kann nicht bezweifelt werden, daß die Wahl des Ehepartners vor allen anderen Kriterien jenen der wirtschaftlichen und zunftmäßigen Eignung entsprechen mußte. Das wirtschaftliche Kalkül bestimmte vermutlich jede Heirat im Handwerkermilieu, gleichgültig ob sie unter etwa gleichaltrigen Partnern oder – infolge der Wiederverehelichung einer Meisterswitwe – unter Brautleuten deutlich verschiedenen Alters zustande kam. Rational war dieses Verhalten nicht nur für den Gesellen, der durch die Heirat einer Meisterswitwe zu einer Meisterstelle gelangte oder durch die Heirat mit einer Meisterstochter von seiner Zunft eher zur Meisterschaft zugelassen wurde; rational war dieses Verhalten auch für die Frauen. Solange die städtische Gesellschaft keine andere Form der Subsistenzsicherung und der Altersversorgung für Frauen kannte, waren Altersunterschiede von nachrangiger Bedeutung. Viele Autoren warnen zu Recht davor, moderne Vorstellungen von Liebe in diese Ehen hineinzuprojizieren. Dies wiederum heißt nicht – wie Heidi Rosenbaum angemerkt hat[33] –, daß Zuneigung zwischen den Brautleuten keine Rolle gespielt hätte. In einem unauflösbaren Komplex von Gefühls-, Erotik- und Geschäftsmomenten dürfte – je nach aktueller Konstellation – das eine oder andere Moment überwogen haben. In keinem Fall aber konnte gegen die wirtschaftliche Vernunft verstoßen werden; das hätte das Sozialregulativ der Zunft verhindert. Ähnlich wie in der Welt der Bauern wird jedoch davon auszugehen sein, daß die Menschen in diese Produktionsverhältnisse – deren integraler Teil die Ehe- und Familienverhältnisse waren – hineinwuchsen, so daß sie ihre Wahl ohnehin im Geist der handwerklichen Ökonomie trafen. Was zeitgenössische Beobachter dazu zu sagen hatten, dürfte eher das übliche Verhalten erläutert als es appellativ gefordert haben. Den meisten Menschen war ohnehin selbstverständlich: »Eine Frau, die schwach, siech, kränklich ist, taugt für keinen Bürger: sie kann nicht arbeiten…«[34] Bemerkenswert daran scheint nur, daß dies – wie so oft – ein normativer Satz des Mannes über die Frau ist, woraus sich unschwer erkennen läßt, wer in den Zünften und in der städtischen Bürgergesellschaft die Macht hatte zu definieren, was sein sollte.

Das Element der handwerklichen Produktionsweise, welches den Zugang zu hauswirtschaftlicher und zünftiger Macht am stärksten bestimmte, war nicht – wie im Bauerntum – der Besitz von Land, sondern die Qualifikation. Die patriarchalische Verfassung der städtischen Zünfte schloß daher Mädchen von der Handwerkslehre und damit Frauen vom Erwerb der Meisterschaft aus. Die geschlechtsspezifische Segregation basierte nicht auf dem Besitz der Produktionsmittel, sondern auf der Ausschließung des weiblichen Geschlechts aus dem Ausbildungsgang des Handwerks. Es scheint plausibel, dem daraus resultierenden Qualifikationsvorsprung der Männer weitreichende Bedeutung für die *Spezifizierung des Patriarchats* im Handwerk zuzumessen. Dieser Qualifikationsvorsprung beschränkte sich keineswegs auf Handfertigkeit und engeres fachliches Wissen. Er schloß die über die Wanderung der Gesellen erworbene »Welterfahrung« mit ein. Mädchen und Frauen blieben jedoch auf das Haus und seine Umgebung, auf Haus- und Gartenarbeit, eventuell den Verkauf der gefertigten Waren beschränkt. Die »Hausgeschäfte« erlernte das Mädchen von der Mutter. War ein geeigneter Ehepartner gefunden, verließ es das Elternhaus, um in einen ähnlich strukturierten Handwerkerhaushalt zu übersiedeln. Die Frau blieb auch als Ehefrau eines Meisters sozial, rechtlich und politisch abhängig. Obwohl sie durch die häufig angewandte eheliche Gütergemeinschaft und das Recht der Witwe, den Betrieb mit einem Gesellen weiterzuführen, durchaus über Eigentumsrechte verfügte, blieb die Vorherrschaft der Männer dennoch unbedroht, da diese durch die Regelung der Qualifikation und die hochgradig symbolisch ausgestaltete Männergesellschaft der städtischen Zünfte sowohl über die entscheidenden wirtschaftlichen Operationen als auch über die kulturelle Macht zur Definition und Normierung der sozialen Verhältnisse verfügten.

Vergleicht man den Handwerkerhaushalt mit dem Bauernhaus, scheinen sich die Sphäre des Haushalts und jene der Güterproduktion im Handwerk ungleich deutlicher unterschieden zu haben. Die Mitarbeit der Frau im zünftigen Gewerbe variierte allerdings nach Berufszweigen und im historischen Verlauf. Die verschiedenen Verbote und Sanktionen der Zünfte gegen die gewerbliche Arbeit der Frauen beweisen, daß handwerkliche und hauswirtschaftliche Tätigkeiten klar unterschieden wurden. Das zünftige

Gewerberecht des 17. und 18. Jahrhunderts stand der Beschäftigung von Frauen im Handwerk außerordentlich feindselig gegenüber. Gesellen, die mit Frauen in einer Werkstatt zusammenarbeiteten, riskierten es, von der Zunft bestraft oder gar für »unehrlich« erklärt zu werden.[35] Erst die merkantilistische Politik in der zweiten Hälfte des 18. Jahrhunderts begann sich der borniterten Politik der Zünfte zu widersetzen und ließ in mehreren Gewerben – vor allem in der Textilherstellung – Frauenarbeit zu.[36]

Solcherart bestimmten die städtische Gesellschaft und die Zünfte, daß die Handwerkersfrau im Haushalt, im Garten und in der Landwirtschaft, allenfalls im Verkauf der gewerblichen Erzeugnisse zu arbeiten hatte. Alle Arbeiten der Planung, der Verhandlung mit den Kunden über das gewünschte Produkt, der Anleitung und Überwachung der Lehrlinge und Gesellen in der Werkstatt waren Sache des Meisters. Überlieferte Ausnahmen von dieser Regel beziehen sich meist auf arme Meister, die keine Gesellen und Lehrlinge hatten und die – den Heimindustriellen vergleichbar – mit ihren Frauen auch gewerblich zusammenzuarbeiten pflegten. Kein Zufall auch, daß derartige Fälle in den wenig einträglichen Gewerben vorkamen, so etwa bei den Grobbäckern und Knochenhauern der Stadt Bremen.[37]

Die Macht des Handwerkers in Ehe und Familie hatte in seiner »Meisterschaft«, in seinen hausväterlichen Rechten und Pflichten und in seiner politischen Berechtigung als Mitglied seiner Zunft und als Stadtbürger drei eng ineinander verflochtene Wurzeln. Die Mitgliedschaft der Frau in der Zunft sowie ihre gesellschaftliche Stellung in der Stadt waren weitgehend von der Position ihres Ehemannes abgeleitet. Sie verfügte über keinerlei rechtliche und politische Eigenständigkeit. Die innerfamiliale Vorrangstellung des Mannes wurde schließlich auch durch seine komplexen Kompetenzen als »Hausvater« unterstützt: er war verantwortlich für das »sittliche und religiöse Klima« in seinem Haus; in seine Verantwortung fiel auch die sittlich-religiöse Erziehung seiner »Lehrkinder«. Dies wieder läßt es systemimmanent als logisch erscheinen, daß die Zunft eine Herkunft und einen Lebenswandel des Meisters verlangte, die sie für »ehrbar« hielt.

Die inferiore Stellung der Frau kann keineswegs »mechanistisch« aus der Arbeitsteilung im Handwerk abgeleitet werden. Dieser ging vielmehr ein gesellschaftlicher Definitions- und Regulationsprozeß durch die Zünfte voraus, in dem die Männer Qualifikation und Berufsausübung monopolisierten. Ähnlich wie die Bauern sicherten sich die Männer im Handwerk ihre Vormachtstellung durch die Okkupation der normsetzenden Institutionen lokaler Öffentlichkeit. Die Produktionsweise des Handwerks hätte – viel eher als schwere körperliche Arbeit weitab von Haus und Kleinkindern in der bäuerlichen Wirtschaft – eine Beteiligung der Frauen an der kleinen Warenproduktion erlaubt. Um so vehementer sicherten die Männer durch den normativen Ausschluß der Mädchen und Frauen aus dem handwerklichen Qualifikationsprozeß ihr Monopol auf marktorientierte und bezahlte handwerkliche Arbeit. Die auf diese Weise institutionalisierte Arbeitsteilung zwischen den Geschlechtern führte ihrerseits zu geschlechtsspezifischen Sozialisationsmustern: das Mädchen »neigte« zu häuslicher und landwirtschaftlicher Reproduktionsarbeit, der Junge wurde von Kindheit an für die Handgriffe und Gegenstände in der Werkstatt interessiert. Das Handwerk trug damit – über seine eigenen sozialen Grenzen hinaus – zur Herausbildung scheinbar »natürlicher« Geschlechtsrollen bei.[38]

3. Die Kinder

Wenn die Handwerkerfamilie nicht auf Perennität zielte und es nicht das vorrangige Ziel war, einen der Söhne zum Betriebsnachfolger zu machen, wenn darüber hinaus zünftige Bestimmungen die Betriebsgröße in engen Grenzen hielten, dann kann schon daraus geschlossen werden, daß dem Kind in der Handwerkerfamilie eine ganz andere Stellung zugekommen sein muß als im Bauernhaus. Tatsächlich hat die Analyse von Haushaltslisten gezeigt, daß Handwerkerfrauen in vielen Orten weniger Kinder hatten als die Bauersfrauen in benachbarten landwirtschaftlichen Gebieten.[39] In Göttingen z.B. lag die durchschnittliche Kinderzahl zwischen 1760 und 1860 bei zwei bis drei Kindern.[40]

Die Söhne der Handwerkerfamilie verließen häufig früh das Elternhaus, um als Lehrlinge in den Haushalt eines fremden Meisters aufgenommen zu werden. Jene, die ihre Lehrzeit beim Vater absolvierten, verließen den elterlichen Haushalt mit deren Abschluß und begaben sich auf Wanderschaft. Töchter dagegen blieben meist länger im Elternhaus.[41] Da ihnen kein der Handwerkslehre vergleichbarer beruflicher Ausbildungsgang offenstand, waren sie gezwungen, bei den Eltern zu bleiben, bis sich ihnen die Gelegenheit zu einer möglichst standesgemäßen Heirat bot.

Die berufliche Zukunft der Burschen und Männer warf ihre Schatten auf die Sozialisation der Jungen im Handwerkerhaus. Wenn sie auch meist nicht lange im Elternhaus blieben und nicht im eigentlichen Sinn in die Fußstapfen des Vaters traten, wurden sie dennoch als künftige Handwerker betrachtet und in Prozessen des empirischen Lernens in die Mentalität und in die dingliche Welt des Handwerks eingeführt. Sie verfügten, wenn sie dann das Elternhaus verließen, um eine Lehre im »fremden Haus« zu beginnen, bereits über eine primäre Berufssozialisation. Dem trugen die Zünfte auch Rechnung und verkürzten die Lehrzeit für Meistersöhne. Die Wiener Seidenzeugmacher begründeten die Verkürzung der Lehrzeit für den Meistersohn ausdrücklich damit, daß »er nämlich von Kindheit an der Arbeit seines Vaters zusehe, und folglich davon einigmaßige Begriefe und Kenntniße beyzulegen die Gelegenheit habe«.[42] Dieses Argument hatte wohl auch dann Geltung, wenn der Meistersohn zwar nicht denselben Beruf wie der Vater, aber einen verwandten Beruf erlernte.

Es ist zu fragen, warum die Zünfte die Lehre beim Vater nicht guthießen und vielerorts untersagten. Zwar war es in einigen Orten möglich, die Handwerkslehre beim eigenen Vater zu absolvieren – etwa in Göttingen in der ersten Hälfte des 19. Jahrhunderts –, doch scheint das eher die Ausnahme gewesen zu sein.[43] Abgesehen davon, daß bei der begrenzten Anzahl der von der Zunft erlaubten Lehrstellen höchstens ein oder zwei Söhne im Elternhaus hätten lernen können, entspricht die Absolvierung der Lehre im »fremden Haus« auch jener besonderen Forcierung regionaler Mobilität, die für die weitere Laufbahn des Gesellen kennzeichnend war. Möglicherweise sollte eine zu enge Bindung zwischen den Söhnen und ihren Eltern vermieden werden, um Widerstand gegen den Wanderzwang nicht Vorschub zu leisten. Der Zwang, nicht nur das Elternhaus, sondern – nach Abschluß der Lehre – auch den Ort der Ausbildung zu verlassen, prädisponierte die Handwerker dazu, ihre beruflichen und familiären Entscheidungen nicht an Gesichtspunkten territorialer Bindung und hausgebundener Tradition (wie bei den Bauern), sondern an der komplexen, hohe Mobilität fordernden Heirats- und Stellenpolitik der Zünfte zu orientieren.

Dabei darf jedoch nicht übersehen werden, daß das Handwerkerkind in eine häusliche Ökonomie eingebunden war, die nicht nur die handwerklichen Arbeitsprozesse, sondern auch umfassende Vorratswirtschaft und landwirtschaftliche Arbeit kannte. Hier ergaben sich ähnliche Arbeitsfelder für Kinder wie im Bauernhaus: Mithilfe bei der Garten- und Feldarbeit, Viehhüten und dergleichen. Ein Handwerkerkind berichtet darüber in seinen Lebenserinnerungen:

»Ich wuchs auf, wie Handwerkskinder in kleineren Ackerstädten aufwachsen. Soweit es der regelmäßige Schulbesuch erlaubte, auf den entschieden gehalten wurde [eine bemerkenswerte Differenz zur Bauernfamilie! R. S.], nahm ich teil an allen Garten- und Feldarbeiten; und mußte auch zu Zeiten beim Handwerk etwas helfen, indem ich alte Kleider, die gewandt werden sollten, auftrennte...«[44]

Anders als bei den Bauernkindern, mit deren Mitarbeit eine meist lebenslange Laufbahn als Arbeitskraft im Bauernhaus begann, war die Mitarbeit des Handwerkerkindes jedoch nur ein Nebenaspekt der häuslichen Wirtschaft. Immerhin aber wurden auch Lehrlinge und Gesellen im fremden Haus immer wieder zu landwirtschaftlicher und zu häuslicher Arbeit herangezogen.

Weder den Söhnen noch den Töchtern kam also im Handwerkerhaushalt zunächst eine vorrangig wirtschaftliche Bedeutung als Arbeitskräfte zu, wie das im Bauernhaus oder in den Familien der Heimindustriellen der Fall war. Die Handwerkerfamilie erzog ihre Kinder nicht primär für die eigene Hauswirtschaft oder den eigenen Handwerksbetrieb, sondern für eine Laufbahn, die wesentlich *außerhalb* der Herkunftsfamilie stattfinden sollte. So gesehen war die Handwerkerfamilie nicht so sehr eine Sozialisationsagentur für sich selber als für den Stand der Handwerker und für die städtischbürgerliche Gesellschaft im allgemeinen. Ihren Erziehungsmaximen und -stilen kam deshalb hohe gesellschaftliche Bedeutung zu. Als Erziehungspersonen hatten zunächst die Eltern, dann aber auch alle anderen Mitglieder des Haushalts – auch Dienstmädchen, Lehrlinge und Gesellen – Einfluß auf die Entwicklung und das »Weltbild« der Kinder. Die Prozesse des alltäglichen Lebens und Arbeitens ließen eine Ausgrenzung der Kinder nicht zu: Ihre Welt war von klein auf identisch mit der Welt der handwerklichen Arbeit.[45]

In der Betreuung der Säuglinge und Kleinkinder scheinen im wesentlichen ähnliche Praktiken üblich gewesen zu sein, wie sie für die Bauernfamilie beschrieben wurden. Lange Stillzeiten – mög-

licherweise in dem Bewußtsein, damit die Zahl der Schwangerschaften geringer zu halten –, die häufige Verwendung des »Saug-
napfs« oder »Zulps« (»Zuzel«), um die Kinder ruhig zu halten, ja
sogar das Einflößen von Opium, Mohnaufgüssen oder Branntwein
ist überliefert.[46] Zeitgenossen berichten auch über Praktiken der
sexuellen Stimulation, um die Kinder zum Einschlafen zu bringen.[47] Ähnlich wie im Bauernhaus wurden auch die Säuglinge der
Handwerker in einengende und jede freie Bewegung der Gliedma-
ßen verhindernde Steckwindeln gepackt. Nur selten wird von gesonderten Kinderzimmern berichtet. Meist lagen die Säuglinge mit
den Eltern im Bett, oft befanden sie sich während des Tages in jenem Raum, in dem gearbeitet wurde. Ihre Ruhigstellung war daher
– im Interesse der arbeitenden Familienmitglieder – das erste Gebot. Die sich auch in den folgenden Lebensjahren des Kindes fort-
setzende Ungeschiedenheit der Welt des Kindes von jener der Arbeit ließ eine besondere »Pädagogisierung« des Umgangs mit dem
Kind nicht zu, ließ aber auch Ausgrenzungsprobleme und Ängste,
wie sie für Kinder des Bürgertums oder des Adels beschrieben werden, nicht entstehen. Jürgen Schlumbohm bemerkt dazu:

»Demgegenüber konnte das Schlafen von Erwachsenen und Kindern in
einem Bett das Leben von Säuglingen gefährden, aber Kindern auch
Wärme und Körperkontakt bieten. Freilich mag es sein, daß der Name
›Liebe‹ zu sehr an eine aktive, bewußte und außergewöhnliche Hinwen-
dung denken läßt und überhaupt ein zu großes Wort für solche Verhaltensweisen ist, die, in beträchtlichem Maße aus der Not geboren, als
quasi-natürliche und selbstverständliche praktiziert wurden.«[48]

Wir werden sehen, daß für die Kindheitserfahrungen in den Arbeiterfamilien des 19. und frühen 20. Jahrhunderts ähnliche Fragen zu
stellen sind.

   Gegenüber den heranwachsenden Kindern, die – aus ihren Steckwindeln befreit – den Erwachsenen wohl ständig zwischen den Fü-
ßen waren, scheinen grobe Verhaltensweisen bis hin zu Prügeln
durchaus üblich gewesen zu sein. Die Autobiographien von Hand-
werkerkindern berichten jedenfalls häufig darüber.[49] Das damit
verfolgte Ziel der frühzeitigen Gewöhnung an Gehorsam und Sub-
ordination entsprach der starren positionalen Struktur der Familie,
in die sich das Kind sowohl im Elternhaus als auch dann in der
Lehre fügen mußte. Die Position des Vaters war von der des Meisters nicht zu trennen. Gewissermaßen erfuhr das Kind im Vater

die väterliche und die berufliche Autorität in Personalunion. Daraus resultierte, daß die leibliche und seelische Intimität zwischen Vater und Kind ihre engen Grenzen bzw. ihre ausgeprägt »belehrenden« und »bestrafenden« Züge erhielt. Über Ludwig Tiecks Vater wird z. B. berichtet, er sei gegen die Kinder »kurz, streng und abweisend (gewesen), niemals lobte er; er ließ gewähren, und seine Billigung sprach er meist durch Stillschweigen aus«. Der Vater habe den ältesten Sohn besonders geliebt, sei aber gänzlich unfähig gewesen, seine Zuneigung in expressiver Zärtlichkeit auszudrücken: »Von einem solchen Vorzuge hatte dieser (der Sohn) unter der züchtigenden Hand des Vaters keine Ahnung, und er staunte nicht wenig, als ihm in späterer Zeit, da er zum Jüngling geworden war, der Vater *das Geständnis* ablegte, er sei eigentlich sein Liebling gewesen.«[50]

Die in der Handwerkerfamilie noch nicht erfolgte Trennung von »privatem« Familienleben und Erwerbsarbeit bewirkte, daß sich die Haltung der Eltern gegenüber ihren Kindern (ähnlich wie die Haltung der Ehegatten zueinander) nicht von der allgemein gültigen sozialen Logik des Handwerksbetriebs unterschied. Verfehlungen wurden »bestraft«, Leistungen anerkannt, aber nicht zu sehr, um das Kind oder den Lehrling nicht zu »verwöhnen«. Zärtlichkeiten und Gefühle wurden in der Regel höchst zurückhaltend ausgedrückt – worauf nicht zuletzt die Wortwahl hinweist: man »gestand sie«, wenn es gar nicht mehr anders ging oder das Kind ohnehin schon aus dem Haus war. Ein Haushalt, in dem produziert, gelehrt, belohnt und bestraft werden mußte, war kein Ort, an dem man seinen Gefühlen unbekümmert freien Lauf lassen konnte.

Die Bedeutung der Familie als Ort der primären Sozialisation war allerdings bei weitem nicht so uneingeschränkt wie etwa im bürgerlichen oder adeligen Haus. Jürgen Schlumbohm hat darauf hingewiesen, daß die Enge der Wohnung, die Stickigkeit der Werkstätte und die Gereiztheit der arbeitenden Familienmitglieder von den Kindern geflohen werden konnten: Die Umgebung der Häuser war noch kein gefährliches oder schlichtweg verbotenes Terrain. Je weniger sich die Eltern um das Kind kümmern konnten, desto häufiger überließen sie es den Gruppen der spielenden Kinder. Das Handwerkerkind fand in der Erweiterung seines Lebensraumes auf den Straßen, Gassen und Plätzen der Stadt jene Ergänzung an sozialen Eindrücken, spielerischer Gruppenerfahrung und lehrreichen sozialen Situationen, die es im Inneren der Handwerkerwohnung nicht geboten bekam.[51] Es sollte den bürgerlichen Pädagogen des 19. und 20. Jahrhunderts überlassen bleiben, die »Gefährlichkeit der Straße« zu entdecken und eine Kampagne zur »Verhäuslichung« der Kinder zu entfesseln.

4. Sexualität im Handwerkermilieu

Das Prinzip der sozialen Distinktion erforderte es, die Verkehrskreise der Handwerker einer sorgfältigen Kontrolle und ihr soziales Verhalten innerhalb der städtischen Gesellschaft strengen Verhaltensmaximen zu unterwerfen. Diesem Prinzip der Unterscheidung war auch die Sexualität unterzuordnen. Die Zünfte beharrten nicht nur auf der ehelichen und »ehrlichen« Geburt ihrer Mitglieder. Sie regulierten auch das Sexualverhalten. Ehebruch oder voreheliche Schwangerschaft konnten den Verlust des »ehrlichen Namens« nach sich ziehen.[52] Die Repressivität der Sexualnormen der Zünfte war auch ein Resultat der geringen Möglichkeiten der Handwerkerfamilien, außerehelich geborene Kinder zu versorgen. Im Unterschied zu bäuerlichen Hausgemeinschaften konnten uneheliche Kinder nicht ohne weiteres als Arbeitskräfte eingesetzt werden. Darüber hinaus untergrub Illegitimität das Prinzip des »guten Namens«, auf dem – wie wir gesehen haben – die Privilegien der Zünfte maßgeblich gegründet waren. Die Härte der angedrohten Folgen »unsittlich« erachteten Verhaltens schließen keineswegs aus, daß das Sexualleben der Handwerker nicht auch Freizügigkeit und Sinnlichkeit gekannt hat. Besonders die auf Wanderschaft gehenden Gesellen dürften sich relativ freizügig verhalten haben, was nicht zuletzt durch die spezifische Mobilität und den gesellschaftlich anerkannten Status des Gesellen als einem, der erst »auf der Suche« nach seinem festen Platz in der Gesellschaft war, unterstützt worden sein dürfte. In den größeren Orten zählten die wandernden Gesellen zu den besten Kunden der Bordelle.[53] Dem stand andrerseits der häufig geringe Grad an erotischer Bindung zwischen älteren Meisterwitwen und Gesellen gegenüber. Hier wird sexuell-erotische Anziehung wohl weder erwartet noch erfahren worden sein. Inwiefern dies durch die von den Zünften verbotenen außerehelichen Beziehungen der Gesellen und Meister kompensiert werden konnte, wissen wir nicht. Einzelne Hinweise deuten jedoch in diese Richtung. Von den Handwerkerehen, in denen die Frau beträchtlich älter war als der Mann, schreibt Nolde, daß sich die jüngeren Gesellen »aber in Rücksicht des Alters ihrer Frau wohl zu entschädigen wissen«.[54]

5. Entwicklungstendenzen im 19. Jahrhundert

Mit der »Abschließung« der Zünfte und schließlich mit der Beseitigung ihrer Privilegien durch die Gewährung allgemeiner Gewerbefreiheit (»Concessionsfreiheit«) wuchs die Zahl der Gesellen und damit ein in der Tradition des zünftigen Handwerks weitgehend lediger Gesellenstand. Das ist vor allem auf die Aufhebung der zünftigen Beschränkung der Zahl der Lehrlinge und Gesellen bei den einzelnen Meistern zurückzuführen. Dahinter verbirgt sich aber auch eine wachsende Differenzierung des Handwerks in wohlhabende Handwerksbetriebe mit wachsenden Beschäftigtenziffern und in traditionelle Betriebe mit ein, zwei Gesellen oder allein arbeitenden Meistern (»Alleinmeister«[55]). Die kleinen Handwerksmeister zeichneten sich, so Gustav Schmoller, durch ein »gewisses spießbürgerliches Festhalten an althergebrachter Zucht und Sitte« aus.[56] Der Übergang zum Ladengeschäft machte ein höheres Betriebskapital erforderlich (Lagerhaltung); vielen traditionell sozialisierten Handwerksmeistern fehlte die nötige Rechenhaftigkeit, um die Kapitalisierung ihrer Branche erfolgreich mitzuvollziehen. Sie sahen sich der Gefahr der Proletarisierung ausgesetzt und hielten eben deshalb an den Symbolen alter Handwerksherrlichkeit fest.

Bei den großen Handwerksbetrieben, die spätestens mit der gesetzlichen Dekretierung der Gewerbefreiheit begannen, große Zahlen von Lehrlingen und Gesellen zu beschäftigen, wuchsen die Probleme der weiteren Integration des gewerblichen Personals in den Meisterhaushalt. Das Interesse der Meister, ledige Gesellen im eigenen Haus wohnen zu lassen und die Kosten für Verpflegung und Quartier als Bestandteil des Lohnes zu berechnen, blieb zunächst bestehen. Es erlaubte, die Fluktuation der Arbeitskräfte als sozial-disziplinierendes Mittel zu nützen und in der Tradition der häuslichen Herrschaft des Meisters wirksame soziale Kontrolle auszuüben. Auf der anderen Seite konnten sich Gesellen, die im Haushalt des Meisters wohnten, mit niedrigeren Löhnen zufriedengeben. Die Lebensweise der ledigen Gesellen begünstigte genossenschaftliche Organisationsformen *(Gesellenbruderschaften)*, wie auch in der höheren Mobilität familienloser Gesellen die Möglichkeit begründet war, »ungerechten« Meistern durch Abwanderung zu entgehen. Insgesamt scheint es, daß die Mehrzahl der Gesellen ihre Familienlosigkeit nicht nur akzeptierte, sondern als wesentliches Element ihres sozialen Status verstand. Das verhinderte freilich nicht, daß einzelne Gesellen mit diesem System in Konflikt gerieten und seine Restriktionen leidvoll erleben mußten.[57] Die Integration der Gesellen in den Meisterhaushalt findet sich in allen mitteleuropäischen Regionen bis ins späte 19. Jahrhundert. In keiner der mitteleuropäischen Städte sind – bisherigen Forschungen zufolge – größere Gruppen verheirateter Gesellen in der kleinen Warenproduktion beschäftigt gewesen. Schon im 18. Jahrhundert begegnen aber immer wieder verheiratete Gesellen in Gewerben, die nicht »hausgebunden« waren, sondern eher vorindustriellen Formen der Lohnarbeit nahestanden: Maurer, Zimmerer und dergleichen.[58]

Im Vormärz wurde die Familienlosigkeit der Gesellen im Kontext einer restriktiven Gesetzgebung erneut betont. Die Heiratsbeschränkungen für Gesellen wurden wieder kodifiziert, und in einigen Städten – wie Leipzig, Frankfurt, Bremen – wurde in den zwanziger und dreißiger Jahren des 19. Jahrhunderts die Wohnpflicht der Gesellen beim Meister festgelegt. Wie so oft deutet auch hier die explizite Normierung das Brüchigwerden einer alten Praxis an: Immer mehr Gesellen schieden im Vormärz aus dem Meisterhaushalt aus. Das hatte allerdings in der Mehrzahl keineswegs die Heirat und Haushaltsgründung der Gesellen zur Folge. Viele Gesellen lebten nun als »Schlafgänger«, »Bettgeher« und »Aftermieter«. Hinter dieser Entwicklung stand als treibende Kraft die Einbeziehung des Handwerks in den kapitalistischen Warenmarkt, die in Perspektive auch eine Veränderung des hausrechtlich abhängigen Gesellen zum freien Lohnarbeiter nach sich zog. Dieser Prozeß vollzog sich jedoch mit großer Ungleichzeitigkeit nach Regionen und Gewerben. Die letzten Spuren der hausrechtlichen Abhängigkeit wurden in Mitteleuropa erst um 1900 – oft durch Streiks der Gesellen – beseitigt: so bei den Bäckern in Prag und Frankfurt, bei den Schuhmachern in Bremen, bei den Schmieden und Wagnern in Bern.[59] Anders verlief die Entwicklung bei jenen Gewerben, die unter den Einfluß des *Verlagswesens* gerieten, wodurch vielfach die traditionelle Dominanz der Männer beseitigt und zunehmend Frauen beschäftigt wurden, etwa bei den Schneidern und anderen Textilberufen. Die Feminisierung der ehemals handwerklichen Textilberufe führte zur Herausbildung von Familien, die infolge der häufigen Heirat mit Lohnarbeitern bereits zum Typus der Lohnarbeiterfamilie zu zählen sind.

Bei einem Großteil der Gesellen blieb indes der *Konnex von Selbständigkeit und Familiengründung* – über Jahrhunderte durch die Standespolitik der Handwerkszünfte hergestellt – zunächst erhalten: viele Gesellen heirateten erst, wenn sie sich selbständig machen konnten. Die Chancen der selbständigen Niederlassung scheinen sich in der ersten Hälfte des 19. Jahrhunderts nicht verschlechtert zu haben. Vor allem in den Massenhandwerken stieg die Zahl der selbständigen Meister, auch wenn diese vielfach nicht mehr an den Sozialcharakter des zünftigen Handwerks anschließen konnten. Um eine proletarische Existenz zu vermeiden, zogen viele Handwerker die Existenz als selbständige Meister vor, wobei sich jedoch ihre materielle Lage von jener der Lohnarbeiter nur geringfügig oder gar nicht mehr unterschied.

Die Emanzipation der Gesellen aus den Haushalten der Meister hatte auch für die »zurückbleibenden« Meisterfamilien Folgen. Sie begünstigte hier die Orientierung am »bürgerlichen Familienideal«, das um die Wende vom 18. zum 19. Jahrhundert mit steigendem publizistischem Aufwand propagiert wurde. Eine *Emotionalisierung* der Beziehung zwischen den Ehegatten und zwischen Eltern und Kindern, die Ausgrenzung eines eigenständigen privaten Lebensbereichs, in dem es erstmals möglich wurde, den Umgang zwischen Erwachsenen und Kindern unter einen systematisch reflektierten Verhaltensanspruch zu stellen *(Pädagogisierung)*, war die Folge. Während die Handwerksgesellen über ihre Existenzweise als »Bettgeher« und »Aftermieter« erst auf dem Weg zur Familienhaftigkeit waren, begann sich in den Meisterfamilien ein Prozeß der »Verbürgerlichung« des Familienlebens abzuzeichnen.[60] Untrügliches Zeichen dieser Veränderung ist der im 18. Jahrhundert wachsende Anspruch an die Wohnung: die »kleinbürgerliche« Wohnungseinrichtung verbreitete sich und zog später – selbst ein »Derivat« bürgerlicher Standards – die Sehnsüchte der neu entstehenden industriellen Arbeiterschaft auf sich.

IV. Die bürgerliche Familie

»Die Quintessenz seiner Welt war dem Bourgeois sein Zuhause, denn hier und nur hier ließen sich die Probleme und Widersprüche der bürgerlichen Gesellschaft vergessen oder künstlich beseitigen. Hier und nur hier konnte die bürgerliche und mehr noch die kleinbürgerliche Familie die Illusion harmonischen, hierarchischen Glücks nähren, umgeben von den materiellen Gebilden, die dieses Glück zum Ausdruck brachten und es zugleich erst ermöglichten.«[1] So beschreibt der intellektuelle Sohn eines bürgerlichen Hauses, Eric Hobsbawm, das Wesen der Familie des Bürgers in der *Blütezeit des Kapitals* in der zweiten Hälfte des 19. Jahrhunderts. Davor lagen freilich mindestens hundert Jahre, in welchen sich dieser neue Familientyp entwickelt hatte.

In der zweiten Hälfte des 18. Jahrhunderts war erstmals eine soziale und wirtschaftliche Struktur entstanden, in der sich die Hoffnung und die Idee eines bürgerlichen Familienlebens verbreiten konnten. Bankiers, Kaufleute, die ersten kapitalistischen Unternehmer, höhere Beamte, Gymnasiallehrer, Richter und Pastoren, die Angehörigen freier, intellektueller Berufe – also Menschen mit durchaus unterschiedlichen Erwerbs- und Arbeitsformen – hatten eines gemeinsam: Sie trennten ihren Wohn- und Lebensbereich immer stärker von den Stätten ihres Gelderwerbs ab, sie bildeten sukzessive eine *Privatsphäre* aus. Wenigen Reichen stand die Masse derer gegenüber, die ihre Wohlhabenheit ihrem Sparsinn und ihrer Arbeitsdisziplin verdankten. Gemeinsam war ihnen allen, daß sie ihre Frauen und Kinder von Erwerbsarbeit tunlichst fernhielten. Allerdings blieben zunächst – anders als in der schmalen Oberschicht der Handelskapitalisten und des Adels – traditionelle Formen der Hauswirtschaft, einschließlich der Vorratshaltung und des Gartenbaus, im Aufgaben- und Verantwortungsbereich der Frau.

Das Ende des 18. Jahrhunderts ist die Zeit, in der sich »das« Bürgertum als soziale Klasse erst konstituierte.[2] Wir können davon ausgehen, daß die Menschen, die dieses Bürgertum bildeten, Elemente unterschiedlicher sozialer und kultureller Herkunft – bäuerliches Familiendenken ebenso wie handwerkliche Sitte – in soziokulturellen Resten in sich trugen. Aber auch Einflüsse adligen Lebens und

Denkens werden – trotz der Kritik des neuen Bürgertums am verschwenderischen und ausschweifenden Lebensstil des Hof- und Stadtadels – nicht ohne orientierenden Einfluß gewesen sein. Das Biedermeier stellte erstmals einen relativ geschlossenen Ausdruck einer neuen, bürgerlichen Lebensweise dar, für die das Familienidyll zum sprichwörtlichen Ort ihrer Vergegenständlichung wurde. In der zweiten Hälfte des 19. Jahrhunderts trieb dann die »Bourgeoisie« ihre Selbststilisierung auf eine Höhe, zu der das Kleinbürgertum in eine materielle Differenz geriet, die auch mit den sorgsamsten Attrappen und Surrogaten bourgeoiser Lebenskunst nicht mehr zu überbrücken war. Doch wenden wir uns zunächst der Entstehung der »bürgerlichen Lebensweise« im späten 18. Jahrhundert zu.

1. Zur Ökonomie der bürgerlichen Familie im späten 18. Jahrhundert

Infolge der ungleichzeitigen wirtschaftlichen Entwicklung bildeten sich in England und Frankreich früher als in Deutschland und Österreich bürgerliche Klassen aus, deren Angehörige vielfach aus den gleichen Herkunftsfamilien kamen: die bürgerliche Intelligenz und das Unternehmer- bzw. das Finanzbürgertum, oft mit den Chiffren *Besitz*- und *Bildungsbürgertum* charakterisiert. Ihre großteils gemeinsame Herkunft aus den Familien von Kaufleuten, Bankiers und ersten industriellen Unternehmern verlieh dem Bürgertum bis ins späte 19. Jahrhundert charakteristische Züge. Viele große Gelehrte und Künstler waren widerspenstige oder verständnisvoll protegierte Söhne der Bourgeoisie: »Das Beste, was einem Philosophen passieren konnte, war, als Sohn eines Bankiers auf die Welt zu kommen wie Georg Lukács.«[3] Der Begriff des »Bourgeois« ist jedoch dem 18. Jahrhundert – wenigstens in Deutschland und Österreich – noch nicht angemessen. Die Bürger des 18. Jahrhunderts waren zunächst die »Stadtbürger« – alle, die Steuern bezahlten und in den städtischen Korporationen gewisse politische Rechte besaßen. Nach dem *Allgemeinen Preußischen Landrecht* von 1794 wurden bereits alle »öffentlichen Beamten, ... Gelehrte, Künstler, Kaufleute, Unternehmer erheblicher Fabriken und diejenigen, welche gleiche Achtung mit diesen in der bürgerlichen Gesellschaft genießen«, zum »höheren *Bürgerstand*« gezählt.[4] Von

Anfang an galt also ein soziales Konglomerat von besitzenden und gelehrten Personen als »das« Bürgertum. Bemerkenswert ist, daß ausdrücklich auf »die Achtung« als Kriterium der Zuordnung hingewiesen wird. Erstmals konstituierte sich eine soziale Klasse weder aus Verwandtschaft und Geburt (wie der Adel) noch aus einem einheitlichen Substrat des Besitzes von Grund und Boden (wie die Bauern) oder einer monopolisierten Qualifikation (wie die zünftigen Handwerker), sondern aus dem weiter verstandenen »sozialen Ansehen«, das unterschiedliche materielle *und* ideelle Gründe haben konnte. Der Einfluß der Philosophie des 18. Jahrhunderts, der *Aufklärung,* ist unübersehbar. Das niedere Bürgertum oder Kleinbürgertum bildeten im Verständnis des *Allgemeinen Preußischen Landrechts* die Handwerker und die kleinen Gewerbetreibenden.

Besitz und Bildung entschieden also im 18. Jahrhundert über die Zugehörigkeit zum Bürgertum, Selbständigkeit bei beschränktem Besitz über jene zum Kleinbürgertum. Weder die deutschen noch die österreichischen Gesellschaften brachten allerdings ein Bürgertum hervor, das die Traditionen des alteuropäischen Paternalismus in eine geschichtsmächtige politische Bewegung hätte umsetzen können. Im Gegenteil: Vieles spricht dafür, daß es gerade die wachsende Monopolisierung der politischen Gewalt in der Verwaltung der absolutistischen Adelsregime war, die zur besonderen Ausgestaltung einer bürgerlichen »Privatheit« und eines bürgerlichen Familienlebens beigetragen hat. Der bürgerlich-konservative Staatsrechtler Clemens T. Perthes faßte diese Entwicklung mit bemerkenswertem Scharfsinn in folgende Worte:

»Stark genug war der deutsche Familiensinn gewesen, um aus den Zuständen der Verwilderung, welche dem dreißigjährigen Kriege folgten, von Neuem ein ehrbares und reines Familienleben zu erzeugen.« – Jedoch – »Die Männer des vorigen [des 18., R. S.] Jahrhunderts hatten, weil die Familien, deren Häupter sie waren, entweder sich in stolzer Engherzigkeit vom öffentlichen Leben abschlossen oder sich nur in den kleinlichen Gewohnheiten des Alltagslebens gefielen . . . , den Staat sich selbst überlassen.«[5]

Die Gemeinschaft des »ganzen Hauses« war nur mehr in Teilen der Gesellschaft von Bedeutung. Entsprechend zwiespältig gerieten die Versuche der aufgeklärt-absolutistischen Gesetzgebung, den Umfang und das Wesen der Familie legalistisch zu definieren. Das *Allgemeine Preußische Landrecht* z. B. wußte schon von den »Aeltern und Kindern« als der »eigentlichen häuslichen Gesellschaft«

zu sprechen, fügte aber hinzu, daß auch das Gesinde »mit zur häuslichen Gesellschaft« gezählt werden müsse. Immerhin: Die Aufspaltung der »häuslichen Gemeinschaft« in »die Familie« und »familienfremde Personen« zeichnete sich ab. Die Zuordnung des Gesindes zur »häuslichen Gesellschaft« war nicht mehr selbstverständlich. Während der »Hausstand« – das legalistische Konstrukt für die Sozialform des »ganzen Hauses« – in der Folge nicht mehr als systematischer Rechtsbegriff verwendet wurde, rückte das Ehe- und Familienrecht in den Vordergrund.[6] Mit der »Entpolitisierung des Hausstands« wurden die Individuen aus der hausherrlichen Gewalt entlassen. Das wurde durch die Aufhebung der Rechtswirksamkeit der Zünfte (Gewerbefreiheit), die Bauernbefreiung und neue Formen der Steuergesetzgebung unterstützt.[7]

In Mitteleuropa fehlte im 18. Jahrhundert noch weithin jenes Unternehmertum, das sich in England auf der Grundlage der Fabrikindustrie herausgebildet hatte. Einzelne Verleger waren zwar zu Unternehmern aufgestiegen, und in den großen Handelsmetropolen hatten sich einige Kaufmannsfamilien über die Akkumulation von Handelskapital zu namhaften Häusern mit großbürgerlichen Zügen herausbilden können. Die Mehrzahl der Bürgerfamilien gehörte jedoch zunächst weiterhin dem mittleren Stand der Kaufleute und Gewerbetreibenden an. Für jene, die infolge einer Strategie der Vermeidung von Besitzzersplitterung aus der Schicht des besitzenden Mittelstandes gedrängt wurden, bot sich durch universitäre Bildung eine Möglichkeit, ebenfalls bürgerlichen Status zu erlangen. Dem kam entgegen, daß der seine Verwaltung aufbauende Absolutismus eine beständig wachsende Zahl von »respektablen« Beamtenstellen anbot. In den Funktionen einer akademisch gebildeten Beamten-, Literaten- und Gelehrtenschicht eröffnete sich dem entstehenden Stand der »Bildungsbürger« am ehesten die Möglichkeit, auf die gesellschaftlichen Entscheidungsprozesse gestaltenden Einfluß zu nehmen.[8]

Der Umstand, daß das Bürgertum seine Privilegien weder aus Vorrechten der Geburt noch solchen des ererbten Besitzes ableitete, sondern aus seinen wirtschaftlichen und intellektuellen Leistungen, führte alsbald zu seiner selbstbewußten Abgrenzung von den anderen »Ständen«. Hierin gründete sowohl das bürgerliche Konzept des Individualismus als auch eine spezifische und neue Familienideologie. Während ein vor allem durch den Handel rasch zu Reichtum gekommenes Stadtpatriziat deutliche Neigungen zeigte, den Lebensstil des Adels nachzuahmen, grenzten sich die mittleren bürgerlichen Schichten deutlich davon ab und kreierten – ideologisch von asketisch-religiösen Bewegungen unterstützt – einen Lebensstil, dessen zentralen Ort das privatisierte und intimisierte Familienleben bilden sollte. Eine sparsame, ökonomische Lebensführung – dem Zwang zur Akkumulation von Kapital ebenso geschuldet wie dem verinnerlichten Leistungsprinzip –, eine Kultivierung der inneren Werte, der Sicherheit vermittelnden Konvention und der »Bildung« der Persönlichkeit stellten die wesentlichen Elemente dar, die die bürgerliche Lebensweise von den z. T. hedonistischen Zügen des Adels wie auch von den plebejischen Resten im Kleinbürgertum und dem entstehenden Industrieproletariat unterschieden.[9] Der bürgerliche Lebensstil war ebensosehr Ausdruck der Suche nach Möglichkeiten des gesellschaftlichen Aufstiegs wie des Bemühens, sich von den unteren Schichten abzugrenzen.

»Die Tore nach unten sollen verschlossen bleiben. Die Tore nach oben sollen sich öffnen … Die ganze Bewegung war die Bewegung aufsteigender Elemente: Goethes Urgroßvater war Hufschmied, sein Großvater Schneider, dann Wirt mit höfischer Kundschaft und höfisch-bürgerlichen Umgangsformen, schon begütert, der Vater wird kaiserlicher Rat, reicher bürgerlicher Rentner mit einem Titel, seine Mutter ist die Tochter einer Frankfurter Patrizierfamilie.«[10]

Ein illustrativeres Beispiel ist wohl kaum zu finden.

Ungleich mehr als in England oder Frankreich wurde *Bildung* für das deutsche und österreichische Bürgertum zur Kompensation für nicht gewährte und nicht erkämpfte politische Macht. Insofern war es nur folgerichtig, daß es sein Familienleben in besonderem Maße als »unpolitisch« und fern den wirtschaftlichen und politischen Intrigen verstand. Das darf freilich über die politische Wirksamkeit familialer Lebensprozesse nicht hinwegtäuschen. Die Advokaten, Beamten, Ärzte, Lehrer, Pastoren, honorigen Handwerksmeister und mittleren Unternehmer bildeten eine neue Intimität des Familienlebens aus. Aus der Trennung von Erwerbsleben und Familienleben, von »Öffentlichkeit« und »Privatheit« ergab sich ein familialer Binnenraum, der durch die *Sentimentalisierung* der Beziehungen ausgefüllt werden sollte. Das hatte sowohl eine neue Definition der geschlechtsspezifischen Rollen der Frau und des Mannes als auch eine Pädagogisierung des Umgangs mit den Kindern und damit die Entfaltung eines neuen Typus von *bürgerlicher Kindheit* zur Folge.

2. Das bürgerliche Liebes- und Eheideal

Hatte die »Hausväterliteratur« des 16. und 17. Jahrhunderts umfassende Ratschläge und Anleitungen zu den wirtschaftlichen und sozialen Aufgaben des »ganzen Hauses« geliefert, konzentrierten sich die neu entstehenden Familienzeitschriften (die *Moralischen Wochenschriften*[11] u. ä.), die in Mitteleuropa nach dem Vorbild der englischen Wochenschriften entstanden waren, zunehmend auf Erziehungs- und Beziehungsprobleme. Die Sphäre der wirtschaftlichen Grundlagen der Familie und des Erwerbs der Familienmitglieder blieb dagegen zunehmend außer Betracht. Insofern spiegelte – wie Heidi Rosenbaum festgestellt hat – der mediale Diskurs die Abschottung der bürgerlichen Familie von Wirtschaft und Politik wider.[12]

Bis zur Mitte des 18. Jahrhunderts hatte in Mitteleuropa bei den Handwerkern und Bauern, aber auch im Adel eine eher sachliche Einstellung zur Ehe dominiert. Die Ursachen für die notwendige Kalkulation der wirtschaftlichen Vernünftigkeit einer Eheschließung wurden in den Kapiteln über die Bauern- und die Handwerkerfamilien skizziert. Das Gefühl der Liebe war – ohne daß es in breiten Schichten schon als solches apostrophiert worden wäre – unauflösbar mit den existenzsichernden Strategien und Faktoren verknüpft: Eine »unvernünftige Liebe« war zumindest nicht die Regel, denn die wirtschaftlichen und sozialen Verhältnisse waren dem Denken und Fühlen der Menschen »eingeschrieben«. Das Bürgertum fand nun aber gewandelte ökonomische und soziale Verhältnisse für sich vor: Die »selbstverständliche« Koppelung von wirtschaftlicher Vernunft und Partnerwahl war brüchig geworden. Entsprechend seinen neuen Werten von Askese und Leistung, einer neuen Innerlichkeit und dem Glauben an die »Entfaltbarkeit« der Persönlichkeit wurden die alten, positionalen Zuschreibungen obsolet: An die Stelle des positionalen Status (Tochter des Bauern, Sohn des Meisters) trat die »persönliche Eigenschaft«. Sie wahrzunehmen und zu lieben wurde zum Auftrag des Paares. Wir haben es zunächst noch nicht mit *romantischer Liebe* zu tun, sondern mit *vernünftiger Liebe*. Es handelte sich um eine Liebe, die die Tugend des geliebten Menschen erkannte, nicht um eine, die über die Augen oder die Haare des geliebten Menschen ins Schwärmen geriet.[13] Leidenschaftliche und stürmische Liebe wurden abgelehnt. Wir befinden uns damit auf der Ebene eines Diskurses, von dem anzunehmen ist, daß er sich – wie alle öffentlich-normativen Diskurse – in mehr oder minder großer Distanz zur Praxis der Menschen bewegte. Immerhin aber belegen bürgerliche Memoiren, Briefe und dergleichen, daß die neuen Normen ehelicher Liebe breite Wirkung zeigten und als orientierende Ideologiebildung angesehen werden können. Ebenso sicher scheint aber auch, daß dieses Konzept einer ehelichen Liebe vielfach in Widerspruch geriet zu den Bemühungen bürgerlicher Eltern, ihre Kinder nach Kriterien des gesellschaftlichen Aufstiegs oder zumindest der Wahrung der erworbenen wirtschaftlichen und sozialen Standards – auch gegen deren Neigung und Willen – zu verheiraten. Die Motive der Kinder, sich dagegen zu wehren, wären ohne den neuen Code der »ehelichen Liebe« nicht zu erklären.

Sexualität und Erotik wurden in dieses bürgerliche Modell der Liebesheirat integriert. Sowohl in vielen Bauern- als auch Handwerkerehen war selbstverständlich nicht erwartet worden, in der Ehe das große sexuelle Glück zu finden. Nun aber diente sexuelle Attraktion nicht mehr nur der erotischen Verführung des Mannes außerhalb der Ehe. Sie wurde zum Movens der Liebe, und die Liebe wurde erstmals zur Vorbedingung der Ehe oder – wenigstens zu deren erhofftem Resultat.[14] Dem Anspruch nach wurde die Liebe der Ehegatten erotisiert, wurde Sinnlichkeit zu einem Teil der Gattenliebe, so verschämt und unaussprechbar sie auch immer blieb: »Gemeinsamkeit der Freuden des ehelichen Lebens«, hieß es 1786 im *Hannöverschen Magazin*, »gegenseitige Rücksichtnahme, Anstand, Interesse füreinander, Teilnahme, Duldsamkeit, Selbstbeherrschung…, sich gemeinschaftlich und wechselseitig beständig zu veredeln und vervollkommnen«.[15] Damit ist ein weiteres Novum der bürgerlichen Ehereform – wir befinden uns immer noch auf der normativen Ebene des Diskurses – benannt: der Anspruch auf geistige Gemeinsamkeiten der Ehegatten und Interesse füreinander. Diese, aus der skizzierten Bedeutung der Bildung für das politisch ohnmächtige Bürgertum erklärbare Vorstellung rückte den *Austausch der Erfahrungen* zwischen den Ehegatten in den Mittelpunkt. Auch das wäre für die Ehe des »ganzen Hauses« undenkbar und unnotwendig gewesen, denn dort arbeiteten Mann und Frau ohnehin den Großteil des Tages Seite an Seite. Das Bedürfnis der Ehepartner nach kultivierter Kommunikation war Ausdruck ihrer *Entzweiung* während des Arbeitstages, den der Mann im Kontor, im Geschäft, im Amt, die Frau jedoch im Haushalt verbrachte. Das bürgerliche Familienleben förderte – und damit wechseln wir auf die Ebene sozialpsychischer Prozesse – eine Individualisierung der Person: Wenn der abendliche Austausch der Erfahrungen der Ehegatten an die Stelle des wortkargen Neben- und Miteinanders in den Produktionsfamilien der Bauern, Heimarbeiter und Handwerker trat, war nicht die routinisierte Arbeitshandlung selber Inhalt der ehelichen Gefährtenschaft, sondern ihre Interpretation, ihre Verarbeitung und ihre symbolische Repräsentanz; sie wurde zum Inhalt der *ehelichen Kommunikation.* Damit rückten geistig-seelische Eigenschaften der Personen gegenüber ihren praktischen Handlungen in den Vordergrund. War die zu früh im Kindbett verstorbene Ehefrau auf dem Bauernhof innerhalb kurzer Zeit durch eine weitere Ehefrau zu ersetzen, konnte das für die bürgerliche Ehefrau nicht mehr in gleicher Weise gelten. Mit der aufgewerteten Kommunikation der Ehepartner war eine erhöhte Fähigkeit verbunden, die »Unverwechselbarkeit« (Individualität) der Ehepartner wahrzunehmen und zu schätzen.

Das bürgerliche Heim erhielt zusehends den Charakter eines *Refugiums,* in das sich der Bürger vor den Härten des Konkurrenzkampfes im Berufs- und Wirtschaftsleben zurückziehen konnte. Seine Ausgestaltung hing mit der prononcierten Formulierung der »Geschlechtscharaktere«[16] auf das engste zusammen, so daß schwer zu sagen ist, ob die Idee des bürgerlichen »Heimes« die Rolle seiner »Hüterin«, oder die Idee der »idealen Ehefrau« das Heim stärker geprägt hat. Jedenfalls wurde die Frau, wie hinlänglich bekannt, in die private Sphäre des Hauses eingeschlossen, der Mann zog in die Welt. Der reale Prozeß der Differenzierung der Gesellschaft in private, häusliche Lebensbereiche (wobei »häuslich« eine ganz neue Bedeutung bekam) einerseits und in die Berufswelt andrerseits hatte weitreichende ideologische Folgen. Die Frau wurde auf Charaktereigenschaften festgeschrieben, die sie für die Familie und für das Heim prädestiniert erscheinen ließen. Zugleich entstand das Bild des Mannes, der im Erwerbsleben keine Mühen und kein Risiko scheute. Von nun ab glaubte man sehr genau zu wissen, was typisch »männlich« und was typisch »weiblich« sei. Im Brockhaus des Jahres 1815 hieß es dazu:

»Der Mann muß erwerben, das Weib sucht zu erhalten; der Mann mit Gewalt, das Weib mit Güte oder List. Jener gehört dem geräuschvollen öffentlichen Leben, dieses dem stillen häuslichen Cirkel. Der Mann arbeitet im Schweiße seines Angesichts und bedarf erschöpft der tiefen

Ruhe; das Weib ist geschäftig immerdar, in nimmer ruhender Betrieb-
samkeit. Der Mann stemmt sich dem Schicksal selbst entgegen, und
trotzt schon zu Boden liegend noch der Gewalt; willig beugt das Weib
sein Haupt und findet Trost und Hilfe noch in seinen Tränen.«[17]

Wirken derartig angestrengte Bemühungen um eine Dramaturgie
für das Verhältnis der Geschlechter zu skurril und überzogen, als
daß wir ihnen zubilligen würden, reale Verhältnisse der Zeit abzu-
bilden, zeigen sie doch bei aller Übertreibung, worauf die gesellschaftliche Entwicklung hinauslief: auf die Sentimentalisierung der
weiblichen und der männlichen Arbeitsbereiche und ihre Ausstattung mit Attributen, die – wie Karin Hausen formuliert hat – nicht
mehr aus den Tätigkeiten der Frau und des Mannes, sondern aus
der ideologischen Konstruktion ihres Geschlechtscharakters abgeleitet wurden.[18] Das erwies sich insofern als besonders erfolgreich,
als eine solche, von den Tatsächlichkeiten abstrahierende Fassung
der Geschlechtscharaktere sozialen Wandel unbeschadet zu überstehen vermochte. Bis in unser 20. Jahrhundert sollte die Zuschreibung von männlichen und weiblichen Charaktereigenschaften für
die Masse der Menschen gültig bleiben und plausibel erscheinen.

Es wäre verfehlt, angesichts des gewaltigen Sentimentalisierungs-
spektakels zu übersehen, daß sich für die Schließung vieler bürgerlicher Ehen immer noch harte, rationale Gründe angeben ließen.
Für die Frauen des Bürgertums blieben Ehe und Familie die einzige
gesellschaftliche Bestimmung (sehen wir von Versorgungsorten
wie den klösterlichen Anstalten ab). Ledig bleibende Frauen fielen
ihrer Herkunftsfamilie, einer verheirateten Schwester etc. zur Last
und wurden – pejorative Bezeichnungen wie »alte Jungfer« u. ä. belegen es – wenig geschätzt. Andrerseits war auch der bürgerliche
Mann auf den Ehestand weitgehend angewiesen, wollte er sich »in
geordneter Weise« reproduzieren und für den beruflichen Exi-
stenzkampf »den Rücken frei haben«. Die materiellen Aspekte waren dabei für beide Teile von Bedeutung, denn schließlich war ja
gerade die angestrebte Häuslichkeit nicht zuletzt eine Frage des
Geldes und der materiellen Sicherheit.

Die Notwendigkeit, eine berufliche Ausbildung zu durchlaufen
und die ersten Jahre der beruflichen Karriere noch als Junggeselle
zu verbringen, führte zu einem relativ hohen Heiratsalter der Männer. Beamte bedurften einer gewissen Dienstzeit und einer Heirats-
erlaubnis ihrer vorgesetzten Dienststelle.[19] Ihr Heiratsalter lag
daher häufig über dem 30. Lebensjahr. Kaufleute absolvierten

Schulen, sammelten Erfahrungen in verschiedenen Betrieben und mußten – in der gewerblichen Tradition des Konnexes von Selbständigkeit und Heiratsfähigkeit – erste wirtschaftliche Erfolge erzielen, ehe sie an Heirat und Familiengründung denken konnten. Ähnliches galt für Unternehmer. Gelehrte verbrachten die Jahre ihrer Jugend an den Universitäten und standen nach Abschluß des Studiums häufig in hausrechtlicher Abhängigkeit (als Hofmeister, Privatlehrer), ehe sie eine Familie gründen konnten. Demgegenüber lag das Heiratsalter ihrer Frauen deutlich unter dem ihren. Die Altersdifferenz betrug etwa im niedersächsischen Bildungsbürgertum in der zweiten Hälfte des 18. Jahrhunderts im Durchschnitt zehn Jahre. Etwa so groß war sie auch bei den Großkaufleuten und Unternehmern.[20] Allein ein derartiger Altersvorsprung des Mannes läßt schon ein deutliches Autoritätsgefälle vermuten. Mitunter soll das Altersverhältnis zwischen Mann und Frau dem zwischen zwei Generationen entsprochen haben: das Muster der Vater-Tochter-Beziehung drängt sich auf. Der Mann war »lebenserfahren«, hatte sein Studium abgeschlossen, hatte schon einiges »von der Welt gesehen«, während das Mädchen »aus dem behüteten Schoß« seiner Familie kam. Dies begünstigte, daß der Mann die Familie in der Öffentlichkeit vertrat, während die Frau im Haus »repräsentierte«. Auch der Handwerksmeister hatte eine ähnlich hausväterliche Stellung eingenommen. Auch er war erst nach einigen Jahren des Wanderns »seßhaft« geworden. Neu war jedoch, daß der bürgerliche Mann seine Autorität weitgehend nicht mehr durch innerhäusliche Arbeit abstützte, sondern durch Arbeit außer Haus, im Kontor, Büro und Geschäft, an Orten also, die der Frau in aller Regel unzugänglich und nicht »einsichtig« waren. Die Folge war, daß die wirtschaftlichen, politischen und sozialen Zusammenhänge – metaphorisch »die Welt« – zur Domäne des Mannes, »das Heim« zum Bereich der Frau wurde. Das hatte sowohl für die realen Lebens- und Arbeitsperspektiven der Geschlechter als auch für deren ideologische Typisierung weitreichende Folgen.

Der Autoritätsanspruch des Mannes wurde durch seine aushäusige Erwerbsarbeit, durch seine berufliche Qualifikation – die Voraussetzung seines Erfolges – sachlich begründet. Die Arbeit im Hause, erstmals mit der Arbeit der Frau identisch geworden, wurde tendenziell ihres produktiven Charakters entleert und immer mehr zur reproduktiven Arbeit. Diese wurde in einer Gesellschaft, deren Entwicklungsmerkmale in der zunehmenden Rechenhaftigkeit, der Gewinnmaximierung etc. bestanden, immer geringer bewertet. Damit blieb die traditionelle Unterordnung der Frau unter den Mann erhalten. Aber: Der Mann wurde alleiniger »Ernährer der Familie«, da allein er jenes Geldeinkommen brachte, das nun zentrale Bedeutung erhielt. Die Frau geriet zudem in eine dienende Rolle und – auf die gehobenen Schichten bezogen – in die Rolle des »Accessoires« männlicher Macht: Sie repräsentierte mit ihrem Körper, ihrer Schönheit und ihrer Eleganz, nicht zuletzt auch mit ihrer Fähigkeit zu konversieren nicht primär sich selber, sondern den beruflichen Erfolg ihres Mannes.

Die verbesserte Mädchenbildung in den bürgerlichen Häusern wirkte dem nicht entgegen, im Gegenteil: Sie entsprach der Ideologie der Geschlechtscharaktere und trieb die soziale Differenz zwischen Mann und Frau weiter. Der konservative Gelehrte Wilhelm Heinrich Riehl formulierte es treffend: »Das Weib wirkt in der Familie, für die Familie; es bringt ihr sein Bestes ganz zum Opfer dar; es erzieht die Kinder; *es lebt das Leben des Mannes mit.*«[21]

3. Die Kinder

Mit der *Individualisierung* der Personen und der *Intimisierung* ihrer Beziehungen in Ehe und Familie erfuhr auch die Einstellung zu den Kindern eine einschneidende Veränderung. Die traditionelle distanzierte Haltung der Eltern zu den Kindern und deren häufige körperliche Bestrafung wurden vielfach problematisiert. Zugleich setzte auch eine aufklärerische Bewegung gegen ihre Verwöhnung ein, die – ähnlich wie die Gleichgültigkeit – ihre Wurzeln in der Absicht hatte, sich die Kinder möglichst vom Leibe zu halten. Das wurde mit der Propagierung der Brustfütterung der Säuglinge verbunden. Wie die Verbindung zwischen den Ehegatten als eine Verbindung zwischen Individuen gesehen wurde, die sich wegen ihrer unverwechselbaren Eigenschaften schätzten und liebten, wurde auch den Kindern als dem Produkt der liebenden Ehegatten zunehmend der Rang von Individuen beigemessen. Anstatt nur das äußere Verhalten zu regulieren, bemühten sich die Eltern, die Motive der Kinder zu erkennen und zum Gegenstand ihrer Sanktionen zu machen. In den oberen Schichten fand eine propagandistische Bewegung statt, die die Eltern für die Betreuung ihrer Kinder gewinnen wollte – anstelle der Ammen, Gouvernanten und Schulmeister, die vielfach die Eltern vertraten. Das Bürgertum sah in seiner Beziehung zu den Kindern nicht zuletzt ein Instrument des politischen Kampfes gegen den Adel, dessen angeborenen Privilegien es die Leistungsfähigkeit seiner Kinder entgegenhalten wollte. In der Vision einer gesellschaftlichen Gruppe, die auf die »Bildbarkeit« der Persönlichkeit setzte, wurde das kleine Kind zum »unbeschriebenen Blatt«, auf das mit Sorgfalt und Nachdruck die Spuren der Erziehung gezeichnet werden sollten. Das Kind galt erstmals als »erziehbares« Wesen. Rousseaus *Emile* und die Erziehung Sophies zur »idealen Frau« und Gefährtin des Mannes wurden zum Credo der europäischen Bürgererziehung.[22] Der Umstand, daß viele Bürger über diesen Erziehungsroman und andere Schriften diskutierten, daß eine Kultur des *Kindertheaters* entstehen konnte, in der die neuen Erziehungsmaximen in den Häusern der Bürger im wahrsten Sinne des Wortes vorgeführt wurden[23], läßt freilich erkennen, daß die neuen Ansprüche an die Erziehung der Kinder zwar weithin anerkannt wurden, aber zunächst noch keineswegs »geläufig« waren.[24]

Das Ziel aller Erziehungspraktiken sollte der normengeleitete, vernünftige Mensch sein. Das setzte die Verinnerlichung der bürgerlichen Werte voraus. »Ich hatte nämlich einen *innern Halt* in der Gegenwart des unsichtbaren Gottes, in dem *eingeübten* Gebetssinn und in dem *Andenken* an die liebe Mutter und den ernsten Vater«, bestätigte Wilhelm Harnisch den Erfolg jener häuslichen Erziehung, die er genossen hatte.[25] Anders als der in plebejischer oder bäuerlicher Geselligkeit geborgene Mensch sollte der Bürger nicht durch die Observanz der Gruppe, sondern – gemäß den Vorstellungen vom vereinzelten Individuum – mit sich allein und selbständig seine Entscheidungen treffen. Entsprechend traten abstrakte Erziehungsziele wie Wahrheitsliebe oder Standhaftigkeit in den Mittelpunkt der Erziehung. Der Vater blieb zwar unangefochtene Autorität, aber zumindest in der Konzeption bürgerlicher Erziehung sollte er der ratgebende väterliche Freund des Kindes sein. Daß viele Väter eher dem Typus des *gefürchteten und liebenden* Vaters entsprachen, wäre vielfältig belegbar, ebenso, daß die Kinder auch in der Unterordnung der Mutter unter den Willen des Vaters lernten, sich väterlicher Autorität zu beugen.[26] Waren die Handwerker dem Regulativ der Zünfte unterworfen und die Bauern der Dorfgemeinde und ihrer moralischen Ökonomie verpflichtet, verfügte der neue Bürgerstand, insbesondere das Bildungsbürgertum, über keine derartigen verhaltenssteuernden Kollektive. Um so mehr war der Bürger auf seine eigene »innere Ordnung« und eine Sozialdisziplinierung verwiesen, die sich über Erziehung, Selbstzucht und die lebenslange Verfolgung eines Programms der persönlichen Entwicklung herstellte.

Die Erziehung der Kinder erfolgte nur z. T. und vor allem in den ersten Lebensjahren durch die Eltern.[27] In vielen bürgerlichen Familien wurden die Kinder von Hauslehrern unterrichtet. Bemerkenswert ist, daß ein dichtes Betreuungssystem dafür sorgen sollte, daß keine »Kontrollöcher« entstanden: Die Kinder des Bürgertums durften in der Regel nicht auf die Straßen und Plätze, auf denen ihre Alterskameraden aus den unteren sozialen Schichten spielten.[28] Während die Kinder des Volkes laut einem zeitgenössischen Beobachter »gemeiniglich den ganzen Tag auf den Straßen zubringen, wobei sie sich recht wohl zu befinden scheinen«, schloß das besitzende und das gebildete Bürgertum seine Kinder in die neu entstandene Privatheit seiner Häuser und Wohnungen ein. 1740 beschrieb eine Königsberger Wochenschrift, wie sich die gebildete Bürgersfrau bemühte, den Kontakt ihrer Kinder mit den »Straßenkindern« der unteren Schichten zu vermeiden und diese zugleich als abschreckendes Beispiel zu präsentieren: »Den öfteren Umgang mit fremder Jugend, insbesonderheit mit solcher, die frech und ungezogen ist, suchet sie auf alle Weise zu unterbrechen, gleichwohl brauchet sie diese letztere, ihnen einen Abscheu vor allem unartigen Wesen einzuflößen.«[29] Freilich werden in den kleinen Städten mit geringer sozialräumlicher Segregation der sozialen Schichten dennoch Kontakte zwischen Bürgerkindern und den Kindern der Kleinbürger, Handwerker und Arbeiter möglich gewesen sein[30]; die Regel und die intendierte Form der bürgerlichen Sozialisation aber waren sie jedenfalls nicht. Familie und Straße wurden für die Bürger zum entschiedenen Gegensatz. Das trug wieder dazu bei, daß sich die Bedeutung des familialen Binnenraumes für die Sozialisation der Kinder erhöhte. Erst zu Beginn des 19. Jahrhunderts sollen – Jürgen Schlumbohm zufolge – viele Bürgereltern davon abgekommen sein, ihre Kinder allzu lange in den Häusern und Wohnungen einzusperren. Der fehlende Kontakt mit anderen Kindern habe vielfach zu einem unerwünschten Mangel an Selbstvertrauen im Umgang mit anderen Menschen geführt. Fortab sollen auch Eltern aus dem gehobenen Bürgertum ihre Kinder öfter auf der Straße haben spielen lassen. Dennoch blieb der Einfluß der

Straße auf das Bürgerkind gering. Viel zu eindrücklich war die dichte und in pädagogischer Absicht inszenierte Atmosphäre des Bürgerhauses.[31]

Schon in jungen Jahren trennten sich die Ausbildungswege für Knaben und Mädchen. Im Anschluß an das Lernen von Lesen und Schreiben wurde vielen Mädchen das Klavierspielen gelehrt. »Keine bürgerliche Einrichtung war komplett zu nennen ohne dieses Instrument, und es gab keine Bürgerstochter, die nicht endlose Tonleitern auf ihm hätte üben müssen.«[32] Tanzunterricht, Unterweisung in Religion gehörten ebenso zur bürgerlichen Mädchenbildung wie Handarbeiten oder die Aneignung von Fremdsprachenkenntnissen. Dagegen fehlten naturwissenschaftliche und technische Fächer in der Ausbildung der Mädchen vollkommen. Wie Heidi Rosenbaum feststellt, handelte es sich zwar keineswegs um eine engstirnige Sozialisation zur Hausfrau, aber um eine »Erziehung im Hause«, d.h. daß die Erziehungsinhalte im Hinblick auf die gesellschaftlichen Repräsentationspflichten der künftigen Gattin des Bürgers gestaltet wurden.

Die Erziehung der Knaben verlief nach dem Erwerb der schulischen Grundkenntnisse wesentlich anders: Sie besuchten meist öffentliche Schulen oder Internate, mitunter folgte eine weitere Ausbildung durch Privatlehrer. Die berufsbezogene Ausbildung lag eindeutig in der Kompetenz spezialisierter Institutionen, während sich die Ausbildung der Mädchen im Haus meist unter der Oberaufsicht der Mutter abspielte. Die geschlechtsspezifische Lebensweise der erwachsenen Bürger warf ihre Schatten voraus: Die Knaben wurden auf den beruflichen Wettkampf – metaphorisch auf die »Eroberung der Welt« –, die Mädchen auf den sozialen Pflichtenkreis des Hauses vorbereitet. Nicht zuletzt dürfte in der Härte der Erziehung der Knaben, in ihrer frühen (oft mit sieben Jahren erfolgenden) Trennung von den Eltern das Programm der »Abhärtung« und »Immunisierung« gegen »weibliche Weichheit« und »Häuslichkeit« verfolgt worden sein. Die in vielen Kaufmannsfamilien übliche Praxis, Söhne nach der schulischen Ausbildung und der Lehre für einige Zeit zu befreundeten Familien in eine Art Volontariat zu geben, erinnert einerseits an die Tradition der Wanderjahre im Handwerk, deutet aber auch an, daß die »Weltläufigkeit«, die Sammlung von möglichst vielfältigen Erfahrungen durch den Knaben angestrebt wurde. In diesem Zusammenhang schien bürgerlichen Eltern nicht zuletzt der vielfach obligatorische

Aufenthalt im Ausland von Nutzen. Vermutlich ahmten die bürgerlichen Eltern damit auch die adelige Kavalierstour (»Grand Tour«) nach; das Bürgertum glaubte sich freilich den hedonistischen Charakter der Adelstour nicht erlauben zu können und betonte ungleich stärker den Ausbildungs- und Arbeitscharakter solcher Reisen.

Es liegt auf der Hand, daß derart nach dem Geschlecht der Kinder unterschiedene Ausbildungsgänge geeignet waren, das Programm der geschlechtsspezifischen Erziehung einzuholen. Was dort immer schon als geschlechtsspezifische Eigenschaft von Mann und Frau behauptet wurde, stellte sich im Wege von Ausbildung und Erziehung konsequent und zielgerichtet her: Was man an geschlechtsspezifischen Curricula organisierte, erschien alsbald als »soziale Natur« der Geschlechter und bestätigte die Ideologie. Die bürgerliche Familie produzierte damit über Generationen jenen komplexen Bausatz von scheinbar natürlichen Eigenschaften der Geschlechter, die sich auf diese Weise tatsächlich dissoziierten.

4. Bürgerliches Wohnen

Hatte das »alte« Bürgerhaus des frühen 18. Jahrhunderts noch viele Ähnlichkeiten mit dem Haus wohlhabender Handwerker, veränderte sich im Lauf des 18. Jahrhunderts der Stil bürgerlichen Wohnens: Die bürgerliche Familie schloß sich gegenüber Hausnachbarn und Bediensteten zunehmend ab. An die Stelle von gemeinsamen Räumen und von Zimmern, die mehrere Zwecke erfüllten (z. B. das Speise-, Wohn- und Musikzimmer), trat eine *Spezialisierung der Räume* (Arbeitszimmer, Wohnzimmer, Speisezimmer, Kinderzimmer), architektonischer Ausdruck des wachsenden Bedürfnisses, sich voneinander abzugrenzen. Gänge (Korridore) wurden so geplant, daß man weniger Durchgangszimmer hatte und die Intimität der Bewohner ungestört blieb. Das alles war Ausdruck des zivilisationsgeschichtlichen Prozesses der *Individuierung*.[33] Zugleich wurde der »bürgerliche Salon« zum sorgfältig vorbereiteten gesellschaftlichen Ereignis, bei dem sich Besitz, Kultur und Gelehrsamkeit gesellschaftlich vereinen ließen. In den Häusern der wohlhabenden Kaufleute wurde – wenn auch im Herrenzimmer und ohne Damen – manches Geschäft abgeschlossen, während im Musikzimmer die Tochter oder ein »schöngeistiger« Freund der Familie das Klavier spielte. Die Grenzen zwischen Geschäft und familiärer Privatheit wurden hier selbst innerhalb des Hauses scharf gezogen.[34] Das Bürgertum entwickelte sowohl eine *neue Innerlichkeit,* die es vor den Augen der Welt zu schützen verstand, als auch eine *repräsentative Häuslichkeit,* die seinen gesellschaftlichen und geschäftlichen Interessen nützte. Die Architektur der bürgerlichen Villa vollendete dieses doppelte Bestreben, die Innenwelt der Familie von der Außenwelt abzutrennen und zugleich gesellschaftliches Ansehen und Leistungsfähigkeit zu symbolisieren.

5. Entwicklungstendenzen im 19. Jahrhundert

Mit dem Siegeszug des Kapitalismus wurde »das« Bürgertum zunehmend durch den arrivierten Handelskapitalisten, durch den Industriellen und den Geldmagnaten charakterisiert. Teile des alten Mittelstandes der kleinen selbständigen Gewerbetreibenden sanken in Relation zur industriellen Bourgeoisie in die Schicht des Kleinbürgertums ab. Diese qualitative und quantitative Verschiebung innerhalb des Bürgertums blieb für die Ausgestaltung der bürgerlichen Familie nicht ohne Folgen. Mit dem wirtschaftlichen Erfolg stieg die Zahl derer, die mit der asketischen Moral des 18. Jahrhunderts nichts mehr im Sinn hatten. Immer mehr erfolgreiche Unternehmer bemühten sich, den Lebensstil des Adels nachzuahmen. Diese Verhaltensänderung wird als *Aristokratisierung des Bürgertums* bezeichnet.[35]

Das unternehmerische Bürgertum in den Städten und Industriezentren der mitteleuropäischen Länder hatte in raschem Tempo eine bis dahin unbekannte ökonomische Macht in seinen Händen angesammelt. Dem stand jedoch – nach dem Scheitern der Revolution von 1848 – kein Äquivalent politischer Macht gegenüber. An die Stelle gemäßigter biedermeierlicher Geschäftigkeit war der harte und nervenzerschleißende Konkurrenzkampf der Industriemagnaten, Kaufleute und Bankiers getreten. Ein neuer Typ des Unternehmers breitete sich aus, dessen familiengeschichtliche Zusammenhänge mit den Bildungsbürgern, Gelehrten und Künstlern oft abgerissen waren und allenfalls im parvenühaften Mäzenatentum einen Ersatz gefunden hatten. Die »bürgerliche Biederkeit und Rechtschaffenheit« wurde von der Idee des »rücksichtslosen Erwerbs«[36] abgelöst. Die »Blütezeit des Kapitals«, die Zeit des deutschen Kaiserreichs und der Franzisko-Josephinischen Epoche in Österreich-Ungarn, war die wirtschaftlich beste Zeit der Bourgeoisie. In ihr zog sie aus der Industrialisierung, dem Ausbau des Eisenbahnnetzes, des Nachrichtenwesens, dem Wachstum der Städte und den Investitionen im privaten Wohnungsbau ihre Profite.[37]

»Der privatwirtschaftliche Unternehmer, der Wirtschaftsbürger, der ›Bourgeois‹ im Marxschen Sinne, (wurde) zum Prototyp des Bürgers, dessen Begriff gleichwohl sich nie auf jenen verengte. Zum bürgerlichen Bewußtsein gehörten weiterhin die Überzeugung von der Lenkbarkeit des eigenen Schicksals; Hochachtung vor der Arbeit und Fleiß; eine spezifische Rationalität, Ordnung und Regelmäßigkeit in Wirtschafts- und Lebensführung; und einige liberale Tugenden wie Toleranz, Konflikt- und Kompromißfähigkeit, Autoritätsskepsis und Selbständigkeit, Kritikbereitschaft und Unabhängigkeit des Urteils, Rechtsbewußtsein und Freiheitsliebe, daneben auch starkes Nationalbewußtsein.«[38]

Während selbständige Handwerker und kleine Kaufleute den konservativen wirtschaftlichen Kräften zugerechnet wurden, die in ihrer objektiven Bedrohung und subjektiven Angst vor *Proletarisierung* das Rad der Geschichte gern angehalten hätten und zu den Formen vorkapitalistischer, zünftiger Existenzsicherung zurückgekehrt wären, repräsentierte die Bourgeoisie den wirtschaftlichen Fortschritt. Im weiteren wurden noch die leitenden Angestellten der Industrie, die selbständigen und einkommensstarken akademischen Berufe der Ärzte, Rechtsanwälte und Apotheker sowie die höchsten Ränge der Ministerialbeamten zum Bürgertum gerechnet. Keineswegs alle von ihnen, aber doch ein Teil, lebte in solchem Wohlstand, daß er sich die Attribute bürgerlichen Lebensstils: die Villa, Dienstboten, das Feriendomizil auf dem Land, leisten konnte.[39] Wie schon im 18. Jahrhundert erwies sich akademische Bildung als Ersatz für den Besitz von Kapital. Dabei darf nicht übersehen werden, daß Bildung nicht unabhängig von Besitz erwerbbar war. Ein akademisches Studium und die weitgehend einkommenslose Referendarzeit bedeuteten, daß dem Studenten und jungen Beamten während dieser Zeit von seiner Familie ein Lebensunterhalt gewährt werden mußte.[40] Das trug zur sozialen Selektion der hohen Beamten bei. Wenn die Laufbahn des höheren Beamten auch keine großen Besitztümer erlangen ließ, sicherte sie zumindest in den späteren Jahren der Karriere ein leidliches Auskommen, das mit fester Anstellung und »Ruhegenuß« verbunden war, was die biedermeierlichen Züge dieses Teils des Bürgertums verstärkt haben mag.[41]

Das Heiratsalter der bürgerlichen Männer blieb auch im späten 19. Jahrhundert mit etwa 30 Jahren unverändert hoch. Jenes der Beamten lag – aus den erwähnten Gründen einer ersten einkommenslosen Berufsphase – oft noch deutlich darüber.[42] Bei selbständigen Berufen wie Ärzten und Rechtsanwälten wurde mit der Eheschließung häufig gewartet, bis eine ausreichende Klientel bzw. Patientenschaft aufgebaut war. Beim Unternehmer fügten sich an die Ausbildung weiterhin einige Jahre der Wanderschaft, auf der Erfahrungen gesammelt und Geschäftsbeziehungen angeknüpft wurden.[43] Das durchschnittliche Heiratsalter der bürgerlichen Ehefrauen stieg gegenüber dem 18. Jahrhundert leicht an, der Altersabstand zwischen den Ehegatten verringerte sich auf fünf bis sechs Jahre.[44] Die Wahl der Ehepartner im unternehmerischen Bürgertum mußte den wirtschaftlichen Interessen der Firma entsprechen. Nicht nur die Vermehrung von Besitz durch Heirat, sondern auch die Verbindung von »Know-how« und Besitz sowie geschäftliche und politische Beziehungen konnten dabei eine maßgebliche Rolle spielen.[45] Heirateten zu Anfang der industriellen Epoche Unternehmersöhne zum Zweck der Kapitalakkumulation[46] vorwiegend Unternehmertöchter, schwächte sich dieser zwingende Zusammenhang mit der Entwicklung eines nationalen und internationalen Kapitalmarktes gegen Ende des Jahrhunderts ab. Die Heiratspolitik der Unternehmer wurde zunehmend von Zwängen kapitalistischer Ratio entlastet.[47] Mehrfachverehelichungen zwischen Unternehmer-Dynastien gingen zurück. Auch das Besitzbürgertum begann sich eine Privatisierung seiner Ehe- und Familienbeziehungen zu erkämpfen. Das galt jedoch, wie Jürgen Kocka herausfand, vor allem für die Unternehmersöhne, nicht für deren Bräute.[48]

Viele Beamte mußten, wollten sie nicht ein kümmerliches Dasein fristen, das mit ihren gesellschaftlichen Ansprüchen nicht in Einklang gestanden hätte, bei der Partnerwahl die Frage des Vermögens der Braut »im Auge behalten«. In den preußischen Provinzen Rheinland und Westfalen ehelichten sie aus diesem Grund großenteils Unternehmertöchter. Der Rest heiratete im eigenen Stand oder die Töchter selbständiger Akademiker.[49] Wie Heidi Rosen-

baum angemerkt hat, wurde der Bedeutung der Geld- und Mitgift-
heiraten im Bürgertum auch durch das Bürgerliche Gesetzbuch
von 1900 Rechnung getragen, das den Besitzstand der Familien mit
Hilfe des Besitzrechtsregisters – ähnlich dem Grundbuch – für je-
dermann einsehbar machte. Damit sollten Mesalliancen oder die
Vorspiegelung falscher Tatsachen unterbunden werden.

  Das bürgerliche Ideal der Ehe als Verbindung aus vernünftiger
Liebe und wirtschaftlichem Kalkül konnte in jenen Gegensatz von
Ideologie und Wirklichkeit geraten, der für das Bürgertum auch in
manch anderer Hinsicht bestimmend werden sollte. Die Glorifizie-
rung des Privatlebens bildete einen harten Kontrast zur Realität des
entfalteten Industriekapitalismus. Der Bürger mußte sich in einer
zunehmend unpersönlichen, von den ökonomischen Zusammen-
hängen des Weltmarktes (dessen Kennziffern er beim Frühstück
den Börsenberichten seiner Zeitung entnahm) und raschen techno-
logischen Veränderungen geprägten Welt zurechtfinden. Die psychischen Schäden und Abnützungen, die er dabei erlitt, sollten im
Schoß der Familie wiedergutgemacht werden. Während im Wirt-
schafts- und Geschäftsleben, in der Wissenschaft und im öffent-
lich-politischen Leben kühle Berechnung und *Zweckrationalität*
(Max Weber) triumphierten, steigerten sich die Ansprüche an das
Gefühlsleben in Ehe und Familie. Bei Aufrechterhaltung der traditionellen sexuellen Rechte der Männer bedeutete das für die Frauen
die Sublimierung der Liebe zu einem überaus hohen Anspruch an
sich selbst. Die Frau hatte nach wie vor unberührt in die Ehe zu gehen, während der Mann sexuell erfahren sein wollte. Um dieses
Modell *bürgerlicher Doppelmoral* durchzusetzen, wurde die Frau
an der Wende zum 20. Jahrhundert mit Hilfe der (bürgerlichen)
Medizin und Psychologie entsexualisiert. Weininger, Möbius,
Krafft-Ebing und andere führende Vertreter ihres Faches sprachen
der Frau Intellekt *und* sexuelle Erlebnisfähigkeit ab. Gleichzeitig –
und das ist ein weiterer Widerspruch bürgerlicher Kultur – entstand ein neuer Markt erotischer Literatur; eine Art »Erotisierung
der Kultur« setzte ein. Es war eine repressive, die Unterdrückung
und Einschließung der Frauen unterstützende Erotisierung des
weiblichen Körpers. Es ist die Welt des Fin de siècle, wie sie von
Strindberg und Wedekind, Freud und Schnitzler sensibel und kritisch beobachtet wurde, kritischer jedenfalls, als sie heute im nost-
algischen Rückblick häufig betrachtet wird.[50] Aber jene Wandlungen der Gesellschaft, die die Familie als einen Ort der Zuflucht vor

der Welt erscheinen ließen, blieben auch für die Familie nicht ohne Folgen. Ihre Domestizierung hatte die Frauen immer weiter von der Welt ihrer Männer entfernt. Von Gefährten, die ihr Tagewerk gemeinsam verrichten, war längst nicht mehr die Rede. Die Arbeitsteilung der Geschlechter ließ wachsende Entfremdung entstehen. Das bürgerliche Familienmodell produzierte seine Antithese: die bürgerlich-feministische Kritik an der Einschließung der Frauen und den Kampf der ersten Frauenrechtlerinnen für gesellschaftliche und politische Partizipation.

Der im Lauf des 19. Jahrhunderts einsetzende Geburtenrückgang in den bürgerlichen Ehen, der Kampf um das Leitbild der Frau und die sog. sexuelle Revolution ließen die Zeitgenossen um 1900 von einer Krise der Familie im Bürgertum sprechen. Während die mittleren und oberen Schichten, die – darüber bestand weithin einhellige Meinung – über das »wertvolle Erbgut« verfügten, die Zwei-Kinder-Familie etablierten, beschworen Bevölkerungspolitiker aller ideologischen Lager den drohenden Niedergang des Abendlandes durch Übervölkerung und negative Auslese. Die konservativen Vordenker bemühten sich, die Rolle der Frau als Hausfrau und Mutter aufzuwerten. Es sei sehr wohl möglich, in der Familie Erfüllung zu finden. Haushalt und Mutterschaft sollten durch vermehrtes Wissen aufgewertet werden: Die in den USA entstandenen »home economics« und »domestic science« wurden nach Europa importiert.[51] Die progressive Kritik richtete sich gegen die Monopolisierung der Sexualität in der Ehe. Die bürgerliche Ehefrau erhielt in den aufgeklärten Kreisen neue Aufgaben hinzu: Sie sollte nicht mehr nur schützende, pflegende, gebärende, konversierende Ehe- und Hausfrau, sondern auch »liebeskundige Gespielin« ihres Mannes sein.

Die bürgerliche Familie des 18. und 19. Jahrhunderts – so läßt sich unser kurzer Gang durch ihre Geschichte resümieren – produzierte einen neuen Menschentypus: den innengeleiteten, selbstverantwortlichen, disziplinierten Menschen – das krasse Gegenteil des adeligen Müßiggängers, des Bohemiens und des Flaneurs, wie ihn Walter Benjamin für Paris, »die Hauptstadt des 19. Jahrhunderts«, beschrieben hat. Die bürgerliche Familie, von Anfang an mit dem doppelten Gesicht der Bildung und des Kapitals ausgestattet und manchem »die rätselhafteste Institution der Epoche«[52], produzierte den disziplinierten Akkumulierer, der früh an Triebverzicht gewöhnt wurde, um Höheres zu genießen, der sich »draußen« im

Beruf auf die härteste Weise schlug, um sich in der Familie in den Schoß seiner domestizierten Ehefrau fallen zu lassen. Sie produzierte aber auch, Thomas Mann hat die bekannteste Literarisierung des Themas geliefert, den Künstler und Intellektuellen, der diese Welt der besitzenden Bürger in Zweifel zog.

V. Die Familien der industriellen Lohnarbeiter

1. Zur Entstehung industrieller Lohnarbeit

Der reine Typus der Lohnarbeiterfamilie unterscheidet sich von den Familien der Bauern, der Heimarbeiter und der Handwerker vor allem durch den Umstand, daß die Familie nicht mehr Ort der Erwerbsarbeit ist. Lohnarbeit und Familienleben sind – wie sonst nur in der bürgerlichen Familie – örtlich getrennt. Dennoch strukturieren auch hier die Form der Arbeit, die zeitliche Organisation, die Art der Entlohnung und die Art der physischen und psychischen Arbeitsbelastung das Familienleben. Die Familie des Lohnarbeiters ist Teil des proletarischen Lebenszusammenhangs.[1]

Unter industriellen Lohnarbeitern sollen Arbeiter verstanden werden, die in Werkstätten, Fabriken und Förder- und Verarbeitungsanlagen (Bergwerken, Eisenhütten) von kapitalistischen Unternehmern zu maschinenunterstützter Arbeit verwendet werden; unter *Industrialisierung* wird der Übergang von Handarbeit zu maschinenunterstützter Tätigkeit verstanden.[2] Industrielle Lohnarbeit ist im allgemeinen durch eine hierarchische Organisation des Betriebs und einen mehr oder weniger hohen Grad der Arbeitszerlegung charakterisiert. Kapitalisten, leitenden Angestellten und Managern auf der einen Seite stehen Handarbeiter auf der anderen Seite gegenüber. Die Trennung von planender und verwaltender Arbeit und ausführender Handarbeit sowie die Zerlegung der Handarbeit in Teilarbeiten zogen eine inferiore Stellung der Arbeiter in den Betrieben und eine anfangs nach militärischen Mustern erfolgende Disziplinierung der Lohnarbeiter nach sich. Die Hierarchisierung der Arbeiterschaft diente zur Durchsetzung industrieller Arbeitsdisziplin und zur Verdrängung vorindustrieller Arbeitshaltungen. Das war im Interesse der Unternehmer um so mehr geboten, als sich die industrielle Arbeiterschaft zu einem erheblichen Teil aus ehemals ländlichen Arbeitern oder ehemaligen Handwerksgesellen zusammensetzte. Ihnen war noch die extensive, durch Geselligkeit und zahlreiche Unterbrechungen gekennzeichnete vorindustrielle Arbeitsweise vertraut.[3]

Als Massenphänomen verbreitete sich industrielle Lohnarbeit in England seit der zweiten Hälfte des 18. Jahrhunderts[4], im kontinentalen West- und Mitteleuropa etwa seit der Mitte des 19. Jahrhunderts.[5] Bis dahin war die Mehrzahl der unselbständigen Arbeiter noch in der Heimindustrie, in der Landwirtschaft und im Handwerk beschäftigt gewesen. Unter dem Einfluß merkantilistischer Wirtschaftspolitik hatte sich die gewerbliche Warenproduktion im ausgehenden 17. und im beginnenden 18. Jahrhundert stark ausgebreitet. Zwei Probleme behinderten jedoch die weitere Expansion des gewerblichen Sektors: der Antrieb von Maschinen und die Versorgung mit Brennmaterial. Der größte Teil der Wärmeenergie wurde am Anfang des 18. Jahrhunderts noch aus Holz gewonnen; Tiere, Menschen und Wasserkraft bildeten die begrenzten Antriebskräfte. Mit der Entwicklung und Benutzung dampfgetriebener Wasserpumpen in englischen Bergwerken im Verlauf des 18. Jahrhunderts und ihrer Weiterentwicklung durch James Watt wurde an der Wende zum 19. Jahrhundert der Einsatz der Dampfmaschine als Antriebsaggregat in der industriellen Produktion möglich.[6] Eisenbahnen und Dampfschiffe verbesserten dann im zweiten Drittel des 19. Jahrhunderts die Möglichkeiten, Rohstoffe und Industrieprodukte über weite Strecken rasch und kostensparend zu transportieren. Dabei lag die Anwendung der technischen Errungenschaften meist mehrere Jahrzehnte hinter ihrer Erfindung zurück.

Im Bereich der Textilgewerbe wurden vor allem die Garnherstellung (erste Maschinenspinnerei für Baumwolle in Deutschland um 1780, in Österreich 1801), die Herstellung von Geweben (vor allem die Verbreitung des mechanischen Webstuhls von Jacquard um 1800) und die Verarbeitung von Geweben (insbesondere die Erfindung der Nähmaschine im Jahr 1830) durch die Entwicklung und den Einsatz von Maschinen revolutioniert. In der Metallindustrie wurden die Gewinnung des Rohmetalls, vor allem des Eisens (Übergang von Holzkohle zu Koks in der ersten Hälfte des 19. Jahrhunderts, damit verbunden: Kapazitätssteigerung der Hochöfen) und die weitere Verarbeitung der Metalle durch den Einsatz technischer Neuerungen erheblich verbessert. Eine Reihe neuer Maschinen (Drehbänke, Feil-, Bohr- und Hobelmaschinen), Textilmaschinen, mechanisierte Mühlen, Sägewerke und landwirtschaftliche Maschinen veränderten die Welt der Arbeit. Die meisten Produktionszweige wurden im Lauf des 19. Jahrhunderts durch die Einführung von Maschinen bedeutend verändert.

Industrialisierung bedeutete entweder die Mechanisierung einer bereits bestehenden vorindustriell-gewerblichen Produktion (Mechanisierung von Handwerksbetrieben), die Mechanisierung der Produktion in einer Manufaktur (besonders im Textilgewerbe) oder die Mechanisierung im Bereich der Rohstoffgewinnung (Kohle- und Eisenindustrie, Zementproduktion etc.), abhängig von den Rohstoffvorkommen und gebunden an deren Ort. Die Verkehrslage – ein zentraler Kostenfaktor – und die Nähe zu den Absatzmärkten, insbesondere den großen Städten, bildeten weitere Voraussetzungen für die Industrialisierung der Produktion.

Aber Maschinen allein genügten nicht. Für die Entwicklung der Industrie waren in wachsendem Maße Menschen als Arbeitskräfte erforderlich. Sie bildeten neben dem Kapital für die Finanzierung der Mechanisierung, neben dem Wissen über neue Produktionsmethoden und der Risikobereitschaft der Unternehmer die Voraussetzung für die Industrialisierung.

Mit den technischen, wirtschaftlichen und geographischen Faktoren auf das engste verbunden, entstand im Lauf des 19. Jahrhunderts in den Ländern West- und Mitteleuropas eine industrielle Lohnarbeiterschaft, die nach Branchen, Standort (Dorf, Kleinstadt, Großstadt) und dem Grad der technischen Innovation erheblich voneinander abwich. Dementsprechend differierten die Lebens- und Wohnverhältnisse der Arbeiter in den verschiedenen Wirtschaftszweigen und Regionen. Von »der« Arbeiterfamilie kann daher nicht gesprochen werden. Diverse Typen von industriellen Arbeiterfamilien müssen unterschieden werden. Ihrem Verhältnis zueinander und der Frage ihrer allmählichen Annäherung im Zuge der Herausbildung einer industriellen Arbeiterklasse gilt im folgenden unsere Aufmerksamkeit.

2. Übergänge und Brüche: Der Einfluß der Industriellen Revolution auf das Familienleben

Der Übergang von vorindustriellen zu industriellen Familienformen vollzog sich nicht – wie die technischen Innovationen in der Warenproduktion – abrupt, sondern über Generationen hinweg. Familienformen zeigen ein beachtliches Beharrungsvermögen. Es liegt in der Natur familialer Sozialisationsprozesse, daß ihr »Produkt«, der lebendige Mensch mit seinen je kulturabhängigen Prädispositionen, Verhaltensweisen und Deutungsmustern immer wieder hinter der Veränderung der gesellschaftlichen Arbeitsverhältnisse zurückbleibt. Um eine die historischen Wandlungsprozesse und ihre Verwerfungen letztlich einebnende, statische Typologie der unterscheidbaren Familienformen zu vermeiden, soll zunächst der *Übergang* von vorindustriellen zu industriellen Formen der Arbeiterfamilie am Beispiel der Berg- und der Textilarbeiter skizziert werden, ehe in einem weiteren Abschnitt verschiedenen Aspekten des Familienlebens der Arbeiter in der Fabrikindustrie des 19. Jahrhunderts nachgegangen wird.

2.1. Die Familien der Textilarbeiter

Im Bereich der Textilindustrie finden sich häufig industrielle Betriebe, die in hausindustriellen Regionen angesiedelt wurden. Phänomene des Übergangs von der Heimindustrie zu industrieller Lohnarbeit und die Frage, was dieser Übergang für die Familien der Arbeiter bedeutet hat, lassen sich an diesem Beispiel gut studieren. Für Lancashire, das Kernland der englischen Baumwollverarbeitung, und für Wien liegen hierzu exemplarische Studien vor.[7]

Die Bedingungen der Industrialisierung hatten in englischen Textilgebieten keineswegs die »Zerstörung der Familie« zur Folge, wie das während des gesamten 19. Jahrhunderts von Beobachtern – Friedrich Engels war der prominenteste von ihnen – immer wieder behauptet wurde. 1965 hat Peter Laslett in seinem Buch *The World We Have Lost* argumentiert, die These von der Zerstörung der vorindustriellen Großfamilie durch Urbanisierung und Industrialisierung könne nicht zutreffen, denn höchstens in 10% aller englischen Haushalte hätten – den Aufzeichnungen der Gemeinden und Pfarrer zufolge – vor der Industrialisierung Eltern mit verheirateten Kindern zusammengelebt.[8] Die einige Jahre später erschienene Studie Michael Andersons über die Textilregion von Lancashire hat den Mythos von der vorindustriellen Großfamilie endgültig zerstört.[9] Seine Untersuchung ergab, daß die Bedeutung der solidarischen Familienbindung von Eltern und Kindern durch die Industrialisierung in Lancashire eher zugenommen habe. Gerade in einer Phase dynamischer Industrialisierung und höchster Mobilität hätten sich hier die Textilarbeiter stärker als je zuvor auf familiale und verwandtschaftliche Netze gestützt.

Während des 18. Jahrhunderts war in Lancashire die hausindustrielle Verarbeitung von Baumwolle verbreitet. Gegen Ende des 18. Jahrhunderts begann die Mechanisierung des Spinnens, in den dreißiger Jahren des 19. Jahrhunderts die Mechanisierung des Webens. Damit verlagerte sich die Produktion in die rasch wachsenden Städte. Bis zur Mitte des 19. Jahrhunderts wurde Lancashire die am stärksten urbanisierte Region Englands. Die Arbeiter in der neu entstandenen Baumwollindustrie heirateten früher als andere Teile der Bevölkerung. Der Anteil der Verheirateten war unter den Industriearbeitern überaus hoch. In der Industriestadt Preston schlossen 23% der Haushalte mitlebende Verwandte ein. In jedem zehnten Haushalt lebten Eltern mit verheirateten Kindern zusammen (Dreigenerationenfamilie). Die Industrialisierung der Textilproduktion war hier mit einem häufigeren Zusammenleben von Eltern mit verheirateten Kindern und von Familien mit Verwandten verbunden.[10] Die Industrialisierung zog die Herausbildung von *komplexen Familienformen* nach sich.

Mehrere Gründe werden für diese Entwicklung angegeben. Zunächst wanderten die Arbeiter von Lancashire häufig von einem Zentrum der Textilindustrie zu einem anderen: In der Industriestadt Preston waren nach der Zensusliste von 1851 fast zwei Drittel der Bevölkerung außerhalb der Stadt geboren, allerdings nur in einem Umkreis von höchstens zehn Meilen.[11] Über diese geringe Distanz ließen sich die Familienbeziehungen aufrechterhalten. Vor allem jugendliche Arbeiter und jungverheiratete Ehepaare versuchten, auf der Suche nach Arbeit bei Verwandten und Familienangehörigen unterzukommen. Je älter die Arbeiter wurden, desto geringer wurde ihre Mobilität. Infolge der häufigen Fabrikarbeit von verheirateten Frauen wurden ältere Verwandte in die Familie aufgenommen, um ihnen die Kleinkinder anzuvertrauen. Hinzu kam, daß es in den rasch wachsenden Städten sehr schwer war, eine eigene Wohnung zu finden. Oft waren mehrere Familienmitglieder im selben Textilbetrieb beschäftigt, denn die Organisation der Produktion sah hier Arbeitsplätze für Männer wie für Frauen, für junge wie für ältere Arbeiter vor. Hinzu kam, daß die qualifizierten Arbeiter an den Spinnmaschinen und an den mechanischen Webstühlen ihre Hilfskräfte selbst engagierten. Es lag nahe, daß sie dafür jüngere Familienmitglieder und Verwandte wählten, die sie auch in ihren Haushalt aufnahmen.[12] Auch in der Stadt Oldham, einem weiteren Textilzentrum von Lancashire, lebten die Arbeiter häufig in komplexen Familienformen.[13]

Für die spätere Periode von 1890 bis 1940 wurden die Familienverhältnisse der Arbeiter in der Textilstadt Preston und zwei anderen

Städten von Lancashire mit den Mitteln der »Oral History« untersucht.[14] Auch hier zeigte sich, daß die Mehrzahl der Textilarbeiter von Preston Erinnerungen an mitlebende Verwandte hatte. In Lancaster, einer Stadt mit gemischter Wirtschaftsstruktur, und in Barrow, einer Stadt mit Schwerindustrie, war der Anteil von Familien mit Verwandten etwas geringer als in den reinen Textilstädten. Die arbeitsbedingte Wanderung *(Migration)* führte zu einer Stärkung der Familien- und Verwandtschaftsbindungen, wenn ganze Familien oder Gruppen verwandter Personen auf Wanderschaft gingen. Migration konnte freilich auch den Abbruch aller Familienkontakte nach sich ziehen, wenn alleinstehende Arbeiter völlig auf sich gestellt ihre Heimatorte verließen, um in einer entfernteren Stadt Beschäftigung zu suchen.[15] Allerdings hielten viele Migranten auch über größere Distanzen regelmäßige Kontakte zu ihren Herkunftsfamilien oder zu zurückgebliebenen Verwandten aufrecht. Briefe, Pakete und regelmäßige Besuche halfen, den Familienzusammenhang auch über große Entfernungen zu bewahren.

Auch in der Periode von 1890 bis 1940 lebten in den Industriestädten von Lancashire häufig Verwandte in den Arbeiterfamilien.[16] Waisenkinder wurden von Verwandten aufgenommen; verwitwete Männer und Frauen gaben ihre Kinder zu Verwandten in Pflege. Ledige weibliche Verwandte ersetzten die verstorbene Ehefrau und Mutter, wenn nicht ältere Töchter die Hausfrauenrolle ihrer verstorbenen Mutter übernehmen konnten. Hilfsbedürftige alte Leute wurden von ihren erwachsenen Kindern betreut. Allerdings war die Zahl der Dreigenerationenfamilien gering. Wenn irgend möglich, bevorzugten es die altgewordenen Eltern, in der Nähe ihrer Kinder einen eigenen Haushalt zu führen und den Familienkontakt über häufige Besuche aufrechtzuerhalten, anstatt in einem gemeinsamen Haushalt mit den Kindern zu leben. In einzelnen Fällen lebten Kinder bei ihren Großeltern, Onkeln oder Tanten, weil die Wohnungen ihrer Eltern zu klein oder die Eltern zu arm waren. Schließlich lebten jungverheiratete Paare, die noch keine Wohnung gefunden hatten, und alleinstehende junge Arbeiter in den Familien von Verwandten. Nur in solchen Fällen wurden die mitlebenden Verwandten mit Essen und Hausarbeit versorgt, wofür sie jedoch zu bezahlen hatten.[17]

Während Michael Anderson für die Textilarbeiter von Lancashire vermutet, ihre verwandtschaftlichen Beziehungen seien um die Mitte des 19. Jahrhunderts zwar intensiv, aber eher instrumentell und berechnend gewesen, fand Elizabeth Roberts für das späte 19. und das frühe 20. Jahrhundert durchaus starke emotionale Bindungen zwischen den Familienmitgliedern und zwischen den Verwandten:

»Die Leute liebten einander. Darüber hinaus existierte eine sehr starke, meist unausgesprochene Moral der Arbeiterklasse: sie schloß die Pflicht ein, Verwandten in jeder Weise zu helfen, auch dann, wenn Zuneigung und Sympathie nur gering waren. Es bestand auch die unausgesprochene Verpflichtung, Verwandte nicht in das Armenhaus (›workhouse‹) zu schicken, mit dem – wie in der Mitte des 19. Jahrhunderts – Schande und Entwürdigung verbunden wurden. Seit dem ›Poor Law Act‹ von 1601 und bis zum ›Public Assistance Act‹ von 1946 war die Familie verpflichtet, für ihre Mitglieder, insbesondere auch für Eltern und Verwandte, zu sorgen. Eltern waren für ihre Kinder verantwortlich, erwachsene Kinder hatten für ihre Eltern zu sorgen, und Großeltern hatten sich um ihre Enkelkinder zu kümmern, wenn die Eltern aus irgendeinem Grund nicht dazu in der Lage waren … Keiner der befragten Arbeiter hat jedoch diese gesetzliche Verpflichtung erwähnt. Einige waren sich dieser Gesetzeslage gar nicht bewußt … Die große Mehrheit zeigte eine Mischung aus Liebe, Pflichtbewußtsein und Stolz in ihrer Einstellung zu ihren Verwandten.«[18]

Die Verwandten kümmerten sich auch um Kranke und Sterbende. Diese Aufgabe fiel vor allem den Frauen zu und belastete sie. Manche Frauen hatten den Ruf, in der Pflege von Kranken über besondere Kenntnisse und Erfahrungen zu verfügen. Sie wurden in Notfällen von Verwandten, Nachbarn und Bekannten immer wieder zur Hilfeleistung geholt. Zahlreiche Beispiele belegen die Hilfsbereitschaft zwischen Verwandten, die im selben Haushalt wohnten oder in Nachbarschaft lebten, aber auch zwischen nicht verwandten Nachbarn. Von einer bloß »kalkulierenden« (»calculative«) Einstellung zu Verwandten könne daher, so Elizabeth Roberts, keine Rede sein.[19]

In der Textilstadt Preston waren viele verheiratete Frauen erwerbstätig. Verwandte übernahmen hier häufig die Beaufsichtigung von Kleinkindern oder Arbeiten im Haushalt wie Kochen und Wäschewaschen. Diese Arbeiten wurden von den erwerbstätigen Frauen in der Regel bezahlt. Die Ehefrau von Mr. T. zum Beispiel arbeitete bis zum Ersten Weltkrieg in einer Textilfabrik. Sie bezahlte ihre Schwiegermutter für die Beaufsichtigung ihrer beiden Töchter. Man habe Verwandte immer bezahlt, die auf die Kinder aufpaßten.[20] In allen Arbeiterfamilien der Textilstadt Preston wurde bis zum Zweiten Weltkrieg von den erwerbstätigen Familienmitgliedern erwartet, daß sie in die gemeinsame Familienkasse einzahlten. Für Dienstleistungen wie jene der eben zitierten Schwiegermutter wurde bezahlt, weil sie einer materiellen Leistung für die Familie gleichkamen. Darüber hinaus konnte man auf diese Weise Verwandte unterstützen, ohne ihnen die Annahme von Almosen zumuten zu müssen. An weiteren Hilfsleistungen der Verwandten (der »erweiterten Familie«) werden noch die Suche und die Vermittlung von Arbeitsplätzen angeführt. Es gab eine breite Palette von Hilfsleistungen in verschiedensten Lebenssituationen. Allerdings bildete die Verwandtschaft nicht das einzige Solidaritätsnetz, denn die Nachbarschaft übernahm ebenfalls immer wieder ähnliche Funktionen.

Staatliche Sozialpolitik und Zahlungen der öffentlichen Hand an jene Arbeiter, die in Not geraten waren, schwächten in den ersten Jahrzehnten des 20. Jahrhunderts das Solidarnetz der »erweiterten Familien«, der Verwandtschaft und der Nachbarschaft. Die Alterspension, in England erstmals 1909 ausbezahlt, verhalf den alten Menschen zu einer wachsenden Unabhängigkeit von den Familien ihrer Kinder. Schließlich führte der drastische Geburtenrückgang in der Zwischenkriegszeit zu einer Verkleinerung der Verwandtschaft, die in Notfällen einspringen konnte. Dennoch blieb die »erweiterte Familie« auch nach dem Zweiten Weltkrieg eine Einrichtung, die Dienstleistungen, soziale Kontakte und in geringerem Ausmaß auch finanzielle Hilfe für ihre Angehörigen organisierte.[21]

Fassen wir die Studien zur Textilregion von Lancashire zusammen, läßt sich ohne Zweifel ein hohes Maß an *Flexibilität* der Arbeiterfamilien gegenüber den Anforderungen der Reproduktion neu rekrutierter Massen von Lohnarbeitern konstatieren. Der Übergang von der hausindustriellen zur fabrikindustriellen Produktionsweise wurde – was die Seite der Arbeitskräfte betrifft – durch die Anpassungsfähigkeit der Arbeiterfamilien ermöglicht. Im Unterschied dazu zeigt – als zweites regionales Beispiel – der Übergang von der vorindustriellen zur industriellen Textilfabrikation in Wien einen viel weniger kontinuierlichen Verlauf.

Die frühindustrielle Wirtschaftsstruktur der Reichshaupt- und Residenzstadt Wien fußte vor allem auf der Hausindustrie einerseits und mit ihr eng verbundenen *Manufakturen* der Textilverarbeitung andrerseits.[22] Dabei dominierte die Verarbeitung von Seide. In dieser manufakturellen und hausindustriellen Periode (von den letzten Jahrzehnten des 18. Jahrhunderts bis zum Vormärz) zeigen sich in Wien die Merkmale proto-industrieller Lebensverhältnisse: Bei hohen Geburtenziffern war auch die Säuglingssterblichkeit hoch; auf hundert Geburten kamen um 1800 ca. 62 Todesfälle im ersten Lebensjahr.[23] In den Haushalten lebten – verglichen mit späteren Perioden – relativ wenige Personen. Der Arbeitsprozeß verlangte es nicht, Verwandte oder Hilfskräfte in den Haushalt auf-zunehmen, die hausindustriellen Produzenten zeigten eine ausge-prägte Neigung zur Kleinfamilie. Um 1800 lebten in den Wiener Haushalten im Durchschnitt nur 3,9 Personen.[24] Der heimindu-strielle Erwerb begünstigte eine frühe Heirat der Arbeiter.[25] Wie im Kapitel über die Familien der Heimarbeiter dargestellt, erforderte die heimindustrielle Ökonomie auch hier die gemeinsame Arbeit der Familienmitglieder. Für jene Personen, die nicht die Möglich-keit hatten, einem hausindustriellen Erwerb nachzugehen (v. a. ledige, junge Personen), bot sich in den zentralisierten Manufak-turen eine Arbeits- und Verdienstmöglichkeit. Zwischen den Fami-lien der Heimarbeiter und den Belegschaften der Manufakturen be-stand ein flexibles Ergänzungsverhältnis. Heimarbeiter schieden aus dem heimindustriellen Haushalt aus und wurden Manufaktur-arbeiter und umgekehrt. In bestimmtem Maße bildete die hausin-dustrielle Familie Arbeitskräfte für die Manufakturen aus.

Wesentliches Merkmal der Lebensverhältnisse frühkapitalisti-scher Heim- und Manufakturarbeiter war ihre Einbindung in eine verschiedene soziale Gruppen umfassende, *plebejische* – noch nicht proletarische – Kultur: Heimarbeiter, Handwerksgesellen, Bauar-beiter, Fabrikmädchen, Dienstmägde, Sesselträger, Stallburschen, Pferdeknechte, Lavendelweiber, Wäscherinnen und viele andere Sozialtypen prägten den Alltag einer Stadt, die sich bald den Ruf der »Hauptstadt der Phäaken« erwarb.[26] Die Arbeitsmoral dieser plebejischen Gesellschaft war noch durchaus vorindustriell. »Der gemeine Mann in Wien ... ist kein Freund von anhaltender Arbeit«, formulierte in den achtziger Jahren des 18. Jahrhunderts der aus dem schon fortgeschritteneren deutschen Norden kommende Be-sucher Friedrich Nicolai.[27]

Die plebejische Kultur der proto-industriellen Bevölkerung hat auch ihr politisches Verhalten spezifisch geprägt. Ihre Vorstellun-gen von sozialer Gerechtigkeit sahen für alle Angehörigen der Un-terschichten ein leidliches Auskommen vor. Verstießen Angehörige der oberen Klassen gegen diese »moralische Ökonomie«[28], rief das den Zorn des Volkes hervor. Die häufigsten Anlässe für soziale Proteste bildeten Verstöße von Händlern und Gewerbetreibenden gegen den »gerechten Preis«. Die Proteste hatten meist die Form des »Tumults« und des »Charivari«.[29] Frauen, die in das Arbeitsleben der Hausindustrie, der Manufakturen und der frühen Fabriken integriert waren, nahmen an diesen »Tumulten« aktiv teil. In den Pamphleten der konservativen Chronisten der 1848er Revolution wurden sie besonders gehässig und mit deutlich sexistischen oder pornographischen Untertönen karikiert.[30]

In der Phase der *Industriellen Revolution* (in Wien vom Beginn des 19. Jahrhunderts, mit ihrem Höhepunkt in den fünfziger und sechziger Jahren, bis zum »Großen Krach« des Jahres 1873)[31] verlor die Seidenverarbeitung rasch an Bedeutung. Die Unternehmer zogen ihre Manufakturen aus dem Bereich der Stadt ab und siedelten ihre neuen Textilfabriken in dem an natürlicher Wasserkraft reicheren Wiener Becken oder in den mährischen Billiglohngebieten an.[32] Auch die Anzahl von Dampfmaschinen blieb in Wien zunächst begrenzt. Während vergleichbare Großstädte wie Berlin mit Hilfe kohlebeheizter Dampfmaschinen rasch industrialisierten, bestanden in Wien Probleme mit dem Transport der Kohle. Die Bauordnung der dicht bebauten Stadt ließ einen großzügigen Einbau von Dampfmaschinen nicht zu. Nicht zuletzt dürfte auch die Angst mancher Fabrikanten vor dem Widerstand der Arbeiter gegen eine rasche Mechanisierung zu einem langsameren Fortgang der Industrialisierung geführt haben. Noch 1870 begründeten einige Textilfabrikanten jedenfalls die Verlegung ihrer Betriebe nach Mähren damit, daß »die Arbeiterverhältnisse in Wien immer schwieriger und unerquicklicher« würden.[33]

Die Wirtschaftsstruktur der Stadt prägten nun die kleingewerbliche Bekleidungsindustrie sowie das Holz und Metall verarbeitende Gewerbe. Das Kleingewerbe wurde sukzessive kapitalistischen Maximen unterworfen (Beseitigung zunftrechtlicher Hemmnisse, Profitmaximierung), behielt aber zunächst seine hausrechtliche Verfassung bei. Zwar nahm die Zahl der Arbeiter enorm zu: Innerhalb von fünfzig Jahren wuchs die Bevölkerung Wiens – die Vororte eingerechnet – auf das Dreifache ihrer Einwohnerzahl vor Beginn der Industrialisierung[34]; aber die Familie verlor für die Arbeiter als Reproduktionsform an Bedeutung. Die meisten Arbeiter waren völlig besitzlos aus Böhmen, Mähren und Schlesien in die Hauptstadt der Monarchie gekommen; hier wohnten sie zum Teil bei ihren Meistern und Arbeitgebern, z. T. mieteten sie – oft mehrere Arbeiter zusammen, um die Miete leichter aufzubringen – ein schmales Zimmer (»Kabinett«) oder auch nur ein Bett (»Bettgeher« – preußisch »Schlafgänger«).[35] Unter diesen Bedingungen aber war an Heirat und Familiengründung nicht zu denken. Die noch relativ wenigen »Fabrikarbeiter« der Textilbetriebe stellten überwiegend Mädchen und verwitwete Frauen. Auch sie lebten meist in Untermiete. Der Anteil der Verheirateten an der Bevölkerung Wiens war mit nur 27% im Jahr 1856 entsprechend gering.[36] Das Heiratsalter lag deutlich höher als in der hausindustriellen Periode zu Beginn des Jahrhunderts; die Möglichkeit zur Heirat war auf einige wenige Arbeiterberufe beschränkt. Etwa ein Drittel der Arbeiter und der häuslichen Bediensteten blieb sein Leben lang von der Möglichkeit zu Heirat und Haushaltsgründung ausgeschlossen.[37] Die durchschnittliche Haushaltsgröße erreichte infolge der zahlreichen »Aftermieter« und »Bettgeher« in den fünfziger und sechziger Jahren des 19. Jahrhunderts einen Höchststand.[38]

Im Unterschied zu den Textilstädten von Lancashire und anderen Industrieregionen bildeten die Arbeiter von Wien auch in der Phase verstärkter Zuwanderung *keine* komplexen Familienformen aus. Jene Arbeiter, die eine Familie gründen konnten, lebten – wie schon im Vormärz – überwiegend in *Kleinfamilien*. Josef Ehmer erklärt dies damit, daß – anders als etwa in Lancashire – nicht Familien, sondern hauptsächlich alleinstehende Arbeiter nach Wien zuwanderten. Sie fanden hier nur selten Familienangehörige, bei denen sie als mitlebende Verwandte unterkommen konnten. Erst in den ersten Jahrzehnten des 20. Jahrhunderts, als sich die Arbeiterfamilien in der zweiten und dritten Generation konsolidiert hatten, findet man auch in Wien einen Anstieg komplexer Familienformen.[39]

Etwa die Hälfte aller in diesen Jahrzehnten in Wien geborenen Kinder wurde von ledigen Frauen zur Welt gebracht. Die Mehrzahl landete im *Findelhaus* oder kam zu *Zieheltern* auf das Land. Während also immer neue Wellen von Zuwanderern in die Stadt kamen, um hier Arbeit zu finden, schickte man ihre Kinder über das Findelhaus wieder auf das Land zurück, wo sie später kaum hinreichende Existenzbedingungen fanden und damit ebenfalls gezwungen waren, in die industriellen Ballungszentren abzuwandern. Das Proletariat reproduzierte sich daher infolge seiner häufigen Familienlosigkeit sozusagen auf Umwegen. Das war für die im Aufbruch befindlichen, rasch akkumulierenden Unternehmer und Gewerbetreibenden durchaus funktional. Die Kosten der Arbeitskraft konnten niedrig gehalten werden. Der Arbeiter, der keine eigene Wohnung besaß und weder Frau noch Kinder zu ernähren hatte, war eine billige Arbeitskraft. Mit dem Übergang zur maschinellen Produktion waren die Qualifikationsanforderungen an die Masse der Arbeiter gesunken. Die hausrechtliche Abhängigkeit des alleinstehenden Arbeiters unterwarf ihn zudem einer der staatlichen Obrigkeit und den Bürgern willkommenen sozialen Kontrolle.

Erst während der »Großen Depression« und im Übergang zur Hochindustrialisierung in den letzten beiden Jahrzehnten des 19. Jahrhunderts entfalteten die neuen industriellen Leitindustrien des Maschinenbaus, der Elektrotechnik, der Chemischen Industrie und des Fahrzeugbaus auch in Wien ihre bestimmende Kraft. Allmählich setzten sich hier – schon unter dem Vorzeichen eines zunehmend »vertrusteten Kapitalismus«[40] (Fusionierung und Kartellbildung) die Mittel- und Großbetriebe durch. Wien wurde – ähnlich wie Berlin – zu einem Zentrum der qualifizierten Fertigwarenindustrie.[41] Wenn auch die Kleinbetriebe vor allem in den alten Vorstädten weiterhin in der Überzahl blieben, veränderte sich die Struktur der Arbeiterschaft dennoch erheblich: Die Zahl jener Gewerbebetriebe, die ihre Arbeiter weiterhin »auf Kost und Quartier« aufnahmen (Tischler, Schlosser, Gastgewerbe), ging stark zurück. In den von der Konkurrenz der Industrie teils bedrängten, teils stimulierten kleinen Gewerbebetrieben wurden zwar oft Lehrlinge in großer Zahl beschäftigt und beherbergt (Lehrlingszüchterei), aber die Zahl der erwachsenen Arbeiter, die im Haushalt der Arbeitgeber leben mußten, sank.[42] Ein großer Teil der bis dahin als »Aftermieter« und »Bettgeher« lebenden Arbeiter wanderte in die neuen Industriezweige ab. Damit begann sich das freie kapitalistische Lohnarbeitsverhältnis endgültig durchzusetzen. Mit ihm gewann die Familie für die Arbeiter wachsende Bedeutung. Die neuen Leitsektoren stellten höhere Anforderungen an ihre Arbeiter. Der Anteil qualifizierter Facharbeiter wuchs, der Anteil der Frauen an den Belegschaften der neuen Industrien nahm ab.[43] Handwerker des Werkzeug- und Maschinenbaus, aber auch Uhrmacher, Handwerker des graphischen Gewerbes u. a. waren schon in den fünfziger und sechziger Jahren des 19. Jahrhunderts aus verschiedenen Regionen Europas nach Wien gezogen. Zusammen mit den ortsansässigen Wiener Facharbeitern, die vor allem in der Herstellung von Maschinen und Werkzeugen (»Mechaniker«) eine ausgeprägte handwerkliche Tradition besaßen, bildeten sie eine neue, angesehene *Arbeiteraristokratie*. Im Zuge dieser Entwicklung erhielt die Industrielehre zunehmend Gewicht, und bei der Einstellung von Lehrlingen wurden die Kinder aus den Facharbeiterfamilien deutlich bevorzugt. Mit der Lehrzeit der industriellen Facharbeiter entstand eine proletarische Jugendphase, in der der Jugendliche meist bei seinen Eltern wohnte. Anders als der in jungen Jahren in die Stadt ziehende, von seinem Herkunftsmilieu losgetrennte Arbeiter, wurde nun der Lehrling auch in seiner Herkunftsfamilie in klassenspezifischer Weise sozialisiert.

Unter den verkürzt dargestellten Bedingungen der Hochindustrialisierung stieg die Zahl der Eheschließungen. Der Anteil der verheirateten Personen erreichte um 1900 mit 33% der Bevölkerung erstmals wieder jenes Niveau, das Ende des 18. Jahrhunderts erreicht worden war.[44] Immer mehr Arbeiter gründeten eine Familie, das Heiratsalter – vor allem das der Männer – sank rasch.[45] Zugleich ging die Zahl der Geburten pro Familie zurück.[46] Ein grundlegender Wandel der Familienstruktur begann sich abzuzeichnen. Die Familie wurde zum bevorzugten Ort der Reproduktion des modernen Industriearbeiters. Bald traf es erstmals für einen großen Teil der Arbeiter zu, daß sie selber bereits in einer *Arbeiterfamilie* aufgewachsen waren.

Damit trat die Arbeiterfamilie in Wien in eine Phase der inneren Konsolidierung. Bedrohungen ihrer Existenz wie Kinderarbeit, Arbeitslosigkeit, Wohnungsnot wurden zu zentralen Topoi der sozialen Frage des späten 19. und des frühen 20. Jahrhunderts. Die sich Ende der sechziger Jahre organisierende Arbeiterbewegung schrieb die Erkämpfung von menschenwürdigeren Lebensverhältnissen für die Arbeiter auf ihre Fahnen. Die materiellen und kulturellen Bedingungen für ein stabilisiertes Familienleben zu schaffen, war ihr vorrangiges Ziel. *Familienpolitik* wurde zu einem zentralen Aufgabengebiet staatlicher und kommunaler Verwaltung. Der Prozeß der Konsolidierung verlief nicht ohne Rückschläge und retardierende Momente: Die weltgeschichtliche Zäsur des Ersten Weltkriegs, die existentielle Bedrohung Tausender Arbeiterfamilien in den Jahren der Weltwirtschaftskrise, Faschismus, Zweiter Weltkrieg und Nachkriegselend warfen die Arbeiterfamilie – wie später zu zeigen ist – immer wieder auf vorindustrielle, familienwirtschaftliche Strategien der Überlebenssicherung zurück. In solchen Phasen mußten schon gewonnene Freiräume der Individuen zugunsten familialer Krisenbewältigung zurückgenommen werden.

2.2. Die Familien der Bergarbeiter

In einigen Zweigen des Bergbaus (Salz, Eisen, Edelmetalle) reichen Formen der Lohnarbeit bis in das Mittelalter zurück.[47] Immer jedoch war die Lohnarbeit im Bergbau eng mit landwirtschaftlichen Subsistenzformen verflochten. Im Eisenbergbau waren Abbau und Verhüttung während des gesamten Mittelalters und bis in die Neuzeit an bäuerliche Hufen gebunden. Sie sollten den Lebensmittelbedarf der Bergknappen und der Radwerkarbeiter wenigstens teilweise decken. Im Salzbergbau waren die Abbau- und Sudrechte an sog. »Arbeitslehen« gekoppelt, die die Bergarbeiter landwirtschaftlich absichern sollten. Selbst im Eisenerzbergbau wurde versucht, eine möglichst enge Verbindung zur Landwirtschaft sicherzustellen. Es war noch zu riskant, die Bergarbeiter gänzlich über die noch wenig entwickelten Märkte zu versorgen. Das hatte vielfältige Auswirkungen auf das Familienleben der Bergarbeiter. Infolge der engen Verknüpfung mit der subsistenziellen Landwirtschaft unterschied es sich zunächst wenig von dem anderer unterbäuerlicher Schichten. Für die Frage, in welcher Weise Prozesse der *Industrialisierung des Bergbaus* seit der Mitte des 19. Jahrhunderts Auswirkungen auf das Familienleben gezeigt haben, liegen sowohl für den Kohlebergbau im Ruhrgebiet als auch für englische, walisische, belgische, schlesische und mährische Bergbauregionen zeitgenössische und neuere Studien vor.[48]

Die Arbeiter dieser Regionen weisen einige übereinstimmende Merkmale auf. Sie arbeiteten im 18. und im frühen 19. Jahrhundert noch überwiegend in nichturbanisierten, ländlichen oder halbländlichen Regionen. Kleine Landwirtschaften und Eigengärten ermöglichten häufig eine doppelte Ökonomie: Außer dem Lohn aus dem Bergbau bezogen Bergarbeiterfamilien einen erheblichen Teil ihres Nahrungsbedarfs aus ihrer kleinagrarischen Subsistenzwirtschaft oder zumindest aus Gartenbau und Kleintierhaltung. Das setzte sie wirtschaftlichen Krisen weniger aus und bewirkte ein spezifisches »ständisches«, nichtproletarisches Bewußtsein. Eine Folge war, daß Bergarbeiter früher heirateten und mehr Kinder hatten als andere Arbeitergruppen und daß sie im 19. Jahrhundert infolge steigender Lebenserwartung und hausgebundener Lebensform häufiger in Dreigenerationenhaushalten lebten. Sie rekrutierten ihren Nachwuchs in hohem Ausmaß aus ihren eigenen Reihen und vererbten ihre kleinen Anwesen meist über mehrere Generationen hinweg.

Mit der Industrialisierung des Bergbaus kamen um die Mitte des 19. Jahrhunderts Veränderungen in Gang, die die Lebensführung der alteingesessenen Bergarbeiterfamilien zwar nicht gravierend ändern konnten, den neu in den Bergbau zuziehenden Arbeitermassen aber zunehmend Lebensverhältnisse aufzwangen, die bereits als »industriell-proletarisch« zu bezeichnen sind. Der *fließende Übergang* von vorindustriellen zu industriellen Arbeitsverhältnissen und deren Folgen für das Familienleben der Bergarbeiter lassen sich u. a. am Beispiel des Ruhrgebiets studieren.

Bergarbeiterfamilien im Ruhrgebiet. Die ersten Bergarbeiter an der Ruhr waren Kötter und Kleinbauern, die während der Wintermonate auf ihrem Grund eine »Pinge«, einen »Pütt« anlegten und hier nach Kohle gruben, die sie zunächst selber verbrauchten und später verkauften. Wenn sich der Erlös aus dem Verkauf der Kohle gut entwickelte, wurde aus dem Kötter oder Kleinbauer ein Bergmann, ein »Bergmannsbauer«. Das Rechtsinstitut der Bergfreiheit und das Erstfinderrecht begünstigten diesen Zusammenhang von bäuerlicher Wirtschaft und Bergarbeit, solange der Bedarf an Kapital vor der Einführung der Maschinen niedrig blieb.[49]

Vor allem in den Bergbaugebieten südlich von Hessen und Bochum wurden in der ersten Hälfte des 19. Jahrhunderts viele Bauern im Nebenerwerb Bergleute. Die Gruben hatten hier oft erst den Charakter von Kleinbetrieben: Belegschaften von höchstens zwanzig Mann waren typisch; erst in den sechziger Jahren erreichten einige Gruben den Umfang von Großbetrieben. Bergleute mit eigenem Haus und kleiner Landwirtschaft verfügten häufig über eine erstaunliche Finanzkraft, die sich aus der Kombination von bäuerlicher Subsistenzwirtschaft und Geldeinkommen aus dem Bergbau ergab. Nicht selten konnten zunächst besitzlose Taglöhner durch ihr Einkommen als Bergleute Grund kaufen und zu Hausbesitzern werden: »Der Taglöhner C. D. Pätz, Sohn des Bergmanns Pätz aus Schwelm, siedelte 1812 in der Stockumer Mark und erbaute 1815 ein Haus auf seiner Parzelle. Sein Sohn Johann Hein-

rich, ebenfalls Bergmann, erweiterte den Besitz durch Grund-
stückskäufe 1832 (mit Haus), 1841, 1844, 1849 und 1855 und übergab den ganzen Besitz an seinen Sohn Wilhelm.«[50]

Die Größe der von Bergleuten bewirtschafteten Parzellen überschritt nur selten sechs Morgen. Die landwirtschaftliche Arbeit
verrichtete der Bergmann gemeinsam mit Frau und Kindern. Die
im Fachwerkstil errichteten Häuser der Bergleute (»Kotten«) unterschieden sich kaum von denen der rein bäuerlichen Bevölkerung: Sie bestanden aus Wohnung, Stall und Lagerraum. Die
Wohnung war karg und nur den dringendsten Bedürfnissen entsprechend eingerichtet.[51] Aus einem oberschlesischen Industriebezirk liegt uns eine plastische Darstellung des Inneren eines Bergarbeiterhauses vor. Es ist anzunehmen, daß sich die Bergarbeiterhäuser
des Ruhrgebiets nicht wesentlich davon unterschieden.

»Wer nun die Beschaffenheit der Mehrzahl der ländlichen Wohnhäuser
im Oberschlesischen Industriebezirk kennt, wie sie von Holz aufge-
führt, nicht unterkellert, mit Stroh und Schindeln gedeckt, zumeist aus
einer Stube, einer finsteren kleinen Kammer, einem schmalen winzigen
Hinterstübchen und einem Raum für das Hausvieh bestehend, wenn dieses nicht etwa in friedlicher Gemeinschaft mit den menschlichen Bewohnern haust, die Unreinlichkeit im Hause und in der nächsten Umgebung
desselben, den ungedielten Lehmfußboden, die wegen Überfluß an
Kohle [Kohlendeputat! R. S.] und, weil keine Küchenräume vorhanden
sind, im Sommer und Winter durch eiserne Öfen und glühende Platten
überheizten Stuben, die durch das Sauerkrautfaß und verdorbenes
Fleisch mit Ausdünstungen gefüllt sind, die qualmende Öllampe und die
kleinen Fenster.«[52]

Der Wohnungsgrundriß der Bergarbeiterkotten spiegelte die doppelte Ökonomie wider: Der Wirtschaftsflur trennte den Wohnteil
vom Stall mit seinem Schmutz und Geruch. Im Dach waren häufig
Speicherflächen, die später im Lauf der Entwicklung von der kleinen Landwirtschaft zur reinen Lohnarbeiterfamilie leicht in ver-
mietbare Kammern umgebaut werden konnten. Der »Kotten« blieb
lange Zeit das Vorbild für den Hausbau der Arbeiterschaft in dörflichen und kleinstädtischen Verhältnissen. Die Kombination von
Wirtschaften und Wohnen wurde – in zunehmend rudimentären Formen – bis ins frühe 20. Jahrhundert beibehalten und erst im Übergang zur »reinen« Lohnarbeit der Industriearbeiter den veränderten Bedingungen angepaßt. Hier konnte dann Gartenarbeit von
subsistenzsichernder Arbeit zur Freizeitbeschäftigung werden.[53]

Die Bergbehörden begrüßten die Kombination von Landwirtschaft und Bergarbeit, da sie das Leben der Bergarbeiter während der Absatz- und Versorgungskrisen sichern konnte. In manchen Gruben wurde der Schichtbeginn den Erfordernissen der Landwirtschaft angepaßt oder die Bergarbeit während der Erntezeit sogar ganz eingestellt.[54] Etwa 28 bis 36% der Bergleute an der Ruhr waren zu Beginn des 19. Jahrhunderts Hausbesitzer. Mehr als die Hälfte der Bergleute wohnte als Mieter oder Untermieter bei Bauern oder Köttern. Viele in Miete lebende Bergleute arbeiteten die Miete in Form von landwirtschaftlicher Hilfsarbeit ab. Auch daher erklärt sich, daß der Besitz eines eigenen Hauses mit kleiner Landwirtschaft zu den begehrtesten Zielen der jungen Schlepper und Hauer gehörte. Die rechtliche Absicherung des Achtstundentags im Kohlebergbau (jenes »Normalarbeitstages« also, den die Industriearbeiter erst zu Beginn des 20. Jahrhunderts erkämpften!) erlaubte den grundbesitzenden Bergarbeitern den Betrieb ihrer kleinen Landwirtschaften.

Ihre existentielle und mentale Bindung an Grundbesitz und landwirtschaftliche Subsistenzsicherung hatte lange Zeit bestimmenden Einfluß auf das politische Verhalten der Bergarbeiter. Bergarbeiter mit eigenem Haus und kleiner Landwirtschaft sahen sich selber nicht als Teil des von Verelendung bedrohten industriellen Proletariats. Nicht ihre – Facharbeitern in der Metallindustrie durchaus vergleichbaren – Löhne, sondern ihre relative Nahrungssicherheit ersparte ihnen jene Not, die andere Arbeitergruppen nach Mißernten und bei Versorgungsengpässen immer wieder traf. Darüber hinaus bot die kleine Landwirtschaft der grundbesitzenden Bergarbeiter die ökonomische Basis für den Weiterbestand der Familienideologie des »ganzen Hauses«: Frau und Kinder waren in die Landwirtschaft in traditioneller Weise eingebunden; der Bergmann stand dieser Familienwirtschaft als *Hausvater* und unbestrittener »Herr im Haus« vor. Die Häuser und Wirtschaften der Bergarbeiter wurden häufig über mehrere Generationen vererbt. Ein ausgeprägt *hauswirtschaftliches Bewußtsein* war die Folge. Die verstreute Lage vieler Bergarbeiterdörfer begünstigte die »relative Abgeschlossenheit der bergmännischen Hauswirtschaft«[55] und damit eine Verlangsamung der Klassenbildung. In dieselbe Richtung wirkte die Politik des frühindustriellen Staates. Die Kleinhaltung der Bergbaubetriebe und die Rechtsinstitution des »Eigenlöhners« (in Differenz zum industriellen Lohnarbeiter) führten dazu, daß ein erheblicher Teil der Bergarbeiter an der Ruhr bis ins zweite Drittel des 19. Jahrhunderts der alten familienökonomischen Lebensform verhaftet blieb.

Bis zur Mitte des 19. Jahrhunderts wurde der Bergarbeiternachwuchs des Ruhrgebiets überwiegend aus den Reihen der Bergarbeiterkinder rekrutiert. Stellten die Grubenverwaltungen neue Arbeitskräfte ein, bevorzugten sie die Kinder der Bergarbeiter. War der Bedarf an Arbeitskräften größer, wurden Taglöhner aus der Umgebung in die Belegschaft des Bergwerkes aufgenommen. Die Städte des Ruhrgebiets waren im Vormärz noch nicht die Zielgruppe umfangreicher Zuwanderungen. Vielmehr überwogen Formen der Saisonwanderung, wie sie auch in der Landwirtschaft, im Baugewerbe, bei den Torfgräbern in vielen Regionen üblich waren.[56] Fernwanderung in das Ruhrgebiet war vor 1850 so gut wie ausgeschlossen. Später vielbesprochene Phänomene wie Entwurzelung und Heimatlosigkeit der Arbeiter waren hier noch nicht anzutreffen.

Die Form der Entlohnung unterstützte das familienwirtschaftliche Denken der Bergarbeiter. Es gab zwei Formen: den Schichtlohn und das »Gedinge«, eine Sonderform des Akkordlohns. Das »Gedinge« wurde für Gruppen von Bergleuten, für »Orts- und Strebkameradschaften« fixiert. Es wurde entweder nach der geförderten Menge oder nach der Länge des abgebauten Kohlenpfeilers vor Ort bzw. im Flöz berechnet. Nun gehörte es zu den Besonderheiten des Bergbaus, daß die Lebensbedürfnisse der Bergleute immer erstes Kriterium bei der Festsetzung der Löhne waren. Verhandlungspartner waren dabei seit 1819 die Bergbehörde und die »Gewerkschaft«, eine dem Bergbau eigentümliche Unternehmensform, die entstand, wenn mehrere Personen (»Gewerke«) Eigentümer eines vom Staat verliehenen Bergwerks wurden. Die vereinbarten Lohnsätze blieben jeweils für ein Jahr in Kraft, ehe sie neu vereinbart wurden. Das Bergamt – eine Behörde, die »neutral« zwischen den Gewerken und den Arbeitern stand – versuchte, sich mit Hilfe der sog. Reviergeschworenen ein Bild von den Lebenshaltungskosten im Revier zu machen. Seit den vierziger Jahren des 19. Jahrhunderts traten Berechnungen der Mieten, der Ausgaben für Bekleidung hinzu. Erst in den fünfziger Jahren löste sich das Oberbergamt vom Grundsatz der Bedürfnissicherung; an seine Stelle trat nun gemäß der kapitalistischen Logik der Lohn als Resultante aus Angebot und Nachfrage.[57]

Nachdem die Geld- und Finanzkrise des Revolutionsjahres 1848, an dem sich die Bergarbeiter – infolge ihres eben beschriebenen hauswirtschaftlichen Denkens – kaum beteiligt hatten, überwunden war, setzte ein lang anhaltender Aufschwung der Kohleindustrie ein. Eine Vielzahl neuer Bergbaugewerkschaften und bergbaulicher Aktiengesellschaften entstanden im Revier. Auf dem Höhepunkt der Kohlenkonjunktur, 1857, sollen im gesamten Ruhrgebiet 85 neue Schachtanlagen eröffnet worden sein.[58] Der Ausbau des Untertagebetriebs führte zu einer immensen Steigerung der Kohleproduktion. In den verschiedenen Schächten des Reviers waren nun jeweils zwischen 400 und 700 Mann beschäftigt. Diese wirtschaftliche Entwicklung seit der Mitte des 19. Jahrhunderts bewirkte für die Bergarbeiter an der Ruhr eine Reihe gravierender Veränderungen.

Innerhalb nur weniger Jahre entstand im Bereich der Kohle- wie auch der Eisengewinnung eine großindustrielle Struktur. Mit der Beseitigung des obrigkeitlichen Direktionsprinzips der alten Berghauptmannschaften, der Absatzregelungen und der Betriebsbeschränkungen setzte die *Industrialisierung des Bergbaus unter kapitalistischen Maximen* ein. Geschah das auf seiten der technischen Förderanlagen zunächst nur zögernd, explodierte – damit zusammenhängend – der Arbeitsmarkt. In nur sechs Jahren (1852–1857) verdoppelte sich die Belegschaft auf den Zechen des Ruhrgebiets auf über 30000 Bergarbeiter: Bergbau wurde zur industriellen Massenproduktion.[59] Aber schon 1857 wurden – als eine Folge der von den USA ausgegangenen Handels- und Währungskrise – die ersten Feierschichten von Zechen gemeldet. In der Folge wurde die Arbeitszeit flexibler gestaltet und das Arbeitspensum gesteigert. Die fortab saisonal schwankende Nachfrage nach Arbeitskräften begünstigte jene Bergarbeiter, die ihre kleinen Landwirtschaften behalten hatten. Sie konnten manche sommerliche Feierschicht für ihre Landwirtschaft nützen. Erst in den späten siebziger Jahren stabilisierte sich der Arbeitsmarkt dank einer erweiterten Vorratshaltung und der dauerhafteren Nachfrage nach Kohle seitens der Schwerindustrie. Während der sechziger Jahre waren es vor allem die am Eisenbahnbau beteiligten Eisenindustrien, die die Lieferaufträge der Kohlegruben – wenn auch bei weiterhin sinkenden Preisen – konstant hielten.[60]

Während die neu zum Bergbau überwechselnden Arbeiter nach der Jahrhundertmitte noch aus der näheren Umgebung des Ruhrreviers gekommen waren, zwang die Ausschöpfung der lokalen und regionalen Arbeitsmärkte seit den achtziger Jahren des 19. Jahrhunderts zur Anwerbung von Arbeitern aus den preußischen Ostgebieten. Die Zuwanderung dieser Arbeiter entwickelte sich schubweise; erst nach längerer Anwesenheit im Revier ließen viele Arbeiter ihre Familien nachkommen. In der Zeit bis zur endgültigen Niederlassung im Ruhrgebiet zogen viele Arbeiter rastlos hin und her und wechselten den Arbeitsplatz überaus häufig. In den jungen Zechenstädten wie Oberhausen, Hamborn und Herne betrug der Anteil der Zuwanderer in den achtziger Jahren 30% der Bevölkerung und mehr. Nach der Jahrhundertwende stieg er in manchen Städten sogar bis zur Hälfte aller Ortsbewohner.[61] Dieses in den achtziger Jahren allgemeine Phänomen der Hochindustrialisierung nahm im Ruhrgebiet besondere Ausmaße an. Selbst wegen geringer Lohndifferenzen wechselten Bergarbeiter hier die Zeche. Klaus Tenfelde macht hierfür vor allem »das wilde Produzieren in Haussezeiten« und die Massenentlassungen in Krisenphasen »ohne planende Vorratshaltung« verantwortlich.[62]

Das Motiv, in das Kohlenrevier an der Ruhr zu wandern und die Vertrautheit der Heimat gegen Ungewißheit und Jahre des Herumirrens einzutauschen, lag vermutlich in dem Wunsch, dem beengten Spielraum und dem niedrigen Lebensstandard in den Dörfern, aus denen die meisten Zuwanderer kamen, zu entfliehen. Meist war dieser Wunsch über Jahre gereift, so daß es nur noch des auslösenden Moments, etwa der Anwerbung durch den Agenten einer Zeche, bedurfte, um den schicksalsschweren Entschluß in die Tat umzusetzen.

In den Boomjahren von 1870 bis 1873 wanderten erstmals in großer Zahl Arbeiter aus den Ostprovinzen Preußens in das Ruhrgebiet ein. Seit etwa 1880 zog es immer mehr polnische und masurische Bergarbeiter in das Revier an der Ruhr. Meist waren es ledige oder alleinstehende Männer, die in die rasch expandierenden Kohlenreviere kamen. Es wanderten aber auch ganze Familien ein. Tenfelde verweist auf eine Zählung aus dem Jahr 1894, der zufolge 23 000 fremdsprachige Bergleute (vor allem Masuren und Polen) für 36 000 Familienangehörige im Revier zu sorgen hatten, aber auch für 11 000 Angehörige in der alten Heimat.[63] Es zeigt sich also, daß Familien- und Verwandtschaftsnetze bei Arbeitsmigration keineswegs sofort zerrissen, sondern materielle und emotionale Beziehungen auch über große Entfernungen aufrechterhalten wurden.

Der Haushalt der Bergmannsfamilie, wie er in der ersten Hälfte des 19. Jahrhunderts im Ruhrgebiet bestand – oft mit einer kleinen Landwirtschaft verbunden oder mit der begründeten Aussicht, eines Tages ein Haus mit ein wenig Grund zu kaufen, mit der Einbindung von Frau und Kindern in die Hauswirtschaft und der patriarchalischen Stellung des Ehemanns und Vaters – diese Form der hausväterlichen Ökonomie des alten Bergmannshauses überlebte sich vor allem im nördlichen Ruhrgebiet mit der Industrialisierung und Expansion des Bergbaus seit der Jahrhundertmitte allmählich. Über den Zerfall dieser Kombination von kleiner Landwirtschaft und Bergarbeit hinaus hielten sich noch eine Zeitlang Elemente der alten Familien- und Geschlechterideologie, ehe auch diese weiteren Schüben der Urbanisierung und Industrialisierung unterlagen. Damit gingen auch alte, an die Ökonomik des »ganzen Hauses« gebundene Verhaltenssteuerungen verloren[64], insbesondere die Orientierung an Erwerb, Besitz und Vererbung des eigenen Hauses, die die Herausbildung von Dreigenerationenfamilien bei den Bergarbeitern seit dem frühen 19. Jahrhundert begünstigt hatten. Während in den südlichen Gebieten des Ruhrreviers bis ins späte 19. Jahrhundert ein großer Teil der Bergleute weiterhin trachtete, ein eigenes Haus mit einem landwirtschaftlich nutzbaren Grundstück von einer Größe bis zu einem Hektar zu erwerben, war das in den nördlichen Regionen nach einem starken Anstieg der Grundstückspreise nicht mehr möglich. Selbst für den einfachen Hauserwerb (ohne landwirtschaftlich nutzbaren Grund) waren seit den siebziger Jahren aufgrund der Einkommensentwicklung die Voraussetzungen immer seltener gegeben. Wer bis dahin nicht gebaut hatte, sollte kaum noch eine Chance erhalten, ein eigenes Haus zu erwerben.

In den Städten des Ruhrgebiets finden wir seit der Mitte des 19. Jahrhunderts jene Bedingungen des engen, licht- und luftarmen, überfüllten Arbeiterwohnens, die gängigerweise mit Arbeiterwohnen im 19. Jahrhundert verbunden werden. Hinterhäuser, Mansarden und Kellerwohnungen wurden an Arbeiterfamilien vermietet. Auch das »Trockenwohnen«, die Vermietung von noch feuchten Neubauten gegen »ermäßigte« Mieten, finden wir hier. Die meisten in Miete wohnenden Arbeiterfamilien verfügten über zwei, höchstens drei Räume, die Küche eingeschlossen. Die Küche diente zum Kochen und zum Wohnen. Im Winter war sie meist der einzige beheizte Raum. Hier spielte sich der größte Teil des Familienlebens ab, hier wurde gekocht, gegessen und gewaschen. Hier spielten die Männer an langen Abenden Karten, hier machten die Kinder ihre Schulaufgaben usw. Das Schlafzimmer teilten die Eltern mit ihren Kindern. Im Ehebett schlief meist das jüngste der Kinder bei den Eltern, zwei, drei Kinder teilten sich ein weiteres Bett. War noch ein drittes Zimmer vorhanden, war es entweder von den größeren Kindern oder von einem oder mehreren »Schlafgängern« oder »Aftermietern« belegt. Seltener diente es als gute Stube mit den besseren Möbeln, einem Muttergottes- oder Heiligenbild usw. In diesem Fall blieb seine Verwendung oft auf die Feiertage und Familienfeste beschränkt, zum eigentlichen Wohnen durfte es nicht benutzt werden.[65]

Die ledigen Bergarbeiter, die Söhne von ansässigen Bergarbeiterfamilien, die ihre Herkunftsfamilien verlassen hatten, aber vor allem auch neu zugewanderte Arbeiter bildeten ein Heer von »Kost- und Quartiergängern«, wie dies für die meisten Industriegebiete Mittel- und Westeuropas in der Phase der Hochindustrialisierung berichtet wird. Mädchen, die aus ihrem Elternhaus aus- und in die Stadt gezogen waren, fanden im Kohle- und Eisenrevier überwiegend als Dienstmädchen Anstellung und wohnten im Haushalt ihrer Dienstgeber.[66] Die Aufnahme von »Schlafburschen« war für viele Arbeiterfamilien eine willkommene Möglichkeit, das eigene Einkommen aus der Vermietung eines Zimmers oder eines Bettes aufzubessern. Das stellte eine Art von Umverteilung zwischen den relativ gut verdienenden ledigen Arbeitern und den Arbeiterfamilien mit ihrem wesentlich niedrigeren Pro-Kopf-Einkommen dar.[67]

In fremden Haushalten wohnen zu müssen war aber für die meisten dieser ledigen Burschen und Männer nichts Neues, vor allem dann nicht, wenn sie auf dem Land aufgewachsen waren. Dort war es (s. Kap. I.) durchaus üblich, daß die Kinder der unterbäuerlichen Schichten früh ihr Elternhaus verließen und als Dienstboten oder Taglöhner mit anderen Jugendlichen in der Dienstbotenkammer, im Stall des Dienstgebers oder im Gesindehaus schlafen mußten. Sobald die Kinder der Arbeiterfamilien größer wurden und selber zum Familieneinkommen beitrugen, verbesserte sich die budgetäre Lage meist so weit, daß die Familie darauf verzichten konnte, ein Zimmer oder ein Bett an »Aftermieter« oder »Schlafburschen« zu vermieten. Stellt man dies in Rechnung, dürfte der Prozentsatz der Familien mit »Aftermietern« um 1900 deutlich über 20% gelegen haben. Im statistischen Durchschnitt müßte 1901 jeder zweite Haushalt im Kohlenrevier an der Ruhr einen »Schlafgänger« beherbergt haben. Der Anteil der »Schlafgänger« unter den Bergleuten betrug um die Jahrhundertwende und bis zum Ersten Weltkrieg etwa 21%, so daß es 1914 allein im Bergbau etwa 80000 »Schlafgänger« gegeben haben dürfte. Franz J. Brüggemeier und Lutz Niethammer sprechen wegen dieser Öffnung der Arbeiterfamilien für familienfremde Personen von »*halb-offenen Familienstrukturen*.«[68] Mit Sicherheit hat das »Schlafgängerwesen« bei den Bergarbeitern – wie auch in anderen Arbeitermilieus des 19. und frühen 20. Jahrhunderts – dazu beigetragen, daß die überwiegend jugendlichen Zuwanderer Fuß fassen und sich allmählich an ihre neue Lebens- und Arbeitssituation gewöhnen konnten.[69]

Die Familien, die »Aftermieter« und »Schlafburschen« bei sich aufnahmen, erzielten daraus einen wesentlichen Teil ihrer Einkünfte: Neben dem Geldeinkommen aus der Vermietung eines oder mehrerer Schlafplätze übernahmen Hausfrauen gegen Entgelt oft auch das Waschen, Stopfen und Nähen der Wäsche oder Besorgungen für die »Aftermieter« und »Schlafgänger«. Von den Verwaltungen der Zechen wurde das »Schlafgängerwesen« geduldet. Oft wurde es sogar bei der Anwerbung von neuen Arbeitskräften durch die Agenten der Gruben als ein wirtschaftlicher Vorteil für die Bergarbeiterfamilien hervorgehoben.[70]

Nach der Jahrhundertwende verschärfte sich das Wohnungsproblem in den Bergbaugebieten an der Ruhr. Zwischen 1890 und 1913 kamen fast jedes Jahr ca. 15 000 neue Bergleute hinzu. Die Zuwanderer zeigten auch innerhalb des Ruhrgebiets eine überaus hohe Mobilität: Der häufige Wechsel zwischen den Zechen entsprang ihrem Bestreben, ihre Einkommenssituation zu verbessern. Ihre Mobilität zwang die Unternehmer zur gegenseitigen Abwerbung von qualifizierten Arbeitern und zur Gewährung von Vergütungen für »treue« Arbeiter. Eines der wirksamsten Mittel, die Arbeiter an »ihre« Zeche zu binden, bot sich den Unternehmern in der Errichtung von betriebseigenen Wohnungen: »Die Anlage guter Arbeiterwohnungen ist für den Ruhrkohlenbezirk das beste und einzige Mittel, den Arbeiter seßhaft zu machen, den äußerst starken Belegschaftswechsel mit seinen wirtschaftlichen und sozialen Schäden einzuschränken.«[71]

Die Grubenverwaltungen waren vor allem an ledigen und leistungsfähigen Arbeitern interessiert. Um sie anlocken und halten zu können, errichteten sie große Schlafhäuser und Menagen, von denen es um 1870 etwa 35 im Ruhrrevier gegeben haben soll. Nicht zuletzt durch einen großen Streik im Jahr 1872 veranlaßt, begannen sie in den folgenden Jahren auch mit der Errichtung von Arbeiterwohnhäusern auf zecheneigenen Grundstücken. Vor allem in dem infrastrukturell besonders rückständigen Norden des Ruhrgebiets sahen sich die Revierherren gezwungen, Arbeiterwohnhäuser zu errichten, um eine qualifizierte Belegschaft rekrutieren und an den Betrieb binden zu können. 1901 wohnten ca. 21% aller Bergleute in zecheneigenen Wohnungen, 1914 war ihr Anteil bereits auf 35%, 1919 schon auf 40% angestiegen.[72] Das dürfte einer Wohnbevölkerung von fast einer dreiviertel Million Menschen entsprochen haben.

Im Umkreis der Kohlenzechen entstanden nun neue Bergarbeiterkolonien. Wenn sich auch hier hauswirtschaftliche Traditionen, etwa in der Vorliebe der Bergarbeiter für den Hausgarten, die »Bergmannsziege« oder Kleintiere, rudimentär fortsetzten, drückten die Wohnverhältnisse in den Kolonien der Gründerzeit doch den Wechsel zum industriellen Lohnarbeiterdasein der Bergleute aus. Eine Werkswohnung kostete weniger Miete als eine vergleichbare Wohnung auf dem freien Wohnungsmarkt. Meist war ihr ein kleiner Garten zugeordnet, in dem die Frau des Bergarbeiters Gemüse anbaute. Werkswohnungen lagen gewöhnlich nahe dem Arbeitsplatz und sparten Zeit und Geld für den Weg von und zur Arbeit. In den Augen bürgerlicher Beobachter brachte der Neubau von Arbeiterkolonien nicht nur eine Seßhaftwerdung der Bergarbeiter mit sich, sondern war auch geeignet, traditionelle Formen der Geselligkeit in den Gasthäusern und »Schnapskasinos«[73] durch ein aufgewertetes Familienleben zu ersetzen:

»Der Segen, den diese Wohnungen den Arbeiterfamilien gebracht haben, ist unverkennbar ... der Arbeiter, den vorher Zufall und Laune im Revier umhergetrieben, wird seßhaft, er ist nicht mehr gezwungen, in jenen überfüllten, ungesunden Räumen mit mehreren Familien, Alt und Jung zusammen zu hausen und seinen sauer erworbenen Arbeitslohn für gemeinsame Schnapsgelage hinzugeben; es beginnt ihm in seinen vier Wänden und seiner Familie zu gefallen, und das Wirtshaus verliert an Anziehungskraft; die Frau legt einen gewissen Wetteifer an den Tag, hinter ihren Hausgenossinnen in Ordnung und Reinlichkeit nicht nachzustehen, ... ein bescheidener Luxus in Hausrat und Kleidung wird bei besserem Verdienste zum Bedürfnis, und so entwickelt sich, wenn auch langsam, aus einem halb vertierten Leben ein menschenwürdiges Dasein.«[74]

In eine dieser neuen Wohnungen einzuziehen bedeutete für die Bergmannsfamilie aber auch Abhängigkeit von den Wohnungseigentümern. Werkswohnungen eigneten sich zur Einbindung der Arbeiterschaft in die Interessen der Bergbaubetriebe. Nach den Streikerfahrungen des Jahres 1872 drohten entsprechende Klauseln in den Mietverträgen den Verlust der Wohnung bei Streikbeteiligung an. Die »Wohlfahrtsfessel« der Zechenwohnung wurde deshalb später immer wieder von Vertretern der Arbeiterbewegung kritisiert.[75]

Die neu errichteten Kolonien bestanden im Ruhrgebiet – wie in den meisten Braun- und Steinkohlerevieren West- und Mitteleuropas – aus an Fluchtlinien ausgerichteten Häuserzeilen. Seit der Jahrhundertwende wurden auch Elemente der Gartenstadtbewegung in den Werkswohnungsbau aufgenommen: Eher ländlich wirkende Einzelhäuser mit zwei, vier und sechs kleinen Wohnungen beherrschten das Bild. Es kann vermutet werden, daß die Eigentümer der großen Bergwerksunternehmen damit an jenes »ständische«, hauswirtschaftliche Bewußtsein der Bergarbeiter anschließen wollten, das vor der Industrialisierung des Bergbaus bis zur Mitte des 19. Jahrhunderts verbreitet gewesen war – nicht zuletzt, um drohenden »Gefahren« des sozialen Aufruhrs, des politischen Widerstands und der Herausbildung einer proletarischen Arbeiterklasse zu begegnen.

Gerade die Kolonien boten aber auch die Möglichkeit zur Herausbildung neuer Solidarstrukturen in der Nachbarschaft. Die Pflege der Nachbarschaftsbeziehungen war vor allem eine Aufgabe der Frauen. Das Ausleihen von Haushaltsgegenständen und Lebensmitteln, die Betreuung von Nachbarkindern, die Teilnahme der Nachbarn an Familienfesten (Kindtaufen, Hochzeiten) und Begräbnissen förderte die Herausbildung einer durch Solidarität und gegenseitige Hilfsbereitschaft bestimmten Lebenswelt der Kolonie. Diese Tendenz nahm vor allem in den krisenhaften dreißiger Jahren des 20. Jahrhunderts weiter zu. Gemeinsame Gartenarbeit, halböffentliche Zonen zwischen und unmittelbar vor den Häusern, die als Kommunikationsflächen dienten, begünstigten ein Klima der nachbarlichen Geselligkeit, aber auch eine gegenseitige soziale Kontrolle. Die Bergarbeiterfamilie erhielt sich – über den Rückgang an »Aftermietern« hinaus – ihre Offenheit für Wohnungsnachbarn und Arbeitskollegen und ersetzte damit von sich aus jenes Defizit an kultureller Infrastruktur, das in den rasant gewachsenen Siedlungsgebieten des Ruhrgebiets entstanden war.

Bergarbeiterfamilien im Steinkohlenrevier von Mährisch-Ostrau. Auch im Steinkohlenrevier um Mährisch-Ostrau[76] stammte um 1900 nicht einmal die Hälfte der über 30000 beschäftigten Bergarbeiter aus dem Revier. Ein Drittel war – vor allem im letzten Jahrzehnt des 19. Jahrhunderts – aus Galizien und Schlesien zugewandert. In diesem Jahrzehnt hatte die Bevölkerung im Ostrauer Kohlenrevier um 54,5% zugenommen.[77] Auch ein Viertel der überwiegend jungen und ledigen Arbeiterinnen – sie machten etwa 6% der Ostrauer Bergarbeiter aus – war aus Galizien zugewandert. Der Anteil nicht deutsch sprechender Personen war unter den Bergarbeitern wesentlich höher als in der übrigen Bevölkerung der Region. 62,1% aller Bergarbeiter sprachen polnisch, 34,2% tschechisch und slowakisch und nur 1,4% deutsch.[78]

Vor allem die galizischen Zuwanderer waren bei ihrer Ankunft im Revier meist völlig mittellos; barfuß und mit nur wenig Gepäck kamen sie an. Die meisten von ihnen fanden bei ihren bereits akklimatisierten Landsleuten als »Bettgeher« eine erste Unterkunft. So kam es, daß einzelne Häuser und ganze Häusergruppen fast ausschließlich von galizischen Arbeitern bewohnt wurden. Hier bewahrten die Zuwanderer ihre polnische Muttersprache und ihre Lebensgewohnheiten. Die ethnische Segregation verlangsamte den Prozeß der Herausbildung einer klassenbewußten Arbeiterschaft. Auch hier blieb die Bindung an die Heimat lange erhalten. Vor allem die jungen und noch ledigen Arbeiter nützten die Möglichkeit verbilligter Eisenbahnfahrten und fuhren zu den hohen Feiertagen (Weihnachten, Ostern, Pfingsten) immer wieder in ihre galizische Heimat zurück. Andere Arbeiter, die aus nähergelegenen Dörfern stammten, fuhren alle zwei bis drei Monate nach Hause, um von ihren Müttern und Schwestern Kleider und Wäsche ausbessern und reinigen zu lassen und um sich Selchfleisch, Brot und andere Nahrungsmittel zu holen.[79]

Etwa 30% der Bergarbeiter im Ostrauer Steinkohlenrevier kamen um 1900 bereits aus Bergmannsfamilien, knapp 25% waren weichende Erben aus bäuerlichen Familien. 36% entstammten den Familien meist ungelernter Arbeiter in Industrie und Gewerbe, der Rest kam aus Taglöhnerfamilien. Die Arbeiterinnen – einem Gesetz aus dem Jahr 1884 entsprechend ausschließlich über Tage beschäftigt[80] – rekrutierten sich etwa zur Hälfte aus den Familien von Bergarbeitern. Sie waren überwiegend unter 25 Jahre alt und fast alle von ihnen waren ledig. 60% lebten im elterlichen Haushalt, 40% waren »Bettgeherinnen« in privaten Haushalten.

Nur eine Minderheit der Ostrauer Bergarbeiter (7,7%) lebte im eigenen Haus. 28% hatten nur eine Schlafstelle in privaten Häusern. Häufig teilten sich zwei »Bettgeher« eine Schlafstelle; sie wechselten einander in der Benützung des gemieteten Bettes in der Weise ab, daß der eine während der Nacht, der andere tagsüber schlief, je nachdem ob sie in der Tag- oder in der Nachtschicht arbeiteten.[81] Nur 6% aller Ledigen benutzten eines der werkseigenen »Schlafhäuser«. Daß die Mehrzahl der jungen ledigen Bergarbeiter die oft elenden Bedingungen des »Bettgehertums« den Schlafsälen der firmeneigenen »Arbeiterkaserne« vorzogen, erklärt der Bezirksarzt von Mährisch-Ostrau mit der »Möglichkeit eines sexuellen Verkehrs mit den weiblichen Familienangehörigen des Quartiergebers«.[82] Dieser Geschlechtsverkehr spiele sich häufig in Gegenwart der Kinder ab. Das Schamgefühl sinke auch durch die täglich beobachtbaren nackten Körper der sich waschenden Bergarbeiter. Das Bettgeherwesen, das sich infolge der teuren Wohnungs- und Lebensmittelpreise zu einer Spezialität des Reviers entwickelt habe, bilde die Brutstätte für die »Branntweinpest« und für die »moralische Versumpfung der Familie«. An den nicht nur in Gasthäusern, sondern auch zu Hause stattfindenden »Alkoholexzessen« nehme auch die Frau des Bergarbeiters teil. Getrunken werde hauptsächlich 30- bis 35gradiger Branntwein. Selbst Säuglingen werde häufig Branntwein als angebliches Heil- und Beruhigungsmittel eingeflößt. Zahlreiche Gemischtwarenhandlungen in den Bergarbeitersiedlungen dienten vor allem dem Verkauf von Alkohol.[83]

Der mit 28% aller beschäftigten Arbeiter überaus hohe Anteil an »Bettgehern« war nicht zuletzt durch den Umstand bedingt, daß etwa die Hälfte der Arbeiter ledig und unter 30 Jahre alt war. Junge ledige Arbeiter konnten sich die Miete einer Wohnung nicht leisten.[84] In den Altersgruppen über 30 Jahre waren hingegen fast alle Bergarbeiter (90 bis 95%) verheiratet; das Heiratsalter lag zwischen dem 23. und 27. Lebensjahr. Mit der Heirat wechselten die Arbeiter in der Regel in eine private oder werkseigene Mietwohnung. Aufgrund des niedrigen Durchschnittsalters der Bergarbeiter war die überwiegende Zahl der Kinder in den Familien unter 14 Jahre alt. Ältere Kinder verließen meist den Haushalt der Eltern.

Der Großteil der Hausbesitzer (85%) hatte sich infolge des Hausbaus oder Hauskaufs stark verschuldet. Fast die Hälfte aller Hausbesitzer sah sich deshalb gezwungen, junge ledige Bergarbeiter als Mieter oder »Bettgeher« aufzunehmen. Aber auch jene Arbeiter, die eine Wohnung mieteten, nahmen »Bettgeher« auf, um den Mietzins leichter aufzubringen und das Familienbudget von den Wohnungsausgaben zu entlasten. Dies betraf jeden vierten Wohnungsmieter.[85] Die Mehrzahl der Mietwohnungen bestand aus einem einzigen Raum. Dafür mußte eine Familie um 1900 fünf bis fünfzehn Kronen Miete bezahlen. Von den »Bettgehern« verlangten die Wohnungsmieter zwei bis vier Kronen »Bettgeld« im Monat. Greifen wir eine der zahlreichen »Individualbeschreibungen« von Ostrauer Bergarbeiterwohnungen heraus:

»...die Souterrainwohnung des Förderers Stanislaus J. Die Unterkunft ist ein 16,6 m² großes, kellerartiges Gewölbe mit drei sehr kleinen Fenstern, das nur an der höchsten Stelle 1,8 m mißt, sonst aber einer mittelgroßen Person das aufrechte Stehen kaum gestattet. In diesem Raume wohnen das Ehepaar mit einem 2 Monate alten Kinde, 2 Bettgeher und 1 Bettgeherin. Als Schlafstellen für alle 6 Personen stehen aber nur 2 Betten und 1 Wiege zu Gebote ... Für diese Unterkunft, zu welcher noch ein kleiner Holzwinkel unter der Stiege gehört, muß ein Monatszins von 8 K 32 h entrichtet werden, doch wird derselbe fast zur Gänze durch das Schlafgeld der Bettgeher (8 K monatlich) aufgebracht, so daß dem Arbeiter sein Verdienst von durchschnittlich 55 K monatlich zu anderen Zwecken verfügbar bleibt.«[86]

Fast die Hälfte der Wohnungsmieter (vorwiegend Familien) nahm aus der Vergabe von »Bettstellen« an die meist jüngeren, ledigen Kollegen die Hälfte der zu bezahlenden Miete ein. Bei der Vergabe von zwei und mehr »Bettstellen« konnte die gesamte Miete daraus finanziert oder sogar ein »Überschuß« gewonnen werden. Etwa 4% aller Wohnungsmieter bezogen mehr als den Mietzins aus der Untervermietung. In einzelnen Fällen konnte die Vermietung von Schlafplätzen zur Akkumulation von Mieteinnahmen und zur Vermehrung von Grund- und Hausbesitz führen. So wird etwa von einem Hauer aus dem schlesischen Karwin berichtet, er betreibe das »einträgliche Nebengeschäft einer Massenherberge«: In einem ebenerdigen Haus mit zwei Stuben benutzte er den einen Raum für sich und seine Frau und vermietete den zweiten Raum an acht

»Bettgeher«, durchweg junge Bergleute, für jeweils zwei Kronen; in diesem »Bettgeld« war das Entgelt für das Aufwärmen mitgebrachter Speisen durch die Hausfrau enthalten. Zwei weitere »Bettgeher« schliefen auf dem Dachboden auf »trockenen Baumblättern«. Sie waren zugleich »Kostgänger«, d. h., sie wurden von der Hausfrau mit Essen versorgt. Dafür bezahlten sie inklusive Wäsche monatlich je 30 Kronen. Das Einkommen des Hausbesitzers aus den Zahlungen der acht Bettgeher und der zwei Kostgänger belief sich auf rund 1000 Kronen im Jahr. Dazu kamen noch die Einnahmen aus einem zweiten Haus, das der Bergmann besaß, und das mit zehn Wohnparteien einen Ertrag von 1400 Kronen abwarf. Dem Gesamtertrag aus der Vermietung von 2400 Kronen stand der Lohn des Bergmannes von ca. 1200 Kronen jährlich gegenüber. 1,2 Hektar Grund hatte der Mann von der Grubenverwaltung gepachtet und betrieb darauf eine kleine Landwirtschaft mit einer Kuh, einem Schwein und Geflügel. »Die Haushaltung wird ziemlich ordentlich geführt«, heißt es in dem Bericht des Arbeitsstatistischen Amtes.[87]

Jeder zehnte Bergarbeiter verfügte im Ostrauer Steinkohlenrevier über Grundbesitz, die überwiegende Mehrzahl (83%) hatte aber nicht mehr als höchstens zwei Hektar. Jeder vierte Bergarbeiter – also weitaus mehr als jene, die ein eigenes Haus und eigenen Grund hatten – hielt sich Kleinvieh (Schweine, Schafe, Ziegen und Geflügel), aber nur 7,7% besaßen Pferde oder Rinder. Insgesamt hatte mehr als ein Viertel der Bergarbeiter ein Nebeneinkommen, das sich entweder aus der Vermietung eines Zimmers oder aus dem »Bettgeld« oder aus der kleinen Landwirtschaft ergab. Im Durchschnitt hatte jeder zehnte Bergarbeiter einen »Aftermieter« oder »Bettgeher«, 11% betrieben neben ihrer Bergarbeit eine kleine Boden- oder Viehwirtschaft.[88] Etwa jede zehnte Bergarbeiterfrau verdiente mit landwirtschaftlicher Taglohnarbeit dazu; 28 Frauen erzielten als Hebammen ein eigenes Einkommen, einige Bergarbeiterfrauen arbeiteten als Schneiderinnen, Näherinnen und Bedienerinnen oder betrieben einen Gemischtwarenhandel, einige arbeiteten als Köchinnen in »Arbeiterkasernen«, als Wäscherinnen und Kellnerinnen. Die weitaus wichtigere Einnahmequelle der Bergarbeiterfamilien aber bestand in der Untervermietung und der Vergabe von »Schlafstellen« sowie in der Landwirtschaft; die hier zu leistenden Arbeiten entfielen vor allem auf die Frauen der Bergarbeiter.

Die Mehrzahl der privaten Bergarbeiterhäuser des Ostrauer Reviers waren 1901 ebenerdig, großteils aus Stein oder Ziegel oder aus Holz gebaut, der Rest waren Riegelbauten. Vor allem in den Dörfern gab es noch vorwiegend Holzhäuser. Die Schuppen und Ställe waren gewöhnlich in einer Reihe an das Haus gebaut, wobei zu einer Wohnung in der Regel ein Schuppen und ein Schweinestall gehörten. Kuhställe hatten nur die Besitzer kleiner Landwirtschaften in den Dörfern. Die Wohnhäuser waren entweder mit Holzschindeln, mit Stroh oder – am häufigsten – mit Dachpappe gedeckt. Unmittelbar vor oder hinter dem Haus lagen oft Gemüsegärten, die den Parteien beeteweise zugewiesen wurden.[89] Der Zugang zu den Wohnungen erfolgte in den ebenerdigen Gebäuden von einem allen Parteien gemeinsamen Vorhaus aus, »das nicht selten ganz dunkel und mit Gerätschaften aller Art angefüllt war«. Manchmal gelangte man über eine außen angebrachte Holztreppe, die auf eine offene Galerie mündete, in das obere Stockwerk. In besser ausgestatteten Häusern gab es einen Auslaufbrunnen im Vorhaus, am Gang oder im Hof. Die große Mehrheit der Arbeiter (70%) aber war auf eiserne und hölzerne Zieh- oder Schöpfbrunnen angewiesen. Sie befanden sich meist nicht im Hof des Hauses, sondern auf den Straßen und öffentlichen Plätzen und waren meist Gemeindeeigentum.

Fast die Hälfte der Häuser hatte nur einen Raum, im Durchschnitt wohnten fünf Personen in einer Wohnung; auf einen Raum entfielen im Durchschnitt drei Personen.[90] Die Gesamtwohnfläche der privaten Wohnhäuser der Bergarbeiter von Ostrau betrug in der Mehrzahl aller Wohnungen (85%) 10 bis 30 m². Der Fußboden bestand in der Regel aus dünnen Weichholzbrettern, auf dem flachen Lande gewöhnlich aus gestampftem Lehm. Zur Beheizung diente in einräumigen Wohnungen nur der meist aus rohen Ziegeln gemauerte »Sparherd«. Gelegentlich wurden auch in die Wohnung ragende Backöfen zur Beheizung des Raumes benutzt. Häufig klagten die Bewohner über die starke Rauchentwicklung des Herdes.[91] Eine roh gezimmerte Bettstelle, eine Bank oder ein Stuhl, ein Tisch, ein hölzerner Koffer und »eine Anzahl von bunten Heiligenbildern« bildeten die Einrichtung eines durchschnittlichen Bergarbeiterhauses. »So ärmlich die Haushaltung auch sonst sein mochte, nirgends fehlten doch solche Bilder, und zwar waren es gewöhnlich dieselben Darstellungen.« Portraits des Kaisers, Photographien der Familie, Aufnahmen aus der Militärzeit, einige Blumenstöcke –

auch künstliche Blumen – schmückten das Haus. Bei wohlhaben-
deren Arbeitern ersetzte ein Küchenschrank das Regal aus rohen
Brettern an der Wand, ein Kleiderschrank ersetzte die Wandhaken,
ein Sofa die hölzerne Bank, statt Weichholz fand man hier poliertes
Hartholz. Weiße Vorhänge schmückten die Fenster; eine Pendel-
uhr, hin und wieder auch Teppiche signalisierten das Bedürfnis
nach »Wohnkultur«.

Im Durchschnitt wurden nur zwei Betten pro Wohnung gezählt.
Nur in Ausnahmefällen hatte jemand ein Bett für sich allein. Meist
wurde ein Bett von zwei Personen benützt. Neben wirklichen Betten wurden von den amtlichen Beobachtern zahlreiche improvi-
sierte Schlafstellen registriert: zusammengeschobene Bänke und
Stühle mit einem Strohsack darüber, ein bloß auf den Boden ge-
legter Strohsack, Heu- und Blätterlager usw. Kleine Kinder schliefen zumeist in Wiegen und Kinderwagen oder im Bett der Eltern,
mitunter auch in Körben, Truhen oder Kisten. Die größeren
Kinder schliefen dicht aneinandergedrängt auf Strohsäcken auf
dem Fußboden und »nur im günstigsten Falle« in gemeinsamen
Betten.[92]

In den Jahren zwischen 1891 und 1895 ließen die Besitzer der
Kohlengruben »Kolonien« und »Schlafhäuser« (»Arbeiterkasernen«) errichten. Der Bezirksarzt von Mährisch-Ostrau gibt an, das
Motiv sei die Einschränkung des »Bettgängertums« wegen der immer wieder rasch um sich greifenden Cholera-Epidemien dieser
Jahre gewesen.[93] Über 42 000 Personen wohnten um 1900 im Ostrauer Kohlenrevier in werkseigenen Unterkünften, davon 94,4%
in Wohnungen und 5,6% (2 123 Personen) in den Schlafsälen der
»Arbeiterkasernen«.[94] Die 40 »Schlafhäuser« der Bergwerksgesell-
schaften des Ostrauer Reviers hatten jeweils mehrere Schlafsäle mit
20 bis 200 Betten. Die Schlafsäle wurden vor allem von verheirateten Bergarbeitern benützt, die aus der ländlichen Umgebung der
Zechen kamen und meist über das Wochenende in ihre Heimatdör-
fer zurückkehrten, wo sie eine kleine Landwirtschaft betrieben.
Zur Zeit der Feldbestellung und der Getreide- und Kartoffelernte
blieben sie oft auch eine ganze Woche zu Hause. »Diese Kategorie
bildet ein ziemlich stabiles und solides Element der Bergarbeiterschaft«, bemerkte dazu der Bezirksarzt von Mährisch-Ostrau in
seinem Bericht.[95] In den »Arbeiterkasernen« wurden die Arbeiter
auch verköstigt.

Die werkseigenen Wohnhäuser der Kolonien wurden vorwiegend

von den qualifizierten Bergarbeitern und Aufsehern und deren Familien bewohnt. Die Wohnhäuser waren in der Mehrzahl ebenerdig und hatten meist vier gleiche Wohnungen. Die durchschnittliche Wohnfläche betrug 20 bis 35 m². Die Wohnungen hatten meistens zwei Räume, eine fensterlose kleine Kammer zur Aufbewahrung von Vorräten und einen hölzernen Kohlenschuppen; ein Schweinestall und ein Gemüsegarten je Wohnung setzten die hauswirtschaftliche Tradition der Bergarbeiter auch in den Werkskolonien zumindest in Resten fort.[96]

Die Berg- und Hüttenarbeiter des Ostrauer Reviers heirateten vor allem Frauen, die zuvor als Dienstmädchen oder als Taglöhnerinnen in der Landwirtschaft, als Dienstboten in privaten Haushalten, als Fabrikarbeiterinnen und industrielle Taglöhnerinnen oder als Berg- und Hüttenarbeiterinnen (8,6%) gearbeitet hatten. Von den Berg- und Hüttenarbeiterinnen heiratete die große Mehrzahl Arbeiter aus dem Kohlebergbau.[97]

Sowohl die nahe wohnenden und wöchentlich pendelnden Arbeiter als auch die von weit her zugewanderten Arbeiter behielten immer einen Fuß in ihrer Heimat. Mit wenigen Ausnahmen kehrten sie dorthin zurück, sobald sie entlassen oder arbeitsunfähig wurden oder sobald ihre Ersparnisse oder eine günstige Heirat die Rückkehr gestatteten. Aus diesem Grund verließ die Mehrzahl der Arbeiter das Revier, ehe Altersschwäche, die sog. »Bergfertigkeit«, eintrat. Nur ein kleiner Prozentsatz der Arbeiter nahm im Alter die Provisionskassen der Bruderladen in Anspruch.

Bergarbeiterfamilien in England und Wales. Interviews mit Bergarbeitern und ihren Frauen über ihr Leben in englischen und walisischen Bergbaugebieten haben eindrücklich vor Augen geführt, in welchem Maß der Bergarbeiter auf die Leistungen seiner Familie, insbesondere seiner Ehefrau und seiner Töchter, angewiesen war. Angela V. John hat 26 Frauen interviewt, die in der ersten Hälfte des 20. Jahrhunderts in englischen und walisischen Kohlegruben gearbeitet haben.[98] 16 von ihnen waren im westlichen Lancashire, hauptsächlich in der Nähe von Wigan, beschäftigt.[99] Die meisten dieser Bergarbeiterinnen begannen ihre Erwerbstätigkeit unmittelbar nach Beendigung der Schule, meist im Alter von 13 Jahren. Es waren meist die Töchter von Bergarbeitern, die in die Bergwerke gingen. Sie wohnten bei ihren Eltern und lieferten ihren Lohn an die Familienkasse ab. Von ihren Müttern, die das Familieneinkommen zu verwalten hatten, erhielten sie jeweils nur ein kleines Taschengeld zurück.

In England waren zu Beginn des 20. Jahrhunderts über 200000 Männer, Frauen und Kinder im Tagbau beschäftigt; das entsprach einem Fünftel aller Bergarbeiter im gesamten Kohlebergbau.[100] Frauen fanden vor allem in den Kohlebergwerken von Staffordshire, Shropshire, Cumberland und South Wales Beschäftigung. Am stärksten waren sie jedoch im westlichen Lancashire vertreten. Hier entluden sie die Loren und sortierten die Kohle. Die Mehrzahl der Bergarbeiterfrauen gab ihre Erwerbsarbeit zum Zeitpunkt der Heirat auf. In einigen Gruben durften verheiratete Frauen nicht beschäftigt werden. Wenn verheiratete Frauen in Bergarbeiterkolonien arbeiteten, taten sie dies meist, weil sie noch keine Kinder hatten oder die Kinder noch nicht erwerbsfähig waren, so daß das zusätzliche Einkommen der Frau dringend benötigt wurde. Manche Frau verließ die Grube aus Anlaß der Heirat und kehrte eventuell als Witwe wieder in das Bergwerk zurück. Die meisten Frauen, die in den Kohlegruben arbeiteten, waren jedoch ledig; viele waren jünger als 20 Jahre. Nur wenige verbrachten ihr gesamtes Arbeitsleben in den Bergwerksanlagen. Die Schließung von Minen, die Mechanisierung des Transports und der Sortierung eliminierten die Frauen schließlich in der Zwischenkriegszeit und nach dem Zweiten Weltkrieg aus dem Kohlebergbau[101], nachdem sie in den beiden Weltkriegen noch in großer Zahl in der Kohleindustrie eingesetzt worden waren.

Die verheiratete Bergarbeiterfrau war rechtlich und materiell von ihrem Ehemann abhängig. Andrerseits besaß sie eine umfassende hauswirtschaftliche Kompetenz: In vielen Bergarbeiterdörfern gab der Mann den gesamten Lohn seiner Frau und bekam nur ein kleines Taschengeld, den »Tip-up«. Diese für die Haushaltsführung zentrale Geldübergabe fand oft vor der Haustür statt, um die Kontrolle der Nachbarn über das »rechtmäßige« Verhalten der Bergarbeiter zu ermöglichen. In anderen Fällen händigten die Bergarbeiter zwar den regulären Wochenlohn ihren Ehefrauen aus, behielten aber Prämien und Zulagen für sich.[102]

Auch die erwerbstätigen Töchter waren wirtschaftlich und sozial gänzlich unselbständig, da sie nicht wußten, wieviel sie von dem abgelieferten Lohn zurückerhalten würden. Nicht nur verdienten die Töchter weniger als die Burschen; Töchter benötigten, dachte man, auch weniger Taschengeld als ihre Brüder. Für die letzteren war das ausreichende Taschengeld nicht zuletzt eine Frage der Männlichkeit und der Fähigkeit, an den diversen Formen männlicher Geselligkeit in der Bergarbeiterkolonie teilzunehmen. Ein zu niedriges Taschengeld konnte bei Burschen den Ruf der Familie in der Gemeinde beeinträchtigen. Vom Bergarbeitermädchen wurde nicht nur erwartet, daß es Verständnis dafür aufbrachte, seinen Lohn der Familienkasse opfern zu müssen, sondern auch, daß es den größten Teil seiner freien Zeit auf die Hilfe im Haushalt verwendete.

Für die Bergbauregionen von England und Wales werden hohe Heiratsraten, niedriges Heiratsalter und hohe Geburtenziffern berichtet. Noch 1911 war in Teilen von Wales der Anteil der verheirateten Frauen in gebärfähigem Alter mehr als doppelt so hoch wie im nationalen Durchschnitt.[103] Große Familien, ein stark entwickelter Sinn für nachbarliche Solidarität und eine ausgeprägte Neigung zu engen Kontakten innerhalb der Verwandtschaft charakterisierten das Leben in den oft entlegenen Bergarbeiterdörfern.

Bevor die Bergwerkbesitzer in England und Wales Waschanlagen für die Kumpel einzurichten begannen, bedeutete die Prozedur des Waschens in den Haushalten der Bergarbeiter einen erheblichen Arbeitsaufwand. Hinzu kam die mühsame Reinigung der Arbeitskleidung. Diese Arbeit wurde meist von den Töchtern der Bergleute verrichtet. Auch das unterstrich die ungleiche Stellung der Geschlechter. Die Tochter eines Bergarbeiters erinnert sich:

»Ich bin immer um halb sechs in der Früh aufgestanden, um vier Bergarbeiter [ihre Brüder, R. S.] aus dem Haus zu bringen ... Als wir älter waren – als ich dann [nach der Schule, R. S.] zu Haus war – hatten wir die Schuhe der Bergarbeiter zu säubern, am Samstag nachmittag, und sie für den Montag zu ölen. Das war sehr viel Arbeit. Selbstverständlich mußten wir das tun, nicht die Burschen, wir, die Mädchen, nicht wahr –.«[104]

Die spezifische Ökonomie des Bergbaus und seine besonderen Arbeitszeiten hatten einen entsprechenden Zyklus der Hausarbeit zur Folge. Der Haushalt bildete eine ökonomische Einheit, in der die Frau des Bergmanns und seine Töchter in den Arbeitsrhythmus des Bergarbeiters einbezogen waren. Aus dieser Verquickung von Arbeit und Familienleben erklärt sich auch die häufig besonders aktive Rolle der Bergarbeiterfrauen in den Arbeitskämpfen. Einer der größten Bergarbeiterstreiks, der 1909 und 1910 in Südwales stattfand, wurde nicht zuletzt durch die Beschwerden der Bergarbeiterfrauen ausgelöst: Ein Gesetz zur Einführung des Achtstundentags hatte hier die Minenbesitzer veranlaßt, mehrere Arbeitsschichten einzurichten. Als die Frauen der Bergarbeiter seither gezwungen waren, zu verschiedenen Tageszeiten Mahlzeiten zuzubereiten, da es ihre Ehemänner und Söhne selten schafften, in derselben Schicht zu arbeiten, forderten sie den Streik. Sie übernahmen dabei eine durchaus aktive Rolle, bewarfen Polizisten mit Steinen, schlugen die Fenster der Geschäfte ein usw.[105] In Lancashire sammelten die Töchter der streikenden Bergarbeiter Unterstützungsgelder.[106] Auch in Südwales hatten die Frauen der Bergarbeiter wesentlichen Anteil an der Herausbildung eines Klassenbewußtseins. Formen traditionellen Rügebrauchtums wurden in das Repertoire des Arbeitskampfes aufgenommen. In einem walisischen Bergarbeiterdorf gründete die Frau eines Bergmanns eine Frauensektion der »Labour Party«. Während eines Generalstreiks entwickelte sie mit den Frauen der streikenden Arbeiter ihre eigene, an die plebejische Katzenmusik erinnernde Form, mit einem Streikbrecher umzugehen:

»Ein Mann, der im Dorf in Miete war, ging zur Arbeit. Wir Frauen kamen zusammen und beschlossen, zum Bergwerk zu gehen und ihn dort zu stellen. Wir hatten Stöcke und Besen, und eine von uns knüpfte ein weißes Nachthemd an einen Besen, und so marschierten wir zur Kohlengrube und warteten dort auf ihn. Als er kam, marschierten wir hinter ihm her und blökten und schimpften, bis wir bei dem Haus ankamen, in dem er in Untermiete war. Wir standen davor und sangen, und dann gingen wir nach Hause. Am nächsten Morgen hörten wir, daß er unser Dorf in der Nacht verlassen hat.«[107]

Die Gewerkschaften dagegen waren gänzlich von den Männern dominiert. Die politischen und gewerkschaftlichen Aktivitäten der Männer waren oft nur möglich, weil sich ihre Frauen währenddessen um den Haushalt und um die Kinder kümmerten. Andrerseits reagierten Arbeiterinnen und Arbeiterfrauen am heftigsten gegen Preiserhöhungen. Diese trafen sie als Verwalterinnen des Familieneinkommens als erste.

Im Vergleich zu anderen Industriezweigen waren die Löhne im englischen Bergbau meist relativ hoch. Kohlendeputate ergänzten den Geldlohn. In vielen Bergbauregionen bewohnten die Arbeiter Einfamilienhäuser oder Reihenhäuser mit Eigengärten. George Orwell, der sich auf Vorschlag von Victor Gollancz, dem Gründer des »Left Book Club«, 1936 zwei Monate lang bei den – in der Wirtschaftskrise allerdings großteils arbeitslosen – Bergarbeitern von Barnsley, Sheffield und Wigan aufhielt, beschreibt ein »typisches Muster für Sheffields Zehntausende von ›Rücken-an-Rücken‹-Häusern«, die er inspizierte:

»Haus in der Thomas Street. Rücken an Rücken, zwei (Zimmer) oben, eins unten (d. h. ein dreistöckiges Haus mit einem Zimmer auf jedem Stockwerk). Unterkellert. Wohnzimmer 14 auf 10 Fuß, obere Zimmer entsprechend. Ausguß im Wohnzimmer. Oberster Stock hat keine Tür, sondern ist zur Treppe hin offen. Wohnzimmerwände leicht feucht, Wände der oberen Zimmer fallen auseinander und lassen das Wasser auf allen Seiten durchsickern. Haus so dunkel, daß man den ganzen Tag Licht brennen lassen muß. Elektrizität wird auf 6 d. pro Tag geschätzt (wahrscheinlich eine Übertreibung). Sechs in der Familie, Eltern und vier Kinder. Mann (lebt vom P. A. C.) ist tuberkulös. Ein Kind im Krankenhaus, die andern scheinen gesund. Seit sieben Jahren Mieter in diesem Haus. Würden umziehen, aber kein anderes Haus zu haben. Miete 6 s. 6 d. inklusive Nebenkosten.«[108]

In den an der Rückseite vieler Wohnanlagen angelegten Gärten bot sich den Frauen die Möglichkeit, Obst und Gemüse zu pflanzen. Immer wieder übernahmen die Frauen und Töchter der Bergarbeiter kleine Nebenjobs, um das Einkommen der Familie aufzubessern: Sie putzten die Büros der Minenverwaltung und die privaten Wohnungen der leitenden Angestellten; sie wuschen die Wäsche der Angestellten in den Kolonien oder verkauften das in den kleinen Eigengärten gezogene Obst und Gemüse.

An der Geselligkeit der Bergarbeiter nahmen die Frauen nur selten teil. Die Öffentlichkeit der Bergarbeiterkolonien, charakterisiert durch Trinken, Kraftsport und Gasthauskultur, war eine Domäne der Männer. Frauen waren in ihrer Freizeit stärker an die Nähe des Hauses und an den Kontakt mit Nachbarinnen gebunden. Als ledige Bergarbeitertöchter verbrachten sie ihre Freizeit vor allem mit ihresgleichen. In englischen und walisischen Bergarbeiterdörfern besuchten sie jedoch hin und wieder auch ein Gasthaus, obwohl das von den Männern nicht gern gesehen war.[109] Sie unterschieden die »respektablen« Mädchen von jenen, die sich auch im Gasthaus sehen ließen.

Moderne Formen der Hausarbeit wie Einkauf, aufwendiges Kochen, Wohnungsreinigung und dergleichen spielten aufgrund der materiellen Armut der Bergarbeiter in den ersten Jahrzehnten des 20. Jahrhunderts noch eine untergeordnete Rolle. Im Vordergrund stand das Ausbessern und Reinigen der Arbeitskleidung der Bergarbeiter – die mühevolle Samstags- und Sonntagsarbeit ihrer Ehefrauen und Töchter –, die Gartenarbeit, und oft auch die Bebauung eines gepachteten Grundstücks, um den eigenen Nahrungsbedarf zu decken und die Marktabhängigkeit der Familie zu verringern. Garten und Pachtland boten weiterhin Gelegenheit zur Haltung von Tieren (Schweine, Ziegen, Hühner, Kaninchen, seltener einer Kuh). Viele Bergarbeiterfrauen nähten den Großteil der Kleidung selbst.[110] Ohne Zweifel bildete der Bergarbeiterhaushalt auch in den ersten Jahrzehnten des 20. Jahrhunderts noch eine doppelte Ökonomie: Die subsistenzwirtschaftliche Arbeit der Frau war ebenso überlebensnotwendig wie die Lohnarbeit des Bergarbeiters.

Die bewußt auf konträre, aber exemplarische regionale Entwicklungsbeispiele beschränkte Darstellung hat gezeigt, daß für eine Geschichte der Arbeiterfamilien zwischen dem Prozeß der Industrialisierung auf dem Land und in den Städten unterschieden werden muß. Der agrarische Hintergrund früher Arbeiterfamilien führte häufig zu einer doppelten Ökonomie – gerade in Phasen industrialisierungsbedingter Krise und Destabilisierung. Bei den Industrialisierungsprozessen in Städten muß zwischen historisch gewachsenen Städten und solchen, die erst während der Industrialisierung wuchsen, differenziert werden. Regionen wie Lancashire zeigen eher eine kontinuierliche Entwicklung der Arbeiterschaft und ihrer Familienformen als historisch gewachsene Städte. Hier verlief die Entwicklung meist diskontinuierlich. Analog zu den unterscheidbaren Phasen der gesamtwirtschaftlichen Entwicklung (Manufaktur – Hausindustrie – Industrialisierung – qualifizierte Fertigwarenindustrie) veränderte sich die Struktur der Arbeiterschaft und die Form ihrer Reproduktion: Phasen mit dominant heimindustriellen Familien wurden von Phasen geringer Heiratsmöglichkeiten, diese schließlich von der allmählichen Herausbildung einer familienfähigen Arbeiterschaft abgelöst, in der die qualifizierten Facharbeiter mit ihrer ausgeprägten Tendenz zur Verhäuslichung eine modellbildende und normsetzende Wirkung erlangten. Im nächsten Abschnitt werden die inneren Verhältnisse in den Familien der Fabrikarbeiter, wie sie sich seit der Mitte des 19. Jahrhunderts entwickelten, näher beleuchtet.

3. Die Familien der Fabrikarbeiter

Im folgenden soll auf der Grundlage zahlreicher zeitgenössischer Enqueten und Berichte ein Überblick über die Familien der Fabrikarbeiter bis zum Ersten Weltkrieg geboten werden. Zwangsläufig werden dabei branchenspezifische und regionale Unterschiede verwischt. Andrerseits waren es vor allem die Familien der Fabrikarbeiter, die im späten 19. und frühen 20. Jahrhundert einen Prozeß der relativen Homogenisierung durchmachten. Das war vor allem durch die folgenreiche örtliche Trennung von Familie und Erwerbsarbeit bedingt. Der Rhythmus des Familienlebens wurde durch die zunehmend vereinheitlichte Regelung der Arbeitszeiten in den Fabriken bestimmt. Allerdings stellten nach wie vor viele Fabrikarbeiter die benötigten Lebensmittel im eigenen oder gepachteten Garten oder auf der Ackerparzelle her. Insgesamt zeigt sich, daß die Familie des industriellen Arbeiters keineswegs nur eine Konsumgemeinschaft war. Vielfältige Arbeiten der Herstellung von Nahrungsmitteln, aber auch von Kleidung, der Organisierung von Brennstoffen bildeten eine komplexe Organisation der familialen Reproduktion, die Mann, Frau und Kindern je spezifische Aufgaben stellte. Daraus ergaben sich die alters- und geschlechtsspezifischen Rollen der Familienmitglieder und die Einbindung der Individuen in eine kollektive Arbeits- und Lebensform, die die Handlungsspielräume des einzelnen – nach aktueller wirtschaftlicher Lage unterschiedlich – einschränkte. Die Rede von der Entlastung der Lohnarbeiterfamilie von der Produktionsfunktion und von der Auswanderung der Arbeit aus der Familie der Lohnarbeiter[111] darf nicht darüber hinwegtäuschen, daß dieser Prozeß über Generationen und keineswegs linear, sondern mit Brüchen und Rückschlägen in gesellschaftlichen und ökonomischen Krisenphasen verlief.

Mit den zunächst halbproletarischen, ländlichen Familien der Bergarbeiter hatten viele Fabrikarbeiterfamilien gemeinsam, daß sie »Aftermieter« und »Bettgeher« aufnahmen, um eine quasi hauswirtschaftliche Nebeneinkunft zu erzielen, und damit die eigene Wohnungsmiete leichter aufzubringen. Darüber hinaus war auch für Fabrikarbeiter des 19. und des frühen 20. Jahrhunderts kennzeichnend, daß sie die Mietwohnungen sehr häufig wechselten. Eine »halboffene« Familienstruktur, das Zusammenrücken gerade der ärmsten und kinderreichen Familien mit familienfremden

»Schlafgängern« und »Aftermietern« sowie der überaus häufige Wechsel der Wohnungen kennzeichneten das Familienleben der Arbeiter bis zum Ersten Weltkrieg und unterschieden es deutlich von den Familienverhältnissen des Kleinbürger- und Bürgertums.

3.1. »Halboffene« Familien und »nomadisches Wohnen«

Zahlreiche, kaum pädagogisch versorgte und beaufsichtigte Kinder, familienfremde Personen als »Bettgeher« und »Aftermieter« (ein Untermieter, der das Geld besaß, ein Zimmer für sich allein zu mieten, wurde von den Wiener Arbeitern respektvoll als »Zimmerherr« tituliert) und die häufige Übersiedlung der Arbeiterfamilien erschienen den bürgerlichen Zeitgenossen als Ausdruck der Familienlosigkeit der ersten städtischen Arbeitergenerationen.[112] Aber auch unter den Sozialisten war die »Zerstörung der Familie« als Folge der Armut, der Trennung von aushäusiger Arbeit und Familienleben und des erzwungenen Zusammenwohnens von Arbeiterfamilien mit »Aftermietern« und »Bettgehern« ein verbreiteter Topos.[113]

Die Rede von der »Zerstörung der Familie« entsprach jedoch nicht der Bedeutung, die die Familie gerade unter den Bedingungen von Not, Elend und Enge des 19. und frühen 20. Jahrhunderts für die Arbeiter hatte. Sie gründet vielmehr auf der Unterschiedenheit proletarischer Familien vom bürgerlichen Familienmodell, das – mit dem Mann als Ernährer, der Frau als Hausfrau und von Arbeit entlasteten Kindern – für die Funktionäre der Arbeiterbewegung wie für die bürgerlichen Sozialreformer einen attraktiven Glücksmythos darstellte.

Das Familienleben der Fabrikarbeiter stand ungleich stärker in der Tradition ländlichen und heimindustriellen Familienlebens, als daß es dem städtisch-bürgerlichen Familienmodell entsprochen hätte. Bedingt durch die Herausbildung einer städtisch-industriellen Arbeiterschaft aus heterogenen sozialen Gruppen hatten die Familienformen der Fabrikarbeiter im späten 19. und im frühen 20. Jahrhundert aber in vieler Hinsicht einen Übergangscharakter. Einmal waren sie der Ausdruck der Rekrutierung der industriellen Arbeiterschaft aus den »Proles« (»Nachfahren«) ländlich-unterbäuerlicher Schichten, die der Begrenztheit ihrer Lebenschancen auf dem Land entfliehen wollten. Die Angehörigen ländlicher Unterschichten waren es gewöhnt, den Schlafplatz mit nichtverwandten Personen zu teilen; das »Schlafgängerwesen« in den Städten war gewissermaßen die Fortsetzung der Lebensweise ländlicher Unterschichten. Zum anderen half dieses Schlafgängerwesen jenen Arbeiterfamilien, die eine Wohnung gemietet hatten, den Mietzins aufzubringen. »Aftermieter« und »Bettgeher« boten den ersten Fabrikarbeiterfamilien die Möglichkeit, sich die elementarste Voraussetzung des bürgerlichen Familienmodells, die Wohnung, zu sichern. Das war für viele Arbeiterfamilien so lange unverzichtbar, bis es das Einkommen der arbeitsfähigen Kinder möglich machte, auf die Untervermietung zu verzichten. Hinzu kam, daß viele Söhne und Töchter der ersten Arbeitergenerationen bereits besser ausgebildet wurden als ihre Eltern und höhere Löhne erzielten. Diese Entwicklung sowie die gegen Ende des 19. Jahrhunderts allgemein steigenden Realeinkommen machten die *Privatisierung* der Arbeiterfamilie, d. h. ihre zunehmende Abschließung gegen familienfremde Personen, möglich. Damit glichen sich vor allem die Familien der besser verdienenden und höher qualifizierten Arbeiter den kleinbürgerlichen Familien an. Schließlich verringerte der nach dem Ersten Weltkrieg in großem Maßstab einsetzende Arbeiterwohnungsbau privater Vereine und städtischer Kommunen sowie die nachlassende Binnenwanderung den Zwang zu halboffenen Familienstrukturen in der Arbeiterschaft.

3.2. Einkommen und Lebensstandard

Von der Höhe des Lohnes des Familienvaters hing es im allgemeinen ab, ob auch die Frau erwerbstätig sein mußte oder nicht. Hinzu kam das Einkommen der erwerbsfähigen, noch im elterlichen Haushalt lebenden Kinder, das ebenfalls zum größten Teil in das Familienbudget einging. Die Lohnhöhe wird jedoch in ihrer Verläßlichkeit als Parameter für den Lebensstandard der Familie des Fabrikarbeiters durch mehrere Faktoren eingeschränkt. Einmal waren viele Arbeiter nicht kontinuierlich, sondern mit vielen, durch Entlassung, Krankheit, Unfall und dergleichen erzwungenen Unterbrechungen beschäftigt. Andrerseits setzte sich auch das Familieneinkommen der städtischen Fabrikarbeiter aus mehreren, sehr variablen Komponenten zusammen. Neben dem Lohn aus regelmäßiger aushäusiger Erwerbsarbeit bildeten diverse Gelegenheitsarbeiten der Familienmitglieder (Kinder und Jugendliche eingeschlossen) sowie Einkünfte aus Heimarbeit, aus Untervermie-

tung und Dienstleistungen für Untermieter und »Schlafgänger«
wesentliche Bestandteile des proletarischen Haushaltsbudgets. Insofern lassen sich aus Einkommensziffern, die nur die offiziellen
Lohneinkünfte berücksichtigen, kaum triftige Schlüsse auf den Lebensstandard der Arbeiterfamilien ziehen. Am ehesten sind die immer wieder vorgenommenen Analysen einzelner Haushaltsbudgets von Arbeiterfamilien eine aussagekräftige Quelle.

Die Analyse der Löhne und der Lebenshaltungskosten von Arbeitern aus Chemnitz um 1900 ergibt z. B., daß der Lohn eines Familienvaters mit drei Kindern in der Mehrzahl der Fälle nicht ausreichte, um die Familie zu ernähren. Bei knapp 60% der gelernten
Arbeiter in der Metallindustrie, bei etwas über 80% der gelernten
Arbeiter in der Textilindustrie und bei über 86% der gelernten Bau-
arbeiter war infolgedessen die Erwerbsarbeit der Ehefrau und der
arbeitsfähigen Kinder notwendig.[114] Eine vergleichbare Untersuchung des Familienbudgets von 22 Münchner Familien gelernter
Arbeiter aus dem Jahr 1907 ergab, daß trotz überdurchschnitt-
lichen Einkommens der Männer in 13 der 22 Familien die Frauen
»dazuverdienten«.[115] Aus wie vielen unterschiedlichen und variablen Bestandteilen sich das Einkommen einer Arbeiterfamilie zusammensetzte, wird aus folgender Darstellung deutlich. Sie
bezieht sich auf die fünfköpfige Familie eines ungelernten Fabrikarbeiters in Leipzig um die Mitte der achtziger Jahre des 19. Jahrhunderts:

»Die Mittel, aus denen der Haushalt dieser Familie (eines Arbeiters mit
Frau und drei Kindern, einem Mädchen von elf Jahren, einem Jungen
von acht und einem von vier Jahren) bestritten wird, werden von allen
Mitgliedern derselben gemeinsam beschafft, trotzdem sind dieselben
äußerst beschränkte. Der Mann ist in der Knochenstampfe... in der...
Kunstdüngerfabrik beschäftigt und bekommt täglich bei normaler
Arbeitszeit 2,20 Mark Lohn; die Frau sortiert die alten Knochen und erhält für den Tag 1,20 Mark. Die Kinder suchen durch kleine Gelegen-
heitsdienste auch schon Geld ins Haus zu schaffen oder führen dem
Haushalt Naturalien zu. Die Wohnung ist im Hintergebäude einer
Schankwirtschaft mit Kegelschub; dadurch hat der älteste Knabe Gelegenheit, an Sonntagen und an Abenden der Woche durch Kegelaufsetzen
einige Pfennige... zu verdienen. Seine Schwester hilft ihm bisweilen
bei der Arbeit auf der Kegelbahn. Die Eltern schätzen die jährliche
Kegelgeldeinnahme auf 4–5 Mark... Die Einnahme des Mannes von
2,20 Mark täglich wird zuweilen etwas vermehrt durch Überstunden,
welche aber nicht in jeder Woche vorkommen... Der Verdienst der Frau

ist gleichmäßiger, sobald sie in der Fabrik arbeitet; sie hat dann wöchentlich sechs mal 1,20 Mark = 7,20 Mark. Aber sie arbeitet nicht immer dort, gegenwärtig ist sie in der Fabrik seit 14 Tagen vor Ostern beschäftigt, aber sie hat die Absicht, so bald als möglich die Arbeit in der Fabrik mit der im Hause wieder zu vertauschen, weil sie mit Bedauern wahrnimmt, wie ihre häusliche Wirtschaft durch ihre unnatürliche Abwesenheit zu Grunde geht. Im vorigen Jahre um diese Zeit hat sie Kamillen für den Verkauf gepflückt und damit einige Wochen hindurch wöchentlich 5 Mark verdient. Den Verdienst der Frau auf das Jahr zu berechnen, wäre reine Willkür.«[116]

In Wien gingen zeitgenössischen Erhebungen aus den letzten beiden Jahrzehnten des 19. Jahrhunderts und aus den Jahren vor dem Ersten Weltkrieg zufolge etwa 40% der verheirateten Arbeiterfrauen einer »vollen Erwerbstätigkeit« nach, weitere 40% arbeiteten nur gelegentlich für Lohn, und nur in 10 bis 20% der Wiener Arbeiterfamilien konnte die Frau ihre Arbeitskraft ausschließlich auf den Haushalt und die Familie konzentrieren.[117] Allerdings – und dies ist sowohl für die deutliche Tendenz der Arbeiterfamilie zum bürgerlichen Familienmodell als auch für die Autoritätsverhältnisse in den Arbeiterfamilien von Bedeutung – war der Anteil des von den verheirateten Frauen erarbeiteten Lohneinkommens am Budget des Arbeiterhaushalts eher gering. Das war einerseits eine Folge der deutlich niedrigeren Löhne, die Unternehmer an Frauen bezahlten, andrerseits auch der häufigen Unterbrechung der Lohnarbeit von Frauen. Aus einer Untersuchung des Arbeitsstatistischen Amtes über die *Wirtschaftsrechnungen und Lebensverhältnisse von Wiener Arbeiterfamilien in den Jahren 1912–1914* geht hervor, daß der Lohn verheirateter Arbeiterinnen im Durchschnitt nur etwas mehr als 10% des gesamten Haushaltsbudgets ausmachte. Demgegenüber betrug der Anteil erwerbstätiger Kinder am Haushaltsbudget mit 19,8% fast das Doppelte.[118] Die hartnäckig aufrechterhaltene Bewertung der Erwerbsarbeit verheirateter Frauen als »Zusatzverdienst« hatte also ihre materiale Grundlage. Diese und eine Fülle weiterer Budgetanalysen beweisen hinreichend, daß die Mehrzahl der Arbeiterfamilien nicht in der Lage war, aus dem Einkommen des Familienvaters die dringenden Bedürfnisse der Familie zu befriedigen. Die zeitweilige und immer wieder unterbrochene Erwerbsarbeit der Ehefrau sowie die Einbeziehung des Verdienstes der erwerbsfähigen Kinder war für den größten Teil der Arbeiterfamilien unumgänglich.[119]

Im Deutschen Kaiserreich stieg die Quote der Ehefrauen, die nach der Heirat erwerbstätig blieben, seit den späten achtziger Jahren des 19. Jahrhunderts kontinuierlich an, während die Zahl der ledigen Industriearbeiterinnen leicht absank.[120] Es ist aber zu bedenken, daß auch die Zahl der verheirateten Frauen insgesamt deutlich zunahm. Die Zahl der verheirateten Industriearbeiterinnen stieg von 140 804 auf 278 387. Das entspricht einem Wachstum von 97,7 %.[121] Dennoch besteht kein Zweifel, daß Fabrikarbeit weiterhin eine Domäne der ledigen Frauen blieb: 1907 standen im Deutschen Kaiserreich ca. 1,1 Millionen (1895: 1,0 Millionen) ledige Arbeiterinnen 450 000 verheirateten (1895: 248 000) gegenüber. Darüber hinaus waren 243 000 verwitwete oder geschiedene Frauen als Industriearbeiterinnen beschäftigt (1895: 220 000).[122] Ähnlich verhielt es sich in England[123], Frankreich[124] und Österreich.[125] Eine 1896 in Wien abgehaltene Enquete über die »Arbeits- und Lebensverhältnisse der Wiener Lohnarbeiterinnen« stellte fest: »Die Arbeiterinnen ganzer Industriezweige gehören den jüngeren Altersstufen an.«[126]

Das galt nicht in den seit Beginn der Industrialisierung von Frauen dominierten Textilfabriken – hier arbeitete oft fast die Hälfte aller verheirateten Frauen[127] –, wohl aber in Städten mit »typisch männlichen« Industrien. So fanden sich in Northhampton und Reading kaum Familien, in denen außer dem Mann auch dessen Ehefrau zur Arbeit außer Haus ging.[128] In London, Sheffield, Birmingham und Manchester arbeiteten nur 10 bis 20% der verheirateten und verwitweten Frauen.[129] Aber auch für diese Frauen gab es Formen des Nebenerwerbs, die weniger sichtbar waren und dennoch eine willkommene Aufbesserung des Familienbudgets mit sich brachten: sie vermieteten ein Zimmer, nähten zu Hause für einen Konfektionsbetrieb u. a. m.

Das Schwergewicht der Frauenerwerbsarbeit lag in allen mittel- und westeuropäischen Ländern in den Niedriglohnbranchen, vor allem in der Textilindustrie. 1907 beschäftigte die Textilindustrie in Deutschland mehr als die Hälfte aller erwerbstätigen Frauen (1,3 Millionen).[130] Mit weitem Abstand folgte die Nahrungs- und Genußmittelindustrie, dann die metallverarbeitende Industrie, die Industrie der Steine und Erden sowie die Papierindustrie. Außer in der Industrie waren Frauen vor allem im Dienstleistungsbereich und im Handel beschäftigt. Frauenerwerbsarbeit war zum ganz überwiegenden Teil un- oder angelernte Arbeit, schlecht bezahlt und in den untersten Lohngruppen eingestuft. Selbst wenn Frauen dieselbe Arbeit machten wie ihre männlichen Kollegen, erhielten sie fast durchweg zwischen 30 und 50% weniger Lohn. Von den Zeitgenossen wurde dafür der »dilettantische Charakter« der Erwerbsarbeit der Frauen, ihre geringe Qualifikation sowie der häufige Wechsel des Arbeitsplatzes verantwortlich gemacht. Daraus und aus der primären Orientierung der meisten Frauen an Haushalt und Mutterschaft habe sich ihre geringe Identifikation mit ihrem Beruf ergeben:

»Täglich scheiden Scharen von Arbeiterinnen aus ihrem gewerblichen Beruf aus, um sich zu verheiraten, um eine Zeitlang häusliche Dienste zu tun, um in der Landwirtschaft zu helfen, oder um irgendeines andern Grundes willen; und ebenso strömen täglich neue Mengen ein, um die Scheidenden zu ersetzen... Die überwiegende Zahl steht im Alter von etwa 14 bis etwa 25 Jahren, die Jahre der Reife sind spärlicher, die ältesten Jahrgänge wieder etwas stärker vertreten... Die Ehe entzieht dann einen erheblichen Teil der Arbeiterinnen dem industriellen Erwerb... bis die verwitwete, geschiedene, eheverlassene oder in der Ehe mit vielen Kindern belastete oder in ärmlichen Verhältnissen lebende Frau die Fabrik wieder aufsucht.«[131]

Eine berufliche oder weiterführende schulische Ausbildung der Mädchen war in Arbeiterfamilien nicht üblich. Das entsprach der spezifischen Familienökonomie, die den Geschlechtern je spezifische Aufgaben für die Existenzsicherung zuordnete: Während Mädchen zum frühestmöglichen Zeitpunkt durch die Ablieferung des Großteils ihres Lohnes zum Familienbudget beitragen sollten, schien es – wenn überhaupt – nur angebracht, Söhne im Hinblick auf ihre künftige Rolle als Familienoberhäupter qualifizierte Berufe erlernen zu lassen. Hierbei spielte ohne Zweifel eine erhebliche Rolle, daß den Töchtern der Arbeiter – ähnlich wie im Bürgertum – primär die Rolle der Hausfrau und Mutter zugedacht wurde. Daher überrascht es auch nicht, daß bei diversen Befragungen von Arbeiterinnen immer wieder zum Ausdruck kam, daß sie ihre Erwerbsarbeit auch selbst nur als ein Übergangsstadium interpretierten, entweder um die Zeit bis zur Eheschließung zu überbrücken und Geld für die Gründung des eigenen Haushalts anzusparen oder um der Familie über eine aktuelle Notlage hinwegzuhelfen. Die Altersgliederung der Industriearbeiterinnen spiegelt diese Einstellung wider: Nach den Ergebnissen der deutschen Berufszählung von 1907 waren die Arbeiterinnen im Alter von 16 bis 20 Jahren mit 25,9%, jene im Alter von 20 bis 30 Jahren mit 33,4%, die 30- bis 50jährigen mit 22,7% sowie die älteren Jahrgänge mit 7,2% vertreten.[132] Anders zusammengefaßt: Arbeiterinnen bis zum 30. Lebensjahr repräsentierten fast 60% aller Industriearbeiterinnen. Da das Heiratsalter der Frauen durchschnittlich um das 27. Lebensjahr lag, kann angenommen werden, daß ein großer Teil der Arbeiterinnen nach den ersten Ehejahren zumindest vorübergehend in den Haushalt zurückkehrte. Aus verschiedenen Enqueten über Industriearbeiterinnen geht hervor, daß die Mehrzahl jener Frauen, die nach Heirat und Geburt mehrerer Kinder weiterhin erwerbstätig blieb, das aus wirtschaftlicher Not tun mußte, obwohl sie ihre Rückkehr in den Haushalt vorgezogen hätte. In der Mehrzahl wurde ein zu geringer Verdienst des Mannes als Ursache angegeben.[133]

Aus der Fabrik, der Werkstatt, dem Geschäft auszuscheiden bedeutete jedoch keineswegs, fortab nur mehr für die Küche und die Kinder zuständig zu sein. Viele Frauen, die durch ihre noch kleinen Kinder daran gehindert wurden, einer außerhäuslichen Erwerbsarbeit nachzugehen, versuchten eine Arbeit zu finden, die sich mit ihrer Hausarbeit besser vereinbaren ließ. Näherin, Stickerin, Spulerin, Wäscherin etc. waren überaus häufig von verheirateten Frauen zu Hause ausgeübte Berufe. In den europäischen Großstädten dominierte vor allem in der Bekleidungsindustrie die Heimarbeit. Diese neue Heimindustrie – die mit der des 18. und 19. Jahrhunderts auf dem Land nur bedingt zu vergleichen ist – stand in enger Verbindung mit der Fabrikation in Fabriken. Häufig begannen junge Mädchen ihr Erwerbsleben in der Fabrik und wechselten nach Heirat und Geburt von Kindern innerhalb derselben Branche zu Heimarbeit über. Die Arbeitsaufträge wurden zum Teil von den Fabriken gegeben, zum Teil durch »Zwischenmeister« vermittelt. (»Zwischenmeister« waren entweder ehemals selbständige Handwerker oder auch die Ehefrauen von Handwerksmeistern oder Beamten, die in ihren Wohnungen einige Näherinnen beschäftigten und darüber hinaus Heimarbeit an verheiratete Frauen vergaben, »Schwitzsystem«.) Heimarbeit bedeutete, Anforderungen des Haushalts, der Kindererziehung und der Erwerbsarbeit auf engstem Raum koordinieren zu müssen. Eine Extensivierung der Arbeitszeit der Frau war die typische Folge. Über verheiratete Heimarbeiterinnen in der Dresdner Zigarettenindustrie vor dem Ersten Weltkrieg wird u. a. berichtet:

»Selten finden die Frauen schon vormittags Zeit zum Zigarettenwickeln bzw. Hülsenkleben. Nur wenn der Mann etwa englische Arbeitszeit hat, ist das möglich. Sonst aber findet die Frau zur Heimarbeit erst Zeit, wenn sie nach dem Mittagessen das Geschirr aufgewaschen hat. Dann vermag sie günstigenfalls 3–4 Stunden ungestört zu arbeiten. Das ist dann auch die Zeit, in der die schulpflichtigen Kinder ihre Schularbeiten erledigen. Wo aber noch Kinder unter sechs Jahren und keine älteren Geschwister sind, die sie beaufsichtigen könnten, da hat es die Frau viel schwieriger und wird naturgemäß immerwährend beim Arbeiten unterbrochen. Abends nach dem Essen beginnt aber für die meisten Heimarbeiterinnen erst die eigentliche Arbeit; da sitzen sie bis in die Nacht hinein vor ihrem Tisch, um das verlangte Quantum rechtzeitig fertig zu liefern.«[134]

Heimarbeit verbreitete sich auch unter den Frauen und Töchtern verarmter Teile des Mittelstands, also kleiner Kaufleute und Handwerker, sowie der durch Einkommensverluste verarmten Angestellten und Beamten. Sie glaubten, die Erwerbsarbeit ihrer Ehefrauen und Töchter – Indiz ihrer Verarmung – zu Hause verstecken zu können. Auch die Frauen der besser verdienenden Facharbeiter zogen Heimarbeit vor und vermieden es, wenn es das Einkommen ihrer Ehemänner zuließ, außer Haus zur Arbeit zu gehen, war doch damit für die Nachbarschaft sichtbar, daß der Mann »seine« Familie nicht allein ernähren konnte. Die Geringschätzung der »Fabrikmädchen« in Teilen der Arbeiterschaft dürfte diese Haltung der »respektablen« Facharbeiter verstärkt haben. Sie hatte nicht zuletzt immer auch sexuelle Konnotationen. Für den patriarchalischen Ehemann verband sich mit dem Verbleib »seiner« Frau im Haushalt auch der Vorteil, die solcherart »domestizierte« Ehefrau in ihren sozialen und sexuellen Beziehungen besser kontrollieren zu können. Mit dem starken Andrang zur Heimarbeit sanken freilich die Löhne, und die Heimarbeit wurde auch ökonomisch zu dem, was sie ideologisch für den Großteil der Arbeiter ohnehin sein sollte: ein Zusatzeinkommen zum Lohn des Mannes. Die Erwerbstätigkeit der Arbeiterfrauen war daher kaum, wie das von konservativen Kritikern immer wieder behauptet wurde, Ausdruck erhöhter oder gar überhöhter Konsumwünsche, sondern – gegen das in der Arbeiterschaft vorherrschende Familienideal – im überwiegenden Teil der Arbeiterfamilien vom Zwang zur Existenzsicherung diktiert.

Art und Umfang der Hausarbeit unterschieden sich je nachdem, ob der Arbeiterhaushalt ausschließlich auf das Lohneinkommen eines oder mehrerer Familienmitglieder angewiesen war oder ob die Lohneinkünfte durch die Erträge einer kleinen Landwirtschaft oder durch die Bebauung eines Gartens u. ä. ergänzt wurden. War der Haushalt – wie dies eher in den großen Städten zutraf – ausschließlich auf monetäre Einkünfte angewiesen, hielt sich die Hausarbeit meist in sehr engen Grenzen.[135] Oft wurde hier höchstens einmal pro Tag warm gekocht, die Familie war gezwungen, mit billigem Gemüse – nicht selten mit den Resten, die auf Märkten oder in Geschäften abfielen – auszukommen. Fleisch gab es meist nur an Sonn- und Feiertagen, und auch hier war es der Geschicklichkeit der Hausfrau überlassen, möglichst billig einzukaufen, z. B. in Freibankmetzgereien.[136] Der Speiseplan einer Arbeiterfamilie sah in Frankfurt am Main um 1900 etwa folgendermaßen aus:

»Sonntags kann man ein Pfund Fleisch kochen und etwas Gemüse, welches man vor Schluß des Marktes billig kaufen kann. Montags koche ich eine Erbsensuppe mit etwas Suppengrünes und ein paar Kartoffeln... Dienstags kann man geröstete Griesmehlsuppe und Kartoffelgemüse kochen, wobei man dem Manne (sic!) etwas Wurst geben kann. Abends trinke ich Kaffee oder wärme, was ich übrig habe. Mittwochs kann man Sauerkraut und Kartoffelbrei kochen, da tue ich für den Mann (!) einen Schweinefuß hinein, damit er etwas Fleisch hat. Donnerstags kann man eine Bohnensuppe kochen mit Suppengrünes und etwas Mehl und Zwiebeln... Freitags kann man auch eine billige Mehlsuppe herrichten. Ich hole mir trockene Brötchen, Mehl und geknickte Eier, welche man sehr billig bekommt, und mache Klöße, sowie etwas Obst dazu... Samstags kann man auch eine gute Kartoffelsuppe kochen, worin man ein halbes Pfund Hammelfleisch für 20 Pfennig kocht.«[137]

Wie auch in diesem Beispiel deutlich sichtbar, wurde die qualitativ hochwertigere und fettreichere Nahrung den erwerbstätigen Familienmitgliedern – vor allem dem Ehemann und Vater – zugeteilt. Frauen und Kinder hatten beim Konsum von Fleisch, Butter und Fett zurückzustehen. »Frau und Kinder essen Margarine. Das Wirtschaftsgeld reicht eben nicht weiter«, bemerkte die bürgerliche Frauenrechtlerin Alice Salomon über Arbeiterfrauen um 1900.[138] Und eine Arbeiterfrau aus dem englischen York berichtet: »Wenn wir mal irgendwas außer der Reihe kaufen müssen, 'n Paar Stiefel für eins von den Kindern oder so, dann gibt's für mich und die Kinder kein Mittagessen – oder vielleicht nur 'ne Tasse Tee und 'n Stück Brot, aber Jim kriegt sein Essen immer mit auf die Arbeit, und ich erzähl' ihm nie was davon.«[139]

Die Zubereitung der Speisen war meist wenig raffiniert.[140] Alles sollte schnell und möglichst einfach zu bewerkstelligen sein. In vielen Arbeiterhaushalten fehlte es an geeigneten Herden. Da es meist keine Möglichkeit der Vorratswirtschaft gab (aus finanziellen Gründen und aufgrund fehlender Möglichkeiten, die Speisen über längere Zeit frisch zu halten, aber auch aus Platzmangel), wurde immer nur in geringen Mengen eingekauft, z. B. ein zehntel Pfund Kaffee oder Butter, ein Ei, 3 Pfd. Kartoffeln usw.[141] Die meisten Arbeiterfamilien lebten im wahrsten Sinne des Wortes von der Hand in den Mund. Der Verzehr von kalten Speisen überwog. Nicht das Kochen wurde von den in einer Enquete befragten Arbeiterinnen als die belastendste Hausarbeit angegeben, sondern das Wäschewaschen.[142] Eine »rationelle Haushaltsführung«, wie sie später von bürgerlichen Frauenvereinen und Funktionären der Arbeiterbewegung immer wieder gefordert wurde, war aus diesen Gründen nicht möglich.[143] Hinzu kam ein Defizit an hauswirtschaftlicher Ausbildung vieler Arbeiterfrauen, die nach ihrer Schulzeit meist sofort eine Erwerbsarbeit aufgenommen hatten, um mit ihrem Lohn das Budget der Familie aufzubessern. Für ihre Einführung in die Praxis des Haushaltens fehlte es sowohl an Zeit als auch an geeigneten Vorbildern. Erst nach der Jahrhundertwende wurde – auf der Grundlage erhöhter Realeinkommen und gewachsener Bedürfnisse – in Arbeiterfamilien mehr Wert auf die Mahlzeiten gelegt.[144] Sofern es sich um rein städtische Arbeiterhaushalte handelte, wurden die Nahrungsmittel zum überwiegenden Teil auf den Märkten und in den Geschäften gekauft. Eine Eigenproduktion von Nahrungsmitteln wie in den Ackerbürgerstädten der vorindustriellen Zeit und bei den Arbeitern und Bergleuten auf dem Land war hier aufgrund des weitgehenden Fehlens von Gärten nicht mehr möglich. Eine Ausnahme bildeten die während des Ersten Weltkriegs in großem Stil angelegten Kriegsgärten (in Friedenszeiten Schrebergärten), in denen ein erheblicher Teil der Nahrung – vor allem Obst und Gemüse – gezogen, aber auch Kleintiere (Hühner, Hasen) gehalten wurden.[145]

Aus einer Vielzahl von Haushaltsbüchern und -rechnungen geht hervor, daß der größte Teil des Familienbudgets der Arbeiter für

Nahrungsmittel ausgegeben werden mußte. Je ärmer die Familie war, um so größer war dieser Anteil (Engelsches Gesetz). Um die Mitte des 19. Jahrhunderts lag er zwischen 60 und 70%, um 1900 immer noch bei etwa 50%. Der zweite große Posten im Haushaltsbudget betraf meist die Miete. Ihr Anteil schwankte zwischen 20 und 25%, ehe in den meisten mittel- und westeuropäischen Ländern um den Ersten Weltkrieg ein Mietenstopp bzw. eine Senkung der Wohnkosten durch die Errichtung gemeinnütziger oder kommunaler Wohnanlagen durchgesetzt werden konnte.[146] Der verbleibende Rest von etwa 20% wurde für Kleidung, das Taschengeld des Mannes für Gasthausbesuche und Tabak, für die Beleuchtung, eventuell für Versicherungen verwandt.[147]

Eine der von den Zeitgenossen am häufigsten diskutierten Folgen von Frauenerwerbsarbeit war die Beeinträchtigung von Schwangerschaften durch die Arbeitsbelastung der Frauen im allgemeinen und gesundheitsschädliche Arbeitsbedingungen im besonderen. Einen gesetzlichen Wöchnerinnenschutz gab es während des 19. Jahrhunderts noch nicht. Aus finanziellen Gründen arbeiteten die meisten Frauen bis in die letzten Tage vor ihrer Niederkunft. Das von den Arbeiterkrankenkassen für die ersten Wochen nach der Geburt gewährte Wöchnerinnengeld war so knapp bemessen, daß sich viele Frauen gezwungen sahen, so bald als möglich ihre Erwerbsarbeit wiederaufzunehmen. Erkrankungen des Unterleibs, frühzeitiges Versiegen der Muttermilch u. a. waren die häufige Folge. Dazu kam die zeitliche Unvereinbarkeit der Erwerbsarbeit mit dem Stillen. Die Umstellung auf künstliche Babynahrung aber bedeutete unter den mangelhaften hygienischen Verhältnissen in den meisten Arbeiterhaushalten eine eminente Gefahr und erhöhte die Säuglingssterblichkeit.[148]

Daß Frauen außerhäusliche Erwerbsarbeit kaum mit den ihnen aufgebürdeten Pflichten im Haushalt und in der Betreuung der Kinder vereinbaren konnten, lag nicht zuletzt an den extensiven Arbeitszeiten in den Industriebetrieben. Zusammen mit den Wegzeiten betrugen sie in den achtziger Jahren des 19. Jahrhunderts noch zwölf bis vierzehn Stunden. Anfang der neunziger Jahre erfolgte in den meisten Ländern, Regionen und Branchen ein allmählicher Übergang zum elfstündigen Arbeitstag. Erst nach der Jahrhundertwende pendelte sich die tägliche Arbeitszeit bei zehn Stunden ein. Da jedoch Arbeitspausen weiterhin nicht eingerechnet wurden und die Wegzeiten oft lang waren, blieben in Fabriken, Werkstätten und

Geschäften arbeitende Frauen noch immer etwa zwölf Stunden außer Haus. Traten besondere Notfälle wie die Erkrankung eines Kleinkindes oder dergleichen auf, mußten Frauen oft ihre Erwerbsarbeit aufgeben. Die hohe Fluktuation der weiblichen Arbeitskräfte in den Betrieben erklärt sich, von seiten der Frauen, vor allem aus dem Zwang, außerhäusliche Erwerbsarbeit immer wieder zugunsten familialer Aufgaben abzubrechen.

Junge Arbeiterfrauen, die außerhäuslich erwerbstätig waren, mußten die anfallenden Arbeiten im Haushalt in den frühen Morgen- und den späten Abendstunden sowie an Samstagen und Sonntagen bewältigen. Die Hauptmahlzeit wurde häufig am Abend vorher zubereitet. Für die erwerbstätigen Familienmitglieder wurde das Essen meist in ein Blechgeschirr gefüllt, in dem es an den Arbeitsplatz mitgenommen wurde. Nach der Heimkehr von der Arbeit mußte neuerlich gekocht, abgewaschen, aufgeräumt, eventuell Wäsche gewaschen oder geflickt werden. »Vor 9 Uhr endet der Arbeitstag nie, vor 10 Uhr selten und oft erst nach 11 Uhr«, berichtet Henriette Fürth über den Alltag der verheirateten Fabrikarbeiterin um 1900.[149] In mehrwöchigem Abstand wurde großer Waschtag gehalten, der – noch ohne die Erleichterung durch Waschmaschinen – eine enorme Kraftanstrengung bedeutete.[150] Kein Wunder, daß in verschiedenen persönlichen Erinnerungen immer wieder das Bild der abgehärmten, früh gealterten, stets überlasteten Mutter gezeichnet wird.[151]

3.4. Die Kinder der Fabrikarbeiter

Aus der Erwerbsarbeit von verheirateten Arbeiterfrauen mit kleinen Kindern ergaben sich vielfältige Zielkonflikte, die keineswegs nur von bürgerlichen Kritikern in zahlreichen zeitgenössischen Schriften, sondern auch von den Arbeitern selber kritisch wahrgenommen wurden. Vermutlich wurde die Vernachlässigung kleiner Kinder von den erwerbstätigen Müttern selbst als gravierender Nachteil bewertet. Die kleinen Kinder wurden entweder von älteren Geschwistern beaufsichtigt, der Obhut von Großeltern, Verwandten oder Nachbarinnen anvertraut oder in Aufbewahranstalten (Tagesheime) und zu »Pflegefrauen« gegeben:

»Aus den Haustüren treten die ersten Frauen. Im Arm den schreienden Säugling, an der Hand das Zweitjüngste; das reibt sich die Augen, schreit und mag nicht die schlaftrunkenen Äuglein aufhalten. Die Mutter reißt es mit sich, das Elend hat schon jedes Gefühl der Weichheit in ihr erstickt. Hinterher trabt die Älteste mit Mutters Kaffeeflasche, im anderen Arm trägt sie ein buntes Kopfkissen, die Saugflasche und eine Tüte mit Zwieback. So geht's zur Pflegefrau. Die Kinder schreien schon, ehe sie ›abgeliefert‹ werden. Die Mutter hört nicht darauf, nur fort, fort! die Uhr ist gleich sechs! Zu Dutzenden sieht man solche Gruppenbilder. Morgen für Morgen.«

So berichtet es Anna Moesegaard für die Tabakarbeiterinnen vor dem Ersten Weltkrieg.[152] Andere Frauen brachten ihre kleinen Kinder zu Nachbarinnen oder Verwandten. Hier hatte die Solidarität in den Arbeiterquartieren, und besonders die gegenseitige Hilfsbereitschaft der Frauen, großes Gewicht.[153] Die älteren Kinder blieben während des Tages weitgehend sich selbst überlassen. Sie verbrachten einen großen Teil der Zeit auf der Straße, waren aber auch immer wieder mit der Besorgung von Nahrungsmitteln, mit Botengängen und diversen, gegen ein kleines Entgelt verrichteten Arbeiten beschäftigt. Die Mädchen wurden früh für Aufgaben im Haushalt und für die Beaufsichtigung ihrer jüngeren Geschwister herangezogen.[154] Der am häufigsten berichtete Beitrag der Kinder zur Sicherung der Familienexistenz bestand im Sammeln von Nahrungsmitteln. Offenkundig war das eine Aufgabe, die im besonderen Maße Zeit, Geduld, aber auch körperliche Gewandtheit und Geschicklichkeit erforderte. Verschiedene Formen des »Nacherntens«, das Sammeln der zurückgebliebenen Ähren auf abgeernteten Getreidefeldern, das Klauben von übersehenen Kartoffeln auf abgeernteten Äckern u. ä. werden berichtet:

»In der Regel sammelt die Tochter in ihrer schulfreien Zeit im Sommer Kamillen (nur für den Haushalt), läuft Wege für die Schankwirtin im Vorderhause, geht Ähren lesen und Kartoffeln ›stoppeln‹. Dieses Kartoffelnstoppeln, das Hervorsuchen einzelner zurückgebliebener Kartoffeln auf dem abgeernteten Felde, und das Ährenlesen ist zwar verboten, geschieht aber trotzdem... im Volksbewußtsein lebt offenbar noch der alte, noch nicht lange verdrängte Zustand, wo das Absuchen des Feldes nach der Ernte frei war. Diese Folgen der Armut bilden einen neuen Antrieb zur Bekämpfung derselben. Denn nur aus Not betritt das Mädchen fremde Felder, das sieht man aus den den Kindern wohlbekannten Folgen, hat es doch dabei schon einmal der Besitzer erwischt und mit der Peitsche gezüchtigt.«[155]

Neben dem »Organisieren« von Nahrungsmitteln war das Sammeln von Klaubholz in den umliegenden Wäldern und von Kohle oder Koks im Bereich von Bergwerken, Güterbahnhöfen, Kokereien eine wichtige Aufgabe der Arbeiterkinder. Dabei wurde freilich immer wieder gegen die bürgerliche Rechtsordnung verstoßen. Die Arbeiterkinder empfanden es jedoch nicht als Diebstahl, wenn sie auf einem Lagerplatz einen Sack mit Kohle anfüllten, um zu Hause etwas zum Heizen zu haben. Sie beriefen sich auf ein natürliches Recht der Armen, sich zu nehmen, was notwendig war, um nicht frieren oder hungern zu müssen.[156] Traditionen der »moralischen Ökonomie« plebejischer Schichten aus vorindustrieller Zeit wirkten hier weiter.

Während Formen der gemeinsamen Fabrikarbeit von Eltern und Kindern in frühen Textilmanufakturen und -fabriken zu Beginn der Industrialisierung vor allem in England verbreitet waren[157], bedeutete gegen Ende des 19. Jahrhunderts die Fabrikarbeit der Eltern, daß die Kinder weithin auf sich selbst gestellt waren. Die Mehrzahl der Arbeiterkinder entbehrte Zuwendung, Betreuung und Hilfe durch ihre Eltern. Selbst in den Facharbeiterfamilien des späteren 19. Jahrhunderts beschränkte sich der Kontakt von Eltern und Kindern meist auf die kurze Zeit zwischen der abendlichen Heimkehr und dem Zubettgehen. Die Arbeiterfamilie konnte offensichtlich nicht leisten, was ihr von bürgerlichen Philanthropen, von Polizei und Fürsorge in zahllosen Polemiken und Belehrungen aufgetragen wurde: ihre Kinder außerhalb der Schulzeit »pädagogisch« zu betreuen und besser zu kontrollieren. Die »soziale Frage« des 19. Jahrhunderts war in den Augen der obrigkeitlichen Instanzen wie auch sozialkaritativer Vereine nicht zuletzt eine Frage des »Erziehungsdefizits« in den Familien der Fabrikarbeiter.[158] Vermochten die Familien der Bauern, der Handwerker, der Heimarbeiter die Erziehung und Disziplinierung der Kinder durch ihre Beteiligung an der Erwerbsarbeit zu leisten (was obrigkeitliche Stellen wohl zu schätzen wußten), übten die Fabrikarbeiter infolge ihrer aushäusigen Arbeit nur eine geringe Kontrolle über ihre Kinder aus. Dementsprechend reduziert war die sozialisatorische Bedeutung der Eltern, vor allem der Väter, für viele Arbeiterkinder. Daher erstaunt es auch nicht, daß das Bild der Eltern in vielen Arbeitererinnerungen eher blaß und konturenlos bleibt.[159] Wesentliche Prozesse der Persönlichkeitsbildung spielten sich aufgrund dieses personalen Vakuums nicht in den Familien der Fabrikarbeiter, sondern in den informellen Kinder- und Jugendgruppen der Straße, seit dem späten 19. Jahrhundert auch in den

Kinder- und Jugendgruppen der Arbeiterparteien und der Kirchen ab.[160]

3.5. Sexualität, Partnerwahl und Heirat

In der ersten Phase der Industrialisierung war ein großer Teil der Fabrikarbeiter nicht in der Lage, zu heiraten und eine Familie zu gründen. Das beweisen die oft sehr niedrigen Quoten verheirateter Arbeiter etwa in Preußen oder in Österreich, wo um die Mitte des 19. Jahrhunderts der Anteil der verheirateten Personen in den Städten höchstens ein Viertel der Bevölkerung betrug. Während der Industriellen Revolution sank der Anteil der verheirateten Bevölkerung zunächst oft noch weiter. Davon waren vor allem Arbeiter in jenen Städten betroffen, die eine dominant kleinbetriebliche Struktur aufwiesen, wie etwa Wien.[161] Hier waren in den fünfziger Jahren des 19. Jahrhunderts nur 10% der Arbeiter in der Holzverarbeitung und Lebensmittelindustrie, nur 14% der Arbeiter in der Bekleidungsindustrie und nur 16% der Metallarbeiter verheiratet.[162] Am ehesten besaßen die Arbeiter in traditionellen proto-industriellen Betriebszweigen (v. a. Textilerzeugung in Form der Hausindustrie) die Möglichkeit zur Familiengründung. Parallel zu dieser Entwicklung stieg die Zahl der unehelich geborenen Kinder in vielen Städten stark an, wobei zugleich die Zahl der Geburten eher rückläufig war.

Was diese Umstände für das Sexualleben der Arbeiter bedeutet haben, ist schwer zu sagen. War der Verzicht auf Heirat und Familiengründung für viele gewiß mit sexueller Not und emotional-erotischer Bedürftigkeit verbunden, weisen viele Belege darauf hin, daß die Angehörigen der unteren Schichten nicht bereit waren, auf Erotik und sexuelle Beziehungen zu verzichten. Der Bischof von Wien klagte dem Kaiser im Jahr 1828 das »unmoralische« Verhalten vieler Mägde. Diese meinten, daß sie – wenn sie schon keine Möglichkeit zur Heirat hätten – in ihren unehelichen Kindern wenigstens eine Stütze im Alter hätten.[163] Aber die Möglichkeiten lediger Mutterschaft dürfen nicht überschätzt werden. Für die Mehrzahl der alleinstehenden Frauen war es unmöglich, an ihrer Arbeitsstelle ein Kind aufzuziehen. Ledige Kinder mittelloser Mütter landeten in großer Zahl in Gebär- und Findelhäusern, die der absolutistische Staat errichtet hatte, »damit die Kindermorde nicht um sich greifen möchten«.[164] 1856 kamen rund 7 356 Kinder im Wiener Gebärhaus zur Welt; das waren etwa 83% aller unehelich Geborenen und ca. 36% aller Geburten in Wien. 92% dieser Kinder wurden ins Findelhaus überstellt, der Rest starb noch im Gebärhaus; nur ein winziger Bruchteil konnte den Müttern zur Pflege übergeben werden. Die Mehrzahl der Kinder wurde im Findelhaus unentgeltlich gepflegt, was auf die Mittellosigkeit ihrer Mütter hinweist. Die kräftigsten und gesündesten dieser Mütter wurden verpflichtet, dem Findelhaus als Ammen zur Verfügung zu stehen.[165]

Erst gegen Ende des 19. Jahrhunderts verbesserten sich für einen wachsenden Teil der Arbeiter die Chancen, zu heiraten und eine Familie zu gründen. Dennoch blieben die sexuellen Beziehungen und Erfahrungen der Fabrikarbeiter – soweit sich dies aus den autobiographischen Zeugnissen, den Beobachtungen der ersten »Sozialreporter«[166] des 19. Jahrhunderts und aus den Erinnerungen an die Verhältnisse im frühen 20. Jahrhundert[167] schließen läßt – vor allem durch zwei Faktoren geprägt: durch die Enge des Wohnens und die hierarchischen Verhältnisse am Arbeitsplatz und in den Familien.

Aus dem Umstand, daß die engen Wohnverhältnisse und der Mangel an Betten das Zusammen-Schlafen von Eltern und Kindern erzwangen, daß familienfremde Personen (»Schlafburschen« bzw. »Bettgeher« und »Aftermieter«) häufig im selben Zimmer schliefen und deshalb sexueller Mißbrauch von Kindern und Jugendlichen durch Mitbewohner, auch Inzest, immer wieder vorkamen[168], wurde häufig auf eine »naturwüchsige«, »gesunde«[169] oder auch »ungezügelte«, »enttabuisierte«[170] Sexualität der Arbeiter geschlossen. Dies trifft die Komplexität der Verhältnisse nicht. Die verbreitete These vom Fehlen ausgebildeter Scham- und Peinlichkeitsschwellen[171] in den Familien der Fabrikarbeiter scheint wenig gesichert.

Wie Autobiographien und Interviews zeigen, wurde die durch den Mangel an Räumen und an Betten erzwungene körperliche Nähe zumindest in den frühen Kinderjahren durchaus positiv erlebt; sie vermittelte Wärme und Geborgenheit. Insbesondere der Umstand, daß die Mehrzahl der jeweils jüngsten Kinder einer Arbeiterfamilie im Bett der Eltern schlief (meist so lange, bis ein weiteres Kind geboren worden war), läßt vermuten, daß diese Arbeiterkinder eine quasi selbstverständliche Körperlichkeit entwickeln konnten. Hier liegt möglicherweise eine Ursache für jene naturwüchsige Sexualität vieler Arbeiter, die bürgerliche Beobachter festzustellen meinten. Andrerseits waren mit diesen Verhältnissen auch sehr ambivalente Erfahrungen verbunden: Immer wieder wurde eines der Kinder »aus dem Nest« des elterlichen Bettes geworfen, weil Platz für ein Neugeborenes geschaffen werden mußte. Immer wieder mußte das inzestuöse Verlangen des Kindes vehement zurückgewiesen werden, denn anders als in bürgerlichen Familien konnte die elterliche Sexualität nicht restlos hinter den Wänden eines elterlichen Schlafzimmers verborgen werden. Insgesamt scheinen die *Scham- und Peinlichkeitsschwellen* infolge (und nicht trotz) der räumlichen Enge außerordentlich hoch gewesen zu sein: Eltern achteten sorgsam darauf, sich ihren Kindern niemals nackt zu zeigen. Es wurde ängstlich vermieden, mit den Kindern über Sexualität zu sprechen. Selbst Schwangerschaft und Geburt waren weitgehend tabuiert. Die Kinder sahen und hörten zwar manches, aber es unterlag der »Schweigepflicht«. Ihr unfreiwilliger Voyeurismus führte nicht zu Aufgeklärtheit, sondern zu verzerrten, oft angstbesetzten Vorstellungen, in denen dem Vater die Rolle des Aggressors zukam, der die Mutter bedrohte. Viele Autobiographien und Erinnerungen bezeugen, daß dem unvermeidlichen Körperkontakt zwischen Eltern und Kindern (und zwischen den meist ein Bett teilenden Kindern) das weitgehende Fehlen von Zärtlichkeit zwischen Eltern und Kindern gegenüberstand. Auch dies scheint eine Folge der Notwendigkeit gewesen zu sein, gerade in der Situation beengten Wohnens deutliche Grenzen für expressive körperliche Berührungen zu ziehen. Sexuelle Zusammenhänge waren insgesamt sehr stark angst- und schambesetzt; von Kindheit an lag ein Schleier der Heimlichkeit und der Schuldgefühle über den sexuellen Bedürfnissen und Erfahrungen.

Wenn das Schweigen gebrochen wurde, dann oft durch ein Reden der Jugendlichen und Erwachsenen, das von vielen Beobachtern als derb und aggressiv bezeichnet wurde. In den Betrieben mit sexuell gemischten Belegschaften sollen Zoten und Anzüglichkeiten, eine sexistische Umgangsweise vieler Männer mit ihren meist jungen Arbeitskolleginnen – und nicht zuletzt der männlichen Vorgesetzten mit jüngeren Arbeiterinnen – an der Tagesordnung gewesen sein. Auch das widerspricht völlig der These von der Enttabuisiertheit der Arbeitersexualität. Der ausgeprägte Hang zu eindeutigen Zweideutigkeiten, die pejorative Form, in der über Sexuelles gesprochen wurde, deuten sowohl auf das Bedürfnis hin, körperlich-sexuelle Erfahrungen und Beobachtungen zu verarbeiten, als auch, sich die als bedrohlich erlebte Sexualität durch distanzierendes, abwertendes Sprechen »vom Leib zu halten«. Dazu kam, daß sexuelle Beziehungen – wie Heidi Rosenbaum zu Recht hervorstreicht – durch ihre Eingebundenheit in die Hierarchie am Arbeitsplatz und in der Familie immer den Charakter ausgeprägter Herrschaftsbeziehungen besaßen: »Ihnen hafteten stets Momente von Über- und Unterordnung, von Macht und Unterlegenheit an.«[172]

Der Umstand, daß Arbeiter – verglichen mit bürgerlichen Jugendlichen – oft früh sexuelle Beziehungen eingingen, ist vermutlich weniger auf eine besondere sexuelle Freizügigkeit zurückzuführen, sondern darauf, daß proletarische Jugendliche in geringerem Maße ein soziales Moratorium der »beschützten« und »behüteten« Jugend durchlebten. Die emotionale Abstützung ihrer Identität bezogen sie – stärker als bürgerliche Kinder – aus jener Anerkennung und Zuwendung, die sie in den informellen Kinder- und Jugendgruppen der Straße oder des Betriebs erfuhren.[173] Vermutlich ist der von manchen Autoren berichtete frühe Beginn »sexueller Karrieren« auch als Ausdruck jenes Defizits an Zuwendung und Kontakten zu sehen, das sich aus der beschriebenen Distanziertheit vieler Arbeitereltern ergab. Der evangelische Pastor Paul Göhre beobachtete bei den jugendlichen Industriearbeitern von Chemnitz, »in den weitaus überwiegenden Fällen« habe die Arbeiterjugend nach den regelmäßigen »sonntäglichen Tanzvergnügen« ihre »Keuschheit« verloren und kaum ein junger Mann oder ein junges Mädchen aus der Arbeiterbevölkerung über 17 Jahren sei noch »keusch und jungfräulich« gewesen:

»Zwar mit Huren, die sich bezahlen lassen, gibt man sich fast nie ab. Das gilt als Schande, und diese selbst werden verachtet. Aber fast jeder hat seine Liebste und jede ihren Liebsten, die sich mit wenigen Ausnahmen diesen ganz selbstverständlichen Dienst tun. Daneben sucht der junge Mann, wo immer es gerade einmal geht, auch andre Mädchen zu benutzen, die sich ihm dazu hergeben, was wiederum nicht schwer und selten ist. Gleichwohl hat die schon einen kleinen Makel in vieler Augen an sich, die sich gleich bei der ersten Bekanntschaft gebrauchen läßt. Mit dieser ›geht man‹ dauernd wenigstens nicht. Wird eine dann schwanger, so heiratet man sich in der Regel auch, ganz gleich, ob man schon lange oder nur erst wenige Wochen beisammen ist, ob man sich kennt oder nicht, ob man etwas taugt oder nicht, zusammenpaßt oder nicht. So treiben der Zufall, der Geschlechtsgenuß und seine etwaigen Folgen, selten echte Liebe, ... die jungen Leute in die Ehe zusammen.«[174]

Dem evangelischen Pastor entging also nicht, daß unter den jungen

Fabrikarbeitern durchaus gewisse Regeln galten. Daß ein ge-
schwängertes Mädchen vom Vater seines Kindes geheiratet werden
mußte, entsprach offenbar dem sexualkulturellen Selbstverständ-
nis der jugendlichen Fabrikarbeiter. Die Doppelmoral, daß Burschen mehrere Sexualpartnerinnen haben konnten, Mädchen
jedoch weder zu oft den Partner wechseln noch zu früh in eine sexuelle Beziehung einwilligen durften, um nicht als Huren abge-
stempelt zu werden, galt offenbar auch bei den jugendlichen Fabrikarbeitern von Chemnitz. Interessant ist, daß Göhre an anderer
Stelle davon spricht, den Jugendlichen fehle »elterliche Fürsorge
und Liebe«, viele von ihnen lebten »ohne den segensvollen Einfluß
eines starken Familienverbandes«. Wir haben hier das Beispiel der
Sexualkultur der Jugendlichen einer Industriestadt am Ende des
19. Jahrhunderts vor uns, in der die Jugendlichen eine Regelung ihrer Sexualverhältnisse im Rahmen der kollektiven Kontrolle versuchten.

Arbeitertöchter stiegen in ein heikles sexuelles Handeln (»sexual
bargaining«)[175] ein, indem sie einem Burschen sexuelle und eroti-
sche Zuwendung schenkten und sich dafür die freilich sehr begrenzte materielle Sicherheit einer künftigen Ehe versprachen. Die
eminente Gefahr, bei diesem ungleichen Tausch auf der Strecke zu
bleiben, führte zu verschiedenen Formen kollektiver Absicherung:
Arbeitermädchen gingen an Sonntagnachmittagen gern in Gruppen aus, um das ehrliche Verhalten der Burschen zu kontrollieren.
Der sonntägliche Spaziergang wurde in vielen Orten zum Ritual
der weiblichen Jugend. Er verlief – unter den sozialen Regeln der
Arbeiterjugend – als kollektiv organisierter Kontakt zwischen den
Geschlechtern. Im Schutz der Gruppe trafen Mädchen ihre »Vereh-
rer« und arrangierten ihre ersten Rendezvous. Die Gruppe defi-
nierte auch gewissermaßen die Angemessenheit der Werte, die im
»sexual bargaining« ausgetauscht wurden: die Einladung des Mädchens ins Gasthaus, ein kleines Geschenk seitens des Burschen,
Aufmerksamkeit, Zuwendung und schließlich sexuell-erotische
Hingabe auf der Seite des Mädchens: ein Vorschein des ehelichen
Tauschgeschäfts. Die Grenze zur Prostitution wurde dabei penibel
beachtet. Minna Wettstein-Adelt berichtet: »Der Schatz schenkt ihnen [den Mädchen, R. S.] Garderobe, Schmuck, Wäsche, bezahlen
aber lassen sie sich ihre Liebe nicht, es muß bei freiwilligen Ge-
schenken bleiben.«[176] »Tiefe und ernste Empörung« hätten – so
Wettstein-Adelt – die Jugendlichen über jene Mädchen gezeigt,

»die sich an ›feine Herren‹ vergeben«.[177] Hier klingt ein klassen-
kämpferisches Moment an, das sich aus dem genossenschaftlichen
Interesse der Arbeiterjugend begründet, materiell überlegene Ein-
dringlinge (»feine Herren«) vom lokalen Heiratsmarkt fernzuhal-
ten. Die Abwehr einer geschäftsmäßigen Verknüpfung von körper-
licher Liebe und Geld fiel um so heftiger aus, als die Prostitution
kein gänzlich fernes Übel, sondern für viele Frauen und Mädchen
bei anhaltender Arbeitslosigkeit die Ultima ratio war, die eigene
Existenz zu sichern. Immerhin kam 1875 etwa ein Viertel der Berliner Prostituierten aus Arbeiterfamilien.[178]

Die jugendlichen Arbeiterinnen brachten mithin – selbst häufig in
ländlich-dörflichen Verhältnissen aufgewachsen – eine spezifisch
proletarische Jugendkultur hervor, die eine – wenn auch beschränkte – Autonomie in der Organisation ihrer sozialen und sexuellen Beziehungen schuf, die es weder in den agrarischen Dörfern noch in den von Handwerk oder Heimindustrie geprägten
Städten gegeben hatte. Obwohl und weil in den Städten sexueller
Mißbrauch, Gewalt und Verführung eine permanente Gefahr für alleinstehende Mädchen darstellten, gewannen sie aus dem Umstand
ihrer allmählichen Emanzipation aus den patriarchalischen Strukturen ihrer Herkunftsfamilien wie auch der Familien ihrer Dienst-
und Arbeitgeber neue Möglichkeiten der Kollektivbildung. Zum
ersten Mal in der Geschichte entstand auf diese Weise in den städtischen Arbeitervierteln eine weibliche Jugend.

Obwohl unter den Bedingungen städtisch-proletarischen Lebens
die Überschau- und Kontrollierbarkeit des Heiratsmarktes in geringerem Maß als in den Dörfern und Kleinstädten gegeben war,
kam den an ihrem Wohnviertel orientierten Gruppen der städtischen Arbeiterjugend Bedeutung für das Arrangieren und die Kontrolle der Beziehungsanbahnung zu.[179] Aus der Wuppertaler Textilindustrie wird z. B. berichtet, daß es um 1900 immer noch die Regel
gewesen sei, daß Ehen erst geschlossen wurden, wenn die Braut
schwanger war. Die Wuppertaler Textilarbeiterin habe im vorehelichen Geschlechtsverkehr keineswegs etwas »Schändendes« erblickt, »sobald er sich nur auf einen einzigen [Partner, R. S.] erstreckt«. »Auch spielt sicherlich bei vielen der Wunsch mit« – heißt
es weiter, – »an dem besser entlohnten Mann Rückhalt und Miter-
nährer zu finden. Das sittliche Gefühl ist darum in der Arbeiterbevölkerung keineswegs gestorben.« Das zeige insbesondere die kollektive Kontrolle durch die Arbeiterjugend:

»Wehe dem Manne, der es versuchen wollte, sich seiner Pflicht einem Mädchen gegenüber zu entziehen! Er dürfte sich nicht mehr auf der Straße blicken lassen, ohne Gefahr zu laufen, von seinen Kameraden verprügelt zu werden. Ist er dadurch noch nicht weich geworden, so bringen sie ihm in corpore eine Katzenmusik und versuchen auf alle Weise, ihn zur Heirat mit dem Mädchen zu bringen. Es ist schon häufig vorgekommen, daß Arbeiter, die sich dieser Sitte nicht fügen wollten, den Aufenthalt haben wechseln müssen.«[180]

Ähnliches wird auch aus anderen deutschen, englischen, französischen und italienischen Städten berichtet.[181] Dieses Rügebrauchtum haben wir in seiner ursprünglichen Form bei jenen Dorfjugendlichen kennengelernt, deren soziale Kontrolle der Partnerwahl und Eheanbahnung das Kalkül bäuerlicher Besitzsicherung ersetzte oder ergänzte. Daß es sich auch zu Beginn des 20. Jahrhunderts bei Arbeiterjugendlichen in Industriestädten findet – wie hier vereinzelt auch Reste des ländlichen Brauchs der »Wegsperre« begegnen[182] –, deutet einerseits auf kulturelle Kontinuität, die selbst Prozesse der Urbanisierung und Industrialisierung überdauert, läßt aber auch auf ein ausgeprägtes Bedürfnis der Arbeiterjugendlichen schließen, in Ermangelung des Regulativs der Besitzbildung und -sicherung egalitäre, genossenschaftliche Formen der sozialen Kontrolle über den Verkehr der Geschlechter anzuwenden.

Die soziale Regelung der vorehelichen Sexualbeziehungen in städtischen Arbeitermilieus zeigt insgesamt erstaunliche Ähnlichkeiten zu ländlich-dörflichen Verhältnissen. Dies kann einerseits aus der ländlichen Herkunft vieler Industriearbeiter erklärt werden, weist aber auch auf einen anderen Aspekt städtischen Arbeiterlebens im späten 19. Jahrhundert hin: Die Strukturen der rasch wachsenden industriellen Städte konnten von den Arbeitern kaum überblickt und bewältigt werden. Die Arbeiter – oft erst seit kurzem in den »Superstrukturen« der Stadt – bedurften vielmehr der Orientierung an kleinräumigen Strukturen, die in Gestalt der Nachbarschaft, der lokalen Pfarren und Gemeinden, der Wohnquartiere und Bezirke gegeben waren.[183] Hier – innerhalb sinnlich erfahrbarer und überschaubarer Reviere – konstituierten sich auch jene Jugendgruppen, die ihr Werbe- und Sexualverhalten kollektiv regulierten.[184]

So wie in vielen Dörfern[185] wurde auch in städtischen Arbeiterbezirken mit der Aufnahme regelmäßigen Sexualverkehrs, die meist einem *Verlöbnis* entsprach, die voreheliche Beziehung zwischen den Sexualpartnern durch die Familien, durch Nachbarn, Freunde und Arbeitskollegen akzeptiert. Die Ernsthaftigkeit der Absichten beider Partner wurde einerseits durch die Aufnahme der sexuellen Beziehung, andrerseits durch deren öffentliche Bekanntheit und Anerkennung unterstrichen. An dem Wissen darüber, wer mit wem ein »festes Verhältnis« eingegangen war, hatte – außer der territorialen Jugendgruppe – meist die gesamte Hausgemeinschaft und Nachbarschaft Anteil. So wie auch während des weiteren Verlaufs der Ehen, bildete die Nachbarschaft in der Phase der Eheanbahnung eine kontrollierende und sanktionierende Instanz. Dementsprechend gerieten Burschen oder Mädchen mit häufig wechselnden Sexualpartnern bald ins Gerede und damit unter den Einfluß dieses sozialen Regulativs.

Wurde das Mädchen schwanger, gelang es häufig nicht, die Hochzeit noch vor der Niederkunft zu arrangieren. In jenen Ländern, in denen bis in die siebziger Jahre des 19. Jahrhunderts die obrigkeitliche Erlaubnis zur Eheschließung an ein Mindestvermögen gebunden war (»politischer Ehekonsens«), wurde heiratswilligen Arbeitern vielfach die Eheschließung verweigert. Sie lebten jahrelang im »Konkubinat«. Ihre Kinder galten als »illegitim«: Etwa 25% aller Geburten in Bayern erfolgten in den fünfziger Jahren außerhalb der Ehe; in Baden und Württemberg waren es ca. 18%.[186] Zwar sank nach der Abschaffung des »politischen Ehekonsenses« die Zahl der unehelichen Geburten, aber die meisten Arbeiter heirateten weiterhin so spät wie möglich. Eine um 1910 bei Daimler-Benz durchgeführte Untersuchung z. B. ergab, daß bei 115 Arbeiterehen in 59 Fällen das erste Kind schon vor der Hochzeit zur Welt gekommen war. Die Mehrzahl dieser Kinder stammte vermutlich vom späteren Ehemann.[187] In einzelnen Fällen erfolgte die Heirat erst nach der Geburt mehrerer Kinder.[188] Wettstein-Adelt berichtet von einer Chemnitzer Arbeiterin, die »drei Jahre mit einem Webermeister aus Dresden, ein Jahr mit einem Heizer aus Zwickau und ein halbes Jahr mit einem Spinner in Chemnitz« in »wilder Ehe« gelebt hatte.[189] Sieht man von den materiellen Zwängen ab, hatte ein solches Leben gegenüber den Möglichkeiten bürgerlicher Frauen geradezu emanzipierte Züge. Andrerseits bedeutete es für Arbeiterfrauen immer auch hohe soziale Risiken. Der Umstand, daß in Arbeiterkreisen oft erst geheiratet wurde, wenn ein oder mehrere Kinder geboren waren, setzte die ledige Mutter in höherem Maße dem Risiko des Verlassenwerdens aus. Zwar galt dies als unehrenhaftes

Verhalten des Mannes, aber die anonymen Strukturen der wachsenden Städte boten den Männern zunehmend die Möglichkeit, sich den regulierenden Kräften der Nachbarschaft und der territorialen Jugendgruppen zu entziehen. Die hohe Mobilität der Arbeiter bis in die Zeit des Ersten Weltkriegs reduzierte die Wirksamkeit der sozialen Kontrolle durch das lokale Milieu. Von den 1895 in Frankfurt geborenen unehelichen Kindern von Fabrikarbeiterinnen wurde z. B. nur knapp ein Drittel nachträglich legitimiert.[190] Ein erheblicher Teil der Frauen mußte ihre Kinder allein aufziehen oder zu Verwandten oder in Kinderheime in Pflege geben. Sie bildeten einen wesentlichen Teil der Klientel einer nach dem Ersten Weltkrieg aufgebauten neuen sozialen Fürsorge, die die alten Formen der Armenpflege ablöste.

Verbesserte Möglichkeiten zur Eheschließung und Familiengründung erhielten in der Phase der industriellen Revolution und in den Jahrzehnten der Hochindustrialisierung vor allem jene Arbeiter, die den innovativen Branchen der Industrie angehörten, vor allem die Facharbeiter des Werkzeug- und Maschinenbaus. Sie waren in keiner Weise hausrechtlich eingebunden, d. h. sie waren nicht im Haushalt ihrer Arbeitgeber integriert und daher auch nicht zur Ehelosigkeit gezwungen. Ihr höheres Lohnniveau erleichterte die Familien- und Haushaltsgründung. Sie wiesen aber – bedingt durch die erforderliche Qualifikation und wohl auch durch eine Phase des »Ansparens« und der Vorbereitung der Haushaltsgründung – ein etwas höheres Heiratsalter auf.[191]

Sobald es die Umstände erlaubten, zog auch der bis dahin alleinstehende Untermieter oder »Bettgeher« (»Schlafbursche«) die Gründung einer Familie seinem Junggesellendasein vor. Im »Stand der Ehe« erwartete er, mit Nahrung und Kleidung versorgt, sexuell befriedigt und emotional gestützt zu werden. Hier wurde ihm von seiner Frau die Wäsche gewaschen, gekocht und aufgeräumt, wofür er als alleinstehender Arbeiter bezahlen mußte, es sei denn, er lebte noch im Haushalt seiner Eltern. Von seiner Ehe versprach er sich jene emotionale Geborgenheit und sexuelle Befriedigung, die er als »Bettgeher« oder Untermieter meist vermißte.[192] Für die meisten ledigen Arbeiterinnen war es ebenfalls nur eine Zeitlang möglich, in Untermiete oder beim Arbeitgeber (Dienstmädchen, Gehilfinnen im Handel) zu leben. Für Arbeiterinnen, deren Lohn oft nicht ausreichte, einen eigenen Haushalt zu führen, bot die Heirat die Möglichkeit, sich aus der Herkunftsfamilie oder dem Haushalt des

Arbeitgebers zu emanzipieren. Manche Frau verband mit der Heirat wohl auch die Hoffnung auf eine baldige Befreiung aus dem Los der unterdrückten und schlecht bezahlten Arbeiterin.

Mit der Gründung eines gemeinsamen Haushalts und vor allem mit der Geburt der Kinder begab sich die Arbeiterin jedoch in eine existentielle Abhängigkeit von ihrem Lebensgefährten oder Ehemann. Diese materielle Abhängigkeit – sie war oft auch dann gegeben, wenn die Frau weiterhin erwerbstätig blieb, da sie zu wenig oder nur unregelmäßig verdiente – begründete jene Rolle des Arbeitermannes als Ernährer der Familie, die bei weitgehender Besitzlosigkeit das materielle Fundament für den Herrschaftsanspruch und die Privilegien des Mannes schuf. Der Wunsch nach Heirat und Familiengründung hatte also für Mann und Frau je geschlechtsspezifische Gründe, so wie sich auch die materielle, soziale und psychische Lage im weiteren Eheverlauf für Mann und Frau differenzierte.

Es ist schwer zu sagen, wie sich die wohl verbreitete Hoffnung lediger Arbeiterinnen auf ein »kleines Familienglück« zu den unleugbaren und weithin bekannten Erfahrungen bereits verheirateter Arbeitskolleginnen verhielt. Für die meisten Arbeiterinnen bedeutete die Gründung eines Haushalts, die Geburt der Kinder und die oft darauffolgende Beendigung der Lohnarbeit eine Verringerung ihrer persönlich verfügbaren Mittel und des damit verbundenen Ausmaßes an persönlicher Autonomie. Es stellt sich die Frage, inwiefern das den Frauen bewußt war und welche Schlüsse sie daraus gezogen haben. Einige Autoren betonen die Skepsis und die geringen Illusionen, mit denen viele Arbeiterinnen ihrer Ehe entgegensahen.[193] Minna Wettstein-Adelt berichtet aus Sachsen Ende des 19. Jahrhunderts, die Arbeiterinnen hätten hier weniger auf die Heirat gedrängt, weil sie nicht so viele Kinder haben wollten wie ihre Mütter. Eine lange »Verlobungszeit« sollte die Heirat hinausschieben.[194] Auch für die Arbeitermänner sind skeptische, oft zynische Äußerungen zu Ehe und Familie vielfältig belegbar. Dennoch aber blieb die Ehe letztlich für die meisten ohne sichtbare Alternative. Wenn die jungen Arbeiterinnen nicht in dauernder Abhängigkeit von ihren Eltern oder – im Fall der Dienstmädchen – vom Arbeitgeber leben wollten, mußten sie sich über kurz oder lang zu Heirat und Haushaltsgründung entschließen. Daß sie damit nur das Patriarchat des Elternhauses oder der Herrschaft gegen das Patriarchat der Ehe eintauschten, mag vielen bewußt gewesen sein, die Gesellschaft bot ihnen jedoch keine erträgliche Alternative.

Das Heiratsalter differierte nach Regionen, nach dem Ausbildungsstand der Arbeiter und nach der Höhe ihres Einkommens. Qualifizierte, besser verdienende Arbeiter warteten häufig länger mit der Haushaltsgründung: dies betraf z. B. in der zweiten Hälfte des 19. Jahrhunderts süddeutsche Metallarbeiter, die so eine längere Zeit des »Ansparens« (für den Kauf von Möbeln etc.) hatten; sie heirateten oft erst mit etwa 30 Jahren[195], während das durchschnittliche Heiratsalter um das 24. Lebensjahr lag.[196] Insgesamt heirateten Arbeiter und Arbeiterinnen im Durchschnitt etwa drei Jahre früher als andere Berufsgruppen.[197] Ihre Ehepartner wählten sie überwiegend im eigenen Milieu (soziale Endogamie).

Mit dem Bedürfnis des Arbeiters nach »geordneten« Verhältnissen im eigenen Haushalt und der Hoffnung der Arbeiterin, mit der Heirat und den Geburten ihrer Kinder aus der »Fabriksklaverei« befreit zu werden, sind freilich nur in Umrissen die allgemeinen Motive für die Bereitschaft zu Heirat und Familiengründung genannt. Die Wahl des Ehepartners erfolgte innerhalb des je eigenen Arbeitermilieus – so hat es den Anschein – nach Kriterien, die sich vor allem auf die gemeinsame Lohnarbeiterexistenz und die Notwendigkeit der Reproduktion mit knappen Mitteln bezogen: ein »braver, fleißiger Mann«, eine »tüchtige Wirtschafterin« und ähnliche Bezeichnungen finden sich in Autobiographien und in mündlichen Erzählungen. Daß »Liebe« immer wieder »dabei« war, erstaunt nicht, war sie in dem höchst unsicheren Geschäft der Ehe doch noch am ehesten ein »Garant« dafür, daß sich die Ehegatten an die eingegangenen Verpflichtungen halten würden. Und schließlich waren die Vokabeln unzähliger Trivialromane in die in Beziehungsfragen eher »sprachlose« Arbeiterschaft eingedrungen.[198]

Jungen Paaren gelang es infolge ihrer Mittellosigkeit nur schrittweise, sich aus der materiellen und sozialen Abhängigkeit von ihren Eltern zu lösen. Die größten Probleme bereitete meist die Anmietung einer Wohnung und deren Einrichtung. Viele Paare erlebten die ersten Jahre ihrer Beziehung unter Bedingungen drückender Wohnungsnot. Oft konnten Mann und Frau zunächst nicht zusammenwohnen, sondern mußten weiterhin bei den Eltern oder mit anderen Arbeitern in Untermiete leben, bis sie nach Jahren des Sparens endlich eine gemeinsame Mietwohnung beziehen konnten. Andere junge Arbeiter begannen ihr »festes Verhältnis« oder ihre

Ehe in der elterlichen Mietwohnung[199], wofür sie meist Kostgeld zu bezahlen hatten. Infolge der geringen Anzahl verfügbarer Wohnräume schliefen häufig Geschwister, Eltern oder Verwandte im selben Zimmer. Die Folge für die sexuelle Beziehung des Paares war meist, daß der Geschlechtsverkehr rasch und heimlich – oft mit dem Beigeschmack des Verbotenen und Unsittlichen – vollzogen wurde.

Häufige Schwangerschaften und später die angestrebte, aber aus Mangel an wirksamen Mitteln nicht realisierbare Verhütung ungewollter Empfängnis belasteten im weiteren Verlauf der Ehe die sexuelle Beziehung der Ehepartner. In der Arbeiterschaft vollzog sich der gegen Ende des 19. Jahrhunderts einsetzende Geburtenrückgang langsamer als in anderen Berufsgruppen.[200] Innerhalb der Arbeiterschaft begannen die Arbeiter in den Großstädten, und hier vor allem die qualifizierten Arbeiter als erste, die Zahl der Geburten einzuschränken.[201] Dennoch blieb die durchschnittliche Zahl der Geburten in den Familien der Arbeiter lange Zeit die höchste von allen Bevölkerungsgruppen. In den Jahren 1891 bis 1894 kamen auf 1000 Frauen im Alter von 15 bis 50 Jahren im ärmsten Wiener Stadtbezirk 200 Geburten im Jahr, im reichsten hingegen nur 71. In Berlin oder Paris war das Verhältnis nicht ganz so kraß, doch auch hier erreichte die Zahl der Geburten in den Arbeiterbezirken etwa die doppelte Höhe jener in den wohlhabenden Bezirken.[202] Mit durchschnittlich 4,67 Kindern je Ehe hatten die Industriearbeiter in Deutschland auch noch im ersten Drittel des 20. Jahrhunderts die höchste Geburtenrate. Übertroffen wurden sie dabei nur von den in der Landwirtschaft beschäftigten Arbeitern (6,05 Kinder je Ehe), während etwa Angestellte und Beamte im Durchschnitt nur noch ca. drei Kinder hatten.[203]

Es besteht kein Zweifel, daß Arbeiterfrauen meist mehr Kinder bekamen, als sie eigentlich geplant und gewollt hatten. Die eheliche Sexualität war vom vergeblichen Kampf gegen überreichen Kindersegen überschattet. Die staatliche und kirchliche Politik, die Verbreitung von Verhütungsmethoden zu verweigern[204], führte zu massenhaften Abtreibungen in den unteren Schichten. In der Zeit zwischen der Jahrhundertwende und den dreißiger Jahren des 20. Jahrhunderts betrug die Zahl der Schwangerschaftsabbrüche in Deutschland ca. 200 bis 250 auf 1000 Geburten.[205] Vor allem bei den ledigen Frauen dürfte der Schwangerschaftsabbruch weitgehend die Verhütung der Empfängnis ersetzt haben, während er von verheirateten Frauen meist durchgeführt worden sein dürfte, wenn der Versuch der Empfängnisverhütung mißlungen war.[206] Typisch für die Frauen der Unterschichten waren – als Resultat der Strafdrohung und gerichtlicher Verfolgung – Versuche der Selbstabtreibung mit oft untauglichen und gesundheitsgefährdenden Mitteln sowie die Zuflucht zu Kurpfuschern: »Die Anwendung von Abtreibungsmitteln wie Seifenlauge, Pumpen, Stricknadeln unter den septischen Bedingungen… endete nur zu oft in körperlichen Schädigungen mit tödlichem Ausgang.«[207] In Deutschland starben jährlich bis zu 20000 Frauen an den Folgen unsachgemäßer Abtreibungsversuche, viermal so viele erkrankten daran.[208]

Neben dem »Coitus interruptus«, von den Arbeitern als das »Vor-Ort-Geschäft« bezeichnet, wurde die Scheidenspülung zum gebräuchlichsten, freilich unsicheren Mittel der Geburtenverhütung.[209] Das Gummikondom hatte für die innereheliche Schwangerschaftsverhütung in der Arbeiterschaft nur beschränkte Bedeutung. Als zuverlässig geltende Zoekal-Kondome (aus Schafsdarm gefertigt) blieben aus Kostengründen weitgehend den Mittel- und Oberschichten vorbehalten. Adelheid Castell hält es für denkbar, daß viele Arbeiter infolge der neuen, marktgängigen (aber mangelhaften und unsicheren) Verhütungsmittel altbewährte Praktiken aufgaben, »so daß sich das Empfängnisrisiko per saldo zunächst kaum verringert hat«.[210] Inwieweit die am häufigsten gewählte Praxis des »Coitus interruptus« die eheliche Sexualität beeinträchtigen konnte, ist umstritten. Von Sexualforschern und Psychologen wurde sie als lusthemmend bezeichnet.[211] Für die Frauen unterstrich sie auch die Hierarchie der Geschlechterbeziehung. Sie mußten darauf vertrauen, daß sich der Mann »beherrschte«; in mancher Ehe aber war dieses Vertrauen nicht vorhanden. Die daraus entstehende Angst der Frauen vor der »Unbeherrschtheit« und den sexuellen Ambitionen ihrer Ehemänner konnte allmählich in Aggression oder Sexualfeindlichkeit umschlagen. Verschärfend wirkte sich der hohe Alkoholkonsum vieler Arbeiter aus. »Es gibt unregelmäßige Trinker, Monatstrinker, Sonnabendstrinker und solche, die fast Tag für Tag ihrer Sinne nicht mächtig die Familie aufsuchen«, schrieb H. Ludwig 1896 über die *Ehe im vierten Stande*.[212]

Vieles deutet also darauf hin, daß die in den ersten Jahrzehnten des 20. Jahrhunderts einsetzende Reduktion der Geburtenzahl in der Arbeiterschaft ein leidvoller Kampf der Frauen gegen ihr »biologisches Schicksal« war. Arbeiterparteien, Regierungen, Kirchen und

Wissenschaftler ließen die Frauen dabei weitgehend im Stich. Das imperialistische Ziel des Bevölkerungswachstums, rassistische Ängste vor »Überfremdung« und »Kulturverlust«, aber auch die Rede von der notwendigen Vermehrung der »Arbeiterklasse« verhinderten politische Lösungen der Geburtenregelung.[213] Der je individuelle Kampf der Arbeiterfrauen mußte sich gegen jene Ehemänner richten, die das Ziel der Geburtenbeschränkung nicht teilten oder dem Problem phlegmatisch gegenüberstanden, da sie von den körperlichen Belastungen zahlreicher Schwangerschaften nicht betroffen waren und sich an der Kinderbetreuung und der Hausarbeit nicht beteiligten. Das Verhältnis der Geschlechter in der Arbeiterschaft scheint nicht zuletzt aus diesem Grund in die Phase einer konflikthaften Neubestimmung getreten zu sein. Die destabilisierenden Folgen des Ersten Weltkriegs und die massenhafte Arbeitslosigkeit in den zwanziger und dreißiger Jahren sollten diesen Kampf und damit die Krise des Patriarchats in den Arbeiterehen weitertreiben.

VI. Lohnabhängige Familien seit dem Ersten Weltkrieg

1. Kriegs- und Nachkriegsjahre

Die Jahre des Ersten Weltkriegs und die unmittelbare Nachkriegszeit setzten die Familien der lohnabhängigen Bevölkerung einer enormen Belastung aus. Die Einziehung vieler Familienväter und militärdienstfähiger Söhne, die zu Anfang und zu Ende des Krieges hochschnellende Arbeitslosigkeit sowie die drastische Geldentwertung verschlechterten die Einkommenslage der Familien.[1] Der verstärkte Einsatz der Frauen in den Verkehrs- und Produktionsbetrieben vermochte den durch den Militärdienst der Männer bedingten Verdienstausfall nur annähernd zu kompensieren.[2] Im Deutschen Reich waren bis 1918 mit ca. acht Millionen etwa die Hälfte aller Männer zwischen 15 und 60 Jahren zum Militär eingezogen[3], in Österreich-Ungarn waren es mit insgesamt 4,3 Millionen Männern etwa 60% der männlichen Bevölkerung zwischen 18 und 35 Jahren.[4] Die Absenz der Ehemänner und Väter führte aber über die wirtschaftlichen Verluste hinaus auch zu einem »sozialen Vakuum«. Zahlreichen Familien fehlte die patriarchalische Instanz, auf die sich zuvor viele familiale Lebensprozesse bezogen hatten.[5] Für viele Frauen brachte ihre Arbeit in der kriegswirtschaftlichen Industrie Erfahrungen der Solidarität und des eigenen Durchhaltevermögens. Insbesondere im Kampf gegen Preistreiberei und für eine bessere Versorgung mit Nahrungsmitteln wurden viele Frauen »politisiert«.[6] Andrerseits bildeten kriegswirtschaftlicher Einsatz und politisches Engagement für viele Frauen nur eine Interimslösung: Sie akzeptierten ihre enorme Belastung durch Erwerbsarbeit, Familie und Hausarbeit, die das überaus zeit- und kraftaufwendige »Organisieren« von Nahrungsmitteln und Brennstoffen einschloß, weil sie mit der Heimkehr der Männer aus dem Krieg das Ende ihrer Überbelastung erwarteten.

Mit der Heimkehr jener Ehemänner und Söhne, die den Kriegseinsatz überlebt hatten, setzte jedoch nicht nur ein verstärkter Kampf um die Arbeitsplätze und eine teilweise Verdrängung der Frauen aus der Industrie[7], sondern auch ein Kampf um die Positionen in den Familien ein.[8] Viele der Heimkehrer fanden zunächst keinen Arbeitsplatz. Darüber hinaus waren sie der Lohnarbeit entwöhnt. Krüppel und psychisch erkrankte Männer wurden zur dauerhaften Belastung für ihre Familien. Anstelle der herbeigesehnten Entlastung für ihre Ehefrauen waren sie großenteils arbeitsunfähig oder sogar pflegebedürftig.[9] Der Psychoanalytiker Paul Federn sprach 1919 von einer »vaterlosen Gesellschaft«, die der Weltkrieg hinterlassen habe.[10] Verschiedene Arten der »Kriegsneurose« werden berichtet.[11] Da die Nachkriegsgesellschaften keine hinreichenden Hilfen für die Kriegsopfer bereitstellten, sondern sie möglichst aus dem Gesichtsfeld der Öffentlichkeit zu drängen versuchten, wurden die unbewältigten seelischen Verletzungen in die Familien hineingetragen. Viele Kriegsehen, die während eines Heimaturlaubs geschlossen worden waren, gingen unter den schwierigen Bedingungen der Nachkriegsjahre rasch in die Brüche. Die Scheidungsraten stiegen an. Dennoch scheinen – derartige Krisensymptome in Rechnung gestellt – die psychischen und physischen Folgen des Krieges, der Inflation und der Arbeitslosigkeit für den einzelnen noch am ehesten von seiner Familie »aufgefangen« worden zu sein. Daß unter diesen Bedingungen Experimente der Sozialisierung der Hausarbeit, wie sie im verbal-revolutionären Elan der ersten Nachkriegsjahre von sozialistischer Seite propagiert wurden[12], bei der Masse der Arbeiter auf Ablehnung stießen, scheint aus der aktualisierten Schutzfunktion der Familie verständlich. So wie die Demobilisierung nicht zu Revolutionen und Bürgerkriegen führte, sondern zur Stabilisierung der kapitalistischen Gesellschaftsordnung in den west- und mitteleuropäischen Ländern, fand – trotz Inflation und Arbeitslosigkeit – auch eine relative Stabilisierung des Mikrokosmos der Arbeiterfamilien statt. Nach Jahren des Hungers, des Massenmords auf den Schlachtfeldern und der kriegsbedingten Zerreißung der Familien suchte die Mehrzahl der Menschen im »geordneten Heim« Zuflucht und Orientierung. Insgesamt setzte – maßgeblich unterstützt durch die Sozialgesetzgebung der ersten Nachkriegsjahre – eine Stabilisierung der Reproduktion in den lohnabhängigen Familien ein. Diese relative Stabilisierung wurde nicht zuletzt daran abgelesen, ob es gelang, die aus dem Krieg heimgekehrten Männer wieder auf ihre Arbeitsplätze zu bringen und damit die überkommene häusliche Ordnung, aber auch den innerbetrieblichen Statusvorsprung der Männer gegenüber den beschäftigten Frauen wiederherzustellen.[13]

Während des Krieges griffen die Regierungen der west- und mit-

teleuropäischen Staaten zur Realisierung ihrer Kriegsziele in das
Verhältnis von Lohnarbeit und Kapital ein. Die wirtschaftliche Produktion der kriegführenden Staaten wurde sukzessive einer kriegswirtschaftlichen Steuerung unterworfen, ohne daß damit die kapitalistischen Produktionsverhältnisse aufgehoben worden wären.[14]
Setzte der Staat einerseits errungene Rechte der Arbeiter außer
Kraft, um die Produktion kriegswichtiger Güter zu sichern (Verlängerung der täglichen Arbeitszeit, Aufhebung der Sonntagsruhe
und des Nachtarbeitsverbotes für Frauen, Beseitigung der Koali-
tionsfreiheit, Unterstellung der Arbeiter in kriegswichtigen Betrieben unter Kriegsleistungsgesetze und militärisches Kommando,
Aufhebung der »Freizügigkeit«), sah er sich andrerseits aus denselben kriegswirtschaftlichen Interessen gezwungen, sozialpolitische
Zugeständnisse an die Arbeiter zu machen (Mieterschutz, Kran-
kenversicherung, Ausbau des Mutterschutzes etc.).[15] Weitaus mehr
sozialpolitische Forderungen wurden jedoch bis 1918 – vor allem
von den Funktionären der Arbeiterparteien – formuliert und depo-
niert. Ohne diese vorbereitende Phase wäre die rasche Durchsetzung wesentlicher sozialpolitischer Gesetze nach Kriegsende nicht
möglich gewesen. Insgesamt scheinen die Jahre der Kriegswirtschaft ein »status nascendi« neuer staatlicher und kommunaler Po-
litikfelder gewesen zu sein.

2. Sozialstaat, Sozialdemokratie und Familie
in den zwanziger Jahren

Die Realisierung von sozialpolitischen Programmen, die großteils
während der Kriegsjahre entstanden waren, war an die politischen
Entwicklungen nach Kriegsende gebunden und verlief weitgehend
abgekoppelt von der Entwicklung der nationalen Ökonomie.[16] Sozialpolitische Maßnahmen wurden nicht zuletzt zu einem Instrument der Eindämmung revolutionärer Strömungen in den ersten
Nachkriegsjahren.[17] Stand die sozialdemokratische Politik zur Verbesserung der sozialen Lage der Arbeiter bis 1914 im Schatten der
Wahlrechtsbewegung, so trat sie nach dem Inkrafttreten der parla-
mentarisch-demokratischen Verfassungen in den Vordergrund.
Über die Reformperspektive der Sozialdemokratie und die Politik
der Sozialgesetzgebung wurden die Funktionäre der Arbeiterbewegung in staatlich-bürokratische Apparate involviert und zuneh-

mend integriert. Die Sozialdemokratien hatten ihre Staatsorientierung durch die Unterordnung der Interessen der Arbeiterschaft unter die außenpolitischen Interessen in ihrer »Burgfriedenspolitik«
eindeutig demonstriert. Diese Staatsorientierung setzte sich auch
in den Sozialreformen, die die Familien mittel- und unmittelbar be-
trafen, weiter fort.[18] Daß die Verbesserung der Lage der Arbeiterfamilien durch soziale Reformen zu den Aufgaben des Staates gezählt
wurde, ist durchgängig belegbar; ebenso daß die Staaten zum ersten Adressaten der Forderungen der Arbeiterbewegungen wurden.[19] Mit dieser Staatsorientierung eng verknüpft, unterdrückten
und integrierten die sozialdemokratischen Parteien die alternativen
politischen Ansätze der Rätebewegung.[20] Hatten Theoretiker der
Arbeiterbewegung wie Friedrich Engels oder August Bebel im
19. Jahrhundert noch die Auflösung der Arbeiterfamilie erwartet
und daraus die Befreiung der Geschlechter erhofft, fand die normative Idee der »geordneten« und »respektablen« Arbeiterfamilie nun
auch bei den meisten Theoretikern der Arbeiterbewegung Zustim-
mung.[21]

Die massiven Eingriffe der kriegführenden Staaten in die Bereiche
der Produktion und der Reproduktion hatten die Familien der
lohnabhängigen Bevölkerung insgesamt, und insbesondere die der
materiell schwächsten Schichten, nachhaltig in den Brennpunkt
der Gesellschaftspolitik der west- und mitteleuropäischen Nachkriegsgesellschaften gerückt. Auch auf der Ebene des politischen
Diskurses setzte sich also der längerfristige Trend zur Familialisierung der Arbeiterschaft, der bereits in den letzten Jahrzehnten des
19. Jahrhunderts eingesetzt hatte, weiter fort. Waren schon einzelne sozialpolitische Maßnahmen in den letzten Kriegsjahren auf
die Sicherung der familialen Reproduktion breiter Bevölkerungs-
kreise ausgerichtet gewesen, wurde die diesem Ziel dienende Gesetzgebung in den ersten Nachkriegsjahren enorm intensiviert. Im
Zentrum des gesetzgeberischen Interesses lag die materielle Reproduktion der Arbeiterklasse und – daran gekoppelt – die Absicht
ihrer Befriedung. Die Familialisierung der Arbeiterschaft von oben
– vor allem durch die zu Regierungsmacht gelangten sozialdemokratischen Arbeiterparteien hervorgebracht – stellte eine Reaktion
auf die revolutionären Tendenzen oder zumindest systemgefähr-
dende Unruhe in weiten Teilen der Arbeiterschaft dar (Massen-
streiks in der Endphase des Krieges, Räterepubliken in Bayern und
Ungarn, Aktivitäten der Arbeiterräte in Österreich, revolutionäre

Aktionen 1918/1919).[22] Die sozialpolitischen Maßnahmen, denen eine mittel- oder unmittelbare Wirkung auf das Familienleben zuzuschreiben ist, umfaßten den Ausbau des Versicherungswesens, des Mieterschutzes, die gesetzliche Einführung des Normalarbeitstages, Formen der betrieblichen Mitbestimmung (Betriebsräte), die Einrichtung von Ministerien für soziale Fürsorge und für Volksgesundheit und anderes mehr.[23] Während die Maßnahmen zum Schutz der Mieter und die gesetzliche Begrenzung der Mieten – in den letzten Kriegsjahren zum Schutz der Familien der Soldaten eingeführt – in den meisten Ländern nach Ende des Krieges teilweise oder gänzlich zurückgenommen wurden, blieben sie in Österreich bestehen. Hier sank daher in der Folge, begünstigt durch die Inflation, der durchschnittliche Anteil der Miete am Haushaltsbudget der Arbeiter von 14% (1912) auf etwa 3% im Jahr 1925. Ebenfalls noch in den letzten Kriegsjahren konnten Teile der gewerkschaftlich organisierten Arbeiterschaft Familienzulagen zu den Löhnen und Kinderzulagen, gestaffelt nach der Zahl der Kinder, durchsetzen.[24]

Strukturell scheint die Zäsur des Weltkriegs das Ausscheiden familienfremder Personen aus den Haushalten beschleunigt zu haben. Je stärker die Mieten durch die Inflation entwertet wurden, desto mehr Untermieter und »Bettgeher« wurden gekündigt, da die Hauptmieter ihren Beitrag zur Wohnungsmiete nicht mehr benötigten.[25] Das war eine Voraussetzung für die weitere Privatisierung der Familien und die Entwicklung eines familialen Binnenklimas, das dem bürgerlichen Familienmodell näher kam. Der steigende Anteil mitwohnender Verwandter, die sich aufgrund der Wohnungsnot gezwungen sahen, bei verwandten Familien Unterschlupf zu finden, verzögerte jedoch die Tendenz zur Kleinfamilie.[26] In den Arbeiterwohnungen lebten fortab zwar kaum mehr »Bettgeher« und Untermieter, aber die Arbeiterwohnungen blieben weiterhin überfüllt: Kinder blieben bis zur Heirat und oft länger in der elterlichen Wohnung, Großeltern und Verwandte wurden in die ohnehin beengten Wohnungen aufgenommen. Die hohen Arbeitslosenraten und die Praxis der staatlichen Arbeitslosenunterstützung trugen ebenfalls zu einem häufigeren Zusammenwohnen von erwachsenen Kindern und Eltern bei. In Wien lebten in den zwanziger Jahren z. B. mehr als die Hälfte aller in einer Untersuchung erfaßten Arbeiterfamilien in Wohnungen, die nur aus einem Zimmer und einer Küche bestanden; im Durchschnitt wohnten auf diesem Raum fünf Personen, aber fast ein Viertel aller Zimmer-Küche-Wohnungen war von mehr als sieben Personen belegt.[27] Nach dem Ausscheiden familienfremder Personen aus den Haushalten der Arbeiter waren damit einer weiteren Intimisierung der Arbeiterfamilie durch das enge Zusammenleben von Eltern und Kindern Grenzen gesetzt, denn es scheint, als hätte die durch die Wohnverhältnisse erzwungene Nähe von Eltern und Kindern zur Aufrechterhaltung streng hierarchischer Beziehungen zwischen den Geschlechtern und zwischen den Generationen geführt.[28] Konnten die Kinder noch auf die Außenräume der umliegenden Gassen, auf die an der Peripherie der Städte gelegenen Wiesen und Wälder ausweichen[29], stellte sich die Wohnungsnot vor allem für die erwachsenen Arbeiterkinder und die jungen Paare als drückende Problematik dar.[30] Nicht zuletzt daraus dürfte sich auch die Bevorzugung des Modells der Kleinfamilie in weiten Teilen der Arbeiterschaft erklären.[31] Der Bedarf nach Kleinwohnungen stieg, und die im Zuge des Weltkriegs weitgehend zusammengebrochene Bautätigkeit privater Unternehmen mußte in den Städten durch genossenschaftliche und kommunale Wohnbauunternehmen ersetzt werden.

Das häufige Wechseln der Wohnungen (»nomadisches Wohnen«), wie es vor und in den ersten Jahren des Weltkriegs vor allem von den Arbeitern praktiziert worden war, ging deutlich zurück. Wenn man von jenen Familien absieht, die in den zwanziger Jahren und zu Beginn der dreißiger Jahre in die neu errichteten Genossenschafts- und Gemeindebauwohnungen einzogen, kam die Wohnmobilität nach dem Weltkrieg fast zum Erliegen. Auch die zwischenstädtische Mobilität und die Land-Stadt-Wanderungen gingen nach dem Krieg drastisch zurück. Neben den strukturellen Wandel trat nun eine staatliche und kommunale Familienpolitik, die auf die Probleme der Wohnungsnot, des erzwungenen Zusammenlebens von Jung und Alt in den Mietwohnungen der Zinshäuser und die Beeinträchtigung der familialen Reproduktion durch Wohnungsknappheit und eine als mangelhaft betrachtete »pädagogische Kompetenz« in den Familien der unteren Schichten reagierte.

Sowohl in der Weimarer Republik als auch in der Ersten Österreichischen Republik, aber auch in skandinavischen Ländern, schworen sich die sozialdemokratischen Parteien im Gefolge des Weltkriegs auf eine soziale Reform- und Wohnungspolitik ein.[32] In der Weimarer Republik wurden zwischen 1924 und 1929 ca. 2,5

Millionen Wohnungen im Rahmen des sozialen Wohnungsbaus errichtet, im sozialdemokratisch verwalteten Wien im selben Zeitraum über 60 000 sog. »Gemeindewohnungen« gebaut. Wenn auch die Obstruktion der konservativen Parteien und schließlich die Weltwirtschaftskrise dieser Politik schon Ende der zwanziger Jahre den finanziellen Boden entzogen, ging die Bedeutung der sozialdemokratischen Wohnungspolitik in diesen Jahren weit über die Kennzahlen ihres realpolitischen Erfolges hinaus. Die Wohnungspolitik hatte nicht nur eine Verbesserung der Wohnbedingungen für Arbeiterfamilien zur Folge; sie transportierte auch neue Standards des Familienlebens und der Haushaltsführung, die die Tendenz der Familialisierung der Arbeiterschaft in qualitativer Hinsicht entscheidend bestimmten.[33] In Wien bewirkte die auf etwa 3 % des monatlichen Einkommens reduzierte Mietenbelastung – die sich durch die »Einfrierung« aller Mieten auch auf die Mieter in den privaten Zinshäusern erstreckte – das Ende des »nomadischen Wohnens« und eine längerfristige Wohnperspektive: erstmals begannen Arbeiterfamilien in die Ausgestaltung ihrer Mietwohnung zu investieren und sie nicht bloß als temporäre Unterkunft zu betrachten.[34]

Da die sozialdemokratischen Parteien sowohl in der Weimarer Republik als auch in Österreich bald nach Kriegsende aus den Regierungen ausschieden, verschob sich das organisatorische Feld für ihre familienorientierte Politik auf die sozialdemokratisch dominierten Länder und Industriestädte. Hier waren SPD und SDAPÖ nach 1919 stark vertreten oder – wie in Frankfurt und Wien – im Besitz der alleinigen Regierungsverantwortung. Bis zum Ersten Weltkrieg hatte die Wohnungs- und damit die Familienfrage weithin als »Nebenwiderspruch« gegolten, dessen Lösung eine Vergesellschaftung der Produktionsmittel jedenfalls vorangehen müsse. Die Folge eines verengten, weitgehend auf Parlamentarismus und Wahlrecht reduzierten Politikverständnisses war gewesen, daß Probleme des Wohnens und der Familie eher nachrangig behandelt worden waren. Vermutlich auch aus diesem Grund war zunächst nur ein Bruchteil der lohnabhängigen Frauen und der Ehefrauen der Arbeiter in den sozialdemokratischen Parteien organisiert.[35] Nun, im Licht der Erfahrungen des Weltkriegs und nicht zuletzt im Bemühen um die nach Einführung des allgemeinen Wahlrechts relevant gewordenen Stimmen der Frauen, wurden Modernisierungsprogramme (von den Zeitgenossen als »Kulturreform« u. ä.

bezeichnet) erarbeitet, in denen der Familie, dem Wohnen und den Frauen ein prominenter Platz eingeräumt wurde.

Der von den sozialdemokratischen Parteien initiierte Massen-wohnungsbau sagte den »halboffenen« Familienstrukturen der Arbeiter, ihren hohen Illegitimitätsraten und dem behaupteten Erziehungsdefizit der Arbeiterfamilien den Kampf an. Auf der Ebene der Reformdiskussion setzten die Sozialdemokraten an den alten Verhältnissen an, die freilich in Gestalt der »Zinsburgen des Kapitals« weiterhin die Physiognomie der großen Städte beherrschten. Die Polemik um die Modernisierung des Familienlebens der Arbeiter steigerte sich vielerorts zum »Kampf um die Seelen der Arbeiter«, gegen den »Muff der alten Stube«, für die Kreation des »neuen Menschen« und einen neuen Wohnbau als »praktischen Sozialismus«.[36] Die klassen- und milieuspezifischen Formen des Familienlebens der Arbeiter wurden in dieser Reformdiskussion von den intellektuellen Theoretikern in ihrer inneren Regelhaftigkeit und kulturellen Spezifik nicht erkannt.[37] Die sozialdemokratischen Funktionäre sahen wie die bürgerlichen Beobachter im proletarischen Familienleben vor allem ein Defizit an Kultur, einen Mangel an Liebe und einen Mangel an Ordnung. Sie polemisierten gegen die »halboffene« Familie der Mietskaserne, gegen die mangelnde elterliche Betreuung der Gassenkinder u. a. m. Diese Kritik gründete sich auf die Idee der Überlegenheit des bürgerlichen Familienmodells. Das Ideal der Sozialreformer war – weithin unbestritten – die Kleinfamilie. Während sich die einen gemäß dem bürgerlichen Familienmodell die mutterzentrierte Familie wünschten, in der die Mutter nicht erwerbstätig sein mußte, sondern als Hausfrau und Erzieherin ihrer Kinder die zentralen Defizite der alten Arbeiterfamilie beheben sollte, sahen Angehörige des linken Flügels und die Führerinnen der Sozialdemokratie eine weitgehende Entlastung der Arbeiterfrau von den körperlich belastenden Hausarbeiten vor, um Frauenerwerbsarbeit und Familienleben besser vereinen zu können. Insbesondere in der »revolutionären Phase« der ersten Nachkriegsmonate stand auch der private Haushalt der Arbeiter auf der Liste der Sozialisierungswünsche: Im Anschluß an Konzepte von August Bebel und Lily Braun[38] wurde – unter dem Druck der Rätebewegung – etwa in dem österreichischen Sozialisierungsprogramm von 1919 die Sozialisierung der Haushalte, verbunden mit der Sozialisierung des privaten Besitzes von Mietshäusern, gefordert.[39] Sowohl für den rechten wie für den linken Flügel der sozialdemokratischen Parteien war es jedoch das erklärte Ziel, die Arbeiterfamilie von jenen Überlastungen zu befreien, die eine Emotionalisierung der Ehegatten- und der Elternkindbeziehung nach bürgerlichem Vorbild zu behindern schienen. Außer der Befreiung von den besonders anstrengenden Hausarbeiten sollte die Arbeiterfrau durch Aufklärung und Schulung in ihrer erzieherischen und pflegerischen Kompetenz gestärkt werden. An der ideologischen Überhöhung der Rolle der Frau als Hausfrau und Mutter, im bürgerlichen Diskurs des 19. Jahrhunderts mit großer publizistischer Wirksamkeit entfaltet[40], hielten auch die sozialdemokratischen Kulturreformer weitgehend fest.[41] Unübersehbar ist der Einfluß der Wissenschaften, auf deren medizinische, psychologische, sozialwissenschaftliche und politiktheoretische Konzeptionen sich die Reformer beriefen.[42] Deutlich trat die Sozialisation des Arbeiterkindes in den Mittelpunkt des an die Familie adressierten Reformanspruchs.[43] Im Zusammenhang mit den Kriminalitätsstatistiken der Kriegs- und Nachkriegsjahre, die ein Anwachsen der Jugendkriminalität indizierten, entstand eine breite Diskussion über den Schutz der Jugend, die – in weitgehender Übereinstimmung von bürgerlichen und sozialdemokratischen Funktionären und Theoretikern – auf das engste mit normativen Forderungen an die Familien verbunden wurde.[44] Die architektonischen Zielsetzungen des neuen Massenwohnungsbaus, die Konzepte zur Reform des Wohnens, die Propagierung einer Modernisierung und Rationalisierung der Hausarbeit[45], der Versuch, die Mütter zu einem rationellen Umgang mit Säuglingen und Kleinkindern zu erziehen und schließlich die Propaganda zur Modernisierung der Körper (Kurzhaarfrisuren für die Frauen, einfachere, zweckmäßigere Bekleidung, Gesundheitsturnen u. a. m.)[46] folgten einem übergeordneten Trend zur Rationalisierung des Alltags, der von der Rationalisierung der industriellen Betriebe (Taylorisierung) seinen Ausgang genommen hatte.

Die Programme zur Reformierung der Arbeiterfamilie scheiterten z. T. an den materiellen Bedingungen des proletarischen Familienlebens, aber auch an der Widerständigkeit der Arbeitermilieus, die sich die Missionierung ihrer Binnenräume nicht immer ohne Gegenwehr gefallen ließen.[47] Bemerkenswert scheint, daß die Arbeiter nicht nur ihre plebejische Geselligkeit, volksmedizinische Praktiken und Aberglauben gegen die Eingriffe der Agenten der neuen Wohlfahrt zu verteidigen suchten, sondern auch ihren bürgerlichen Vorbildern – der guten Stube, der Domestizierung der Frau – treu bleiben wollten, Vorbildern also, denen nachzustreben erst wenigen Arbeitergenerationen einigermaßen möglich geworden war. Erst eine Minorität der Arbeiterfamilien hatte »biedermeierliche Geborgenheit«, »überflüssigen Dekor« und »Gefühlsüberschwang«[48] in Ansätzen realisieren können, als dies von den Sozialreformern schon heftig kritisiert wurde. Insofern gerieten Arbeiterfamilien in den zwanziger Jahren in einen Zwiespalt zwischen ihnen liebgewordenen Surrogaten kleinbürgerlichen Familienlebens einerseits und sozialreformerischen Attacken auf die altmodisch scheinenden und die Hausfrauen mit unnötigen, weil rationalisierbaren Arbeiten belastenden Eigenheiten des kleinbürgerlichen Familienlebens andrerseits. Ist die anti-modernistische Haltung vieler Arbeiter, ihr patriarchalisches, frauenfeindliches und die Emanzipation der Kinder und Jugendlichen hinderndes Verhalten zu konstatieren, sollte auch nicht übersehen werden, daß der Widerstand gegen Veränderungen ihres Familienlebens ein Teil ihres Kampfes um Selbstachtung und Identität war. War der Arbeiter auf seinem Arbeitsplatz einer rigiden betrieblichen Hierarchie ausgeliefert, ständig von Entlassungen bedroht und von weitgehend unverstandenen Bewegungen des Marktes abhängig, bildete die Familie einen Ort, den er vergleichsweise autonom zu beherrschen und zu bestimmen glaubte. Die Aufrechterhaltung patriarchalischen Verhaltens gegenüber Frau und Kindern erscheint so als Preis für die durch die Gesetze des Marktes und der Produktivkraftentwicklung erzwungene Anpassung der Lohnarbeiter an fremdbestimmte Arbeitsbedingungen in den Betrieben.[49]

Dem Ziel einer Modernisierung des Familienlebens diente auch die zweite Säule staatlicher und kommunaler Familienpolitik: die *soziale Wohlfahrt* und innerhalb dieser die Einrichtung neuer Fürsorgesysteme. In den meisten europäischen Staaten war vor 1914 und während des Ersten Weltkriegs angesichts hoher Säuglingssterblichkeit, des Massensterbens auf den Schlachtfeldern und der »Verseuchung« Tausender Frauen durch geschlechtskranke Männer – ein von allen politischen Kräften getragenes Bewußtsein für die Notwendigkeit einer Bevölkerungspolitik mit deutlich rassehygienischen Akzenten entstanden.[50] Die Familienpolitik wurde in den Kriegs- und Nachkriegsjahren eng mit der Frage verknüpft, wie die kriegführenden Länder ihre an den Fronten »verlorenen Generationen« ersetzen könnten.[51] In der programmatischen Ausrichtung der öffentlichen Wohlfahrt auf das Wohl der Familien (Konzipierung einer Familienfürsorge anstelle der traditionellen Armenpflege und Individualfürsorge)[52] sahen christlich-soziale wie sozialdemokratische Funktionäre das wichtigste Mittel zur Sicherung der gesellschaftlichen Reproduktion. Die Betonung der prophylaktischen Aufgaben der Fürsorge führte zu einer Konzentration des fürsorgerischen Interesses auf die Kinder und Jugendlichen (Jugendwohlfahrt).[53] Über ihre fürsorgerische Erfassung und Beobachtung gelangte die Masse der Familien erstmals systematisch in den Blick der Sozialfunktionäre. Die Familie war nicht so sehr als ganze und als soziales System (wie später ab den sechziger Jahren), sondern vor allem im Hinblick auf das Kind und den Jugendlichen Gegenstand fürsorgerischer Intervention und sozialer Kontrolle. Wo Familien hinreichende »Aufzuchtbedingungen« nicht zu gewährleisten schienen, wurde vorübergehender oder dauerhafter Ersatz in den Institutionen der geschlossenen Fürsorge (Kinder- und Jugendheime) gesucht. Jugendämter übernahmen den Schutz und die Vormundschaft über unehelich geborene Kinder. In Mütterberatungsstellen wurden die Mütter durch Ärzte, Hebammen und Fürsorgerinnen in der Ernährung und Pflege ihrer Säuglinge und Kleinkinder beraten. Sozialdemokratische Politik unterschied sich hierin nicht von den Zielen einer bürgerlichen Sozialhygiene- und Fürsorgebewegung, die etwa seit der Jahrhundertwende nach dem Vorbild der französischen »consultations de nourissons« von Berlin aus begonnen hatte, die Mütter der unteren Schichten zu einem »rationellen« Umgang mit ihren neugeborenen Kindern zu erziehen.[54] Stillprämien, Säuglingswäschepakete[55] u. a. m. bildeten einen Anreiz für die Frauen, sich der ärztlichen Kontrolle und Beratung zu unterziehen. Unangemeldet erfolgende Hausbesuche von Krankenschwestern und Fürsorgerinnen dienten der Kontrolle der Mütter.[56] Dabei galt das Hauptaugenmerk der Kinderpflege und der Haushaltsführung. Kinder aus Haushalten, die von den Fürsorgerinnen als verwahrlost beurteilt wurden, sowie Kinder aus Familien von langjährig Arbeitslosen, die keine Unterstützung mehr erhielten, Kinder gewalttätiger oder alkoholkranker Eltern wurden in Kinderheime überstellt.[57] Mit der Kampagne für eine bessere Säuglings- und Kleinkinderpflege und für mehr »Nettigkeit« und Reinlichkeit in den Arbeiterhaushalten[58], die ohne Zweifel zur Senkung der Säuglings- und Kindersterblichkeit beitrug[59], waren ideologische Absichten und Effekte verbunden. Die »Erziehung« der Mütter zu braven Hausfrauen, die Zurückdrängung der Volksmedizin und die Medikalisierung und Hygienisierung der Arbeiterfamilie bildeten die Elemente einer Politik, die die Familie vor allem als kleinste Produktionseinheit einer neuen *Menschenökonomie* verstand, für die eine »qualitativ höherwertige« über eine »extensive Menschenproduktion« zu stellen war.[60]

Insgesamt kann gesagt werden, daß in den meisten west- und mitteleuropäischen Städten nach den Verheerungen des Weltkriegs und den bevölkerungspolitischen Diskussionen ein dichtes Netz fürsorgerischer Einrichtungen geschaffen wurde, das sich primär auf die Unterschichten und insbesondere auf die »nicht-respektablen« Teile der Arbeiterschaft erstreckte. Da die Rolle der Frau als primär Verantwortliche für Kinderpflege und Erziehung weder von bürgerlichen Ärzten und Politikern noch von den führenden sozialdemokratischen Funktionären in Frage gestellt wurde, war die Arbeiterfrau die Hauptadressatin dieser Politik. Mit ihrer »Erziehung« zur Hausfrau und Mutter, die sich für das körperliche und seelische Wohl ihrer Kinder und ihres Ehemannes hauptverantwortlich fühlen sollte, wurde die Arbeiterfamilie dem bürgerlichen Familienmodell ein erhebliches Stück nähergebracht.

Die unter dem Eindruck des sozialen und politischen Umbruchs bei Kriegsende formulierten Ziele einer Sozialisierung der Hauswirtschaft wurden nicht realisiert. Auch im weltweit bekanntgewordenen und mythisierten »Roten Wien« erfolgte die Verwaltung der großen Wohnhöfe nicht etwa durch Mieterausschüsse[61], sondern durch die kommunale Bürokratie (Wohnungsamt, Wohnungsinspektion). Das Konzept der Zentralisierung der Hauswirtschaft durch Zentralküche und Speisesaal wurde einzig in dem von einer bürgerlichen Wohnungsgenossenschaft angekauften Experiment eines Einküchenhauses verwirklicht.[62] Die Gemeinschaftseinrichtungen in den großen »Gemeindebauten«, die vor allem die Frauen von den Mühen der Hausarbeit entlasten sollten – Bäder, Zentralwaschküchen, Kinderspielplätze und Kindergärten –, konnten ohne Retuschen am normativen Modell der *Kleinfamilie* eingerichtet werden. Ihm wurde die *Kleinwohnung* – architekturgeschichtliches Erbe bürgerlich-philanthropischer Reformpläne des 19. Jahrhunderts – auf den Leib geschnitten. Von den halböffentlichen Flächen der Stiegenhäuser wurde sie erstmals durch den Vorraum und die Ausstattung mit Klosett und Fließwasser abgeschlossen.

Damit war der »halboffenen Familie« des Zinshauses architektonisch der Boden entzogen. Die »Verregelung« der alltäglichen Lebensprozesse (die Festlegung der Zeiten, zu denen die Hausfrau waschen, zu denen sie den Hausmüll ausleeren, zu denen sie die Teppiche klopfen durfte), strenge Vorschriften für die Benützung der begrünten Höfe und deren Überwachung durch die Hausmeister, das Verbot, Untermieter oder »Bettgeher« in die Wohnung aufzunehmen und vieles andere mehr zeigen – neben den vorhin skizzierten Maßnahmen der Sozial-Hygienebewegung – die protektionistischen und disziplinierenden Züge einer Politik, die sich die Modernisierung der Familie in den unteren sozialen Schichten zum Ziel gesetzt hatte.[63]

3. Weltwirtschaftskrise und Arbeitslosigkeit

In den Jahren der Wirtschaftskrise reduzierten die in budgetäre Bedrängnis geratenen und konservativ agierenden Regierungen schrittweise die in der »revolutionären Phase« nach dem Ersten Weltkrieg eingeführten Sozialleistungen des Staates. Der Anteil der unterstützten Arbeitslosen fiel.[64] Bei der Suche nach kurzfristigen Gelegenheitsarbeiten spielten soziale Netze der Verwandten und Bekannten eine erhebliche Rolle. So wie den Schulabgängern Lehrstellen und erste Arbeitsplätze immer wieder über Familienmitglieder, Verwandte und Bekannte (also noch nicht über anonyme Einrichtungen der Arbeitsmarktverwaltung) vermittelt wurden, wurde die Schattenökonomie der Gelegenheits- und Aushilfsarbeiten über die informellen sozialen Netze der Wohnquartiere reguliert.[65]

Es erscheint als eine logische Fortsetzung der überkommenen Geschlechterhierarchie, daß die Frauen in den lohnabhängigen Schichten jede Gelegenheitsarbeit annahmen, um die Familie über die Zeit der Arbeitslosigkeit hinwegzubringen. Dagegen glaubten es Facharbeiter und Angestellte oft nicht mit ihrem Berufsstolz vereinbaren zu können, »irgendeine« Arbeit anzunehmen. Mancher Facharbeiter lehnte es sogar ab, auf Arbeitssuche zu gehen und betrachtete es als »Schande«, »klopfen gehen zu müssen«.[66] Männer nahmen meist erst dann eine Gelegenheitsarbeit an, die unter ihrem Qualifikationsniveau lag, wenn weder die Ehefrau noch die Kinder eine Erwerbsmöglichkeit fanden. Die Mehrzahl der Arbeiterfrauen

hatte auch in vorhergehenden Phasen mit höherem Beschäftigungs-
niveau nicht oder wenig qualifizierte Arbeiten verrichtet. Vor allem
Hilfsarbeiten in Fabriken und Werkstätten und die häuslichen
Dienste wie Putzen und Wäschewaschen, aber auch Heimarbeiten,
die zu Hause – oft ohne versicherungsrechtliche Anmeldung – ausgeübt wurden, ließen Frauen in der Wirtschaftskrise als Arbeitskräfte erscheinen, die keinerlei sozialen Status zu verlieren hatten.
Die Erwerbsarbeit der Frauen und Töchter brachte zwar deutlich
geringere Einkommensanteile als die der Männer ein, konnte aber
aufgrund ihres anspruchslosen und flexiblen Charakters in der
Wirtschaftskrise für die Familie existenzsichernd sein.[67] Eine gelernte Weißnäherin spricht es aus:

»Die Arbeiten, die wir gemacht haben, Hausarbeiten zum Beispiel, die
haben ja die Männer nicht können, nicht. Aber da haben wir . . . Wäsche
gewaschen oder Fenster geputzt. Das haben wir gemacht, auch wenn's
uns schwergefallen ist. Aber wir haben's Geld gebraucht. Da hast kein Ar-
beitsamt braucht und keine Bewilligung, nix, das hat ein jeder können.
Das kann man heut auch, wenn man will, nicht, wenn man arbeiten will,
findet man eine Arbeit, aber eben nur eine solche.«[68]

Von der Geschicklichkeit und Ausdauer der Frauen hing es auch ab,
ob es gelang, die Reproduktionskosten der Familien zu senken. Die
Suche nach billigem Gemüse, die Reparatur abgetragener Kleidung
(mehrmaliges Wenden von Hemden, Röcken und Mänteln), der
sparsame Umgang mit Heizmaterial, all das war vor allem eine Aufgabe der Frauen. Von arbeitslosen Männern wird berichtet, daß sie
– um Heizkosten und Körperenergie zu sparen – bis in die Mittagszeit im Bett blieben.[69] Ein Teil der jugendlichen Arbeitslosen ging,
um die Familie von »unnützen Essern« zu entlasten, »auf die
Walz«. Mit diesem an das handwerkliche Gesellenwandern erin-
nernden Ausdruck bezeichneten die Arbeitslosen ihre Wanderungen, auf denen sie – auf der Suche nach Arbeit, aber oft zum Betteln
gezwungen – durch halb Europa kamen.[70]
  In den Städten, in denen die Arbeiterkultur hoch entwickelt war,
kam der politischen Arbeit der Arbeitslosen identitätssichernde
Bedeutung zu. In ihrer politischen Arbeit fanden vor allem junge
arbeitslose Arbeiter nicht nur ideologischen Rückhalt, sondern
auch die Gewißheit, daß ihre Lage nicht Ausdruck ihrer persönlichen Unzulänglichkeit, sondern die Folge einer kapitalistischen
Krise war.[71] Bei jenen Arbeitern, die über eine derartige Möglichkeit einer politisch-kulturellen Sicherung ihrer Identität nicht ver-

fügten und solcherart der Gewalt des bürgerlichen Realitätsprinzips ohne schützende ideologische Filter ausgesetzt waren, führte insbesondere langwährende Arbeitslosigkeit zur Gefährdung der sozialen Identität.[72] Vor allem für die älteren, über mehrere Jahre ohne Beschäftigung bleibenden Arbeiter erreichte die sich sukzessive verschärfende Not häufig ein Ausmaß, das ihr Selbstwertgefühl bedrohte. Zwischen jenen, die Arbeit hatten, und jenen, die jahrelang arbeitslos blieben, konnte eine soziale Kluft entstehen, die den Einbruch des Nationalsozialismus in Teile der Arbeiterschaft begünstigt haben dürfte.

Die Bedeutung der Familie als Netz solidarischer, aber ungleicher Verteilung der Risiken und Belastungen ist auch hinsichtlich des Rückgriffs auf subsistenzwirtschaftliche Traditionen belegbar. Dem städtischen Schrebergarten, aber auch der Bebauung gepachteter Gärten und Äcker in den landnahen Gebieten kam – wie in den Kriegs- und Nachkriegsjahren – erhöhte Bedeutung zu. Die Haltung von Kleintieren nahm selbst in dicht bebauten städtischen Gebieten überlebenswichtige Bedeutung und unter den großstädtischen Bedingungen teils skurrile Formen an: Mancher Wiener ging in jenen Jahren mit seinem Huhn an der Leine im Stadtpark spazieren. Die Kaninchen im selbstgebauten Stall in einer Ecke des Hofes der Zinskaserne gehörten zum alltäglichen Bild. Alte Formen der Überlebenssicherung wurden wieder aufgegriffen: das Ährenlesen, die Beschaffung von Brennholz aus den umliegenden Wäldern, das Sammeln von Altmetall, das dann wieder verkauft wurde. Alle Mitglieder der Familie wurden – ihren altersbedingten Fähigkeiten gemäß – zu solchen Formen erweiterter Reproduktionsarbeit herangezogen. Die Familie bildete – unter ungleichen Bedingungen für Mann und Frau – ein existenzsicherndes System: »Man hat müssen«, formuliert es ein gelernter Dreher, »immer in irgendeiner Art und Form dann im Familienverband leben, wenn man über die größte Not hinwegkommen wollte.«[73]

Mit der Dauer der Arbeitslosigkeit verschärfte sich die materielle und psychische Lage der Familien. Die Studie über die Arbeitslosen von Marienthal[74] zeigt den fortschreitenden Prozeß der »Resignation«, wenn sich die Arbeitslosigkeit aller Familienmitglieder über Jahre erstreckte. Wenn die Ergebnisse dieser Studie auch keineswegs auf Arbeitslosigkeit schlechthin (und insbesondere nicht auf größere Städte mit »grauen« Arbeitsmärkten und dichten sozialen Netzen einer entwickelten Arbeiterbewegung) übertragen werden dürfen[75], da die Situation in Marienthal – einem kleinen niederösterreichischen Fabrikdorf, dessen Bevölkerung durch die Schließung der einzigen Textilfabrik über Nacht fast ganz arbeitslos wurde – eher die Ausnahme als die Regel war, belegt sie doch in beeindruckender Weise die Bedeutung der Familie für das Krisenmanagement der Arbeiterfamilie: Nach dem Verlust der Rhythmisierung des Alltags durch Lohnarbeit kam den bewußt ausgedehnten Ritualen des Familienlebens besondere, identitätssichernde Bedeutung zu. 70% der beobachteten Familien wurde die Kategorie »resigniert« zugeordnet, worunter die Sozialforscher verstanden: »… keine Pläne, keine Beziehung zur Zukunft, keine Hoffnungen, maximale Einschränkung aller Bedürfnisse, die über die Haushaltsführung hinausgehen, dabei *aber* Aufrechterhaltung des Haushaltes, Pflege der Kinder und bei alledem ein Gefühl relativen Wohlempfindens«.[76]

Selbst unter den extremen Bedingungen langdauernder Arbeitslosigkeit blieben traditionelle Aufgabenteilungen zwischen Männern und Frauen in den Familien bestehen; die arbeitslosen Männer leisteten ihren Ehefrauen kaum Hilfe im Haushalt. Sie saßen herum oder strichen durch das Dorf und litten unter dem wachsenden Gefühl der Sinnlosigkeit. Die Frauen hatten indes über mangelnde Arbeit nicht zu klagen: die Arbeit im Haushalt, die Betreuung der Kinder, der Anbau von Kraut, Kartoffeln und Blumen im Garten, die sorgfältige Pflege und Ausbesserung der Kleider sowie die Reparatur der Gebrauchs- und Einrichtungsgegenstände (die nach unachtsamem Gebrauch nicht ersetzt werden konnten) bedeuteten ein vielfältiges Arbeitsgebiet. Der Aufwand an Zeit und Mühe für die reproduktiven Arbeiten nahm eher zu, wie eine der Frauen klagte: »Früher hat man den Kindern Kleider gekauft, jetzt muß man sie den ganzen Tag flicken und stopfen, damit sie ordentlich ausschauen.«[77] »Die Frauen sind«, resümierten die Sozialforscher, »nur verdienstlos, nicht arbeitslos im strengsten Wortsinn geworden. Sie haben den Haushalt zu führen, der ihren Tag ausfüllt. Ihre Arbeit ist in einem festen Sinnzusammenhang, mit vielen Orientierungspunkten, Funktionen und Verpflichtungen zur Regelmäßigkeit.«[78]

Insgesamt nahm die landwirtschaftliche Subsistenzarbeit als Folge von Kriegswirtschaft, Inflation und Arbeitslosigkeit im ersten Drittel des 20. Jahrhunderts wieder zu. Ihr Produktionsvolumen reduzierte sich freilich im Prozeß der Siedlungsverdichtung und steigender Bodenpreise. Bei einer rapid anwachsenden industriellen Arbeiterschaft im ersten Drittel des 20. Jahrhunderts blieb im Deutschen Reich der Anteil von Arbeitern mit landwirtschaftlicher Subsistenzarbeit mit 10% etwa gleich. Noch 1939 versuchten 45% der deutschen Arbeiterfamilien (die Arbeiter in der Landwirtschaft ausgenommen) einen Teil ihrer Nahrungsmittel aus eigener landwirtschaftlicher Tätigkeit zu beziehen.[79] Das war natürlich auf dem Land und an der Peripherie der Städte ungleich häufiger möglich als in den industriestädtischen Ballungsräumen. Die landwirtschaftliche Arbeit war – als erweiterte Hausarbeit – vor allem eine Aufgabe der Ehefrau des Arbeiters und seiner Kinder. Die Strategien der Bewältigung von Arbeitslosigkeit, Einkommensverlusten und Identitätskrisen zu Beginn der dreißiger Jahre scheinen vor allem im Rückgriff auf subsistenzwirtschaftliche Lebensformen und familiale Solidarität, insbesondere aber auch in einer erhöhten Belastung der Frauen durch die ihnen zugemuteten reproduktiven Arbeiten bestanden zu haben.

4. Familie im Nationalsozialismus

»Der Nazismus ist ein ökonomisches und politisches Problem, aber daß er ein ganzes Volk erfaßt, ist mit psychologischen Gründen zu erklären.« Dieser Satz Erich Fromms verweist nach wie vor auf einen richtigen Aspekt.[80] Während Adorno, Horkheimer, Fromm und andere Philosophen und Sozialpsychologen[81] der Familie in theoretischen Versuchen, die sozialen und psychischen Ursachen der Verbreitung des Nazismus und anderer Faschismen zu erklären, zentrale Bedeutung zugemessen haben, findet das Verhältnis von Familie und Faschismus weder in historischen Arbeiten zur Geschichte der Familie noch in der zeitgeschichtlichen Faschismusforschung gebührende Aufmerksamkeit. Scheint dies für die Zeitgeschichte aus dem Primat der Politik und mangelnder sozialwissenschaftlicher Orientierung erklärbar zu sein, läßt es für die Sozialgeschichte den öfter erhobenen Vorwurf ihrer Entpolitisierung berechtigt erscheinen. Es ist bemerkenswert, daß die »Historische Familienforschung« als eine der in den letzten beiden Jahrzehnten expansivsten Subdisziplinen der Sozialgeschichte bislang keine nennenswerten Beiträge zum Zusammenhang von Familie und Faschismus geliefert hat. Die Dominanz eines durch die verwendeten Quellen verstärkten spezifischen Struktur-Fetischismus, der die historischen Veränderungen des Familienlebens aus dem Vergleich von Haushaltsstrukturen u. ä. erkennen will, trug – da sich die Familienstrukturen faschistischer Gesellschaften nicht notwendig von anderen unterscheiden – offenbar dazu bei, der Frage von Faschismus und Familie auszuweichen. Nicht zufällig sind daher die wenigen Beiträge zur Geschichte der Familie im Faschismus nicht auf Strukturdaten aufgebaut, sondern auf erfahrungsgeschichtlichen Daten, wie sie z. B. mit Hilfe von Erinnerungsinterviews produziert werden.

Nachdem in den vierziger, fünfziger und sechziger Jahren von Fromm, Horkheimer, Reich u. a. die mögliche Prädisposition des Individuums für den Faschismus in autoritären Familien theoretisch ausgeführt worden ist, dürfte die historisch-empirische Analyse der innerfamilialen Verarbeitung von Wirtschaftskrise, Arbeitslosigkeit, Autoritätskonflikten und daraus folgender Faschismusanfälligkeit eine Bereicherung unseres Wissens über den Zusammenhang von Familie und Faschismus erbringen. Wie es scheint, vermochte der Nationalsozialismus – wie auch der italienische Faschismus – vor allem in seiner oppositionellen Phase (Nationalsozialismus und Faschismus als »Bewegung«) zunächst insbesondere Jugendliche in seinen Bann zu ziehen. Vieles deutet darauf hin, daß es den Nationalsozialisten gelang, jene Spannung zwischen den Generationen für sich zu nützen[82], die sich etwa seit dem Ersten Weltkrieg und dann in den krisenhaften zwanziger und frühen dreißiger Jahren durch den Gegensatz von autoritären Familienstrukturen und gleichzeitigem Prestigeverlust der Familienväter (durch die Niederlage im Ersten Weltkrieg, ihre wirtschaftliche Depotenzierung durch Arbeitslosigkeit) verschärft hatte. Gerade die Kinder und Jugendlichen aus gesellschaftlich minder- und unterprivilegierten Schichten dürften die Eingliederung in die Kinder- und Jugendorganisationen der faschistischen Gesellschaften als Statuszuwachs im Verhältnis zu den Erwachsenen und insbesondere auch gegenüber ihren Eltern erlebt haben. [83] Die Erweiterung ihres sozialen Erfahrungsraumes, die Herausforderung ihrer Leistungsreserven und die zwar para-militärische, aber egalitäre Struktur der faschistischen Jugendgruppen[84] hoben sich wohl für viele Jugendliche – wenigstens in einer ersten Phase – positiv von ihren Erfahrungen in den meist autoritären Herkunftsfamilien ab; das um so mehr, als die Eltern vieler Jugendlicher durch wirtschaftliche

Not und Arbeitslosigkeit nicht nur Prestige, sondern auch die Möglichkeit zur Ausübung von Schutz- und Sicherungsfunktionen für die Jugendlichen eingebüßt hatten.

Während große Teile der Arbeiterschaft und das katholische Bürgertum zur nationalsozialistischen Bewegung eine ablehnende oder resignierte Haltung einnahmen, wurde sie von dem aus Geschäftsleuten, Handwerkern und kleinen Angestellten zusammengesetzten Kleinbürgertum leidenschaftlich begrüßt.[85] Aber auch im Kleinbürgertum dürften die älteren Generationen eher die passive Massenbasis, ihre Söhne und Töchter aber die Rolle der »aktiven Kämpfer« gespielt haben. Fromm und andere Autoren haben die Ursache für die tragende Rolle des Kleinbürgertums in dessen besonderer gesellschaftlicher Lage gesehen:

»Der Horizont des Kleinbürgertums war eng begrenzt, es verachtete und haßte die Fremden, es war neugierig und neidisch auf die eigenen Bekannten, spionierte sie aus und rationalisierte seinen Neid als moralische Entrüstung. Sein ganzes Leben gründete sich auf das Prinzip der Sparsamkeit – wirtschaftlich und psychologisch.«[86]

Der eine oder andere dieser Charakterzüge war – wie Fromm selber anmerkt – auch in mancher Arbeiterfamilie gegeben. So etwa der Respekt vor Autorität oder ein ausgeprägter Sparsinn. Allerdings gab es da auch noch Reste einer Neigung zu plebejischem Luxuskonsum und antiautoritären Haltungen, wie wir sie etwa bei Heimarbeitern und anderen ländlichen und städtischen Unterschichten gefunden haben. Die antifaschistische Aufklärungsarbeit der Arbeiterbewegung ist keineswegs überall ohne Wirkung geblieben. Auch die Erschütterung der Familie als normativem System, wie sie der Mittelstand im Ersten Weltkrieg und im sozialen und kulturellen Umbruch der Revolution von 1918 erfahren hatte, dürfte die Familien der Arbeiter deutlich weniger ergriffen haben. Während der Mittelstand durch die Inflation an Vermögen verlor und seine Ersparnisse dahingerafft sah, hatte die Mehrzahl der Arbeiterfamilien wenig zu verlieren. Psychisch beeinträchtigten der verlorene Krieg, die Friedensverträge und der Zusammenbruch der Monarchien den Mittelstand ungleich stärker als die Arbeiterschaft. Während die in den Kriegsjahren verelendeten unteren Schichten – nachdem sie anfangs an der allgemeinen Kriegshysterie teilgehabt hatten – zumindest in den letzten Monaten des Krieges immer wieder gegen die Repräsentanten der Monarchie und der Armee rebellierten[87] und den Umbruch großteils begrüßten, bedeutete das Ende der monarchistischen Ära für den Mittelstand eine weitreichende Desorientierung und Verunsicherung.

»Vor dem Krieg konnte man sich als etwas Besseres vorkommen als ein Arbeiter. Nach der Revolution hob sich das gesellschaftliche Prestige der Arbeiterschaft beträchtlich, und entsprechend schwand das Ansehen des Kleinbürgertums dahin. Es war jetzt keiner mehr da, auf den man hätte herabsehen können, ein Vorrecht, das bei den kleinen Geschäftsleuten und ihresgleichen immer eine wichtige Rolle gespielt hatte.«[88]

Der Zerfall der alten Autoritätssymbole der Monarchie, der Autoritätsverlust der Kirche u. a. m. wirkten in die mittelständischen Familien hinein: In Deutschland wurde die Autorität des Familienvaters – vielleicht mehr als in anderen Ländern – erschüttert. Galt dies aber auch für die Familien der Arbeiter? Erste punktuelle Einsichten in die Erinnerungen deutscher Arbeiterfamilien ergaben einen ambivalenten Befund: Die Familien der Arbeiter scheinen zwar für den Faschismus als »Heilung« eines verletzten nationalen »Ehrgefühls« (nach Versailles) und für die Wiederherstellung einer autoritären politischen Ordnung ungleich weniger empfänglich gewesen zu sein als große Teile des Mittelstandes. Aber manche Arbeiterfamilie erfuhr den Beginn nationalsozialistischer Herrschaft als den Beginn der allmählichen Besserung ihrer wirtschaftlichen Lage. Und das ging – vor allem bei den Jugendlichen – nicht ohne Folgen für das politisch-ideologische Bewußtsein ab.

Katrin Einfeldt, Michael Zimmermann u. a.[89] haben dazu einige Erinnerungen von Arbeitern und Arbeiterinnen aus dem Ruhrgebiet gesammelt und analysiert. Ihre Ergebnisse bestätigen unsere These: Nach Jahren der Wirtschaftskrise, der Arbeitslosigkeit im Kohlebergbau des Ruhrgebiets waren die ersten auf die miserable Lage der Arbeiterfamilien gezielten Aktionen der Nationalsozialisten in diesem Sinne erfolgreich. »Die kamen«, erinnert sich die 1920 geborene Tochter eines Bergmanns, »sofort als erste mit 20 Zentner Kartoffeln, die wir nicht bezahlen brauchten. Da waren sie begeistert.«[90] Auf die ersten Geschenke folgte die allmähliche Beseitigung der Arbeitslosigkeit. Zwar dauerte es noch bis in die späten dreißiger Jahre, bis viele Bergarbeiter des Ruhrgebiets wieder Arbeit erhielten, aber innerhalb der Kolonien erlebte man, wie einer nach dem anderen wieder Beschäftigung fand; auch die noch arbeitslosen Arbeiter schöpften Hoffnung und wurden von einer allgemeinen Stimmung des Aufschwungs mitgerissen. War der Ehemann und Familienvater oder eines der erwachsenen Kinder »in Arbeit«, konnte erstmals seit langem wieder geplant werden. Die Nationalsozialisten versprachen auch nicht nur den Abbau der Arbeitslosigkeit und eine Verbesserung der Ernährungslage; sie versprachen auch die Durchsetzung eines Familienideals, das im Bergarbeitermilieu eine lange Tradition hatte (s. Kap. V./2.2), aber durch die Wirtschaftskrise für viele unerreichbar geworden war: »... das Idyll des gut verdienenden Vaters, der mütterlichen Hausfrau und der wohlgeratenen Kinder«.[91]

Ehestandsdarlehen, Kindergeld, Lebensmittel- und Wäschegeschenke für kinderreiche Mütter unterstützten die traditionelle Familienideologie und das Rollenleitbild der Frau als Hausfrau und Mutter. Was in den Familien der ländlichen und städtischen Unterschichten seit Jahrhunderten ein Gebot der Not gewesen war, wurde nun in der Wahrnehmung der Familien zum überwindbaren Entwicklungsrückstand. Die Frau eines Essener Bergarbeiters erinnert sich an die Geschenke der NS-Wohlfahrt anläßlich ihrer vierten Geburt: »Und 'nen Gutschein, um jeder Person ein Paar Schuhe vom Geschäft zu holen. Und ein Bett bekam ich, ein komplettes Bett für mich... ein weißes Holzbett mit Matratze, neues Bett. Schein bekommen: das geht nicht, daß ich mit meinem Mann in einem Bett schlafe.«[92]

Die wachsende soziale Sicherheit, die verbesserten Konsummöglichkeiten und die prononcierte Familienideologie scheinen eine gewisse Stabilisierung des Familienlebens in der Arbeiterschaft bewirkt zu haben. Die Planbarkeit des Familienlebens erhöhte sich, längerfristige Investitionen in die Ausbildung der Kinder schienen wieder möglich und nicht mehr zu riskant. Viele Familien fühlten sich in die propagandistisch hergestellte Fiktion der »Volksgemeinschaft« eingebettet. Erstmals führte das Leben der Mädchen und Burschen, der Frauen und Männer auch über die Grenzen ihrer Heimatorte hinaus: in die Lager des BDM[93] und der HJ, in die Arbeitsdienstlager[94] und in die Freizeit- und Erholungsstätten der NS-Frauenschaft[95], der NS-Volkswohlfahrt (NSV)[96] oder der Organisation »Kraft durch Freude« (KdF)[97].

Mit seiner dichten Struktur von Organisationen bot der Nationalsozialismus neue Aufstiegsmöglichkeiten, die das Selbstbewußtsein der Jugendlichen hoben. Die Überschreitung des eigenen Herkunftsmilieus, die Forcierung von Leistungsdenken und Wettkampf im Beruf und im Sport ergaben den Eindruck einer erhöhten sozialen Mobilität.[98] Das dürfte die Spannung zwischen den Generationen in vielen Arbeiterfamilien verschärft haben. Viele Arbeiter scheinen – unterstützt durch die ihnen eigene Körperkraft – autoritäre Familienväter gewesen zu sein. Organisationen wie die Hitlerjugend vermochten den gegen ihre Väter aufbegehrenden Kindern den Rücken zu stärken; mancher sozialistisch oder kommunistisch gesinnte Arbeiter mußte sich in acht nehmen, keine unbedachten politischen Äußerungen vor seinen Kindern zu machen.[99]

Einiges weist jedoch auch darauf hin, daß der Kampf der Nationalsozialisten »um die Seelen der Arbeiter« nicht mit wachsendem Erfolg, sondern mit Rückschlägen verlief. Die Forcierung der Rüstungsindustrie, die zwangsweise Dienstverpflichtung von Frauen, steigende Krankheits- und Unfallkurven und bald die Belastungen des Krieges ließen die anfängliche Begeisterung – vor allem der jungen Arbeiter – schwinden. So verlor etwa die Hitlerjugend mit der Etablierung der nationalsozialistischen Herrschaft bei den Arbeiterjugendlichen allmählich an Attraktivität. Immer häufiger wurden Desinteresse, ja sogar Verweigerung und Protest.[100] Im Ruhrgebiet z. B. sank die Zahl der Mitglieder der Hitlerjugend: 1939/40 soll sie unter den Jungbergleuten nur noch 15 bis 30% betragen haben.[101]

Die zu den Einheiten der Wehrmacht, der Marine und der Luftwaffe rekrutierten Familienväter und Söhne fehlten ihren Familien. Arbeiter der kriegswichtigen Industrien (Metallindustrie, Bergbau) wurden jedoch vielfach »uk« (unabkömmlich) gestellt, um die Produktion der Rüstungsgüter nicht zu gefährden. Nachdem der NS-Staat zunächst die Rückkehr der Frauen zu Heim, Herd und Familie propagiert hatte, um Arbeitsplätze für die Männer freizumachen (der Frauenanteil an den Erwerbstätigen sank von 35% 1933 auf 31% 1936), stieg der Anteil an der Gesamtzahl der Beschäftigten bis 1939 auf 37%. Schon 1937 bestand in Deutschland ein Defizit von einer halben Million Arbeitskräfte.[102] Der NS-Staat versuchte daher, Frauen in großer Zahl in den industriellen Arbeitsprozeß einzugliedern; Frauenarbeit in den Fabriken wurde von der NS-Propaganda zunehmend romantisiert und idealisiert. Eines der »Argumente« war, Frauen seien für Fließbandarbeit besonders geeignet, weil sie während der monotonen Arbeit in Gedanken bei ihren Hausfrauen- und Mutteraufgaben sein könnten. Zielgruppen dieser Propaganda waren insbesondere die Frauen des Kleinbürgertums – jener Schicht also, die die NS-Mutterschafts- und Familien-propaganda der ersten Jahre bereitwillig aufgenommen hatte, weil sie ihr ihre Proletarisierungsängste nahm, die durch die tendenzielle Verarmung des Mittelstandes in der Wirtschaftskrise und durch den wachsenden Druck zur Frauenerwerbsarbeit geschürt worden waren.

Aus der Absicht, die Frauen massenhaft in die Produktion zu ziehen, erklärt sich auch die Modernisierungsleistung der NS-Politik im Bereich von Schwangeren- und Mutterschutz und bei den besonderen Arbeitszeitregelungen für Frauen. Der faschistische Staat mußte auf sein doppeltes Ziel – Rekrutierung der Frauen als Arbeitskräfte und erhöhte Gebärarbeit – durch sozialpolitische Maßnahmen Rücksicht nehmen.[103] Die brutalste Form der Rekrutierung von Frauen als industrielles Arbeitskräftepotential bestand in der Kriegsverpflichtung, von der die Frauen der Oberschicht ausgenommen wurden. Darin und in der Verfolgung jener Frauen aus den unteren Schichten, die sich einem Einsatz in der Kriegsindustrie widersetzten[104], manifestierte sich der Klassencharakter des nationalsozialistischen Staates und enthüllte sich die Rede von der »Volksgemeinschaft« als propagandistische Lüge.

Die Nationalsozialisten verstanden es, den unter den Bedingungen der Kriegswirtschaft verschärften Ausbeutungscharakter der Hausarbeit zu tarnen: Durch die überaus wirksame Propagierung eines biologistischen Frauenbildes[105] – dessen Wirkung z. T. bis in die Gegenwart anhält – gelang es, die körperliche und psychische Ausbeutung der Frauen auch in den Familien zu erhöhen und sie zugleich als Leistung an der »Volksgemeinschaft« identitätsstiftend aufzuwerten. Der NS-Führung war die Bedeutung der Hausarbeit für die Versorgungslage und die Stimmung in der Bevölkerung voll bewußt. Ein Widerstandspotential aus Hunger und Elend, wie es im Ersten Weltkrieg entstanden war, sollte vermieden werden. Schon lange vor Beginn des Krieges begannen die Nationalsozialisten daher, Frauen in Mütterschulen und Kursen sparsames Wirtschaften beizubringen und solcherart den »Kampfabschnitt Haushalt« für den Krieg vorzubereiten. Die volkswirtschaftliche Bedeutung der Hausarbeit wurde herausgestrichen. Im *NS-Frauenbuch* hieß es:

»Als Führerin ihres Haushalts vollbringt die Frau ebenso eine volkswirtschaftliche Leistung wie jeder andere berufstätige Mensch. Sie untersteht daher aber auch dem gleichen Gesetz des Dienens, jener neuen Berufsauffassung, die menschliche Arbeit nicht allein danach wertet, wie weit sie dem einzelnen nützt, sondern darüber hinaus danach, ob sie dem ganzen Volke diene.«[106]

Die »Vereinzelung (der Hausfrau) in der Systemzeit« sei nun vorbei, schrieb die NS-Frauenführerin Gertrud Scholtz-Klink; der Nationalsozialismus habe »die deutsche Frau wieder zu den alten Werten der Gemeinschaft geführt«.[107] Karin Berger spricht deshalb treffend von einer »scheinbaren Vergesellschaftung« der Hausarbeit in der NS-Gesellschaft.[108]

Der Nationalsozialismus betrieb mit dieser Politik eine systematische Erziehung der Frauen zur Doppelbelastung.[109] Während er Hausarbeit und Mutterschaft propagierte, weil sich dies zunächst als Arbeitsmarktregulativ gebrauchen ließ und in die imperialistische Kriegsvorbereitung paßte, wurden Frauen später zu Millionen an das Fließband geholt. Diese Zwiespältigkeit hatte – über das frühe Ende des »Tausendjährigen Reiches« hinaus – Folgen für die Familie. Das Rollenbild der Frau wurde insofern modernisiert, als es nun Beruf und Mutterrolle auf eine spezifische Weise verband: Je nach Arbeitsmarktlage wurde fortab entweder die Hausfrauen- und Mutterrolle oder die weibliche Erwerbstätigkeit akzentuiert. Dies unterstützte die Aufrechterhaltung des geteilten Arbeitsmarktes: Daß Frauen weiterhin die schlechtere Berufsausbildung erhielten, schlechter entlohnt und – bei formal gleicher Entlohnung – in die niedrigeren Gehaltsstufen eingereiht wurden, wurde Männern wie Frauen über die von den Nazis flexibilisierte Geschlechterideologie plausibel und akzeptierbar gemacht. In makrohistorischer Perspektive betrachtet, gelang es damit, die Disponibilität der weiblichen Arbeitskraft weiter zu erhöhen. Je nach Konjunkturlage gehen Frauen in die Produktion oder verschwinden sie wieder in den Haushalten, und dies meist, ohne laut zu klagen, denn als ihre »eigentliche« Rolle sehen sie (und die Männer) jene der Hausfrau und Mutter an. Die Disponierbarkeit der Masse der Frauen als industrielle Reservearmee bei ihrer gleichzeitigen Festschreibung auf Haushalt und Mutterschaft gilt bis heute als volkswirtschaftliche Notwendigkeit. Im eigentlichen Sinn hat der Faschismus damit kein neues Familienmodell hervorgebracht. Er hat die Grundzüge des bürgerlichen Familienmodells mit den wesentlichen Elementen der Lohnarbeiterfamilie des späten 19. und des frühen 20. Jahrhunderts vereinigt – und benötigte für die Harmonisierung der eminenten Widersprüche einen besonderen Aufwand an Ideologie und Propaganda. Er hat dieses Modell der Widersprüche bizarr überzeichnet[110] und mit dem für ihn typischen menschenverachtenden Terror und Zynismus in die Tat umgesetzt.

5. Nach dem Krieg: Von den Trümmern zum Wirtschaftswunder

Um die Tendenzen der Entwicklung der Familie nach 1945 zu skizzieren, sind wir auf die zeitgenössischen Untersuchungen der nach dem Ende des Weltkriegs auch in West- und Mitteleuropa wiederetablierten sozialwissenschaftlichen Forschung[111] und auf einige wenige »Oral-History«-Studien angewiesen.[112] Die »Historische Familienforschung« ist bis zu dieser gegenwartsnahen Problematik noch nicht vorgedrungen. Die zentrale Frage, die sich auch die Soziologen in den späten vierziger und fünfziger Jahren gestellt haben, lautet: Wie ist die Familie mit den schweren Belastungen des Zweiten Weltkriegs und der Nachkriegszeit fertig geworden?

Die Familien der unmittelbaren Nachkriegszeit waren deutlich mutterzentriert.[113] Doch das lange Warten auf die Rückkehr der Männer steigerte, scheint es, die damit verbundenen Hoffnungen und Wünsche vieler Frauen. Sie hofften, durch die heimkehrenden Männer von den Strapazen der Industriearbeit und den vielfältigen Mühen der Überlebenssicherung entlastet zu werden. In einer 1946 in Berlin durchgeführten Studie heißt es über eine der beobachteten Mütter:

»Sie sorgt umsichtig und energisch für die Kinder. Im Winter 1946/47 hat ihre Energie erheblich nachgelassen, die Lebenshaltung der Familie war abgesunken, Wohnung und Kleidung vernachlässigt. Soweit die immer hungrigen Jungen nicht ihre schlechte Laune aneinander ausließen, lag eine Apathie über der Familie. Doch blieb die Mutter der Halt und Mittelpunkt für die Kinder. Auch der 19jährige Wilhelm ließ sich von ihr leiten. Im Gedanken an die baldige Heimkehr des Mannes raffte sich die Frau immer wieder zusammen.«[114]

Die Rückkehr der Männer – oft erst Jahre nach Ende des Krieges[115] – brachte neben Freude und Erleichterung auch Enttäuschung. Die vorgefundene Realität stimmte nur selten mit den Hoffnungen überein. Viele Frauen erkannten ihre abgemagerten, oft kranken und arbeitsunfähigen Männer kaum wieder. Besonders jene Männer, die aus jahrelanger sowjetischer Kriegsgefangenschaft heimgekehrt waren, wurden ihren Frauen zunächst zu einer zusätzlichen Belastung statt zu einer Hilfe. Bis sie wieder zu Kräften kamen, mußten sie oft wochen- und monatelang gepflegt werden. In den Städten sparten die Frauen an den eigenen Lebensmittelrationen, um dem kranken Ehemann die nötigen Kalorien zur Genesung zukommen zu lassen.[116] Physische und psychische Erschöpfung vieler Frauen war die häufige Folge. Wie nach dem Ersten Weltkrieg wurde die Pflege und seelische Betreuung der Kriegsheimkehrer nahezu ausschließlich den Familien, das heißt vor allem den Frauen, überlassen. Welches Ausmaß die von den Familien zu erbringenden Leistungen annahmen, läßt sich aus der Zahl der kriegsversehrten Männer nur unzureichend erkennen: Im Sommer 1949 waren allein in Westberlin über 43 000 Kriegsversehrte zu versorgen.[117] Im deutschen Bundesgebiet wurden im November 1950 über zwei Millionen »Kriegsbeschädigte« des Ersten und Zweiten Weltkriegs registriert. Hinzu kamen die seelischen Probleme der Kriegsheimkehrer. Apathie, Depressivität, Neurosen, die Unfähigkeit, nach Jahren militärischer Befehlsabhängigkeit selbständig Entscheidungen zu treffen, waren das Resultat jahrelangen soldatischen Drills und der Gefangenschaft. Andrerseits fanden auch viele Männer nicht jene Frauen, die sie erwartet hatten: die Frauen hatten sich verändert, viele waren selbstbewußter und energischer geworden. Oft aber waren auch sie in den Strapazen der Kriegsjahre sichtbar gealtert: »Einige Ähnlichkeiten gab es zwar mit der Frau, die ich verlassen hatte«, erzählt der 1949 aus russischer Gefangenschaft heimgekehrte Gerd Knobloch, »aber die Notjahre in Berlin hatten sie alt werden lassen. Sie war nicht mehr das junge, aufrechte Mädchen, von dem ich so oft geträumt hatte. Sie war abgemagert und grau und sah elend aus.«[118] Er war wohl auch nicht mehr derselbe.

Die Jahre der Trennung und daraus entstehende Gefühle der Fremdheit machten es vielen Eheleuten schwer, miteinander zu sprechen. Sowohl manches Erlebnis der Frau zu Hause, im Luftschutzkeller, im Evakuierungsort, wie auch manches Fronterlebnis des Mannes wäre zu belastend gewesen, hätten die Ehegatten einander darüber alles erzählt. Es gab vieles, worüber Mann und Frau nicht sprechen konnten, von den Erlebnissen in Gefängnissen und Konzentrationslagern ganz zu schweigen. Das Problem der Heimkehrer, deren Frauen – oft in Ungewißheit, ob der Ehemann oder Freund noch am Leben war – neue Beziehungen eingegangen waren[119], der Männer, die zögerten, zu ihren Ehefrauen und Kindern zurückzukehren[120], das Problem der vergewaltigten Frauen, die nicht wußten, ob sie mit ihren heimgekehrten Männern darüber sprechen sollten – all diese hier nur kürzelhaft anzudeutenden Probleme bewirkten eine Destabilisierung vieler Ehen und Familien. Eine der sicht- und meßbaren Folgen war, daß sich die Scheidungsraten gegenüber der Vorkriegszeit verdoppelten.[121] Vor allem Kriegstrauungen aus den Jahren 1942 bis 1945 wurden häufig wieder gelöst. Die Beziehung zwischen den Kindern und den aus dem Krieg und der Kriegsgefangenschaft heimgekehrten Vätern war besonders konfliktreich. Viele Kinder erkannten ihre Väter bei deren Heimkehr nicht wieder; jüngere Kinder hatten ihre Väter noch nie – oder nur auf Photos – gesehen. »Er ist nie zu seinem Vater gegangen«, beschreibt Anna Falk das distanzierte Verhalten ihres Sohnes zu seinem Vater, der nach neunjähriger Kriegsgefangenschaft heimgekehrt war. »Es hat über ein halbes Jahr gedauert, bis der Junge sich daran gewöhnt hatte, daß nun ein Mann mit zur Familie gehört und daß dieses Bild oder dieses Wort ›Vati‹ ein Mensch war, der bei uns blieb.«[122]

Besonders die älteren Söhne waren in der Abwesenheit ihrer Väter die Vertrauten ihrer Mütter gewesen, hatten Verantwortung für die kleineren Geschwister übernommen und oftmals den Vater ersetzt.[123] Mit der Heimkehr der Väter kam es unvermeidlich zum Kampf der Söhne um die Anerkennung und Beibehaltung dieses Status. Viele Väter konnten dies nicht akzeptieren; sie litten häufig unter Minderwertigkeitsgefühlen, besonders jene, die »bis zuletzt an den Sieg geglaubt haben, und die sich dann als Helden feiern lassen wollten«.[124] Um so mehr kämpften sie nun um ihre Vormachtstellung in Ehe und Familie. Besonders die älteren Kinder fühlten sich durch das Verhalten der Väter ungerecht behandelt und in einen Kinderstatus zurückversetzt, den sie längst verlassen hatten. Sie rebellierten und wandten sich von ihren Vätern ab. Durch die Erfahrungen beim Militär, in der Kriegsgefangenschaft oder in den Lagern und Gefängnissen geprägt, griffen Väter häufig zu gewaltsamen Erziehungsmitteln.[125] Dies vertiefte die Kluft zwischen Vätern und Kindern; viele Kinder orientierten sich verstärkt an der Mutter oder wichen in die »Peer Groups« ihrer Wohnviertel aus.[126] Auf den Gassen und Straßen, auf den Schutthalden und zwischen den Häuserruinen entzogen sie sich für Stunden der elterlichen Kontrolle. Wie die »Gassenkinder« früherer Generationen bildeten sie Banden, die sich aus den Kindern eines Mietshauses oder einer Gasse nach dem Territorialitätsprinzip zusammensetzten. Wie ihre Vorläufer stahlen sie Obst und Gemüse aus den Nachbargärten, Rüben und Kartoffeln von den Feldern, sammelten sie Altmetall, Kohlen, Flaschen und dergleichen.[127] Die Kinder der ersten Nachkriegszeit nützten den Umstand, daß ihre Väter vielfach noch nicht aus der Kriegsgefangenschaft heimgekehrt oder die Eltern derart mit existenzsichernden Arbeiten beschäftigt waren, daß für die pädagogische Kontrolle der Kinder keine Zeit blieb. Andrerseits wurden die Kinder auch häufig in die Arbeitsprozesse einbezogen, die in ihrer subsistenzwirtschaftlichen Vielfalt an den Unterschichtenalltag des 19. und frühen 20. Jahrhunderts erinnern:

»Ich erinnere mich daran, daß wir zusammen den Garten bestellen mußten, weil es gar nicht anders ging, wir brauchten einen Nutzgarten, Ziergarten sowieso nicht. Wir brauchten einen Nutzgarten, um die Pötte halbwegs voll zu kriegen, und da war ganz klar, daß ich mit meiner Mutter und mit meinem Großvater, der so mein Vater-Ersatz war, weil mein Vater ja noch im Krieg war, mit einem Bollerwagen in den Garten zog und Unkraut verlas und Kartoffeln gerodet hab' und all diese Klamotten.«[128]

In den im Bombenkrieg schwer zerstörten Städten mußten viele Familien unter Bedingungen wohnen, die zum Teil an die »halboffenen« Familienstrukturen vor dem Ersten Weltkrieg erinnern. Verwandte und Untermieter wurden aufgenommen und in einer Zimmerecke untergebracht, Kinder teilten miteinander die wenigen Betten. Wie in den schlimmsten Zeiten der Wirtschaftskrise gingen im Winter 1946/47 viele Kinder nicht zur Schule, weil sie keine Schuhe hatten. Zahlreiche Schulen waren ohnehin noch geschlossen. In vielen Wohnhäusern waren Wasser- und Gasleitungen zerstört. Die Versorgungsmängel waren in den großen Städten ungleich schlimmer als auf dem Land. Im berühmten Wiener Karl-Marx-Hof wurden die in den zwanziger Jahren von den Hausmeistern so sorgsam bewachten Rasenflächen von den Mietern in Eigeninitiative parzelliert und in Gemüsebeete verwandelt.[129] Nach einem Bombenangriff hatte man hier auch getötete Mitbewohner vorläufig bestattet. Während Bewohner von Wiener Gemeindebauten von solidarischen Aktionen der Mieter in den ersten Nachkriegsmonaten erzählen (Männer und Frauen errichteten gemeinsam provisorische Waschanlagen, schlugen Brunnen, bildeten lange Ketten, um das Wasser in die Innenhöfe zu bringen), wird aus den

Bergarbeiterkolonien des Ruhrgebiets berichtet, daß die Solidarität der Nachbarn nach Kriegsende deutlich nachgelassen habe. Die Ehefrauen und Mütter sollen sich in dieser Phase angestrengter Überlebensarbeit vor allem um ihre eigenen Familien gekümmert haben. Nur die Kinder und Jugendlichen hätten sich auch hier immer wieder in Gruppen zusammengeschlossen, um Lebensmittel oder Brennstoffe zu organisieren. Viele versuchten sich – wie in den Jahren der Wirtschaftskrise – als Straßenmusikanten. Ihre Lieder ersetzten die Tauschobjekte, die sie nicht hatten, und übertönten die bittere Realität. Wer in der ersten Nachkriegszeit auf dem Schwarzmarkt kaufen wollte, brauchte Tauschgüter. Die Bergarbeiterfrauen des Ruhrgebiets tauschten Schnaps, den sie über die Schwerarbeiterkarte bezogen, gegen andere, lebensnotwendige Güter.[130]

Wie schon nach dem Ersten Weltkrieg wurden auch jetzt vor allem die Kinder zum »Anstellen« zu den Geschäften geschickt, in denen die rationierten Nahrungsmittel ausgegeben wurden. Wie damals verstießen die unteren Schichten immer wieder gegen die bürgerliche Eigentumsordnung, um das Überleben zu sichern: Kinder stahlen Kohle, Familienväter schlichen nachts auf die Felder und gruben Kartoffeln aus. »Also, diese Klauerei galt ja auch als legitim. Der ganze Dachboden war nachher voll mit so Saatgut, was geklaut wurde. Also jeder klaute ja damals. Die Eltern hatten da so 'ne ambivalente Haltung. Das galt so als zulässig, da am Feldrand was abzumähen«, erinnert sich ein um 1940 geborenes »Kriegskind«.[131] Die »moralische Ökonomie« und der Mundraub waren wieder in ihr Recht gesetzt, der eigene Garten hatte wieder existenzsichernde Bedeutung. Aus Militärdecken und Uniformmänteln schneiderten Frauen die notwendigste Kleidung, aus Fahrradspeichen formten sie Stricknadeln und aus Kartoffelsäcken machten sie Strumpfgarn. »Durchkommen« war die Devise.[132]

War in den ersten Nachkriegsjahren durch Umsiedlung, Flucht, späte Heimkehr des Mannes aus der Gefangenschaft, die Sorge um die dringendsten Gebrauchsgüter des täglichen Lebens und akute Wohnungsprobleme meist keine Zeit für ein intimes Familienleben, konnten viele Eltern in den fünfziger Jahren ihren Familienalltag allmählich wieder mit ihren Vorstellungen in Einklang bringen. Die Sehnsucht nach Ruhe und Ordnung scheint in diesen Jahren zu einer Restauration der Familien- und Eheverhältnisse in den »bewährten« Mustern geführt zu haben: Hatte der Arbeitseinsatz der

Frauen und die selbständige Führung des Haushalts in Abwesenheit der Männer ihre inferiore Stellung zumindest in Frage gestellt, ging ein Teil des Emanzipationspotentials in den Anstrengungen der Frauen, ihre vielfach desorientierten Ehemänner in das zivile Leben, in die Familie und in den Verwandtschaftszusammenhang zu reintegrieren, wieder verloren. Ein Emanzipationspotential wie die kriegswirtschaftliche Beteiligung der Masse der Frauen an Wirtschaft, Verwaltung und Sozialdiensten etc. scheint – wie sich auch nach dem Ersten Weltkrieg gezeigt hat – aufgrund ihres »Notstandscharakters« nur beschränkt in Friedenszeiten verlängerbar zu sein. In dem Maße, in dem die Familie nach dem Chaos der Trümmerzeit zum Brennpunkt der individuellen und kollektiven Glücks-, Harmonie- und Ordnungsbedürfnisse wurde, wurden auch die potentiell emanzipatorischen Elemente des Umbruchs und der Labilisierung traditioneller Ehe- und Familienverhältnisse wieder zurückgedrängt. Für die Mehrzahl der Menschen nahm sich, scheint es, die Schwäche der Männer und der Machtzuwachs der Frauen im Bereich des Familienalltags im nachhinein als Störung und retardierendes Zwischenspiel aus.

Die Gesellschaft der fünfziger Jahre kehrte – wenn auch bei weiterhin höheren Scheidungsziffern als in der Vorkriegsgesellschaft – nach den vielfach erzwungenen Improvisationen des Zusammenlebens ausgebombter, umgesiedelter und evakuierter Familien und Einzelpersonen[133] zum geordneten Leben in der Kleinfamilie zurück. Jede andere Form hatte – von Teilen der weiter drastisch schrumpfenden bäuerlichen Bevölkerung abgesehen – den Charakter der Notgemeinschaft. Von Alternativen zu Kleinfamilie und Einzelhaushalt, wie sie von liberalen und linken Intellektuellen in den zwanziger Jahren diskutiert und – in geringem Ausmaß – auch erprobt worden waren, wurde nicht mehr gesprochen, bis die ersten studentischen Kommunen und Wohngemeinschaften in den siebziger Jahren für Aufregung sorgten. Aber auch dies bestätigt, wie sehr die Kleinfamilie zum normativen Lebensmodell geworden war.

Die Mehrzahl der familiensoziologischen Studien aus den fünfziger Jahren behauptet eine gewisse Schwächung der Vormachtposition des Vaters in allen Schichten.[134] Gerhard Baumert z. B. meinte, daß in der bundesdeutschen Gesellschaft zwar der Mann nach wie vor in der Familie (wie auch in den anderen Bereichen der Gesellschaft) dominiere, daß aber auch bereits der Typus der Familie mit

»Gleichrangigkeit der Partner« und ein Familientypus mit »mehr oder weniger starker Dominanz der Frau« zu beobachten seien.[135] Langfristige Entwicklungen seien durch den Einfluß der Kriegs- und Nachkriegsjahre, wie etwa lange Kriegsgefangenschaft oder Invalidität des Mannes, politische Belastung, Evakuierung oder Flucht der Familie und Ansiedlung in einer sozial fremden Umgebung, verstärkt worden. »Selbst dort, wo die männliche Autorität unbefragt anerkannt oder wenigstens unter Zwang hingenommen wird, ähnelt sie nur noch selten der, die der Vater in der bürgerlich-patriarchalen Familie innehatte«, meinte auch Theodor W. Adorno 1954.[136] In der Tat weisen viele Indizien darauf hin, daß – bei aller Unschärfe der Begriffe – die »autoritär-patriarchalische« Familie durch eine »gemäßigt-patriarchalische« Familie abgelöst worden ist. Die im Wirtschaftsaufschwung der fünfziger und sechziger Jahre gestiegene Anzahl von erwerbstätigen Ehefrauen und Müttern scheint diese Tendenz ebenso weiter begünstigt zu haben wie allgemeine Demokratisierungsprozesse.

VII. »Goldenes Zeitalter« und Krise der Familie von 1960 bis zur Gegenwart

1. Erwerbsarbeit der Frauen und Rollenstereotype

Das außergewöhnliche Wachstum der west- und mitteleuropäischen Wirtschaft in den fünfziger, späten sechziger und frühen siebziger Jahren führte zu einem anhaltenden Bedarf an weiblichen Arbeitskräften. Frauen stellten in den europäischen Industriestaaten zwischen 37 und 43% aller Erwerbspersonen.[1] Während sich ihr Anteil an der Gesamtheit der Erwerbstätigen nicht wesentlich veränderte, wurde in allen europäischen Industrieländern ein Trend zur Berufsarbeit *verheirateter* Frauen registriert.[2] In der Bundesrepublik Deutschland gingen Frauen, die 1962 verheiratet und zwischen 25 und 30 Jahren alt waren, zu 40% einer Lohnarbeit nach. Zehn Jahre später waren bereits 48% aller verheirateten Frauen derselben Altersgruppe erwerbstätig. Bis 1982 stieg ihr Anteil auf 59%. Ähnliche Wachstumsraten wurden auch für die höheren Altersgruppen berechnet.[3] Die Zahl der erwerbstätigen verheirateten Frauen mit Kindern nahm zwischen 1950 und 1970 stärker zu als die Zahl der erwerbstätigen Frauen ohne Kinder.[4] Allerdings sank der Anteil erwerbstätiger verheirateter Frauen mit der Zahl ihrer Kinder deutlich ab.[5] Außerhäusliche Erwerbsarbeit beeinflußt das generative Verhalten. Eine 1976 durchgeführte Studie zur »Geburtenbiographie« aller 15- bis 60jährigen Österreicherinnen ergab zum Beispiel, daß auf jene Frauen, die ihre Erwerbsarbeit nicht aufgegeben oder unterbrochen hatten, im Durchschnitt 1,5 Lebendgeburten entfielen; auf Frauen, die nur zeitweilig erwerbstätig waren, kamen 1,84 Geburten, auf nie erwerbstätig gewesene Frauen 2,31 Geburten.[6]

Die statistischen Daten lassen einerseits auf die Intention einer wachsenden Zahl von verheirateten Frauen schließen, trotz Ehe und Mutterschaft weiterhin erwerbstätig zu bleiben. Sie spiegeln aber auch wider, daß Mutterschaft und Erwerbsarbeit immer noch schwer zu vereinbaren sind. Die seit den fünfziger Jahren vermehrte Berufsarbeit verheirateter Frauen geht nicht zuletzt auf den wachsenden Anteil von Frauenberufen zurück, die eine höhere Qualifikation erfordern, ein höheres Maß an Identifikation erlauben und teilweise – vor allem im Staatsdienst – eine Lebensstellung bieten. Das Spektrum der Berufe, die von Frauen ausgeübt werden, hat eine gravierende Veränderung erfahren: Während der Anteil der Arbeiterinnen von über 50 auf 30% gesunken ist, hat sich der Anteil der Beamtinnen (vor allem im Gesundheits-, Lehr- und Kulturbereich sowie in der staatlichen und kommunalen Verwaltung) und der weiblichen Angestellten seit der Jahrhundertwende mehr als verzehnfacht. Obwohl die Mehrzahl der Frauen nach wie vor in den unteren Lohn- und Gehaltsgruppen eingestuft ist, deutet dieser strukturelle Wandel doch auf einen Übergang von Lohnarbeit als temporärem »Zuerwerb« zum vollwertigen Lebensberuf hin, der den Frauen immer häufiger persönliche Identifikation und Befriedigung ermöglicht. Die Zunahme von Frauenlohnarbeit, die nicht mehr bloß transitorischen Charakter hat, sondern sich auf das gesamte Arbeitsleben erstreckt, hat aber den strukturellen Widerspruch zwischen traditionellem Familienleben und außerhäuslicher Lohnarbeit verheirateter Frauen und Mütter verschärft.

Immer mehr Frauen schätzen eine Beschränkung auf die Hausfrauen- und Mutterrolle als eintönig und sozial kontaktarm ein; war das zentrale Motiv für die Erwerbstätigkeit verheirateter Frauen in den zwanziger und dreißiger oder in den fünfziger Jahren noch deutlich »familienorientiert« gewesen (die Mehrzahl der Frauen arbeitete für das Familienbudget, weil das Einkommen des Ehemanns nicht ausreichte[7]), traten in den siebziger Jahren zusehends persönliche Motive in den Vordergrund: Immer mehr Frauen bekannten sich zu ihrer Absicht, sich durch Erwerbsarbeit ein eigenes Einkommen, eine relative Unabhängigkeit vom Ehemann, Freude am Beruf oder über die Berufsarbeit entstehende soziale Kontakte zu sichern.[8]

Durch ein erhöhtes Berufsinteresse tragen verheiratete Frauen nicht zuletzt dem Umstand Rechnung, daß mit gestiegener Lebenserwartung und Geburtenbeschränkung nach dem Ausscheiden der Kinder eine Periode von mindestens 20 Jahren verbleibt, in der sich die Frage einer sinnstiftenden Tätigkeit unter veränderten Bedingungen erneut stellt. Zugleich hat sich der Wandel der Berufswelt derart beschleunigt, daß die Chancen eines Wiedereinstiegs nach längerem Fernbleiben vom Arbeitsmarkt deutlich verringert wurden. Im 18. und 19. Jahrhundert lebten in den meisten Familien bis zum Tod der Eltern Kinder im Haus. Die Rolle der Hausfrau und Mutter blieb bis an das Lebensende eine erfüllende und – im doppelten Sinn des Wortes – erschöpfende Aufgabe der Frau. Heute ist sie beides nicht mehr. Infolge drastisch gestiegener Lebenserwartung, gesunkenen Heiratsalters und geringer Geburtenzahl hat sich die Phasenabfolge in der Familie und im Leben des einzelnen Menschen gravierend verändert. Das letztgeborene Kind verläßt das Elternhaus, wenn die Mutter noch keine 50 Jahre alt ist. Fast 20 Jahre verbringt das Ehepaar danach ohne Kinder im Haushalt – im »leeren Nest« –, es sei denn, die Ehe wird in dieser kritischen Phase geschieden, was in den letzten Jahren immer häufiger geschieht. Ihren Ehemann verliert die Frau im Durchschnitt, wenn sie 69 Jahre alt ist, und lebt anschließend noch etwa ein Jahrzehnt als Witwe. Fragen der Sinnfindung, der Isolation, der psychischen und sozialen Krisen stellen sich hier mit wachsender Schärfe.[9] Die dreifache Belastung von Mutterschaft, Hausarbeit und Erwerbsarbeit wird – abgesehen von den materiellen und sozialen Gratifikationen – von vielen Frauen im Hinblick auf diese »nachelterliche Phase«, die zu erwartende Witwenschaft oder auch hinsichtlich des erhöhten Scheidungsrisikos in Kauf genommen.

Die Mehrfachbelastung erwerbstätiger Ehefrauen ist durch ihre unzureichende Entlastung in Haushalt und Familie bedingt oder – in historischer Perspektive formuliert – Ausdruck einer verzögerten Anpassung des Rollenverhaltens der Männer und Frauen an den gesellschaftlichen Strukturwandel. Zwar gerieten die traditionellen »Geschlechtsrollen« und das Modell der »bürgerlichen Familie« in den späten sechziger Jahren zunehmend in das Kreuzfeuer einer psychologisch und soziologisch informierten Kritik. Die Frauenbewegung forderte die Gleichberechtigung der Geschlechter und verlangte ihre Erfüllung im Rahmen einer Demokratisierung der »privaten« Lebensbereiche. Die Öffnung des mittleren und höheren Bildungswesens für Mädchen und Frauen förderte die Reflexion und Diskussion der Lage der Frauen in der Gesellschaft und in der Familie. Ohne Zweifel hat die öffentliche Diskussion zumindest in Teilen der Bevölkerung traditionelle Rollenvorstellungen nachhaltig in Frage gestellt. Untersuchungen der letzten Jahre haben aber immer wieder bestätigt, daß sich Einstellungen, Werthaltungen und praktisches Rollenverhalten erst geringfügig an die erhöhte Erwerbstätigkeit verheirateter Frauen angepaßt haben. Weiterhin ist die Ehefrau für die Zubereitung der Mahlzeiten und für die täglichen Bedürfnisse der Kinder zuständig, gleichgültig ob sie selbst erwerbstätig ist oder nicht. Aufgaben,

die im Zusammenhang mit Kindergarten und Schule anfallen, werden überwiegend von den Müttern wahrgenommen. Die Versorgung alter Eltern, die Organisation von Familienfesten und dergleichen sind ebenfalls weitgehend Aufgabengebiete der Frau. Immer
noch fühlt sich der typische Mann – von seiner Rolle als Hauptver-
diener abgesehen – vor allem für die Außentätigkeiten zuständig:
z. B. für den »Papierkrieg« mit den Behörden; im Haushalt verrichtet er am ehesten notwendige Reparaturen (sie haben den Vorteil,
unregelmäßig anzufallen und bieten Gelegenheit, technische Kompetenz zu beweisen) und kümmert sich um die Pflege des Autos.[10]
Dies gilt auch für die Ehemänner berufstätiger Frauen. Eine Mitte
der siebziger Jahre in Österreich bei jungen berufstätigen Müttern
durchgeführte Untersuchung ergab, daß den Haushalt betreffende
Fragen eher von den Frauen geregelt werden, während über Inter-
aktionen mit familienfremden Personen und über wichtige ökonomische Fragen vorwiegend von den Ehemännern entschieden
wird.[11]

Im Verlauf der sechziger und siebziger Jahre – einer Phase also, in
der die »Arbeitsteilung« zwischen Mann und Frau immer wieder
öffentlich diskutiert wurde – hat sich der Anteil der Männer, die
ihren Ehefrauen bei der Hausarbeit in nennenswertem Ausmaß helfen, nur sehr geringfügig erhöht. Dagegen scheint die Beteiligung
der Männer an der Erziehung und Betreuung ihrer Kinder etwas
stärker zugenommen zu haben.[12] Die Erwerbsarbeit des Mannes
hat indes nach wie vor absolute Priorität; ihr wird eine Beteiligung
des Mannes an der Kinderbetreuung untergeordnet.[13] Anforderungen und Zwänge des Berufslebens, die Erwartung eines uneinge-
schränkten beruflichen Engagements, hohe körperliche und seelische Belastung am Arbeitsplatz usw. begrenzen die Verfügbarkeit
des Mannes als Erzieher seiner Kinder. In der Praxis sind die
Frauen die Haupterzieherinnen. Eine in den Jahrzehnten seit 1945
erfolgte weitere »Verweiblichung« der öffentlichen Erziehung und
Pädagogik hat diese Art der Arbeitsteilung gesellschaftlich unterstützt. Das drückt sich auch in den vorherrschenden Einstellungen
der Bevölkerung aus. 1974 ergab eine empirische Untersuchung,
daß 65 % der befragten Männer der Überzeugung waren, zur Kindererziehung prinzipiell weniger geeignet zu sein als Frauen.[14] Solche Vorurteile verdanken ihre Zählebigkeit nicht zuletzt der Art
und Weise, wie sie in die Köpfe der Menschen gelangen: Immer
noch helfen Töchter ihren Müttern bei der Hausarbeit drei- bis

fünfmal so häufig wie Söhne.[15] Zwar ist mit der reduzierten Zahl der Kinder die noch bis in die vierziger Jahre übliche Praxis, die älteste Tochter früh in eine quasi mütterliche Rolle gegenüber ihren jüngeren Geschwistern einzuüben, fast gänzlich verschwunden – dies sollte eine Abschwächung der Erziehung zur Mutterrolle erwarten lassen. Andrerseits aber hat die Intensität, mit der sich Mütter ihren Kindern in erzieherischer Absicht zuwenden, erheblich zugenommen; es ist wahrscheinlich, daß geschlechtsspezifische Verhaltensweisen und Stereotype – oft auch gegen den Willen der Mutter – durch ihre Dominanz im Sozialisationsprozeß gefördert werden. Jedenfalls wird die Vorstellung einer »natürlichen« Trennung männlicher und weiblicher Aufgabenbereiche in der Familie nicht erst in der Ehe produziert, sondern findet sich schon bei Kindern und Jugendlichen.[16] Dennoch zeigen Umfragen am ehesten bei jungen Menschen einen sich anbahnenden Einstellungswandel: Eine Untersuchung 14- bis 24jähriger Österreicher erbrachte, daß 82% der weiblichen und 66% der männlichen Jugendlichen der Auffassung waren, der Mann habe sich ebenfalls um den Haushalt zu kümmern, wenn die Hausfrau berufstätig ist.[17] Damit ist freilich nur die Einstellung der Befragten vor ihren eigenen Eheerfahrungen erfaßt. Ihr tatsächliches Verhalten im Ehealltag ist eine andere Frage. Idealvorstellung und alltägliche Realität klaffen im Bereich der Hausarbeit weit auseinander.

Eine deutliche Veränderung überkommener Rollenleitbilder ist in der beruflichen Orientierung der weiblichen Jugendlichen eingetreten. So zeigte etwa eine 1982 in der Bundesrepublik durchgeführte Studie, daß für die Mädchen zwischen 15 und 19 Jahren die Verwirklichung ihres Berufswunsches an erster Stelle – und damit noch vor Familie und Mutterschaft – rangierte. Der Einstellungswandel reflektiert die verstärkte Nachfrage nach der Arbeitskraft der Mädchen und Frauen: In den siebziger und achtziger Jahren wurde es erstmals für einen großen Teil der weiblichen Jugend möglich, die eigene Berufstätigkeit als wesentliches Element der Lebensplanung zu betrachten und ihr nicht bloß den Charakter einer Übergangsphase hin zu Ehe und Mutterschaft zuzubilligen. Die Mehrzahl der befragten Mädchen plante allerdings, ihre Erwerbstätigkeit zugunsten der Kinderversorgung für kurze Zeit zu unterbrechen (»Dreiphasenmodell«), danach aber wieder Berufsarbeit und Familienleben zu kombinieren.[18]

Alle Untersuchungen der letzten Jahre haben ergeben, daß die Verbreitung traditioneller Rollenstereotype mit der sozialen Schicht und mit dem Bildungsniveau korreliert: In den unteren Schichten wird häufiger und bestimmter an traditionellen Verhaltensweisen festgehalten als in den mittleren und oberen Schichten. So gaben z. B. im Rahmen einer 1973 durchgeführten Untersuchung über die Erwerbstätigkeit der Frauen in der Bundesrepublik 13,2% der Arbeiterinnen, aber nur 6,8% der Angestellten an, ihre Männer seien mit ihrer außerhäuslichen Arbeit nicht einverstanden.[19] Dem Satz »Eine Mutter sollte immer für die Familie da sein; auch wenn die Kinder größer sind, findet sie in ihrer Sorge für den Ehemann und die Kinder hinreichend Befriedigung« stimmte in der Erhebung zum zweiten bundesdeutschen Familienbericht 1975 fast jede dritte Volksschulabsolventin, jedoch nur noch jede zehnte Abiturientin oder Hochschulabsolventin zu.[20] Die Geschlechtsrollenstereotype scheinen in den oberen Schichten und bei höherer Bildung rascher abgebaut zu werden.[21]

Ohne Zweifel stellt die Forderung nach der Vereinbarkeit von Erwerbsarbeit und Mutterschaft ein zentrales Element der Emanzipation der Frau in den europäischen Industriegesellschaften dar. Dabei sollte jedoch nicht die Tatsache unberücksichtigt bleiben, daß die Emanzipation der Frau aus den patriarchalischen Strukturen nur erfolgen kann, wenn neben dem Recht der Frau auf bezahlte Arbeit auch das Recht und die praktische Möglichkeit der Teilnahme an Formen des sozialen und politischen Lebens anerkannt und durchgesetzt werden. Noch immer aber führt Erwerbsarbeit von Frauen, die auch Hausfrauen und Mütter sind, oft zur Überbelastung, die gerade ihren Ausschluß vom sozialen und politischen Leben nach sich zieht. Diese Dreifachbelastung hat vielfach eine Einschränkung sozialer und politischer Aktivitäten zur Folge und behindert damit die persönliche Entwicklung vieler Frauen, anstatt sie zu fördern.[22] Dies gilt insbesondere für die Mehrzahl jener erwerbstätigen verheirateten Frauen, die – in den untersten Lohngruppen – ungelernte oder angelernte Arbeiten verrichten. Nach wie vor kompensieren sie mit ihrem Arbeitsleid ein unzureichendes Einkommen des Ehemannes; von einer Emanzipation durch Lohnarbeit läßt sich hier nicht sprechen. Hinzu kommt, daß die Erwerbsarbeit von Ehefrauen keineswegs »automatisch« die vermehrte Beteiligung der Ehemänner im Haushalt und im Aufgabenbereich der Kinderbetreuung und Erziehung nach sich zieht. Eine Emanzipation von Frauen durch Lohnarbeit kann deshalb nur gelingen, wenn sowohl die Arbeitsteilung in Haushalt und Familie als auch die Bedingungen der Lohnarbeit zugunsten höherer Identifikation und Sinnstiftung verändert werden.

2. Familie und soziale Ungleichheit

Mit der Entlastung der Wahl des Ehepartners vom Kalkül der Herkunftsfamilie wurde die Wahl des Ehepartners zwar »individualisiert« und »personalisiert«, keineswegs bedeutet dies aber, daß sie frei geworden wäre von gesellschaftlichem Einfluß oder daß sie keine Wirkung auf die Gesellschaft hätte. Die Familie bildet auch in der »postindustriellen« Gesellschaft die grundlegende Agentur der sozialen Schichtung.[23] Heirat und Geburt schaffen Jahrzehnte dauernde soziale Strukturen: sie plazieren das Individuum an einem bestimmten sozialen Ort innerhalb der jeweiligen Gesellschaft. Die Wahl des Ehepartners folgt ebenso sozialen Gesetzmäßigkeiten, wie sie – in der Summe aller Eheschließungen – eine relativ stabile Statusstruktur der Gesellschaft hervorbringt. Dem Entschluß zu heiraten geht – zumindest für die Mehrzahl der Menschen in den europäischen Industrieländern – ein länger dauernder Prozeß der Orientierung und der »sozio-kulturellen Einstimmung« des Menschen auf Heirat und Familie voraus. In diesem Sinn produziert die Familie wieder Menschen, die von vornherein davon ausgehen, selber eine Familie zu gründen. (Mit der wachsenden Zahl von Menschen, die nicht mehr in traditionellen Familien aufwachsen, wird die auf diese Weise hergestellte »Selbstverständlichkeit« von Heirat und Familiengründung tendenziell einer bewußten Wahl zwischen Alternativen weichen.)

Die Partnerwahl verläuft vermutlich wie ein Filterprozeß. Zunächst wird eine Kategorie von sozial angemessenen Partnern definiert, was durch die sozialen Milieus, in denen sich ein Mensch bewegt, quasi von ihm »unbemerkt« geschieht. Innerhalb eines »Pools« möglicher Partner findet dann die spezifische Partnerwahl nach psychischen, sexuell-erotischen und ästhetischen Mechanismen statt. Partnerwahl erscheint unter diesem Aspekt nicht als einmaliger Entscheidungsakt des einzelnen, sondern als seine Teilhabe an gesellschaftlichen Prozessen. Soweit wir bisher wissen, kommt dabei den Erfahrungen in der Herkunftsfamilie, dem Bildungsweg und der frühen Berufskarriere des Jugendlichen und jungen Erwachsenen große Bedeutung zu. Empirische Untersuchungen haben z. B. gezeigt, daß schulischer Mißerfolg und vorzeitiger Schulabgang ähnlich wie enttäuschende berufliche Erfahrungen in den ersten Berufsjahren die Neigung zu frühen und oft unzureichend überlegten Eheschließungen fördern.[24] Eine längere und erfolgreich absolvierte schulische Bildung dagegen begünstigt eher die Entwicklung differenzierterer Ansprüche und Erwartungen an das weitere Leben[25], woraus auch in der Wahl eines (Ehe-)Partners höhere Verhaltenssicherheit resultieren dürfte. Das durch Prozesse der Bildung und der öffentlichen Diskussion erhöhte Problembewußtsein hat andrerseits aber auch dazu beigetragen, daß gerade jene Jugendlichen, deren Eintritt in das Erwerbsleben durch längere Schulkarrieren hinausgeschoben wird, die monogame und legalisierte Ehe häufig in Frage stellen.[26]

Die Qualität der innerfamilialen Beziehungen wird nicht zuletzt durch Größe und Qualität der verfügbaren Wohnung maßgeblich bestimmt. Mangel an Wohnraum in den Unterschichten erhöht hier – verglichen mit Familien der Mittel- und Oberschichten – das Potential an innerfamilialer Spannung, Konflikt und Aggression. Dem in den meisten europäischen Industrieländern in den sechziger und siebziger Jahren forcierten sozialen Wohnungsbau ist es nicht gelungen, die Effekte ungleicher Lebenschancen, die sich aus den Gesetzmäßigkeiten des kapitalistischen Wohnungsmarktes ergeben, auszugleichen.[27] Untersuchungen zeigten, daß das Ausmaß an Unterversorgung mit Wohnraum in der Bundesrepublik mit der Zahl der Kinder pro Familie und mit abnehmender Höhe des Familieneinkommens anwächst. 1973 hatten nur 33% der Familien ungelernter Arbeiter, jedoch 55% der Familien einfacher Beamter und 76% der Familien Selbständiger für jedes ihrer Kinder ein eigenes Zimmer.[28]

Der historische Befund der Entlastung der Familie von der Produktionsfunktion darf nicht den Blick dafür verstellen, daß nach der historischen Trennung von Arbeitsplatz und Familie auch außerhäusliche Berufsarbeit von maßgeblichem Einfluß auf das Familienleben ist. Die Erfahrungen am Arbeitsplatz sowie Art und Ausmaß der Regeneration der Arbeitskraft der erwerbstätigen Familienmitglieder bestimmen wesentlich den Verlauf des Familienalltags. Sie bestimmen, welche Werte von den erwerbstätigen Eltern vertreten und an ihre Kinder – intentional oder unbewußt – weitergegeben werden. Soziale Ungleichheit am Arbeitsplatz setzt sich in ungleichen Erziehungsmustern, Konfliktlösungsstrategien und Erholungsbedürfnissen in der Familie fort. Daß die Erfahrungen am Arbeitsplatz die sozialen Fähigkeiten der Menschen, ihre Bedürfnisse, Vorlieben und Prinzipien maßgeblich prägen und daß dies wieder in den familialen Sozialisationsprozeß Eingang findet und auf diese Weise zur Fortschreibung von sozialer Ungleichheit führt, gilt heute als zuverlässig belegt.[29] Einer der markantesten Unterschiede ergibt sich aus dem Umstand, ob erwerbstätige Familienmitglieder an ihrem Arbeitsplatz vor allem mit Menschen oder mit Dingen und Maschinen zu tun haben. Im Gegensatz zu älteren Forschungsannahmen (»Kompensationstheorie«) schaffen sich diejenigen, deren Arbeitsplatz durch monotone, anregungsarme Tätigkeiten gekennzeichnet ist, in ihrem Familienleben nur selten einen Ausgleich durch eigenbestimmte, abwechslungsreiche Aktivitäten. Vielmehr werden die Verhaltensmuster am Arbeitsplatz in die Freizeit übertragen.[30] Die Eltern verinnerlichen und verallgemeinern die am Arbeitsplatz vermittelten Verhaltensmuster und übertragen sie auf den außerberuflichen Bereich, v. a. auch auf das Familienleben und die Interaktion mit ihren Kindern.[31] Basil Bernstein hat auf mögliche Zusammenhänge zwischen den Prägungen des Sprachverhaltens am Arbeitsplatz und der sprachlichen Sozialisation in den Familien hingewiesen.[32] Andere Untersuchungen[33] deuten auf einen Zusammenhang zwischen den Arbeitserfahrungen der Väter und der Art der Konflikte zwischen Vätern und Kindern im Familienalltag hin. Auch das Erziehungsverhalten erwerbstätiger Mütter scheint durch ihre Arbeitserfahrungen beeinflußt zu werden. Je restriktiver ihre Arbeitsbedingungen sind, desto eher neigen sie dazu, ihre Kinder zu Anpassung und Gehorsam zu erziehen. Im Vergleich zu Hausfrauen verlangen berufstätige Frauen von ihren Kindern sowohl mehr Anpassung als auch mehr Leistung. Vermutlich wollen sie damit ihre Kinder auf die Bedingungen der Erwerbsarbeit vorbereiten.[34] Schicht- und Nachtarbeit dürfte die nachteiligsten Folgen für das Familienleben im allgemeinen und das Eltern-Kinder-Verhältnis im besonderen haben. Mehrere Studien stimmen darin überein, daß Schicht- und Nachtarbeit am störendsten in das Familienleben eingreift, da sie sich mit dem Rhythmus der täglichen Reproduktion und besonders der Interaktion zwischen Eltern und Kindern nur unter allseitigen Verzichtleistungen vereinbaren läßt.[35]

3. Die Tendenz zur »Gattenfamilie«

Die Eigenschaft zunehmend urbaner Lebensbedingungen, den sozialen Zusammenhang zwischen den Generationen und zwischen Verwandten zu vermindern, wurde – in einseitig kulturpessimistischer Perspektive – schon von der traditionellen Großstadt- und Industriekritik registriert.[36] Sie wurde häufig mit dem behaupteten *Funktionsverlust* der Familie[37] in ursächlichen Zusammenhang gebracht. Damit seien stabilisierende Effekte der sog. »Großfamilie« verlorengegangen. Mit »Großfamilie« wurde meist die bäuerliche oder gewerbliche Dreigenerationenfamilie gemeint, die man fälschlich für den universellen Familientyp des 18. und 19. Jahrhunderts hielt.[38] Industrialisierung und Urbanisierung hätten, so lautete die These, die immer häufigere Neolokalität der Ehegatten und damit die immer häufigere Bildung von »Kleinfamilien« bewirkt. Dies habe insofern einen Verlust an Kontinuität mit sich gebracht, da sich die »Kleinfamilie« – im Unterschied zur *Perennität* der bäuerlichen oder gewerblichen Wirtschaftsfamilie – mit dem Erwachsenwerden der Kinder wieder auflöse und das zurückbleibende Ehepaar nur noch einen »Familienrest« darstelle. Diese auf Emile Durkheim zurückgehende frühe soziologische These einer säkularen »Kontraktion« der »vorindustriellen Großfamilie« zur industriellen »famille conjugale«[39] hat sich in dieser Form mittlerweile als unzutreffend erwiesen. Historische Demographie und Familienforschung konnten nachweisen, daß sich Dreigenerationenfamilien in größerer Zahl erst im demographischen Übergang des späten 19. und frühen 20. Jahrhunderts – also im Gefolge der sog. »Agrarrevolution« und der Industrialisierung – bilden konnten, da hier erstmals die Lebenserwartung hoch genug und das Heiratsalter gesunken war.[40]

Mit dem Rückgang der bäuerlichen Bevölkerung begann der Anteil der Dreigenerationenhaushalte schon in der ersten Hälfte des 20. Jahrhunderts wieder zu schwinden. Die Umstände, unter denen etwa in der Zeit zwischen den Weltkriegen und in den unmittelbaren Nachkriegsjahren drei Generationen zusammenlebten, wurden vielfach als beengend und einschränkend erfahren. Im Gegensatz zu älteren Annahmen der Forschung über ihre besondere Stabilität[41] handelte es sich bei der Dreigenerationenfamilie der Bauern um eine höchst konfliktreiche Lebensform, zu der es jedoch in der wenig monetarisierten Landwirtschaft keine Alternative gab (s. Kap. I.8). In den Städten häuften sich Dreigenerationenhaushalte in den drei krisenhaften Jahrzehnten zwischen 1910 und 1940; sie waren vielfach Notgemeinschaften, um Phasen der Arbeitsmigration, der Arbeitslosigkeit und der Wohnungsnot zu überstehen. Sobald es die Einkommensverhältnisse und der Wohnungsmarkt erlaubten, strebten daher junge Ehepaare und Familien in der Regel danach, zum ehest möglichen Zeitpunkt den mit Eltern oder Verwandten geteilten Haushalt zu verlassen und einen Kleinfamilienhaushalt zu bilden. Die Reduzierung der Geburten- und Aufzuchtphase auf die beiden ersten Jahrzehnte der Ehe führte dazu, daß sich die »Kernfamilie« in der sog. »nachelterlichen Phase« wieder auf das Gattenpaar reduziert. In dieser Perspektive erscheint die Kernfamilie zunehmend als Durchgangsstadium, während die Ehebeziehung vergleichsweise konstant ist.[42] Die damit verbundene Tendenz einer kulturellen Aufwertung und wachsenden Autonomie des Paares gegenüber Familie und Verwandtschaft[43] setzte sich auch in den letzten Jahrzehnten weiter fort.

Die Analyse der Zusammensetzung der privaten Haushalte ergibt, daß auch in den siebziger Jahren eine Tendenz zur »Klein-« oder »Gattenfamilie« bestand, während »erweiterte Familien« (insbesondere um mitlebende Elternteile oder andere Verwandte vergrößerte Eltern-Kinder-Gruppen) zurückgingen.[44] Hatten 1957 noch 7% aller bundesdeutschen Haushalte drei Generationen umschlossen[45], waren es 1981 nur noch 6%.[46] Die durchschnittliche Haushaltsgröße sank u.a. infolge dieser Tendenz zum Kleinfamilienhaushalt.[47] Dem entsprechen auch Umfrageergebnisse über die bevorzugte Familienform: Die Mehrzahl der Österreicher wünscht sich zum Beispiel nicht, mit Eltern oder Verwandten zusammenzuwohnen. Auch die Eltern wollen häufig nicht mit ihren verheirateten Kindern unter einem Dach wohnen; sie bevorzugen es, so lange wie möglich im eigenen Haushalt zu leben. In städtischen Familien äußern ältere Menschen erst dann häufiger den Wunsch, mit ihren Kindern zusammenzuleben, wenn sie ihren Ehepartner verloren haben oder pflegebedürftig geworden sind.[48] Daraus kann geschlossen werden, daß die bestehenden erweiterten Familienhaushalte in der Mehrzahl eher durch wirtschaftliche Notwendigkeit als durch die Präferenzen der Familienmitglieder begründet sind. Die Haushaltsgemeinschaft von Alt und Jung scheint – wie Leopold Rosenmayr zahlreiche Untersuchungen resümiert hat – »nicht an der ablehnenden Haltung der jüngeren Generation zu scheitern, sondern ist von den alten Menschen selbst nur selten erwünscht, und zwar erheblich seltener als sie tatsächlich besteht«.[49] Je leichter es Eltern und ihren erwachsenen Kindern möglich ist, getrennt zu wohnen, um so eher geschieht es. Hingegen besteht vor allem in den kleineren Landgemeinden mit den hier oft noch wirksamen religiösen Traditionen und einem Mangel an Wohnraum (bzw. von den Eltern und Kindern oft gemeinsam gebauten und finanzierten Einfamilienhäusern) ein sozialer und ideologischer Druck in Hinblick auf ein Zusammenleben der Generationen.[50] Es wäre jedoch falsch, aus dem Wunsch der Generationen nach getrennter Haushaltsführung auf eine Abschwächung ihres zwischenmenschlichen Verhältnisses zu schließen. Im Gegenteil: Vieles spricht dafür, daß erst die zunehmende Möglichkeit des getrennten Wohnens die Voraussetzung für eine positive emotionale Aufladung der Beziehung zwischen Eltern und ihren erwachsenen Kindern schafft.[51] Alle bisherigen Forschungen deuten darauf hin, daß die Mehrzahl der Menschen in ihrem intergenerationellen Verhältnis zu einer »Mischung von Intimität und Distanz« tendiert.[52]

Höhere Familieneinkommen, ein größeres Angebot auf dem Wohnungsmarkt und familienfördernde Transferleistungen der öffentlichen Hand dürften in den letzten Jahrzehnten dazu beigetragen haben, daß es jungen Ehepaaren und Familien zusehends leichter fällt, das Konzept des Kernfamilienhaushalts in die Tat umzusetzen. Der Umstand, daß auch immer weniger erwerbstätige Ehefrauen mit Verwandten zusammenwohnen, kann mit dem in den sechziger und siebziger Jahren drastisch erweiterten Angebot der Gemeinden und Länder an Einrichtungen zur Kinderbetreuung (Kindergärten, Tagesheime usw.) in Zusammenhang gebracht werden.[53] Sie ersetzen immer häufiger die Betreuung der Kinder erwerbstätiger Mütter durch deren Mütter und Schwiegermütter.

Von der ausgeprägten Tendenz zum Leben in Kleinfamilien ist die Frage nach der Häufigkeit gegenseitiger Besuche und Hilfeleistungen zu unterscheiden. Das Verwandtschaftsnetz und insbesondere die Kontakte zu den Herkunftsfamilien bleiben zwar weiter bestehen, haben aber in der Hauptsache Subsidiär- und Komplementärfunktionen gegenüber der Kleinfamilie angenommen.[54] Die Verwandtschaftsbeziehungen sind – alles in allem – weniger verpflichtend geworden; sie zu pflegen oder sie verfallen zu lassen ist unter den Bedingungen der gegenseitigen wirtschaftlichen Unabhängigkeit der Generationen wählbar geworden. Vor allem in der oberen Mittelschicht zeigt sich zudem ein tendenzielles Übergewicht der Besuchskontakte mit Bekannten gegenüber dem Kontakt mit Verwandten.[55] Auch dies spricht eindeutig für die erhöhte Wahlfähigkeit: Man sucht häufiger den Kontakt zu jenen, mit denen man gemeinsame Interessen und Erfahrungen teilt, als zu jenen, mit denen man »nur« genealogisch verwandt ist.

Hinzugefügt werden muß, daß die Rede von einer Tendenz zur »Gattenfamilie« nur dann zutreffend ist, wenn man die bevorzugte Haushaltskonstellation der sog. »vollständigen« Familien im Auge hat; insgesamt ist der Trend zur »unvollständigen Familie«, insbesondere zu Haushalten von geschiedenen und getrennten Frauen mit Kindern einerseits, und der Trend zu vorehelichen und eheähnlichen Lebensgemeinschaften andrerseits derzeit ungleich stärker ausgeprägt.

4. Der Geburtenrückgang

Der säkulare Trend des Geburtenrückgangs wurde in den ersten 60 Jahren unseres Jahrhunderts mehrfach von kurzfristigen Schwankungen überlagert, die ihm entweder entgegenliefen oder ihn verschärften. Diese Tendenzen in der Geburtenentwicklung zeigen vor allem die Reaktion der Menschen auf akute Gefährdungen ihrer wirtschaftlichen Existenz in den Phasen ökonomischer Krisen und während der beiden Weltkriege, sowie deutliche »Nachholeffekte« in Phasen wirtschaftlichen Wachstums und gesellschaftlicher Stabilisierung. Der Geburtenrückgang war weder Ausdruck einer kulturellen »Dekadenz«, noch bedeutete er den Untergang der betroffenen Völker, wie viele dachten. Er war die verzögerte Reaktion der Menschen auf die Industrielle Revolution. Die allmähliche Durchsetzung massenhafter Lohnabhängigkeit anstelle häuslicher Wirtschaft und die Veränderung der Verkehrs- und Handelswege bewirkten eine radikale Änderung der Lebensformen. Mit dem Schwinden der bäuerlichen Lebensform, der Durchsetzung industriell-städtischer Lebensweisen für einen stetig wachsenden Teil der Bevölkerung und mit der Schaffung eines umfangreichen sozialen Sicherungssystems verloren Kinder ihren wirtschaftlichen Nutzen.

Hatte um 1900 jede Frau in West- und Mitteleuropa im Durchschnitt noch etwa vier Kinder, sank die durchschnittliche Kinderzahl bis zum Ende der dreißiger Jahre auf etwa 1,5. Viele Menschen reagierten auf die Weltwirtschaftskrise, indem sie angesichts der bedrückenden wirtschaftlichen Lage Heirat und Geburten aufschoben. Die Familienpolitik der Nationalsozialisten bemühte sich, durch Transferleistungen und eine massive Fruchtbarkeits- und Familienpropaganda gegen die Heirats- und Gebärmüdigkeit anzukämpfen. Doch der gesellschaftliche Zusammenbruch und die hohen Kriegsverluste bewirkten schließlich ein markantes »Geburtentief«. Erst im sog. Nachkriegs-Baby-Boom um 1960 stieg die Zahl der Geburten wieder auf zwei bis drei Kinder pro Familie. Während Demographen und Politiker über diesen unerwarteten Baby-Boom Anfang der sechziger Jahre staunten, da er dem säkularen Trend des Geburtenrückgangs zuwiderlief, erscheint er heute im Rückblick nicht als »Trendwende«, sondern als Höhepunkt der »Familialisierung« der europäischen Industriegesellschaften: »Für die Generation der Vorkriegs- und Kriegskinder wurde die Familiengründung vom sozialen Privileg zur sozialen Norm«[56], oder anders gesagt: erstmals war es in den Jahren des sog. »Wirtschaftswunders« jedem als erwachsen und mündig geltenden Bürger möglich, ohne ökonomisch bedingte »Verspätung« zu heiraten und Kinder zu haben. Von den zwischen 1930 und 1945 Geborenen heirateten an die 90%, fast ebenso viele bekamen Kinder.[57] Das durchschnittliche Heiratsalter sank ebenso wie das mittlere Alter der Eltern bei der Geburt des ersten Kindes. Vielfach bildete die erste Schwangerschaft den Anlaß zur Heirat; die Zahl der unehelich geborenen Kinder nahm ab. Nie zuvor hat in Europa ein so großer Teil der Bevölkerung geheiratet und Kinder in die Welt gesetzt. Patrick Festy bezeichnet die sechziger Jahre daher als das »Goldene Zeitalter der Ehe« in West- und Mitteleuropa.[58] Damit war aber, so wissen wir heute, auch schon der Endpunkt der »Familialisierung« in den europäischen Industriegesellschaften erreicht. Seit der Mitte der sechziger Jahre nahmen die Heiratshäufigkeit und die Zahl der Geburten pro Ehe wieder ab, und von Jahr zu Jahr wurden mehr Ehen geschieden. Die *Geburtenraten* (d. h. die Zahl der Lebendgeburten pro Jahr und pro 1000 Einwohner) sanken seit der Mitte der sechziger Jahre bis Ende der siebziger Jahre in den meisten Industriestaaten um 30% bis 40%, in der Bundesrepublik und in der DDR sogar um 50%. Die durchschnittliche Kinderzahl pro erwachsener Frau sank hier auf 1,4. Nur in den wenig industrialisierten Randzonen Europas (Irland, Türkei) blieb die Kinderzahl weiterhin hoch.[59]

Der statistische Geburtenrückgang beruht vor allem auf einer Verminderung der Kinderzahl pro Familie bzw. pro Frau, also auf einer Verkleinerung der Familie, und weniger auf einem Trend zu völliger Kinderlosigkeit. Vier und mehr Kinder pro Familie wurden in den siebziger Jahren in den Industrieländern West- und Mitteleuropas zur seltenen Ausnahme; auch die Zahl der Familien mit drei Kindern ging deutlich zurück. Die Folge war, daß sich die Phase der Geburten im Familienzyklus auf eine immer kürzere Periode zu Anfang der Ehe begrenzte. Die Reduktion der Kinderzahl wurde durch die Verbreitung wirksamer Kontrazeptiva, besonders der Pille erleichtert. Die Pille war jedoch nur das erste wirklich verläßliche Verhütungsmittel. Als *Ursache* des Mitte der sechziger Jahre auf den Baby-Boom folgenden neuerlichen Geburtenrückgangs (fälschlich immer noch als »Pillenknick« bezeichnet) kann sie nicht gelten, denn 1964 nahm erst eine winzige Minorität der betroffenen Frauen die Pille; auch 1970 wurde die Pille erst von jeder zehnten empfängnisfähigen Frau genommen.[60] Und wenn es noch eines Beweises bedarf, daß die Rede vom »Pillenknick« zumindest eine grobe Vereinfachung ist, sei in Erinnerung gerufen, daß die Frauen in den zwanziger und dreißiger Jahren in mehreren europäischen Ländern die Zahl ihrer Geburten halbierten, ohne die Pille oder ein anderes, ähnlich sicheres Verhütungsmittel zu besitzen. Das Bedürfnis nach Geburtenbeschränkung gründet vielmehr auf einem komplexen Geflecht subjektiver und objektiver Faktoren, die – voneinander schwer zu isolieren – einen umfassenden Trend zur »Modernisierung« des Lebens bewirkten. Der Wunsch von immer mehr Frauen, ihre Erwerbstätigkeit nicht aufzugeben, gehobene Ansprüche an den Wohnraum und die Qualität des Freizeitlebens dürften zu den wichtigsten Ursachen des Geburtenrückgangs gehören. Die wirtschaftliche Belastung durch die Kinder – insbesondere im Zusammenhang mit den Wohnkosten und dem Wegfall des Einkommens der Frau – werden von jungen Ehepaaren antizipiert.[61] Kinder werden weder als Arbeitskräfte noch als Garanten eines gesicherten Lebensabends ihrer Eltern gebraucht. Zur emotionellen Bereicherung, die Mann und Frau sich von eigenen Kindern versprechen, genügen indes bereits ein oder zwei Kinder. Eine wachsende Zahl von Verheirateten kann sich ein »glückliches Leben« auch ohne Kinder vorstellen.[62] Vor allem das großstädtische

Leben bietet Alternativen zum traditionellen »Familienglück«: Freizeit, Konsum und beruflicher Erfolg sind die Hauptkomponenten eines »postindustriellen« Lebensstils, dessen Realisierung durch Kinder eher erschwert wird. Die Intention der Frauen, die Zahl der Geburten zu begrenzen, wird – mit teilweise identischen Motiven – von den Männern geteilt: Untersuchungen haben ergeben, daß zwischen den diesbezüglichen Wünschen der Frauen und jenen der Männer ein überaus enger Zusammenhang besteht. In gewisser Weise wird der Kinderwunsch von der Mehrzahl der Paare gemeinsam entwickelt, bzw. die jeweiligen Vorstellungen korrelieren mit anderen Grundpositionen, die schon in der Phase der Partnerwahl entscheidende Bedeutung gehabt haben.[63]

Während die ehelichen Geburten zurückgingen, stieg in fast allen westlichen Industrieländern die Zahl der unehelichen Geburten.[64] In dem Maße, in dem die nichteheliche Geburt an Makel einbüßte, wuchs seit den sechziger Jahren die Zahl der ledigen Mütter. Es ist aber zu bedenken, daß sich die sozialen Verhältnisse lediger Mütter entschieden gewandelt haben. Familien- und sozialpolitische Maßnahmen erleichtern es ledigen Frauen zunehmend, im Fall einer Schwangerschaft von einer »Muß-Ehe« Abstand zu nehmen. Ein großer Teil lediger Mütter lebt heute in eheähnlichen Beziehungen, die oft später in eine legale Ehe überführt werden. Zugenommen hat aber auch die Zahl der Kinder, die mit einem geschiedenen Elternteil leben. 1972 waren es in der Bundesrepublik 364000 Kinder (2,6%, 1961: 1,86%). Ab 1961 machten geschiedene Ehen mit zwei oder drei Kindern bereits ein Drittel aller Scheidungen aus. Schon der bundesdeutsche Familienbericht von 1975 prognostizierte, daß die Zahl der Kinder, die nicht in einer nach traditionellen Vorstellungen »vollständigen Familie« aufwachsen, weiter steigen werde. Das »Erzeugerprinzip«, die sozialen Eltern hätten möglichst auch die leiblichen Eltern zu sein, gerät zunehmend unter Druck. Immer mehr Kinder wachsen mit Elternteilen auf, die nicht ihre leiblichen Väter oder Mütter sind (Wiederverheiratung Geschiedener, Lebensgemeinschaften usw.). Je häufiger das »Erzeugerprinzip« verletzt wird, desto mehr verliert es als Norm an Gültigkeit. Dies wiederum begünstigt eine weitere Zunahme der Nichtehelichkeits- und Scheidungsquoten, weil die Chancen Geschiedener mit Kindern, sich wieder zu verheiraten, wachsen. Kinder behalten ihre leiblichen Eltern nicht mehr selbstverständlich auch als soziale

Eltern, sie werden zunehmend in Prozesse der neuerlichen Partner-findung ihrer leiblichen Väter und Mütter involviert.[65] Jüngste Zah-len bestätigen es: Immer mehr Kinder wachsen nur mit einem leib-lichen Elternteil auf. 1985 wohnten in der Bundesrepublik zwölf Millionen minderjährige Kinder bei ihren zusammenlebenden El-tern, 1,3 Millionen Kinder bei sog. »alleinerziehenden« Müttern, Vätern, Stiefvätern oder Stiefmüttern. Über die Tatsache, daß allein-erziehende Väter und Mütter häufig in neuen (nicht legalisierten, und daher statistisch nicht erfaßten) Paarbeziehungen leben, die auch die Lebenssituation ihrer Kinder bestimmen, gibt die Statistik keine Auskunft, und der amtliche Begriff »alleinerziehend« täuscht darüber hinweg.

5. Zunahme der Scheidungen

Der Rückgang der Geburten wurde seit Mitte der sechziger Jahre von einem ständigen Anstieg der Scheidungsziffern begleitet. In den späten vierziger Jahren wurden vor allem Ehen geschieden, die während der Kriegsjahre – oft unter ungenügenden Möglich-keiten des gegenseitigen Kennenlernens – geschlossen worden wa-ren. Viele Ehen haben den besonderen Belastungen der Nach-kriegszeit, den langen Trennungen durch Kriegsgefangenschaft usw. nicht standgehalten (s. Kap. VI.5). Die damals Geschiedenen heirateten jedoch bald wieder. Das galt vor allem für die Männer, die infolge der großen Zahl der Gefallenen »Mangelware« auf dem Heiratsmarkt waren. Während der fünfziger Jahre gingen die Schei-dungsraten zurück. Um 1960, auf dem Höhepunkt der »Familiali-sierung«, waren die Scheidungsraten niedrig, während der Heirats-boom anhielt. Seit den frühen sechziger Jahren nahmen dann die Heiratsraten kontinuierlich ab, und die Scheidungsziffern stiegen sprunghaft an. Gegenwärtig wird in der Bundesrepublik Deutsch-land, in Österreich und in der Schweiz fast jede dritte Ehe geschie-den. In den Großstädten ist es bereits fast jede zweite. Die Schei-dungsraten liegen damit etwa doppelt so hoch wie 1962. An der Spitze der europäischen Vergleichswerte liegen derzeit Schweden und Dänemark (Scheidungsrate ca. 45 %). Auch in England gehen derzeit vier von zehn Ehen in die Brüche (Scheidungsrate 39 %).[66] Eine Stagnation oder Umkehrung des Trends ist für die nächste Zeit kaum zu erwarten.

Während die Zahl der Scheidungen stieg, nahm die Neigung zur Heirat in allen westlichen Industriegesellschaften ab. In der Bundesrepublik sank die Zahl der Eheschließungen von 9,4 pro 1000 Einwohner (1960) auf 5,9 (1982), obwohl in diesem Zeitraum geburtenstarke Jahrgänge in das heiratsfähige Alter kamen. Die Wahrscheinlichkeit, daß jüngere, unverheiratete Personen irgendwann einmal heirateten, lag 1965 in den meisten europäischen Industrieländern noch bei gut 90%; zwischen 1970 und 1980 sank diese Wahrscheinlichkeit in Österreich auf 70%, in der Bundesrepublik, in der Schweiz und in Dänemark auf etwa 60%.[67]

Fragt man nach den Ursachen dieser Tendenzen, drängen sich vor allem zwei Faktoren des langfristigen historischen Wandels auf: die Verlängerung der Ehedauer und die erhöhte wirtschaftliche Lösbarkeit der Ehe. Die durchschnittliche Dauer einer Ehe hat sich innerhalb von hundert Jahren verdoppelt. Ein Paar, das 1870 eine Ehe eingegangen war, lebte im Durchschnitt 23,4 Jahre zusammen; um 1900 waren es 28,2 Jahre, 1930 36 Jahre, 1970 bereits 43 Jahre, sofern nicht Trennung oder Scheidung zu einem vorzeitigen Ende geführt hatten.[68]

Damit aber war die Wahrscheinlichkeit gestiegen, daß in derart verlängerten Ehen häufigere und qualitativ andere Konflikte auftreten würden, zumal sich die Wünsche, die die Menschen mit Ehe und Familie verbinden – über die pragmatische Existenzsicherung hinaus –, zu einer luxurierten Glückshoffnung erweitert haben.

Die erhöhte Lösbarkeit der Ehe hat vor allem wirtschaftliche und damit verbundene psychosoziale Gründe: Immer weniger Menschen arbeiten und leben unter Bedingungen landwirtschaftlicher oder gewerblicher Produktion, die sie über den gemeinsamen Besitz an den Produktionsmitteln dazu zwingen, eine als unglücklich empfundene Ehe aufrechtzuerhalten.[69] Jene Gruppen, für die dies noch zutrifft, nämlich Bauern und selbständige Gewerbetreibende, verzeichnen mit Abstand die niedrigsten Scheidungsraten. Bauern und Bäuerinnen lassen sich praktisch nie scheiden. Je weniger die Ehegatten in ihrer wirtschaftlichen und sozialen Existenz aufeinander angewiesen sind, desto eher können sie die Trennung oder Scheidung einer als unglücklich empfundenen Ehe in Erwägung ziehen. Lohnarbeit der Ehefrau erhöht daher in krisenhaften Ehen die Bereitschaft und die wirtschaftliche Möglichkeit zur Trennung oder Scheidung. Städterinnen mit mittlerer Schul- und Berufsbildung im Angestelltenverhältnis lassen sich am häufigsten scheiden;

die geringsten Scheidungsraten finden sich bei den nicht erwerbstätigen Frauen.[70] Schließlich fördern sinkende oder auf niedrigem Niveau stagnierende Kinderzahlen pro Familie die Scheidungsbereitschaft, denn die Anwesenheit von Kindern im Haushalt des Paares vermindert sowohl dessen subjektiven Willen als auch die wirtschaftliche Möglichkeit zur Scheidung. Weitere Faktoren, die die Trennbarkeit von Ehen in den letzten Jahrzehnten erhöht haben, sind der Rückgang religiöser Bindungen, die zunehmende Urbanisierung und wachsende regionale Mobilität, der Rollenwandel der Frau und eine weitere »Individualisierung« der Lebenskonzepte.

In dem Maße, in dem für immer breitere Schichten der Bevölkerung die Ehe nicht mehr primär auf dem wirtschaftlichen Zweckbündnis zur Überlebenssicherung, sondern auf dem Anspruch einer einzigartigen Liebesbeziehung der Ehepartner beruhte, mußten die allgemeine Einstellung zur Lösbarkeit der Ehe wie auch das staatliche Scheidungsrecht eine Liberalisierung erfahren. Als die Liebe immer mehr zum entscheidenden Motiv der Partnerwahl wurde, setzte sich allmählich die Ansicht durch, daß eine Ehe keine Ehe mehr sei, »aus der die Liebe gewichen ist«.[71] Die Hoffnungen der Menschen, in der Ehe »das große Glück« zu finden, sind – allen Krisensymptomen zum Trotz – wohl eher gestiegen. Das ist nicht zuletzt das Ergebnis eines über die Massenmedien ungeheuer angewachsenen Diskurses über Möglichkeiten und Facetten eines »privates Glücks« in einer von materiellen Zwängen entlasteten »romantischen« Liebe. Damit ist ein Anspruch auf emotionale Geborgenheit, sexuelles Glück und liebevolle Kommunikation in der Ehe entwickelt worden, dessen Erfüllung ungleich weniger vorhersehbar ist als die Hoffnungen der Bauern, Handwerker und Bürger vergangener Generationen, die sich allenfalls auf eine »pragmatische« Liebe und auf gemeinsame Überlebens-, Besitz- und Statussicherung bezogen. Die breite Propagierung romantischer Liebe als nunmehr einzig »legitimem« Heiratsmotiv verschleiert, daß diese romantische Liebe in der Regel nur eine gewisse Zeit aufrechterhalten werden kann. Für das Konzept einer für den Rest des Lebens geschlossenen Ehe scheint sie nicht tragfähig genug.

Die Ehe ist keine primär sexuell-erotische Institution.[72] Die der Ehe abverlangte Stabilität entspringt nicht der in der Objektwahl instabilen menschlichen Sexualität und Erotik, sondern den Anforderungen der Sozialisation der Kinder und der wirtschaftlichen Existenzsicherung. Die gemeinsamen Kinder, die Wohnung, das

Einkommen und der geteilte Besitz diverser Gebrauchsgegenstände, nicht zuletzt auch die weithin fehlende Kompetenz zur Trennung zwingen die Menschen, die Widersprüchlichkeit von »romantischer Liebe« und monogamer Ehe durch persönliche Anstrengung und Disziplin zu ertragen. Die Hoffnung ist, daß »romantische Liebe« im Laufe der Ehe in »pragmatische Liebe« oder »Kameradschaft« verwandelt werden kann. Diese Hoffnung erfüllt sich jedoch – wie die Scheidungsziffern beweisen – in vielen Fällen nicht. Selbst dort, wo es gelingt, die Transformation der Beziehung aus dem »Honeymoon« in eine Gefährtenschaft zu vollziehen, bleibt die Ehe in hohem Maße gefährdet, denn der sich häufig nach und nach ergebende Verlust der emotionalen Geborgenheit, sexuellen Zufriedenheit und liebevollen Kommunikation in der Paarbeziehung wird den Ehegatten durch die permanente Präsenz von attraktiven Bildern der »romantischen Liebe« vor Augen geführt. Die Erhöhung der Autonomie der Person und die vermehrte Anerkennung ihrer emotionalen, sozialen und sexuellen Wünsche hat ihren Preis: Je stärker sich Ehepaare am Ideal des »Liebespaares« orientieren, desto häufiger scheitern sie an der Konkurrenz einer neuen »romantischen Liebe«.

Für das Bemühen, einen Überblick über die historische Entwicklung der Familie zu gewinnen, wiegt die Frage schwer, inwieweit die seit nun zwei Jahrzehnten kontinuierlich wachsenden Scheidungsraten eine gestiegene Krisenanfälligkeit der Ehe und damit eine erhöhte Gefährdung der Familie bedeuten oder ob die Veränderung eher im Grad der Lösbarkeit unglücklicher Ehen liegt. Hierfür scheint die Einsicht wichtig, daß die Scheidung den Endpunkt der krisenhaften Entwicklung einer Paarbeziehung darstellt. Ihr geht ein zumeist längerer Prozeß der Zerrüttung voraus. Wie viele »zerrüttete« Ehen letztlich geschieden werden, hängt von einer Vielzahl persönlicher und gesellschaftlicher Faktoren ab. Vermutlich werden – gemessen an den gewachsenen Ansprüchen – seit etwa zwei Jahrzehnten mehr Ehen »zerrüttet«, aber auch immer mehr Menschen sind bereit, sich und ihrer gesellschaftlichen Umgebung zuzugeben, daß sie ihre Ehe für gescheitert halten, weil die Stigmatisierung Geschiedener drastisch zurückgeht. Es hat den Anschein, als sinke in weiten Teilen der Bevölkerung die Bereitschaft, eine Ehe, aus der »alle Liebe« gewichen ist, oder eine allzu konflikthafte Ehe noch zu akzeptieren.[73] Der gesellschaftliche Druck gegen die Scheidung nimmt mit der wachsenden Zahl der

Geschiedenen ab. Je mehr Geschiedene in einer Gesellschaft leben, um so eher können Scheidungswillige und Geschiedene Verständnis für ihre Probleme erwarten. Wie die jeweilige soziale Umgebung auf eine Scheidung reagiert, wird als wesentliches Kriterium in den Entscheidungsprozeß der Ehegatten einbezogen.[74]

Eine österreichische Untersuchung aus dem Jahr 1979 brachte zutage, daß die Scheidung einer »zerrütteten« Ehe allgemein begrüßt wurde, wenn keine Kinder im gemeinsamen Haushalt wohnen; zwei Drittel der Befragten sprachen sich jedoch dafür aus, eine zerrüttete Ehe »wegen der Kinder« aufrechtzuerhalten.[75] Dies belegt, in welchem Ausmaß auch subjektiv die Sozialisationsaufgabe in den Mittelpunkt des Familienlebens gerückt ist. Die verbreitete Einstellung, eine Ehe sollte im allgemeinen nicht geschieden werden, wenn Kinder im Haushalt leben, verfehlt jedoch die nur individuell beantwortbare Frage, ob Kinder durch dauernden »Ehestreit« ihrer Eltern oder durch deren Trennung größeren Schaden erleiden. Die Scheidung konfliktreicher Ehen wird um so eher begrüßt, je jünger ein Mensch und je städtischer sein Lebensraum ist. Niedere Bildung führt dazu, daß Scheidung normativ eher abgelehnt wird.[76] Scheidung ist ein Merkmal urbaner Lebensverhältnisse: Bei vergleichbaren Berufsgruppen ist die Scheidungshäufigkeit in den Städten zwei- bis viermal so hoch wie auf dem Land.[77] Frauen bejahen die Scheidung eher als Männer, was angesichts der damit meist verbundenen Verschlechterung ihrer wirtschaftlichen Lage überrascht, andrerseits aus der stärkeren Belastung der Frauen durch ein konfliktreiches Ehe- und Familienleben erklärbar ist. Frauen haben im Scheidungsfall zudem in psychosozialer Hinsicht den Vorteil, daß ihnen überwiegend die Kinder zugesprochen werden, die für sie meist eine emotionale Stütze bedeuten. Andrerseits erschweren kleine Kinder oft den Versuch der Mutter, eine neue Beziehung einzugehen. In der Mehrzahl der Fälle wird die Scheidung von der Frau beantragt[78], obwohl Männer die »eigentlichen Betreiber« einer Scheidung sind und als erste versuchen, aus einer als unglücklich empfundenen Ehe auszubrechen.[79] Insgesamt scheinen Frauen an Ehe und Familie höhere Ansprüche zu stellen als Männer; sie äußern sich auch häufiger unzufrieden mit ihrer Ehe.[80]

Unter dem Gesichtspunkt, daß eine Scheidung Resultat eines sich meist über mehrere Jahre hinziehenden Prozesses ist, scheint die Frage von Interesse, welche Faktoren in diesem Prozeß eine Rolle spielen. Statistisch findet sich eine erste Häufung von Scheidungen bereits bald nach der Hochzeit.[81] Oft sind noch keine Kinder geboren; es scheint sich um die frühe Korrektur eines »Irrtums« bei der Partnerwahl, häufig wohl auch um Anpassungsprobleme an die Lebensweise des Ehepartners zu handeln. In der Phase der Geburten und der Kleinkinderpflege wird Trennung oder Scheidung deutlich seltener erwogen. Jedoch bahnt sich in dieser Zeit häufig eine Krise des Paares an. Zahlreiche Studien zeigen, daß nach der Geburt des ersten Kindes tendenziell ein Absinken der subjektiven Zufriedenheit mit der Ehe eintritt, und zwar gleichermaßen bei Mann und Frau.[82] Die Ehepartner haben weniger Zeit füreinander, sie haben auch weniger gemeinsame Freunde und Bekannte als früher. Die jungen Mütter knüpfen zwar neue Kontakte mit anderen Müttern an, an denen die Ehemänner jedoch meist nicht partizipieren. Insgesamt fühlen sich junge Mütter infolge des Wegfalls des über den Beruf vermittelten sozialen Netzwerks häufig einsam und isoliert[83]; viele empfinden einen Verlust an Autonomie.[84] Andrerseits scheinen sich verwandtschaftliche Kontakte (vor allem zu den Herkunftsfamilien des Paares) in dieser Phase wieder zu verdichten, was die Orientierung an traditionellen Verhaltensweisen im Verhältnis der Ehegatten wie auch in der Eltern-Kind-Beziehung eher begünstigt. Vielfach werden emanzipatorische Forderungen nach gemeinsamer Verantwortung für den Haushalt nur bis zur Geburt des ersten Kindes gestellt, dann aber zugunsten der traditionellen Arbeitsteilung zurückgenommen oder gar aufgegeben. Gerade junge Frauen erfahren daher oft eine schmerzhafte Diskrepanz zwischen dem angestrebten Ehe- und Familienideal und dem schließlich erlebten Ehealltag; ihre Hoffnungen auf eine »partnerschaftliche Ehe« gehen nicht in Erfüllung.[85] Wenn das jüngste Kind zwischen sechs und 14 Jahre alt ist und die Entlastung der Eltern von der intensiven Betreuung der Kinder allmählich möglich erscheint, erhöht sich in konfliktreichen Beziehungen wieder die Bereitschaft zur Scheidung.[86]

Der offenen Wahrnehmung einer Ehekrise geht also in der Regel eine latente Vorbereitungszeit voraus, die den Beteiligten z. T. unbewußt bleibt – meist ein langsamer Prozeß gegenseitiger Degradierungen. Eine französische Untersuchung hat aber auch gezeigt, daß einer Scheidung häufig mehrere abgebrochene Trennungsversuche vorausgehen. Vor allem wegen der Kinder oder aus finanziellen Gründen lassen die Ehegatten ihren Scheidungsplan immer wieder fallen, ehe sie ihn – wenn die Kinder größer sind, die finanzielle Lage besser oder der Degradierungsprozeß fortgeschritten ist – letztlich doch in die Tat umsetzen.[87] Dabei ist die Bereitschaft, eine Scheidung in Erwägung zu ziehen, wesentlich vom sozialen Status der Ehegatten abhängig: In den Ehen berufstätiger Frauen wird häufiger von Scheidung gesprochen. Nicht die Berufstätigkeit der Frau selbst erhöht das Scheidungsrisiko. Im Gegenteil: Empirische Studien zeigen eher eine höhere Zufriedenheit des Paares, wenn die Frau über einen »eigenständigen« Arbeits- und Erfahrungsbereich verfügt, mit dem ein soziales Netz von Bekannten und Freunden verbunden ist.[88] Jedoch ist anzunehmen, daß die finanzielle Unabhängigkeit erwerbstätiger Frauen (insbesondere in der Mittel- und Oberschicht) dazu führt, daß Konflikte in der Ehe offener ausgetragen werden können und bei mangelnder Zufriedenheit in der Ehe die Möglichkeit einer Scheidung früher diskutiert wird.[89] Die geringste Bereitschaft, eine Scheidung in Erwägung zu ziehen, findet sich dagegen bei Personen aus ländlich-agrarischem Milieu, bei Frauen, die nicht erwerbstätig sind sowie in den sozialen Schichten mit niedrigen Einkommen.[90] Scheidung bedeutet hier meist ein Leben am Rande des Existenzminimums.

Insgesamt ist aus den hier knapp skizzierten sozialwissenschaftlichen Erkenntnissen über den »Prozeßcharakter« der Scheidung bzw. ihre Vorbereitungszeit zu folgern, daß der Entschluß zur Scheidung typischerweise *nicht* übereilt und unverantwortlich rasch getroffen wird, wie Kritiker der Scheidung oft behaupten. Das häufig verwendete Argument, Scheidung verletze das Anrecht der Kinder auf eine ruhige familiale Sozialisation, trifft einerseits vor allem deshalb zu, weil viele getrennt lebende oder geschiedene Eltern ihre Konflikte auch nach erfolgter Trennung »über ihre Kinder« austragen. Andrerseits verfehlt es den gesellschaftlichen Aspekt der Problematik, weil die in den Industriegesellschaften wichtigste gesellschaftliche Funktion der Familie – die Sozialisation künftiger Generationen – nur gewährleistet ist, wenn das Elternpaar in einer hinreichend harmonischen Beziehung lebt. Ehescheidung ist keine »pathologische« Erscheinung gegenwärtiger Gesellschaften, sondern positiv funktional, wenn es gelingt, die disruptiven Tendenzen in der Krise zweier Menschen durch eine Veränderung ihrer Lebenslage aufzufangen und sie – nach einer meist längeren Phase der Verstrickung in den Trennungsprozeß – sowohl wieder individuell glücksfähiger als auch bereit zu machen, mit ihren Fähigkeiten und Kräften am sozialen Leben teilzunehmen.[91] Allerdings kann nicht übersehen werden, daß Frauen im Scheidungsfall oft benachteiligt sind, weil sie unter meist verschlechterten wirtschaftlichen Bedingungen weiterhin Hausarbeit und Kinderbetreuung, vielfach auch Erwerbsarbeit miteinander vereinbaren müssen. Ihre praktischen Möglichkeiten zu neuerlicher Partnerfindung sind oft ebenso reduziert wie ihre psychische Bereitschaft, sich auf neue Liebesbeziehungen einzulassen.

Einige Familiensoziologen meinen, der Trend zu immer zahlreicheren Scheidungen sei für sich genommen nicht beunruhigend, solange ein großer Teil der Geschiedenen eine weitere Ehe einginge[92]: Scheidung stelle »in der Hauptsache nur ein indirektes Kompliment an das Ideal der modernen Ehe dar und gleichermaßen ein Zeugnis für ihre Schwierigkeiten«.[93] Derartige Formulierungen beweisen, daß sich die von der älteren Familiensoziologie mehrheitlich vertretene kulturpessimistische Verurteilung der Ehescheidung angesichts jüngster Trends nicht weiter halten läßt. Andrerseits sollte das Unglück, das unter den gegenwärtigen sozio-kulturellen und wirtschaftlichen Bedingungen mit dem Prozeß des Auseinanderlebens des Paares, seiner Trennung und ihren Folgen verbunden ist, nicht zugunsten eleganter soziologischer Formulierungen unterschlagen werden.[94] Naiv wäre es zu hoffen, daß die Auflösung einer Ehe, die zu Leid, Aggression, Herrschaft und Unterdrückung geführt hat, nur Befreiung ohne Schaden gebiert. Scheidungsziffern repräsentieren ohnehin nur die Spitze des Eisbergs: Neben den legal Geschiedenen ist zum einen eine erhebliche Zahl faktisch getrennt lebender Paare und zum anderen eine unbekannte Zahl zerrütteter, aber wegen der Kinder oder auch aus ökonomischen und gesellschaftlichen Gründen nicht getrennter Ehen anzunehmen.[95] Zudem ist auch die einer solchen Beurteilung zugrunde gelegte Beobachtung aus den vierziger, fünfziger und sechziger Jahren, daß die große Mehrheit der Geschiedenen neuerlich auf eine Verehelichung zustrebe[96], zumindest in dieser Allgemeinheit nicht mehr aufrechtzuerhalten. Die Zahl der Wiederverehelichungen zeigt in den meisten Ländern keine Steigerung oder sie sinkt, während die Zahl der Scheidungen zunimmt. Kreierte Paul H. Landis 1950 angesichts hoher Wiederverehelichungsraten Geschiedener den Begriff der »sequential marriage«[97], also einer sukzessiven Polygamie von Männer und Frauen, scheint in jüngster Zeit der soziokulturelle Druck, der bisher auf Geschiedenen lastete und häufig zu ihrer raschen Wiederverheiratung führte, abzunehmen.

6. Alternativen zu Ehe und Familie

Wachsende Minderheiten stehen der institutionalisierten Ehe skeptisch gegenüber. 1978 ergab eine in der Bundesrepublik Deutschland durchgeführte Befragung, daß es etwa 18% aller Ledigen am attraktivsten erschien, »überhaupt selbständig und unabhängig« zu bleiben.[98] 1981 gaben 13% der im Rahmen einer Jugend-Studie befragten Jugendlichen an, nicht heiraten zu wollen; 7% wollten keine Kinder haben.[99] Seither dürfte die Skepsis weiter gewachsen sein. Vermutlich geht sie vor allem auf die Erfahrungen der Jugendlichen in ihren Herkunftsfamilien und auf die Beobachtung der Eheprobleme ihrer Eltern zurück. Dies erhöht ihre Bereitschaft, für das eigene Leben nach alternativen Lebensformen zu suchen.

Parallel zum Rückgang der Eheschließungen breiteten sich zunächst in den nordeuropäischen Ländern Schweden und Dänemark und in den siebziger Jahren auch in den mittel- und westeuropäischen Staaten eheähnliche Formen des Zusammenlebens aus. Immer mehr Menschen zogen es vor, nicht gleich zu Beginn ihrer Beziehung bzw. gar nicht zu heiraten. Diese gewandelte Einstellung hat wesentlich mit einer Veränderung des soziokulturellen Charakters von »Jugend« zu tun.[100] Die klassische Jugendphase zwischen dem Eintritt der Geschlechtsreife und sozioökonomischer Vollreife (meist mit Heirat verbunden) hat sich differenziert. Junge Menschen – vor allem der mittleren und oberen sozialen Schichten – erlangen den Status der soziokulturellen Reife, lange bevor sie die ökonomische Unabhängigkeit von ihren Eltern erreichen. Einerseits hat sich der Eintritt in das Erwerbsleben für die Jugendlichen durch die Verlängerung der schulischen und universitären Ausbildung (und häufig folgende Phasen der Arbeitslosigkeit) verschoben. Andrerseits werden Handlungs- und Konsummöglichkeiten in frühere Lebensjahre »vorgezogen«. Die »postindustrielle« Gesellschaft begünstigt die frühere Mündigkeit – vor allem im Konsum, aber auch in den sozialen und sexuellen Beziehungen – und schiebt den Beginn der wirtschaftlichen Selbständigkeit (als lohnabhängiger Erwachsener) hinaus. Die Jugendlichen sind – ohne schon Produzenten zu sein – Konsumenten. Die kompetente

Teilnahme der Jugendlichen am Konsum macht sie soziokulturell reifer, als es frühere Generationen von Jugendlichen waren. Die Phase der späteren Jugendjahre (etwas unscharf auch als *Nach-Jugendphase* oder *Postadoleszenz* bezeichnet[101]) ist einerseits durch eine erhöhte Bereitschaft zu experimentellen Lebensentwürfen, andrerseits durch eine beschränkte wirtschaftliche Autonomie bestimmt. Pointiert formuliert: Die Jugendlichen bleiben wirtschaftlich ganz oder teilweise von ihren Eltern abhängig, aber sie machen sich zusehends unabhängiger von den Normvorstellungen ihrer Eltern, insbesondere im soziosexuellen Bereich.[102]

Daraus folgen intergenerationale Konflikte, auch wenn ein großer Teil der Eltern toleranter geworden ist. Die Phase der Postadoleszenz wird daher vielfach außerhalb des Elternhauses verbracht; die Jugendlichen beanspruchen ein historisch neues »Kündigungsrecht« gegenüber ihren Eltern. Daß ein Jugendlicher in einem bestimmten Alter sagt: »Ich hab' die Nase voll, ich will wegziehen hier von euch«, ist eine Situation, die in den letzten Jahren zunehmend möglich geworden ist.[103] Die Herkunftsfamilie ist kein geeigneter Ort des Experimentierens. Für den Jugendlichen stellt sich die Frage, in welcher Form er außerhalb des Elternhauses leben soll. Flüchteten in den sechziger Jahren – am Höhepunkt des säkularen Prozesses der Familialisierung – immer mehr Jugendliche in die Ehe *(Frühehen)*, setzte sich seither eine zunehmend abwartende Haltung der Jugendlichen gegenüber Ehe und Familie durch. Das Konzept der »bürgerlichen Ehe« erscheint in dieser Lebensphase zu schwerfällig und zu verbindlich. »Ehen ohne Trauschein«, Wohngemeinschaften und Alleinwohnen (Singles) sind die bislang entwickelten Alternativen. Sie scheinen bessere Lernmöglichkeiten zu bieten und die Beendigung mißlungener Beziehungen zu erleichtern.

Unverheiratete Paare. In Dänemark und Schweden lebten schon Mitte der siebziger Jahre annähernd 30% der 20- bis 24jährigen ledigen Frauen mit Männern zusammen.[104] Die nichteheliche Lebensgemeinschaft war damit in dieser Altersgruppe häufiger als die formelle Ehe. In den meisten anderen europäischen Ländern wohnten im gleichen Zeitraum erst 10 bis 12% dieser Altersgruppe in Lebensgemeinschaften, aber in den folgenden Jahren stieg auch hier die Zahl der unverheiratet zusammenlebenden Paare. Dies gilt vor allem für die großen Städte und ihre Peripherie: In Paris waren

1980 von allen zusammenlebenden heterosexuellen Paaren (mit Männern im Alter von 25 Jahren oder darunter) weniger als die Hälfte verheiratet. Auch bei den Paaren mit Männern im Alter von 35 Jahren und darunter waren – wenn sie keine Kinder hatten – nur knapp die Hälfte verheiratet.[105] In der Bundesrepublik sollen 1985 etwa eine Million Paare in sog. »nichtehelichen Lebensgemeinschaften« gelebt haben. Ihnen standen etwa 15 Millionen Ehepaare mit und ohne Kinder gegenüber.[106]

Ist das häufiger werdende Zusammenleben zweier Personen ohne Trauschein nur ein Vorstadium zu einer späteren Ehe (»Probeehe«), oder haben wir es mit einer historisch neuen Alternative zur Ehe zu tun? Meine vorläufige und unsichere Antwort lautet: sowohl als auch. Während Lebensgemeinschaften vom Typus der »Probeehe« im allgemeinen von relativ kurzer Dauer sind, da entweder geheiratet oder die Beziehung gelöst wird, gibt es eine wachsende Zahl von dauerhafteren Lebensgemeinschaften, die von der Ehe nur durch ihren fehlenden Rechtsstatus unterschieden sind. Versuchen Paare in der Phase ihrer »Probeehe« eine Empfängnis zu vermeiden, werden in der eheähnlichen Dauerbeziehung Kinder häufig gewünscht.

Die gesellschaftliche Akzeptanz der »Probeehe« ist derzeit mit Sicherheit höher als die der dauerhaften Lebensgemeinschaft. Allerdings scheinen sich die dauerhaften eheähnlichen Lebensformen vor allem in jenen Ländern durchzusetzen, in denen auch die »Probeehe« bereits weit verbreitet ist. Die normative Wirksamkeit der legalen Ehe geht sozusagen Schritt für Schritt zurück. In Schweden ist die voreheliche Lebensgemeinschaft bereits eine anerkannte soziale Institution. Fast alle Ehepaare haben vor ihrer Ehe einige Zeit zusammengelebt. Geheiratet wird aus Tradition. Mit der Heirat ist jedoch keinerlei gesellschaftliche Sanktionierung des Paares und seiner Sexualbeziehung mehr verbunden. Die Ehe hat ihren die Sexualbeziehung des Paares legitimierenden Charakter verloren.[107] Ähnlich verhält es sich in Dänemark. Auch hier wird das Zusammenleben nach einiger Zeit durch Heirat legitimiert, besonders dann, wenn ein Kind erwartet wird. Der Großteil der ledigen Frauen mit einem Kind heiratet vor der Geburt des zweiten Kindes. Ein Großteil der unehelichen Erstgeburten fällt auf Frauen, die in eheähnlichen Lebensgemeinschaften leben. Über 98% dieser Frauen heiraten jedoch, wenn das Kind heranwächst.[108] Ein Teil der Frauen geht hintereinander mehrere eheähnliche Lebensgemeinschaften ein. Hier wird der Charakter der »Probeehe« überschritten und das Muster einer »sukzessiven Polygamie« praktiziert, was freilich nicht ausschließt, daß jeweils Hoffnungen auf eine dauerhaftere Beziehung bestehen.

»Experimentelle« Lebensformen erfordern ein höheres Maß an Reflexivität und Aussprachefähigkeit, nicht zuletzt auch an Kraft, sich gegen die Macht gesellschaftlicher Normen durchzusetzen. Aus diesem Grund dürften sie nicht schicht- und bildungsunabhängig verbreitet sein. Für Frankreich wissen wir, daß die eheähnliche Lebensgemeinschaft in den höheren sozialen Schichten häufiger ist als in den unteren Schichten. Sie stellt hier allerdings meist eine kurze voreheliche Phase dar: Die durchschnittliche Dauer einer »cohabitation« betrug Ende der siebziger Jahre bei den 18- bis 21jährigen 1,3 Jahre, bei den 22- bis 25jährigen zwei Jahre und bei den 26- bis 29jährigen 2,7 Jahre.[109] Mitte der siebziger Jahre lebten in Frankreich wie auch in Österreich etwa die Hälfte aller Ehepaare einige Zeit vor der Hochzeit zusammen. In der Bundesrepublik »probte« etwa ein Drittel aller späteren Ehepaare ihre Fähigkeit, miteinander zu leben, ehe sie sich trauen ließen. Seither dürfte die Zahl solcher »Probeehen« weiter gestiegen sein. Umfragen in Österreich haben ergeben, daß das Zusammenleben ohne Trauschein als »Probeehe« in weiten Kreisen der Bevölkerung akzeptiert wird. Allerdings scheint die Mehrzahl der Bevölkerung (noch?) eine definitive Ersetzung der Ehe durch das »freie Zusammenleben« von Paaren abzulehnen.[110] Das wird freilich kaum mehr mit sexual-ethischen Argumenten, sondern nahezu ausschließlich mit den Interessen möglicher Kinder begründet.

Singles. Seit dem Zweiten Weltkrieg hat die Zahl alleinlebender Personen drastisch zugenommen. 1950 bestand in der Bundesrepublik jeder fünfte Haushalt aus nur einer Person (19,4%); 1982 war es fast jeder dritte (31,3%), in den Großstädten über 100000 Einwohnern sogar schon fast jeder zweite Haushalt. In Berlin waren 1982 bereits mehr als die Hälfte aller Haushalte Einpersonenhaushalte (52,3%)[111], in Hamburg waren es im selben Jahr 40,6%; bezogen auf das gesamte Staatsgebiet, also unter Einschluß der ländlichen Gebiete, lebten 31,3% der bundesdeutschen Bürger in Einpersonenhaushalten. In Österreich waren es 1984 27%.[112] Derzeit gibt es in der Bundesrepublik etwa acht Millionen Einpersonenhaushalte. Was verbirgt sich hinter diesen Zahlen?

Alleinleben ist ein historisch neues Phänomen. Wer vor dem Zweiten Weltkrieg ledig, verwitwet oder geschieden war, lebte in der Regel dennoch in einem Mehrpersonenhaushalt (bei den Eltern, bei Verwandten usw.). Besonders in den großen Städten hat sich hier ein gravierender Wandel ergeben. In der steigenden Zahl der Einpersonenhaushalte in der Bundesrepublik ist neben den über drei Millionen Witwen (40,7% aller Alleinlebenden) ein wachsender Anteil alleinlebender Personen jungen und mittleren Alters enthalten.[113] Neben 1,5 Millionen ledigen Frauen und 1,4 Millionen ledigen Männern lebten 1982 auch noch 1,3 Millionen Geschiedene oder Getrennte in Einpersonenhaushalten. Immer mehr ledige Frauen und Männer in »heiratsfähigem« Alter entschließen sich dazu, allein zu leben: 1982 wurden nicht weniger als 1,1 unter 7,5 Millionen Haushalten mit einem männlichen Haushaltsvorstand von männlichen Singles im Alter zwischen 25 und 45 Jahren geführt. Diese Singles entscheiden sich aus diversen Gründen zum Leben im Einpersonenhaushalt; soziostrukturell wird es ihnen durch das immer dichtere Netz von angebotenen Dienstleistungen und technischen Hilfen in den größeren Städten ermöglicht.[114] Nichts wissen die Statistiker jedoch über die Beziehungen der Singles. Die Mehrzahl dürfte in mehr oder weniger dauerhaften Beziehungen leben. Viele verbringen einen Teil der Zeit mit ihren jeweiligen Partnern, ohne die eigene Wohnung aufzugeben. Das erhöht ihre persönliche Autonomie und entlastet die Beziehung von den Folgen einer zwischen Mann und Frau ungleich geteilten Reproduktion. Der geringere wirtschaftliche Zwang zur Aufrechterhaltung der Beziehung und der Umstand, daß sich Singles – wenn sie nicht, was es auch geben soll, ihre Schmutzwäsche der Mutter oder der Freundin mitbringen – selber reproduzieren, schafft Spielraum für die Überwindung patriarchalischer Strukturen.

Wohngemeinschaften. Aus der Kritik an der gesellschaftlichen Funktion der Familie, nicht nur die Arbeitskraft der Erwerbstätigen zu reproduzieren und den Bestand der Gesellschaft zu garantieren, sondern auch die bestehenden Herrschaftsverhältnisse zu stabilisieren, entstand in den frühen siebziger Jahren der Versuch, der Familie in Gestalt von Wohngemeinschaften und Kommunen Alternativen gegenüberzustellen. Waren einige der ersten Kommunen (Kommune 1 und 2 in Berlin, Kommune Horla in München) Anfang der siebziger Jahre noch ein von den Medien bereitwillig verbreitetes Schreckgespenst für den Bürger, der mit ihnen alsbald nur Rauschgiftorgien, Gruppensex und Terrorismus verband, ist seither Beruhigung eingetreten. Das hat nicht zuletzt damit zu tun, daß sich die Ansprüche und Vorstellungen der meisten Wohngemeinschaften, die noch bestehen oder seither neu gegründet worden sind, verändert haben; sie sind weniger radikal, oft weniger politisch und manchmal geradezu »verbürgerlicht«.

Typisiert man das bunte Bild, das Wohngemeinschaften und Kommunen gegenwärtig bieten, lassen sich einmal nach den Beziehungsstrukturen Wohngemeinschaften mehrerer Kleinfamilien (oft »Großfamilien« genannt), Wohngemeinschaften von mehreren Paaren, Lebensgemeinschaften mehrerer, nicht innerhalb der Wohngruppe in Paarbeziehungen eingebundener Einzelpersonen sowie aus diesen Strukturelementen gebildete Mischformen unterscheiden. Nach ihrem soziokulturellen, politischen und wirtschaftlichen Anspruch können studentische Wohngemeinschaften in den Universitätsstädten, Landgruppen mit häufig makrobiotischen Anbaumethoden, religiöse und therapeutische Gruppen, Wohngruppen für alte Menschen, für Behinderte und für andere Randgruppen, schließlich Betriebs- und Wohnkollektive sowie pädagogische Eltern-Kinder-Gruppen (in der Tradition der Kinderladenbewegung und der antiautoritären Erziehung) unterschieden werden. Gemeinsam ist all diesen Lebensformen zunächst nur, daß sich eine größere Zahl von z. T. nicht verwandten Menschen in einer Wohnung (oder einem Haus) zur gemeinsamen Haushaltsführung zusammenschließt. Ihre darüber hinausgehenden Motive, Hoffnungen, Ansprüche und Probleme dagegen sind unterschiedlich. Religiöse und therapeutische Wohngruppen sollen im folgenden nicht weiter diskutiert werden. Hier interessieren nur jene Gruppen, die eine transitorische oder dauerhafte Alternative zur Lebensweise in der Familie darstellen.

Studentische Wohngemeinschaften machen die überwiegende Mehrzahl aller Wohngemeinschaften aus. Sie bieten den Studierenden neben finanziellen Vorteilen und einer pragmatischen Lösung des Wohnungsproblems eine Möglichkeit, trotz fehlender wirtschaftlicher Selbständigkeit ihre Sexualitäts- und Liebesbeziehungen zu leben. Sie entrinnen damit der noch in den zwanziger und dreißiger Jahren drängenden »Sexualnot der Jugend«.[115] Hinzu kommt ein höherer Grad an Experimentierfähigkeit und gleichzeitig solidarischer Schutz in der Gruppe. Die Sozialstruktur der

Wohngemeinschaft kommt dem Anspruch nach egalitären, nicht autoritären Beziehungen entgegen (was nicht heißt, daß hier keine Autoritätsprobleme bestünden, aber ihre »Bearbeitung« steht meist auf dem »Programm« des Gruppenlebens). Wohngemeinschaften erleichtern die Überwindung traditioneller Formen geschlechtsspezifischen Rollenverhaltens, besonders in der Hausarbeit und Kindererziehung. Sie erleichtern die Erwerbsarbeit oder das Studium junger Mütter und fördern die Austragung persönlicher Schwierigkeiten und Beziehungsprobleme.

Die quantitative Verbreitung der Wohngemeinschaften ist derzeit noch eher gering. 1981 lebten nur 5% der 15- bis 24jährigen in der Bundesrepublik in einer Wohngemeinschaft.[116] Differenziert man nach dem sozialen Status, ergibt sich jedoch ein anderes Bild: Immerhin 18% der Studenten lebten 1982 in Wohnkollektiven, und fast 30% der studierenden Jugendlichen hegten den Wunsch, so zu wohnen.[117] Gegenwärtig leben in manchen Universitätsstädten der Bundesrepublik bereits bis zu 30% der Studenten in kollektiven Wohnformen. Schätzungen sprechen von insgesamt 80000 bis 100000 Kollektiven, in denen etwa 1% der Gesamtbevölkerung wohnt.[118] In jeder vierten bis fünften Wohngemeinschaft (ca. 20000 Wohngemeinschaften) leben Kinder. Neben den »Familienresten« und neben alleinerziehenden Eltern stellen diese Wohngemeinschaften damit – in bezug auf die Zahl der beteiligten Menschen – den größten Modellversuch nicht traditionell-familialer Kindererziehung dar.[119]

Für einen Teil der in Wohngemeinschaften lebenden Menschen hat diese Lebensform Übergangscharakter; sie liegt lebensgeschichtlich zwischen dem Aufwachsen in der Herkunftsfamilie und der Eheschließung bzw. der Gründung einer eheähnlichen Lebensgemeinschaft oder einem Leben als Single. Die meisten Wohngemeinschaften verzeichnen eine hohe Fluktuation ihrer Mitglieder. Selten bleibt eine Gruppe länger als zwei Jahre unverändert zusammen.[120] Die Wohngemeinschaft setzt dem Wechsel der Mitglieder wesentlich weniger organisatorischen, sozialen und psychischen Widerstand entgegen als der Familienhaushalt. Den Anforderungen an die meist jugendlichen Bewohner, flexibel und mobil zu sein (um z.B. den Arbeits- oder Studienplatz zu wechseln), entspricht die Wohngemeinschaft jedenfalls besser als der Familienhaushalt; sie scheint zumindest in Phasen der Ausbildung die funktionalere Form der Primärgruppe zu sein. In einer Lebensphase, die wesentlich vom Prozeß der Ablösung des Jugendlichen von den Eltern und den damit zusammenhängenden sozialen und psychischen Problemen geprägt ist, kommt dem Wohnen mit Gleichaltrigen eine wichtige Orientierungsfunktion zu.

Die Mehrzahl der Wohngemeinschaftsbewohner kommt aus traditionellen Kernfamilien und hat eine familiale »Primärsozialisation« hinter sich. In der Wohngemeinschaft sind viele Bewohner stark motiviert, jene Gewohnheiten und Einstellungen, die sie für das Resultat ihrer Familienerziehung halten und meist kritisch beurteilen, zu verändern. Angestrebt wird ein mehr oder weniger explizites Wertesystem, dessen herausragende Elemente Kooperation und Solidarität, aber auch eine hohe Autonomie des Individuums sind.[121] Das Leben in Wohngemeinschaften kann als eine Phase in der Sozialisation des Jugendlichen und des jungen Erwachsenen angesehen werden, in der Sozialisationseffekte der Kleinfamilie teilweise korrigiert oder zumindest ins Bewußtsein gebracht und kritisierbar gemacht werden.

Die Realisierung utopischer Vorstellungen wie die Auflösung der Zweierbeziehung, »freie Sexualität« und dergleichen ist dort, wo sie in Wohngemeinschaften (Kommunen) versucht wurde, meist gescheitert. (Kein Zufall ist es andrerseits, daß die Massenmedien in den siebziger Jahren ausgerechnet Experimente mit Sexualbeziehungen in den Mittelpunkt ihrer Berichterstattung stellten; sie nützten damit gleichermaßen die Sensationslust wie die sexuellen Wunschphantasien ihres frustrierten Publikums, um Profite zu machen.) Für die Situation in den Wohngemeinschaften sind solche vereinzelten Experimente nicht typisch. Die Mehrzahl der Bewohner von Wohngemeinschaften dürfte in mehr oder weniger dauerhaften Zweierbeziehungen leben, wobei der Intimpartner oft in einer anderen Wohngemeinschaft wohnt. Allerdings ist die Experimentierfreudigkeit in Fragen der Erotik, der Sexualität, der Treue oder der Bindungslösung in den Wohngruppen im allgemeinen höher als bei Menschen, die in Kleinfamilien leben.

Der Vorteil gemeinsamer Hausarbeit und Kindererziehung ist, daß diese auf eine größere Zahl von Personen verteilt werden kann. Der im Idealfall abwechselnd erledigte »Haus- und Kinderdienst« entlastet insbesondere die Frauen von einer einseitigen Zuschreibung der traditionellen »Haushalts- und Mutterpflichten«. Die Gruppe kontrolliert die gerechte Verteilung der anfallenden Haus- und Erziehungsarbeit. Die geschlechtsspezifische Arbeitsteilung wird auf diese Weise tendenziell aufgehoben. Die Wohngruppe unterläuft aber auch das Prinzip der *Filiation*.[122] Nicht nur der leibliche Vater und die leibliche Mutter, sondern jedes Mitglied der Wohngruppe steht – dem Anspruch nach – in einer Beziehung der Solidarität und Fürsorglichkeit zu den mitlebenden Kindern.[123] Die Überwindung geschlechtsspezifischer Rollen setzt sich im Anspruch fort, Herrschaft produzierende, geschlechtsspezifische Verhaltensweisen insgesamt abzubauen. Daß in der Wohngruppe immer mehrere Personen für Problemdiskussionen, Geselligkeit und Freizeitgestaltung zur Verfügung stehen, entlastet das einzelne Paar von überhöhten und überfordernden Ansprüchen an sich selbst (Vermeidung einer *Dyadisierung des Paares*).

Nur einzelne Kommunen beabsichtigen, die Intimitätsgrenzen der Eltern-Kinder-Gruppen, Paare und Einzelpersonen z. B. durch einen gemeinsamen Schlafraum aufzulösen. Dazu gehört auch der Verzicht auf privates Eigentum an Einrichtungsgegenständen, Autos und dergleichen. Damit soll die Bindung der sozialen Beziehung an Privateigentum überwunden werden. Die Mehrzahl der Wohngemeinschaften hält jedoch an einem autonomen, eigenen Bereich jedes Gruppenmitglieds (seinem eigenen Zimmer usw.) fest. Wohngemeinschaften finanzieren und verwalten ihren gemeinsamen Haushalt meist aus einer gemeinsamen Kasse. Den Rest des persönlichen Einkommens behalten die Mitglieder in der Regel für sich. Für den einzelnen ergibt sich ein erhöhter materieller Schutz, weil er in Phasen der Erwerbs- und Mittellosigkeit von der Solidarität der Gruppe vor seelischer und materieller Depravierung bewahrt wird. Gemeinsamer Besitz von Produktionsmitteln findet sich in den Landkommunen und Wohn- und Produktivgenossenschaften (z. B. in kollektiv geführten Handwerksbetrieben). Viele Gruppen nutzen von den Mitgliedern eingebrachte Gebrauchsgegenstände (Fernseher, Stereoanlage, Möbel, Autos) gemeinsam. Schwierigkeiten treten aber bei unterschiedlich sorgsamer Benützung und bei der Ablösung kollektiv finanzierter Gebrauchsgüter bei Auszug eines Gruppenmitglieds auf.[124]

Wichtiger noch als Fragen des formellen Besitzes scheint indes, daß die kollektiven Nutzungsrechte die Notwendigkeit und die Bedeutung individuellen Besitzes reduzieren. Der persönliche Bedarf unterliegt einer reflexiven Kontrolle der Gruppe; der einzelne ist der Gewalt der kapitalistischen Warenästhetik weniger ausgeliefert. Aus dem kollektiven Widerstand gegen den Kaufzwang entstehen stilbildende Elemente einer spezifischen Wohnästhetik, die geeignet ist, mit der täglichen Ordnung der Dinge die »subtile Mikro-Basis«[125] der gesellschaftlichen Ordnung in Frage zu stellen. Die gemeinsame Nutzung der Gebrauchsgegenstände verringert ihren Prestigewert und ihren Fetischcharakter. Darin scheint die eigentlich subversive Kraft der Wohngemeinschaften zu liegen: Sie unterhöhlen für ihre Mitglieder wesentliche Elemente der kapitalistischen Ideologie wie Konkurrenz, Status, Besitz und Konsum, ohne doch deren allgemeine Gültigkeit in der Gesellschaft beseitigen zu können.[126]

Wenn in der Praxis auch immer wieder Abstriche von der hier knapp skizzierten Programmatik der Wohngemeinschaften gemacht werden müssen, kann dennoch gelten, daß Wohngruppen den einzelnen Menschen im Unterschied zur Kleinfamilie ungeachtet seines Geschlechts in die Reproduktionsaufgaben des Alltags einüben. In diesem Punkt dürfte die gesellschaftliche Wirksamkeit der Wohngemeinschaften weit über sie hinausgehen. Menschen, die eine Zeitlang in Wohngruppen gelebt haben, verfügen in der Regel über eine erhöhte Eigenkompetenz, sich zu reproduzieren.[127] Das begünstigt ihre Fähigkeit, nach dem Ausscheiden aus der Wohngemeinschaft als Single oder auch in einer partnerschaftlichen Lebensgemeinschaft oder Ehe zu leben. In diesem Fall erscheint die Wohngemeinschaft im Verhältnis zu Ehe und Familie eher als eine *ergänzende* denn als eine *alternative* Lebensform. Die Wohngemeinschaft kann jedoch auch eine *Alternative* zu Ehe und Familie sein. Es scheint wahrscheinlich, daß sie – sofern es nicht schon geschehen ist – in die Reihe gesellschaftlich und gesetzlich anerkannter Lebensformen aufgenommen werden wird. Verläßliche Indikatoren hierfür werden etwa die Anpassung von Sozialgesetzen für staatliche und kommunale Transferleistungen (z.B. Wohnbeihilfen), der Entwurf adäquater Wohnarchitektur u. ä. sein. Obgleich sie aus den genannten Gründen manchen politisch verdächtig erscheinen, befriedigen Wohngemeinschaften Bedürfnisse und fördern Grundhaltungen, die zunehmend akzeptiert werden. Möglicherweise wird die Leistung der Wohngemeinschaften, die depravierenden Folgen der Vereinzelung des »postindustriellen« Menschen durch eine kollektive Wohnform aufzufangen, in der Zukunft in höherem Maße gesellschaftlich honoriert werden. Formen des erhöhten Umweltbewußtseins und alternativen Konsumverhaltens wird bislang in den Wohngemeinschaften eher der Boden bereitet als in herkömmlichen Familienhaushalten. Nicht zuletzt könnte die Lebensform der Wohngemeinschaft aufgrund ihrer höheren Weltoffenheit jenem historischen Prozeß entgegensteuern, den Richard Sennett als den »Verlust der Öffentlichkeit« und als die »Tyrannei der Intimität«[128] eines einschließenden und entpolitisierenden Ehe- und Familienlebens bezeichnet. Dagegen sprechen allerdings zum gegenwärtigen Zeitpunkt alle bekannten Umfragedaten: Die Mehrheit der Bevölkerung in den europäischen Industrieländern akzeptiert zwar die Wohngemeinschaft (wie andere Lebensmodelle) als mögliche Alternative zum Einfamilienhaushalt, lehnt sie aber für sich selber ab. Das mit der Wohngemeinschaft verbundene Maß an Beziehungsarbeit und Selbstreflexion läßt dieses Lebensmodell vielen als vergleichsweise beschwerlich erscheinen. Die vermutlich weiter verbreiteten Sehnsüchte nach Geborgenheit und Solidarität in Gruppen, die mehr Personen als die Einkind- und Zweikinderfamilie umfassen, werden von den Glücksmythen eines als »unpolitisch« gedachten, privaten Ehe- und Familienlebens nach wie vor weit übertroffen.[129]

7. Hat die Familie Zukunft?

Steigende Scheidungsraten, sinkende Heiratsziffern, eine wachsende Zahl von Singles und von nicht legalisierten, eheähnlichen Lebensgemeinschaften signalisieren Komponenten eines Trends, der zunächst vorsichtig als Bedeutungsverlust der legalen Ehe bewertet werden kann. Während das Monopol der Ehe auf die Sexualbeziehungen der Erwachsenen in den »postindustriellen« Gesellschaften weitgehend abgebaut ist, gelten die Interessen der Kinder noch als das stärkste Argument für die Ehe. Noch sind die skizzierten Alternativen zu Ehe und Familie auf Minderheiten und auf junge Leute beschränkt. Die Mehrzahl der Menschen lebt in traditionellen Ehe- und Familienformen. Dennoch beeinflussen die erhöhten Möglichkeiten der Ehescheidung und die bislang entwickelten Alternativen auch jene, die in traditionellen Ehen und Familien leben: Ihre Lebensform scheint weniger festgefügt, weniger alternativlos und weniger selbstverständlich als bisher. Die Toleranz gegenüber Minderheiten, die nicht in Ehe und Familie leben, nimmt deutlich zu. Damit steigert sich der Anspruch an die Qualität des eigenen Familien- und Ehelebens der Mehrheit. Nicht zuletzt ist auch zu bedenken, daß traditionelle und neue Formen des Lebens nicht gänzlich unabhängig voneinander, sondern vielfach intergenerationell verwoben sind: Während die Eltern z. B. »in aufrechter Ehe« leben, proben ihre erwachsenen Kinder eine nicht legalisierte Lebensgemeinschaft usw. Die historisch neue *Konkurrenz der Lebensmodelle* und die durch sie erhöhte Sensibilität für die Qualität der Beziehungen fordern – so ist zu vermuten – zu einem höheren Maß an Selbstreflexion und kritischer Prüfung der eigenen Lebenspraxis heraus.

Angesichts nachlassender Heiratsneigung, ansteigender Scheidungsziffern und sinkender Kinderzahlen ist die Frage berechtigt, ob die Familie Zukunft hat. Eine statistische Prognose mit den Mitteln der Demographie ist nicht möglich. Zumindest drei Veränderungen können jedoch – bei aller gebotenen Vorsicht – für die Entwicklung von Ehe und Familie in den nächsten Jahren erwartet werden:

Erstens: Es wird – unter der Voraussetzung, daß keine elementaren und anhaltenden wirtschaftlichen Konjunktureinbrüche erfolgen – immer mehr Menschen möglich sein, *wahlweise* in einer legalisierten Ehe mit oder ohne Kinder, in einer nicht legalisierten Lebensgemeinschaft, als Single (was freilich dauerhafte Beziehungen nicht ausschließt), in einer Wohngruppe mit oder ohne »familialem« Charakter oder – immer häufiger nach einer Scheidung – in einer »Restfamilie« zu leben. Die Familie ist dabei, ihre monopolistische und alternativlose Sonderstellung[130] als Normalform des Zusammenlebens zu verlieren.

Zweitens: Zwischen der Sozialisation in der Herkunftsfamilie und der Zeugung und Aufzucht eigener Kinder in einer Familie wird anstelle des »behüteten Lebens« Jugendlicher im Elternhaus immer öfter eine Zwischenphase relativ freier Beziehungsformen liegen (wechselnde Liebesverhältnisse, Lebensgemeinschaften ohne Trauschein, Gruppenwohnen). Der direkte Weg von der Herkunfts- in die Zeugungsfamilie wird immer seltener gegangen werden. Der Mensch der »postindustriellen« Gesellschaft wird im Verlauf seines Lebens wahrscheinlich häufiger als bisher mehrere verschiedene Lebens- und Wohnformen durchlaufen. Von kleinen Minoritäten abgesehen gibt es jedoch keine Anzeichen dafür, daß das Konzept der Treue in dauerhaften (jedoch nicht unbedingt lebenslangen) Beziehungen in Frage gestellt werden könnte. Sexuelle Treue ist nach wie vor ein Ideal.[131] Allerdings scheint die Neigung weiter zuzunehmen, einen »Seitensprung« des Partners zu tolerieren, wenn die Ehe dadurch nicht in ihrem Grundkonsens erschüttert wird. Trotz gewachsener Ansprüche auf Liebe und Glück in der Ehe wachsen die Toleranz und der Freiheitsraum der Partner. Andrerseits mehren sich damit, scheint es, auch die Gefahrenmomente für den Fortbestand einer Ehe: Wird eine »Nebenbeziehung« nicht verkraftet oder übertreffen die in sie gesetzten Erwartungen den Grad der innerehelichen Zufriedenheit, steigt die Bereitschaft zur Scheidung. Das deutet darauf hin, daß die Ehe weiterhin an Exklusivität einbüßen, und ihr in zunehmendem Maße der Charakter einer disponiblen und kündbaren Beziehung zukommen wird.

Drittens: Die Zahl der von frei zusammenlebenden Paaren oder von alleinstehenden Müttern aufgezogenen Kinder wird wahrscheinlich weiter zunehmen. Geht man davon aus, daß sich die von den Demographen ermittelten Trends der jüngsten Vergangenheit in den nächsten Jahren fortsetzen, wird künftig jeder dritte Mitteleuropäer bis an sein Lebensende ledig bleiben; von jenen, die heiraten, wird etwa jeder dritte wieder geschieden werden; von den Geschiedenen wird nur jeder zweite ein weiteres Mal eine Ehe eingehen.[132] Bleibt die Scheidungshäufigkeit auf dem derzeitigen Niveau, wird von den in der ersten Hälfte der achtziger Jahre geborenen Kindern jedes achte bis zum 14. Lebensjahr die Scheidung seiner Eltern erleben.[133] Damit wird das soziale Prinzip der *Filiation* weiter an Bedeutung verlieren; nicht an Blutsbande geknüpfte Formen der Solidarität und Fürsorglichkeit werden vermutlich an Bedeutung gewinnen.

Über die gesellschaftlichen und menschlichen Folgen einer solchen Entwicklung gehen die Meinungen auseinander. Sicher, weil quasi berechenbar, scheint, daß sich traditionelle Formen familialer Solidarität gegenüber Kindern, Jugendlichen und alten Menschen immer weiter auflösen werden und innerhalb wie außerhalb von Ehe und Familie neue Formen der Solidarität gefunden werden müssen. Aber andrerseits ist es nicht haltbar, solidarische Verhaltensweisen, Verantwortungsbewußtsein gegenüber Kindern, Hilfsbereitschaft gegenüber alten Menschen u. ä. nur jenen Menschen zuzutrauen, die in traditionellen Familien leben. Eine Gesellschaft, in der eine qualifizierte Minorität nicht in Ehen und Familien, sondern als Singles, in nicht legalisierten Paarbeziehungen, Familienresten oder in Wohngruppen lebt, muß deshalb keine kalte, menschenverachtende Gesellschaft sein. Jedoch werden »familiale« Liebe, Fürsorglichkeit, Zärtlichkeit und Solidarität auch auf die primären Beziehungen von Personen ausgedehnt werden müssen, die nicht unbedingt im gemeinsamen Haushalt zusammenleben oder durch Blutsbande verbunden sind (auf die getrennten Eltern, ihre Kinder und die neu gewählten Partner, auf nahestehende Freunde), soll der erzielte Gewinn an persönlicher Autonomie nicht durch den Verlust emotionaler und sozialer Sicherheit zunichte gemacht werden.

Der entscheidende Aspekt dieser Entwicklung ist ohne Zweifel die erhöhte Möglichkeit des einzelnen Menschen, sich in seinen Lebensentscheidungen nach persönlichem Gutdünken und nicht nach universell gültigen Normen oder Gruppenzwängen zu verhalten. Ich stimme Arthur E. Imhof zu, wenn er angesichts der referierten Trends meint, daß das Individuum die ihm vermehrt gebotenen Möglichkeiten relativ autonomer Lebensführung zu nützen beginne.[134] – Wie fügen sich dieser Zuwachs an individueller Autonomie und die wachsende Konkurrenz verschiedener Lebensmodelle in die Geschichte der letzten Jahrhunderte?

Der Übergang vom »ganzen Haus« zur »privatisierten« Familie und die Durchsetzung einer industriellen Gesellschaft von mehrheitlich lohnabhängigen Menschen brachte nahezu allen erwachsenen Menschen die Möglichkeit zur Eheschließung und Familiengründung. Diese Entwicklung fand in den sechziger Jahren ihren Höhepunkt und Abschluß. Sie bedeutete die endgültige Befreiung aus hausrechtlicher Abhängigkeit und die Beseitigung des temporären oder lebenslangen Zwanges zu Ehelosigkeit. Als sich in der Folge die soziale Notwendigkeit zu heiraten verringerte, weil die Reproduktion des einzelnen durch die verbesserten Angebote des Marktes und der Dienstleistungen auch außerhalb von Ehe und Familie möglich wurde, die Frauenbewegung die physischen und psychischen Kosten des Familienlebens ins kollektive Bewußtsein hob und wachsende Minoritäten alternative Lebensformen erprobten, trat der Zwangscharakter der monogamen Ehe in den Vordergrund. Dazu kam für die Mehrzahl der Menschen der Anspruch an die Ehe, Ort eines persönlichen sexuell-erotischen und seelischen Glücks zu sein. Die *Entinstitutionalisierung*[135] der Ehe und die Trennbarkeit der als unglücklich empfundenen Ehe wurden damit zum emanzipatorischen Anspruch. Da dieser Anspruch jedoch noch nicht für alle Bevölkerungsschichten materiell und sozial einlösbar ist und unter den gegebenen Verhältnissen vielfach ein hohes Maß an seelischem Leid erzeugt, dürfte die historische Phase, in der Ehe und Familie sowohl an normativer Kraft als auch an praktischer Alternativlosigkeit verlieren, noch nicht abgeschlossen sein.

Säkulare Trends, Brüche und Kontinuitäten

Der Überblick über die Entwicklung der mitteleuropäischen Familien in den letzten zweihundert Jahren hat gezeigt, daß die Geschichte der Familie auf das engste und unablösbar mit der Geschichte der Produktionsweisen verbunden ist. In den vorbürgerlichen Gesellschaften war die Familie weder begrifflich noch sozialstrukturell von der Gemeinschaft der Hausbewohner zu unterscheiden. Der einzelne war in die Lebens- und Arbeitsgemeinschaft der Hausgenossen einbezogen, ob er nun mit den »Hauseltern« blutsverwandt war oder nicht. Das Kollektiv des »ganzen Hauses« bildete den notwendigen sozialen Zusammenhang, in dem Leben und Arbeiten organisiert wurden. Das Individuum hatte keine Möglichkeit, außerhalb derartiger Hausverbände zu existieren; seine Integration in die Hausgemeinschaft, in das Dorf, in den Stand oder in die Zunft ging so weit, daß Entscheidungen der Partnerwahl und die Rolle des einzelnen in der Organisation der Arbeit kollektiv bestimmt wurden. Die vorbürgerliche Gesellschaft kannte das freie Individuum nicht. Frauen, Kinder sowie Dienstboten und Inwohner beiderlei Geschlechts unterstanden der Autorität des Hausvaters. Die Grundlage seiner patriarchalischen Gewalt war der untrennbare Zusammenhang von Lebens- und Arbeitsprozessen im »ganzen Haus«.

Der Patriarchalismus war alles in allem um so ausgeprägter, je größer die ökonomische Bedeutung der Hauswirtschaft war. In den Familien der besitzlosen und armen Bevölkerung bildeten sich dagegen nur in Ansätzen patriarchalische Strukturen aus. Aufgrund eines quantitativ und qualitativ annähernd gleichen Arbeitsanteils von Mann und Frau in den Haushalten der Proto-Industrie auf dem Land, aber auch bei den Taglöhnern des Weinbaus und ähnlichen sozialen Gruppen, konnte der Patriarchalismus nicht hinreichend materiell fundiert werden. Als herrschendes kulturelles Muster diffundierten allerdings patriarchalische Verhaltensweisen auch in die Schichten der landlosen und landarmen Bevölkerung. In den Produktionsformen der proto-industriellen Heimindustrie, des Weinbaus und anderer Formen vor- und frühkapitalistischer Lohnarbeit wurden Qualifikationen und Strategien entwickelt, die

später die Anpassung der Produzenten an die industriellen Arbeitsformen erleichterten.

 Im Unterschied zum bäuerlichen Patriarchalismus war, so hat sich
gezeigt, bereits der Patriarchalismus des »alten Handwerks« nicht
mehr notwendig an das »ganze Haus« gebunden. Zünftig organisierte Handwerksmeister sicherten ihr Patriarchat mit Hilfe der
Monopolisierung des Zugangs zur Meisterschaft. Mit dem Ausschluß der Frauen vom zünftigen Handwerk schlossen sie diese als
selbständige Konkurrentinnen aus und zwangen sie in die innerhäusliche Abhängigkeit. Waren in den Haushalten der Handwerker
und Kaufleute die Grenzen zwischen produktiver und reproduktiver Arbeit noch nicht scharf gezogen, differenzierte sich der Patriarchalismus des Bürgertums im späten 18. und 19. Jahrhundert
vor allem infolge der sukzessiven Ausgliederung der Produktions-
aufgaben aus dem Haushalt. Das beamtete und freiberufliche
Bildungsbürgertum brachte das »bürgerliche Familienmodell« hervor, in dem das Familienleben von Erwerbsarbeit zeitlich und
örtlich getrennt wurde. Damit war die Entstehung eines separaten
Arbeitsbereichs für Mann und Frau sowie die weitere Spezifikation
der Sozialisation von Mädchen und Knaben verbunden. Die Unterordnung der Frau unter den Mann erhielt ein neues Fundament. An
die Stelle des »ganzen Hauses« trat nun die alleinige finanzielle Sicherung der Familie durch die Erwerbsarbeit des Mannes außer
Haus. Die Frau wurde in die von produktiver Arbeit zunehmend
geschiedene Sphäre der »Hausarbeit« verwiesen (»Verhäuslichung«
der Frau). Das bedeutete eine Stärkung der Vormacht des Mannes,
war doch die Frau nun nicht mehr seine Arbeitsgefährtin und
die Wirtschaftsleiterin einer umfassenden Hauswirtschaft. Ihre
Fixierung auf Repräsentationsaufgaben, die Stilisierung der Mutterschaft und die der Frau zugemutete Aufgabe, ihrem Ehemann
physisch und psychisch »Geborgenheit« vor den Härten des Er-
werbslebens zu bieten, legten sie auf eine dienende, dem Mann als
Ernährer der Familie sichtbar untergeordnete Rolle fest.

 War die Rollenverteilung im »ganzen Haus« unangefochten in den
Erfordernissen der häuslichen Ökonomie verwurzelt gewesen,
ging dieses Maß an Selbstverständlichkeit nun allmählich verloren.
Die Herrschaft des Mannes, obgleich durch das außerhalb der Familie erwirtschaftete Einkommen materiell fundiert, bedurfte zunehmend der ideologischen Abstützung und der diskursiven Erläu-
terung. Das um so mehr, als die Tätigkeit des Mannes nicht mehr

vor den Augen von Frau und Kindern, sondern – für diese weithin unsichtbar – in den Kanzleien und Kontoren stattfand. In Auseinandersetzung damit entstand eine gesellschaftliche Diskussion, die die Aufgabenfelder der Geschlechter neu zu begründen versuchte. Mann und Frau wurden seither geschlechtsspezifische Eigenschaften und Fähigkeiten zugeschrieben, die auf die »Natur der Geschlechter« zurückgeführt wurden. Die Ideologie der »Geschlechtscharaktere« blieb aber nicht nur falsches Bewußtsein, sondern zeitigte auch realgeschichtliche Folgen. Beschrieb sie einerseits oberflächlich, was sich infolge der Arbeitsteilung zwischen den Geschlechtern bis zum Ende des 18. Jahrhunderts bereits herausgebildet hatte, kam ihr in der Folge in wachsendem Maße wirklichkeitsformende Kraft zu. Mit ihrem weitgehenden Ausschluß von öffentlichen Funktionen und Berufen wurde den Frauen die Übung in öffentlicher Organisation und Artikulation vorenthalten, mit ihrer »Erziehung im Haus« wurden genau jene Fähigkeiten und Neigungen forciert, die dem sich wandelnden Markt der öffentlichen, wirtschaftlichen, politischen und kulturellen Beziehungen *nicht* entsprachen. In ihrer Rolle als Erzieherinnen ihrer Töchter begrenzten die Mütter künftige Generationen von Frauen auf die als »weiblich« deklarierten Arbeitsbereiche und Eigenschaften, deren Überschreitung ihnen als Bedrohung ihrer eigenen Identität erschien. Die Geschlechtscharaktere – der ideologische Kern des bürgerlichen Patriarchalismus – diffundierten im Verlauf des 19. Jahrhunderts über die Grenzen des Bürgertums hinaus.

Eine genuin proletarische Familie stabilisierte sich erst in den letzten Jahrzehnten des 19. Jahrhunderts. In der frühen Phase der Industrialisierung kam nur eine Minderheit der Arbeiter bereits aus einer Arbeiterfamilie. Der überwiegende Teil war noch in den Familien von Landarbeitern, Kleinbauern und Heimarbeitern oder in den plebejischen Unterschichten der Städte aufgewachsen. Die solcherart von Anfang an gegebene soziokulturelle Fragmentierung der Arbeiterklasse setzte sich weiter fort, wenn die zweite Generation einer städtischen Arbeiterfamilie erneut innerhalb ihres engeren Milieus heiratete. Andrerseits nahm die Verflechtung zwischen verschiedenen Arbeitergruppen im Lauf des 19. Jahrhunderts allmählich zu. Heimarbeiter- und Landarbeitersöhne strömten in gewerblich-städtische Arbeiterberufe. Durch die Heirat von gelernten und ungelernten Arbeitern verdichtete sich das Netz der Beziehungen zwischen Arbeitern ländlicher und städtischer Herkunft und zwischen Arbeitern verschiedener Branchen und unterschiedlicher Qualifikation.[1] Der Umstand, daß ein großer Teil der Arbeiterfrauen vor ihrer Heirat als Dienstmädchen in »herrschaftlichen« Haushalten mit deren Standards vertraut geworden war, trug zur Infiltration bürgerlicher Normen in die Familien der Arbeiter bei. Andrerseits blieb die Arbeiterfamilie über den größten Zeitraum ihrer bisherigen Geschichte durch eine drastische Knappheit der Mittel bestimmt.

Im Spannungsfeld des bürgerlichen Familienmodells und der materiellen Armut der Arbeiterfamilien entstand eine spezifische Form, in der die Ehemänner und Familienväter ihren Herrschaftsanspruch und ihre Privilegien in den Familien abzusichern versuchten. Das Patriarchat des Arbeiters war weder aus der Leitung einer Hauswirtschaft noch aus anerkannter Meisterschaft begründet, sondern aus seiner Hände Arbeit, mit der er den Hauptteil des Familieneinkommens sicherstellte. Auch der Arbeiter übernahm die ubiquitären Attribute männlicher Herrschaft, wodurch er sich in Übereinstimmung mit der paternalistisch strukturierten Gesellschaft, nicht zuletzt auch mit den paternalistisch aufgebauten Arbeiterparteien und Gewerkschaften befand. Viele Indizien weisen darauf hin, daß die vor allem von den gelernten Arbeitern angestrebte »respektable Familie« mit patriarchalischen Vorstellungen verbunden wurde.

In der ersten Phase der Industrialisierung waren die Individuallöhne meist zu gering, um eine Existenz des Lohnarbeiters außerhalb familialer Solidarformen zu ermöglichen. Zugleich waren Lohnarbeiter, die nicht in ihren Herkunftsfamilien bleiben konnten, gezwungen, als Ledige in Untermiete oder als »Bettgeher« zu leben; damit wurden sie in die Ökonomie des Einzelhaushalts des Vermieters einbezogen. Sowohl jene Haushalte, die Untermieter oder Bettgeher aufnahmen, als auch die Familien, deren Kinder bis ins erwachsene Alter bei den Eltern wohnten und mit ihrem Einkommen zur Existenz der Familie maßgeblich beitrugen, ermöglichten den Übergang zur Lohnarbeitsgesellschaft. Mit der Flexibilität ihrer sozialen Form, der Kompensierung unzureichender Entlohnung des einzelnen durch Restformen der häuslichen Ökonomie und mit der Bewältigung von wirtschaftlichen Krisen durch die Solidarität der Familienmitglieder leistete die Familie, was die Unternehmer den lohnabhängigen Arbeitskräften zu ihrer hinreichenden Reproduktion vorenthielten. Diese Kompensation eines defizitären Gesellschaftssystems im Übergang zur Industriegesellschaft und in Phasen ökonomischer Krisen ging, das konnte gezeigt werden, vor allem zu Lasten der Frauen, aber darüber hinaus auf Kosten der Autonomie der Individuen im allgemeinen. In Phasen steigender Realeinkommen reduzierten sich mit den Restformen hauswirtschaftlicher Ökonomie auch die Zwänge zur kollektiven Existenzsicherung und zur Unterwerfung des einzelnen unter das einengende Überlebenskalkül der Gruppe.

Dieser historische Prozeß verlief keineswegs linear. In den meisten mitteleuropäischen Ländern stieg das Realeinkommen in den letzten beiden Jahrzehnten des 19. und im ersten Jahrzehnt des 20. Jahrhunderts[2], ehe die Weltkriege und die Weltwirtschaftskrise schwere Einkommensverluste brachten und den Rückgriff auf subsistenzwirtschaftliche Arbeitsformen und kollektive Überlebenssicherung erforderlich machten. Damit mußten individuelle Ansprüche auf Heirat, Haushaltsgründung und freie Berufswahl, die zumindest in Ansätzen schon verwirklichbar gewesen waren, wieder zurückgestellt werden. Die politisch-ökonomische Kategorie des »freien Lohnarbeiters«, der seine Arbeitskraft verkauft und nicht mehr an einen einzigen Herrn gebunden ist, darf nicht darüber hinwegtäuschen, daß der Lohnarbeiter in der ersten Phase seiner Geschichte zwar frei war, seine Arbeitskraft zu verkaufen, aber zugleich den alten Zwängen der häuslichen Überlebenssicherung verhaftet blieb. Die Lohnarbeit des Arbeiters wurde zwar durch den Arbeitsmarkt vermittelt, aber im Reproduktionsbereich lebten viele Arbeiter bis zum Beginn des / 20. Jahrhunderts und in der Regression der frühen dreißiger Jahre sowie der unmittelbaren Nachkriegszeit in vorindustriellen Bindungen an die Solidargemeinschaft der Familie und an Klein- und Restformen landwirtschaftlicher Subsistenzarbeit. Insofern trugen die Familien der Lohnabhängigen immer wieder Phänomene der »Ungleichzeitigkeit« in sich: Die Verausgabung ihrer Arbeitskraft am außerhäuslichen Arbeitsplatz einerseits, die tägliche Wiederherstellung der Arbeitskraft in der Familie sowie die Reproduktion der nachfolgenden Generationen andrerseits bildeten zwar korrelierende, aber getrennte Sphären mit ungleichem Entwicklungstempo. Es ist vermutlich nicht zuletzt diesem Umstand zuzuschreiben, daß Prozesse der kollektiven politischen Emanzipation über Gewerkschaften und Parteien rascher vorankamen als Prozesse der innerfamilialen Emanzipation der Frauen und Kinder.

Die Reproduktion der Menschen war in vorkapitalistischen Gesellschaften eng an die Verhältnisse der umgebenden Natur, an das je bestehende Gemeinwesen und seine Herrschaftsverhältnisse (Grundherrschaft, Bauernfamilie, Dorf, Zunft) gebunden. Die vorindustriellen Gesellschaften kannten daher nur eine limitierte Entwicklung der Produktivkraft der Arbeit. Deshalb genügten die Orte der Arbeit als Orte der Sozialisation: Es bedurfte keiner gesonderten, von Spezialisten getragenen Veranstaltungen zur Herausbildung von Nachwuchs (keine Schulen, keine explizite Berufsausbildung). Die Familien der Bauern, der Handwerker und der Heimarbeiter waren zugleich die wichtigsten Stätten des weitgehend empirischen Lernens. Mit der Kapitalisierung des Wirtschaftslebens entstand eine Spezifikation der Arbeitsarten und eine Diversifikation der Anforderung an den arbeitenden Menschen (Hand- und Kopfarbeit, gelernte und ungelernte Arbeit). Damit wurde der Schwerpunkt der beruflichen Ausbildung und der Allgemeinbildung sowohl aus den Familien als auch – teilweise – aus den Orten der Produktion ausgelagert. Im Prozeß der Verschulung[3] erwuchsen seit der zweiten Hälfte des 19. Jahrhunderts neben der Familie gesellschaftliche Institutionen des Lernens, die teils mit der Familie konkurrierten, teils neue Anforderungen (der Vorbereitung auf die Schule, der parallelen Familienpädagogik) an sie stellten. Damit trat die Familie – insbesondere jene der unteren Schichten – etwa seit der Wende zum 20. Jahrhundert in den Blickpunkt neu entwickelter Professionen der »sozialen Wohlfahrt« und unter den kontrollierenden Einfluß von Fürsorge und Pädagogik, Justiz und Medizin. Aus der weithin geteilten politischen Absicht, die Familienverhältnisse der Arbeiter an jene der Mittelschichten anzunähern, wurde von bürgerlichen Autoren und Politikern wie auch von Vertretern der Arbeiterbewegung immer wieder die Beengtheit der proletarischen Wohnverhältnisse und die Notwendigkeit der Reformierung des proletarischen Familienlebens thematisiert. Nicht die Differenz zwischen den Wohn- und Lebensbedingungen in der Proto-Industrie und in den ländlichen Unterschichten zu den städtisch-proletarischen Verhältnissen war es, die dabei ins Auge sprang, sondern der Unterschied zwischen den bürgerlichen Familienverhältnissen, die den zeitgenössischen Beobachtern als selbstverständliche Matrix ihrer Wahrnehmung dienten, und den proletarischen Lebensbedingungen, die diese Beobachter jedoch meist nur aus den Sozialreportagen und der teilnehmenden Beobachtung der ersten Sozialforscher kannten.

Die von den Zeitgenossen wahrgenommene Defizienz der Arbeiterfamilie gründete hauptsächlich auf dem Fehlen einer ungefährdeten Privatheit und Intimität der Familie durch den Zwang, Untermieter und »Bettgeher«, Verwandte oder Freunde aufzunehmen, sowie auf dem Umstand, daß die Mehrzahl der Kinder kein eigenes Bett zur Verfügung hatte und mit den Eltern meist im selben Raum schlief. Als besonders defizient wurden jene Familien betrachtet, in denen Eltern und Kinder mit familienfremden Personen das Schlafzimmer teilten. Mangelnde Hygiene und Ernährung, unzureichende Pflege der Säuglinge und Kleinkinder sowie die daraus resultierende hohe Kindersterblichkeit wurden zum Angriffspunkt einer Sozialhygiene-Bewegung, die sich auf das engste mit familien- und geschlechtsideologischen Absichten und Effekten verband. Die Einführung der allgemeinen Schulpflicht und das gesetzliche Verbot der Kinderarbeit sowie dessen allmähliche Durchsetzung führten – mit großer Verspätung gegenüber dem Bürgertum – auch zur »Verkindlichung« des Arbeiterkindes. Das Verhalten und die Einstellung der Eltern zu ihren Kindern erfuhren eine zunehmende Emotionalisierung und Pädagogisierung. Der Erziehungsstil der Arbeitereltern wurde – soweit das für das 19. Jahrhundert aus den Arbeitererinnerungen zu erschließen ist – zunehmend auf Ordnung und Gehorsam, auf Fleiß und Solidarität ausgerichtet. Nur eine Minorität von Arbeitereltern war an dem sozialen Aufstieg ihrer Kinder interessiert. Das nicht zuletzt deshalb, weil die Arbeiterfamilie darauf setzte, in ihren Kindern so bald als möglich Mitverdiener zu haben. Nur ein kleiner Teil der Arbeitersöhne, meist die Kinder von Facharbeitern, schaffte vorerst den Aufstieg in den sog. Mittelstand, d. i. das Milieu der selbständigen Handwerker, Angestellten und unteren Beamten. Umgekehrt stiegen im Verlauf des 19. Jahrhunderts aber auch Angehörige des Kleinbürgertums in die Arbeiterschaft ab.[4]

Es hat sich gezeigt, daß die Arbeiterfamilie von zentraler Bedeutung ist, wenn es um die Analyse von Lebens- und Erfahrungszusammenhängen der industriellen Lohnarbeiter geht. Die Arbeiterfamilie ist dabei nicht als »defizitäre Abart« der bürgerlichen oder der kleinbürgerlichen Familie zu begreifen, sondern als ein Familientypus, der für die Klasse der Industriearbeiter von spezifischer und elementarer Bedeutung war: als Institution des Schutzes und der Krisenbewältigung angesichts der Ausbeutung des einzelnen Lohnarbeiters bzw. seiner Bedrohung durch Arbeitsplatzverlust, Unfälle und Krankheit. Andrerseits ist es offenkundig, daß sich mit steigendem Realeinkommen und erhöhter sozialer Sicherheit ein wachsender Teil der Industriearbeiter an den Familienverhältnissen im Kleinbürgertum orientierte. Das galt besonders für jene Arbeiter, die selbst aus Handwerkerfamilien stammten, und für jene Teile der städtischen Arbeiterschaft, die – maßgeblich durch die sozialdemokratische Arbeiterbewegung vermittelt – das bürgerliche Familienideal übernahmen. Je reiner sich das Prinzip der kapitalistischen Lohnarbeit als bestimmendes Element durchsetzte, desto deutlicher unterschied sich die Arbeiterfamilie von jenen Familienformen, die entweder ganz oder in Resten an das »ganze Haus« gebunden waren. Analog zur Entwicklung der bürgerlichen Familie wurden damit auch bei den Arbeitern Prozesse der Individualisierung der Partnerwahl und – allerdings erst nach dem Zweiten Weltkrieg – der Berufswahl sowie Prozesse der Pädagogisierung der Eltern-Kind-Beziehung möglich. Daraus ergab sich ein wachsender Unterschied zu den Familien der Heimarbeiter oder der ländlichen Unterschichten, aus denen ein beträchtlicher Teil der industriellen Arbeiterschaft hervorgegangen war. Soweit sich beim gegenwärtigen Forschungsstand derart weitreichende Aussagen treffen lassen, kann die Phase der Herausbildung der Arbeiterfamilie bis zur Phase der Hochindustrialisierung einerseits und die Phase der Stabilisierung, Privatisierung und Intimisierung der Arbeiterfamilien seit diesem Zeitraum andrerseits unterschieden werden. Die Erhöhung des Lebensstandards und die damit beginnende Familialisierung eines wachsenden Teils der Lohnabhängigen förderten die Entstehung einer respektablen Arbeiterschaft, die sich von den »Armen« (»Lumpenproletariern«) vor allem durch ihre geordneten Familienverhältnisse zu unterscheiden versuchte.

Mit der Erweiterung der Produktion und der Intensivierung der Arbeit der Produzenten wuchs die wirtschaftliche Bedeutung der Lohnabhängigen als Konsumenten. Der entfaltete Kapitalismus entwickelte einerseits die qualitative Erweiterung der Konsumtion, andrerseits mechanisierte und automatisierte er immer mehr Produktionsschritte, so daß die Masse der Produzenten konsumfähiger wurde: Zunehmende Freizeit, steigender Lebensstandard, höhere Glückserwartungen ließen die Menschen ihre Familie subjektiv als autonomen Bereich erfahren, hielten sie jedoch objektiv in enger Abhängigkeit von den Bewegungen des Arbeits- und des Güter- und Dienstleistungsmarktes. Für die lohnabhängigen Produzenten entstand die Möglichkeit, sich die neue disponible Zeit anzueignen. Damit war keineswegs nur die Entfremdung ihrer Bedürfnisse und ihre Unterwerfung unter die Logik der kapitalistischen Produktion, sondern auch ein realer Zugewinn an sozialer, körperlich-sinnlicher und materieller Autonomie verbunden. Personalisierung der Partnerwahl, Emotionalisierung der Ehegatten- und Eltern-Kind-Beziehungen, Reduktion der Kinderzahl, erhöhter Familienkonsum und Ausbildung eines mit vermehrten Glückshoffnungen besetzten Freizeit- und Familienlebens können als die wichtigsten, in den sozialen Klassen in unterschiedlichem Ausmaß und in unterschiedlicher Geschwindigkeit herausgebildeten Charakteristika der modernen Familie gelten.

In den noch nicht kapitalistischen Gesellschaften erwiesen sich die Grenzen zwischen Arbeit und Nichtarbeit als fließend. Dem entsprach die Verinnerlichung einer pragmatischen Arbeitszeit (»moralische« Arbeitszeit), die sich ausschließlich aus den je aktuellen Erfordernissen der Produktion und nicht aus metrischen Arbeitszeiten ergab. Im großen und ganzen war vorkapitalistische Arbeit extensiv, während industrielle Arbeit unter dem Druck größtmöglicher Kapitalrentabilität einer zunehmenden Intensivierung unterliegt. Die vorkapitalistische Familie kannte keine strikte Trennung von Arbeits- und Familienzeit: das Familienleben war zeitlich vom Arbeitstag kaum zu trennen; die extensiven Arbeitsprozesse waren von vielfältigen Formen der Regeneration und der Geselligkeit durchdrungen. Mit den industriellen Produktionsformen der Arbeiter, der Angestellten und der Bildungsbürger dagegen wurde das Familienleben ein eigenständiger Teil des Alltags, der – von Erwerbsarbeit sukzessive getrennt – zunehmend private Züge gewann. Die Familie wurde zu einem »sekundären« Ort der gesellschaftlichen Produktion insofern, als hier nicht Waren und entgeltliche Dienstleistungen hergestellt, sondern Arbeitskraft reproduziert und regeneriert wird. Damit wurde der Zusammenhang von Produktion und Familie nicht aufgehoben, aber die unmittelbare Bestimmung der Familie durch die in ihr stattfindende Produktion wich einer mittelbaren Bestimmung durch außerhäusliche Berufsarbeit. Die gesteigerte Autonomie und die zunehmende funktionale Spezialisierung auf Prozesse der Sozialisation, der leiblich-seelischen Rekreation und der psychischen Stabilisierung brachten die Familie in eine neue *Interdependenz* und funktionale Verflechtung mit den gesellschaftlichen Bereichen des Arbeits- und Gütermarktes, der Ausbildung, Politik und Kultur. Die Familie wurde zwar zu einem relativ abgeschotteten Intimbereich, in dem sich private Lebensstile und Beziehungen entwickeln können; die Trennung der Familie von den Sphären vergesellschafteter Produktion, Ausbildung und Politik begünstigte eine Individualisierung der Subjekte. Jedoch schuf die Differenzierung von Familie und Gesellschaft nicht nur erweiterte private Spielräume, sondern diese Spielräume garantieren ihrerseits die Erfüllung gesellschaftlicher Aufgaben. Die Einbindung der Mehrzahl der Arbeitskräfte in den Lebenszusammenhang von Ehe und Familie bringt die unter Bedingungen entfremdeter Lohnarbeit keineswegs selbstverständliche Dauermotivation und Arbeitsdisziplin hervor. Daß die Mehrzahl der Menschen bereit ist, sich industrieller Arbeitsdisziplin in außerhäuslicher Arbeit zu unterwerfen, hat seine Ursache nicht zuletzt darin, daß sie es »für ihre Familie« tun. Die ordnungspolitische Funktion der Familie liegt also heute nicht mehr in einer richterlichen Gewalt des Hausvaters über die ihm unterstehenden Familienmitglieder, sondern darin, daß die Familie eine Arbeits- und Leistungsmotivation erzeugt, die das Wirtschaftssystem selbst »von sich aus« nicht hervorbringen könnte. So gesehen erscheint die Familie auch nach ihrer historischen Separierung von der Sphäre der Produktion als eine Agentur der *langfristigen Stabilisierung der Arbeitsbereitschaft*.[5]

Andrerseits garantiert erst die historische Freisetzung der Familie von der *unmittelbaren* Bestimmung durch die Zwänge der Produktion jene privat erbrachten Leistungen an Sozialisation, Regeneration und Reproduktion, deren die Industriegesellschaft bedarf. Während der industrielle Arbeitsprozeß durch sachliche Abhängigkeitsverhältnisse gekennzeichnet ist, die ihrerseits persönliche Abhängigkeit und Herrschaft hervorbringen, sind die Mitglieder der privatisierten Familie vorrangig in persönliche Abhängigkeits- und Anhänglichkeitsbeziehungen verstrickt.[6] Dabei bleiben sachliche Abhängigkeiten erhalten: Nichterwerbstätige Ehefrauen und Kinder sind vom männlichen »Ernährer« abhängig und einer darauf fundierten Herrschaft des Ehemannes und Vaters unterworfen. Sachliche Abhängigkeit vermischt sich mit dem gewachsenen Bedürfnis nach gegenseitiger Zuwendung der Familienmitglieder. Diese Verbindung von sachlicher Abhängigkeit und emotional-erotischer Anhänglichkeit garantiert im allgemeinen das für die Lebensfähigkeit des Individuums in der industriellen Gesellschaft notwendige Maß an innerfamilialer Reproduktions- und Beziehungsarbeit.

Wenn auch die Erwerbsarbeit verheirateter Frauen in den letzten Jahrzehnten deutlich zugenommen und sich damit die soziale und wirtschaftliche Abhängigkeit der Ehefrau vom Ehemann verringert hat, leisten auch erwerbstätige Ehefrauen den überwiegenden Teil der reproduktiven Arbeit im Haushalt und die psychische Ausbalancierung der von Schule und Erwerbsarbeit gestreßten Kinder und Ehemänner. Immer noch trägt daher die Beziehung der Ehefrau zum Ehemann einen, wenn auch zumeist »liebevoll« getönten, *dienenden* Charakter. Nach wie vor hat die Befriedigung der objektiven und subjektiven Bedürfnisse des »Hauptverdieners« absolute Priorität vor den Bedürfnissen der Frau und der Kinder. Das Patriarchat ist noch keineswegs überwunden. Allenfalls wird das wesentlich sozioökonomisch und durch kulturelle Tradition bestimmte patriarchale *Grundverhältnis* der Familienmitglieder durch zunehmend partnerschaftliche *Umgangsformen* überdeckt. Nur Minoritäten gelingt es bisher, die reproduktiven Arbeiten in Ehe und Familie so aufzuteilen, daß daraus keine sachliche Abhängigkeit der Frau und keine psycho-soziale Prägung der Frau zur Dienerin des Mannes entsteht. Erst seit den siebziger Jahren unseres Jahrhunderts wächst in den europäischen Industrieländern aber auch die Minorität jener Menschen, die sich – auf der Grundlage hoher Wirtschaftsproduktivität und hochentwickelter Waren- und Dienstleistungsmärkte – in der Lage sehen, sich außerhalb von Ehe und Familie zu reproduzieren.

Während in den Familien der Bauern, Handwerker und Heimarbeiter die produktive Arbeit im Mittelpunkt des Familienlebens stand und reproduktive Arbeiten in Ausmaß und Qualität den Erfordernissen der produktiven Arbeit untergeordnet blieben, wurde in der modernen Familie der Lohnabhängigen Haus-, Sozialisations- und Beziehungsarbeit zum zentralen Familiengeschehen. Was sich hier subjektiv als relativ autonomer Bereich darstellt (und deshalb nach wie vor von vielen Frauen entfremdeter aushäusiger Lohnarbeit vorgezogen wird), ist in Wirklichkeit maßgeblich von außen bestimmt: Reproduktions-, Sozialisations- und Beziehungsarbeit muß vor allem anderen die Herstellung und Erhaltung der individuellen Arbeitskraft garantieren. Insofern verfügt die mo-

derne, privatisierte Familie über eine doppelte gesellschaftliche
Funktion, die ihr Wesen ausmacht: Sie sorgt für individuelle Leben-
digkeit, Arbeitsvermögen und Leistungskraft, steht dabei aber beständig unter dem geheimen, weil den Menschen nur teilweise bewußten Diktat des Arbeitsmarktes. Die Privatheit der modernen
Familie ist Ausdruck ihrer gesellschaftlichen Formbestimmtheit.

Die Familie ist, läßt sich resümieren, keineswegs einseitig den Ein-
flüssen der Gesellschaft ausgesetzt. Zwar ist sie in ihrer sozialen
Struktur und in der Substanz ihrer Beziehungen vom jeweiligen sozioökonomischen Entwicklungsstand einer Gesellschaft und von
ihrer Zugehörigkeit zu Klassen, Schichten und Milieus determi-
niert. Andrerseits bringt sie die klassen- und schichtspezifischen
Strukturen der Gesellschaft durch die tägliche Regenierung der
Arbeitskraft und die Reproduktion neuer Arbeitskräfte und Konsumenten immer auch hervor. Die Familie ist eine Agentur der
sozialen Plazierung der Individuen in einer Gesellschaft. Sie
schafft, selber eine Institution der Gesellschaft, Individuen, die bereit und imstande sind, sich den jeweils herrschenden gesellschaftlichen Verhältnissen anzupassen.[7] In diesem dialektischen Verständnis des Verhältnisses von Familie und Gesellschaft erhält die
Kenntnis der Geschichte der Familie ihre eigentliche gesellschafts-
politische Bedeutung.

Anmerkungen

I. Die bäuerliche Familie

1 Vgl. W. Kaschuba u. C. Lipp, Kein Volk steht auf, kein Sturm bricht los. Stationen dörflichen Lebens auf dem Weg in den Faschismus, in: J. Beck u. a. Hg., Terror u. Hoffnung in Deutschland 1933–1945, Reinbek 1980, 111 ff.; W. Kaschuba, Peasants and Others. The Historical Contours of Village Class Society, in: R. J. Evans u. W. R. Lee Hg., The German Peasantry. Conflict and Community in Rural Society from the 18th to the 20th Centuries, London 1986, 235 ff.

2 Zum Begriff des »Habitus« vgl. P. Bourdieu, Entwurf einer Theorie der Praxis, in: ders., Entwurf einer Theorie der Praxis auf der ethnologischen Grundlage der kabylischen Gesellschaft, II, Frankfurt 1979, 137 ff.

3 Vgl. als Überblick L. K. Berkner, Rural Family Organization in Europe, in: Peasant Studies Newsletter 1. 1972, 149 ff.

4 Vgl. u. a. M. Segalen, Nuptialité et alliance: le choix du conjoint dans une commune de l'Eure, Paris 1972, 77 f.

5 Zu Schichtungsmodellen für dörfliche Gesellschaften vgl. W. Kaschuba, Historische Dorfgesellschaft – ein sozialökonomisches Schichtungsmodell, in: ders. u. C. Lipp, Dörfliches Überleben, Tübingen 1982, 87 ff. Zur Schwierigkeit, ein statusorientiertes Schichtungsmodell auf ländliche Gesellschaften früherer Jahrhunderte zu übertragen, vgl. H.-G. Husung, Zur ländlichen Sozialschichtung im norddeutschen Vormärz, in: H. Mommsen u. W. Schulze Hg., Vom Elend der Handarbeit. Probleme historischer Unterschichtenforschung, Stuttgart 1981, 259 ff.; J. Mooser, Gleichheit u. Ungleichheit in der ländlichen Gemeinde. Sozialstruktur u. Kommunalverfassung im östlichen Westfalen vom späten 18. bis in die Mitte des 19. Jahrhunderts, in: Archiv für Sozialgeschichte 19. 1979, 231 ff.; M. Mitterauer, Lebensformen u. Lebensverhältnisse ländlicher Unterschichten, in: H. Matis Hg., Von der Glückseligkeit des Staates. Staat, Wirtschaft u. Gesellschaft in Österreich im Zeitalter des aufgeklärten Absolutismus, Berlin 1981, 315 ff., bes. 316–23. Zur schichtübergreifenden Dynamik von »Family Life Course« und »Individual Life Course« in ländlichen Gesellschaften vgl. R. Sieder u. M. Mitterauer, The Reconstruction of the Family Life Course: Theoretical Problems and Empirical Results, in: R. Wall u. a. Hg., Family Forms in Historic Europe, Cambridge 1983, 309 ff.

6 Vgl. K. Klein, Die Bevölkerung Österreichs vom Beginn des 16. bis

zur Mitte des 18. Jahrhunderts, in: H. Helczmanovszki Hg., Beiträge zur Bevölkerungs- u. Sozialgeschichte Österreichs, Wien 1973, Tabelle 1, 105.

7 Vgl. für Deutschland: E. Schremmer, Standortausweitung der Warenproduktion im langfristigen Wirtschaftswachstum. Zur Stadt-Land-Arbeitsteilung im Gewerbe des 18. Jahrhunderts, in: VSWG 59. 1972, 1 ff.; G. Franz, Geschichte des deutschen Bauernstandes, Stuttgart 1970, bes. 214 ff.; für Frankreich: E. Labrousse u. a., Histoire économique et sociale de la France, 2: Des derniers temps de l'âge seigneurial aux préludes de l'âge industriel 1660–1789, Paris 1970, 473–97; als Überblick für Mitteleuropa: F.-W. Henning, Die Betriebsgrößenstruktur der mitteleuropäischen Landwirtschaft im 18. Jahrhundert u. ihr Einfluß auf die ländlichen Einkommensverhältnisse, in: Zeitschrift für Agrargeschichte u. Agrarsoziologie 17. 1969, 171–93.

8 R. Koselleck, Die agrarische Grundverfassung Europas zu Beginn der Industrialisierung, in: Das Zeitalter der europäischen Revolution 1780–1848, Frankfurt 1969, 230 ff.

9 Mitterauer, Lebensformen, 322.

10 So etwa in den im westlichen Tirol und in Vorarlberg gelegenen Freiteilungsgebieten, vgl. H. Wopfner, Bergbauernbuch I/2, 1954; A. Fitz, Die Frühindustrialisierung Vorarlbergs u. ihre Auswirkungen auf die Familienstruktur, Diss. Wien 1981/Dornbirn 1985.

11 Vgl. W. Abel, Geschichte der deutschen Landwirtschaft vom frühen Mittelalter bis zum 19. Jahrhundert, Stuttgart 1967[2]; H. Rosenbaum, Formen der Familie, Frankfurt 1982, 49 ff.; L. K. Berkner, Land Tenure and Peasant Family Structure, in: J. Goody u. a. Hg., Family and Inheritance. Rural Society in Western Europe 1200–1800, Cambridge 1977, 71 f.; Henning, Betriebsgrößenstruktur, 171 ff.; M. Mitterauer, Formen ländlicher Familienwirtschaft. Historische Ökotypen u. familiale Arbeitsorganisation im österreichischen Raum, in: J. Ehmer u. M. Mitterauer Hg., Familienstruktur u. Arbeitsorganisation in ländlichen Gesellschaften, Wien 1986, 185 ff.

12 Vgl. Mitterauer, Formen, 198.

13 Vgl. C. Meillassoux, The Social Organization of the Peasantry, in: Journal for Peasant Studies 1. 1973, 86.

14 O. Brunner, Das »ganze Haus« u. die alteuropäische »Ökonomik«, in: ders., Neue Wege der Verfassungs- u. Sozialgeschichte, Göttingen 1968[2], 103 ff.

15 M. Mitterauer, Die Familie als historische Sozialform, in: ders. u. R. Sieder, Vom Patriarchat zur Partnerschaft. Zum Strukturwandel der Familie, München 1984[3], 19.

16 Vgl. Meyer Fortes, Introduction, in: J. Goody Hg., The Developmental Cycle in Domestic Groups, Cambridge 1971, 8 f.; Meyer

Fortes spricht von der Eltern-Kinder-Gruppe als dem »nucleus of the domestic domain«.

17 Vgl. Mitterauer, Formen, 185 ff.

18 E. Schwiedland, Kleingewerbe u. Hausindustrie in Österreich, I, Leipzig 1894, 13; vgl. auch F. Vierthaler, Meine Wanderungen durch Salzburg, Salzburg 1816: In der Salzburger Pfarre Abtenau habe jeder Bauer sein Leder selbst bearbeitet, »er zimmert selbst sein Haus, und mahlet auf eigener Mühle sein Mehl«; ebd., 96.

19 R. Sandgruber, Die Agrarrevolution in Österreich, in: A. Hoffmann Hg., Österreich-Ungarn als Agrarstaat, Wien 1978, 240.

20 H.-G. Schlotter Hg., Die Landwirtschaft in der volks- u. weltwirtschaftlichen Entwicklung, 1968, 42.

21 A.-V. Čajanov, Die Lehre von der Bäuerlichen Wirtschaft. Versuch einer Theorie der Familienwirtschaft im Landbau, Berlin 1923, 28 f.

22 Vgl. O. Uhlig, Die Schwabenkinder aus Tirol u. Vorarlberg, Innsbruck 1978; F. Ulmer, Die Schwabenkinder, Prag 1943; Erhebung über Kinderarbeit in Österreich 1908, k. k. Arbeitsstatistisches Amt im Handelsministerium, Wien 1911; J. Muther, Die Wanderung der Schwabenkinder in Tirol und Vorarlberg, in: Zeitschrift für Kinderschutz u. Jugendfürsorge, ebd., 1912.

23 H. Rauscher, Geschichte des bäuerlichen Wirtschaftslebens, in: E. Stepan Hg., Das Waldviertel 7. 1937.

24 Vgl. Mitterauer, Formen, 202.

25 M. Mitterauer, Auswirkungen der Agrarrevolution auf die bäuerliche Familienstruktur in Österreich, in: ders. u. R. Sieder Hg., Historische Familienforschung, Frankfurt 1982, 242 ff.

26 Ebd., 204.

27 Rauscher, Geschichte, 166.

28 Mitterauer, Lebensformen, 317.

29 Mitterauer, Formen, 208.

30 Vgl. für Tirol und Vorarlberg O. Stolz, Rechtsgeschichte des Bauernstandes u. der Landwirtschaft in Tirol u. Vorarlberg, 1959, 438.

31 Vgl. W. Abel, Agrarkrisen u. Agrarkonjunktur, Hamburg 1966[2], 73.

32 T. Mayer, Der auswärtige Handel des Herzogtums Österreich im Mittelalter, Innsbruck 1909, 41.

33 Vgl. P. Feldbauer, Lohnarbeiter im österreichischen Weinbau, in: Zeitschrift für Bayerische Landesgeschichte 38. 1975, 226 ff.

34 Landsteiner, wie Anm. 36, 215.

35 Vgl. M. Mitterauer, Produktionsweise, Siedlungsstruktur u. Sozialformen im österreichischen Montanwesen des Mittelalters u. der frühen Neuzeit, in: ders. Hg., Österreichs Montanwesen, Wien 1974, 238 ff.; auch in: ders., Grundtypen alteuropäischer Sozialformen, Stuttgart 1974, 150 ff.

36 Vgl. E. Landsteiner, Bürger, Weinzierle u. Hauerknechte. Bürgertum u. Weinbau in Retz 1350–1550, in: Unsere Heimat 3. 1985,
   203 ff.
37 Vgl. H. Feigl, Die niederösterreichische Grundherrschaft, 1964,
   156; Mitterauer, Formen, 225.
38 Feldbauer, Lohnarbeit, 234.
39 Landsteiner, 216.
40 Vgl. Mitterauer, Formen, 225.
41 Vgl. H. Matis, Die Manufaktur u. frühe Fabrik im Viertel unter dem
   Wiener Wald, Diss. Wien 1965 MS; Mitterauer, Formen, 226.
42 Vgl. M. Mitterauer, Auswirkungen von Urbanisierung und Frühindustrialisierung auf die Familienverfassung an Beispielen des österreichischen Raums, in: W. Conze Hg., Sozialgeschichte der Familie
   in der Neuzeit Europas, Stuttgart 1976, 76.
43 Mitterauer, Auswirkungen, 117.
44 Nach Erhebungen in Bayern aus dem Jahr 1953 wendete die Bäuerin
   hier etwa 40% ihrer Arbeitszeit für Kochen und Küchenarbeit auf.
   A. Schlögl Hg., Bayerische Agrargeschichte. Die Entwicklung der
   Land- u. Forstwirtschaft seit Beginn des 19. Jhs., München 1954,
   433.
45 G. Wiegelmann, Bäuerliche Arbeitsteilung in Mittel- u. Nordeuropa – Konstanz oder Wandel?, in: Ethnologia Scandinavica 1975, 5 ff.
46 Ebd., 12 f.
47 Ebd., 13.
48 B. Weber, Das Thal Passeier u. seine Bewohner, 1852, 181 f., zit.
   nach: M. Mitterauer, Arbeitsteilung im ländlichen Raum, in: Beiträge zur Historischen Sozialkunde 1981, 51 (Hervorhebung v.
   Verf.).
49 M. Segalen, Mari et femme dans la société paysanne, Paris 1980,
   engl. Love and Power in the Peasant Family. Rural France in the 19th
   Century, Chicago 1983.
50 »L'homme est indigne de l'être si de sa femme il n'est le maître.«
   Ebd., 170.
51 »Montrous-vous les filles, qui n'se montère n'est vu.« Ebd., 171.
52 Ebd., 171.
53 Ebd., engl. Fassung, 189.
54 Vgl. O. Moser, Kärntner Bauernmöbel. Handwerksgeschichte u.
   Frühformen von Truhe u. Schrank, Klagenfurt 1949, 21; O. Moro,
   »Troadkästn« im Nockgebiet, in: Zeitschrift für Kärnten 8. 1931,
   1 ff., zit. nach: R. Sandgruber, Innerfamiliale Einkommens- u. Konsumaufteilung, in: P. Borscheid u. H. J. Teuteberg, Ehe, Liebe, Tod.
   Zum Wandel der Familie, der Geschlechts- u. Generationsbeziehungen in der Neuzeit, Münster 1983.
55 Vgl. R. Sandgruber, Die Anfänge der Konsumgesellschaft. Kon-

sumgüterverbrauch, Lebensstandard u. Alltagskultur in Österreich im 18. u. 19. Jahrhundert, Wien 1982, 170 f.

56 Vgl. E. Bruckmüller, Landwirtschaftliche Organisationen u. gesellschaftliche Modernisierung. Vereine, Genossenschaften u. politische Mobilisierung der Landwirtschaft Österreichs vom Vormärz bis 1914, Salzburg 1977, 161 ff.

57 Vgl. Sandgruber, Einkommens- u. Konsumaufteilung, 139.

58 P. Rosegger, Waldheimat, Erinnerungen aus der Jugendzeit, Wien 1882, 249.

59 Ebd., 151.

60 P.-L. Menon u. Roger Lecotté, Au village de France, la vie traditionelle des paysans, 2 Bde., Paris 1945, 131 (übersetzt v. Verf.).

61 Vgl. Segalen, Love, 153.

62 Vgl. M. Mitterauer, Geschlechtsspezifische Arbeitsteilung in vorindustrieller Zeit, in: Frauenarbeit in der Geschichte, in: Beiträge zur Historischen Sozialkunde 1981/3, 86.

63 Vgl. die von E. Shorter formulierte These, eine enge emotionale Bindung zwischen Eltern und Kindern sei »eine Erfindung der Moderne«; ders., Der Wandel der Mutter-Kind-Beziehung zu Beginn der Moderne, in: Geschichte u. Gesellschaft 1. 1975, 256 ff.; ders., The Making of the Modern Family, New York 1975, dt. Die Geburt der modernen Familie, Reinbek 1977; vgl. ähnlich L. de Mause, Hört ihr die Kinder weinen. Eine psychogenetische Geschichte der Kindheit, Frankfurt 1977.

64 Shorter, Geburt, 195 ff.

65 E. Badinter, L'amour en plus, Paris 1980, dt. Die Mutterliebe. Geschichte eines Gefühls vom 17. Jahrhundert bis heute, München 1981.

66 Vgl. Shorter, Wandel, 257.

67 C. Lipp, Gerettete Gefühle? Überlegungen zur Erforschung der historischen Mutter-Kind-Beziehung, in: Sozialwissenschaftliche Informationen 13. 1984, 59 ff.

68 Lipp, Gefühle, 67.

69 Vgl. Shorter, Wandel, 271 ff., und die dort zit. medizin-topographische Literatur.

70 Ebd., 273.

71 J. A. Mourgeu, Essai de statistique (Montpellier), Paris 1801, 27: »a donné lieu à un proverbe qui dit que le temps auquel on élève les vers à soie, est le temps auquel on peuple le plus le paradis.« Zit. nach: Shorter, Wandel, 260.

72 Ebd.

73 Ebd., 275.

74 C. Pfeufer, Über das Verhalten der Schwangeren, Gebährenden u. Wöchnerinnen auf dem Lande, u. ihre Behandlungsart der Neugebo-

renen u. Kinder in den ersten Lebensjahren, in: Jahrbuch der Staats-
arzneikunde 3. 1810, 43–74, insbes. 63, zit. nach: Shorter, Wandel,
259; vgl. auch B. C. Faust, Gesundheits-Katechismus zum Gebrau-
che in den Schulen u. beim häuslichen Unterrichte, Brückeburg
1794, 17, zit. nach: J. Schlumbohm Hg., Kinderstuben. Wie Kinder
zu Bauern, Bürgern, Aristokraten wurden, 1700–1850, München
1983, 54.

75 Shorter, Wandel, 264.

76 Vgl. Knodel, Breast Feeding, 111.

77 A. Drouineau, Géographie médicale de l'Ile de Ré, Paris 1909, 72,
zit. nach: Shorter, Wandel, 269.

78 M. Fochler, geb. 1922, zit. nach T. Weber.Hg., Mägde. Lebenserinnerungen an die Dienstbotenzeit bei Bauern, Wien u. a. 1985, 170.

79 Lipp, Gefühle, 63.

80 Zum Konzept von »positionalen«und »personalen« Familiensyste-
men und ihren Auswirkungen auf die Persönlichkeitsentwicklung
vgl. B. Bernstein, Ein sozio-linguistischer Ansatz zur Sozialisation:
Mit einigen Bezügen auf Erziehbarkeit, in: ders., Studien zur
sprachlichen Sozialisation, Düsseldorf 1972, 200 ff., auch in:
C. F. Graumann u. H. Heckhausen Hg., Pädagogische Psychologie, I, Frankfurt 1973, 257 ff.

81 Lipp, Gefühle, 64.

82 Vgl. Schlumbohm Hg., 70.

83 Shorter, Wandel, 287.

84 J. B. Schad, Lebensgeschichte, I, Altenburg 1828, 9, zit nach:
Schlumbohm Hg., 70.

85 Vgl. Rosenbaum, Formen, 97.

86 P. Bourdieu, Marriage Strategies as Strategies of Social Reproduction, in: R. Foster u. O. Ranum Hg., Family and Society, Baltimore
1976, 131 (franz. Orig.: Annales 27. 1972, 1105–25).

87 A. Ilien u. U. Jeggle, Leben auf dem Dorf, Wiesbaden 1978, 76.

88 Bourdieu, Marriage Strategies, 132.

89 Ebd., 75.

90 Vgl. Rosenbaum, Formen, 101.

91 Schlumbohm Hg., 71.

92 Die Erziehung des lippischen Landmanns, in: Lippisches Intelli-
genzblatt, 1789, 5 ff., zit. nach: Schlumbohm Hg., 71.

93 Vgl. H. Titze, Die Politisierung der Erziehung, Frankfurt 1973; sowie Zitate aus autobiographischen Berichten bei Rosenbaum, Formen, 96 f.

94 In Preußen: Einführung der Schulpflicht 1717, neuerlich im Allgemeinen Preußischen Landrecht 1794; in Österreich Einführung der
Schulpflicht durch Maria Theresia, bekräftigt durch das Reichsvolksschulgesetz von 1869.

95 Vgl. H. Mikschy, Der Kampf um das Reichsvolksschulgesetz 1869, Wien 1949; Titze, 40 f.
96 Vgl. M. Mitterauer, Ländliche Jugendgruppen, in: ders., Sozialgeschichte der Jugend, Frankfurt 1986, 164 ff.
97 Vgl. K. R. V. Wikmann, Die Einleitung der Ehe. Eine vergleichend ethno-soziologische Untersuchung über die Vorstufe der Ehe in den Sitten des schwedischen Volkstums, in: Acta Academiae Aboensis Humaniora XI/1, Abo 1937.
98 Vgl. H. Medick, Spinnstuben auf dem Dorf. Jugendliche Sexualkultur u. Feierabendbrauch in der ländlichen Gesellschaft der frühen Neuzeit, in: G. Huck Hg., Sozialgeschichte der Freizeit. Untersuchungen zum Wandel der Alltagskultur in Deutschland, Wuppertal 1980, 19 ff.
99 Zur theoretischen Fassung des Phänomens vgl. E. P. Thompson, »Rough Music« oder englische Katzenmusik, in: ders., Plebeische Kultur u. moralische Ökonomie, Frankfurt u. a. 1980, 131 ff., sowie das deskriptive volkskundliche Schrifttum zu Rügebrauch und »Burschenschaft«, u. a. M. Scharfe, Zum Rügebrauch, in: Hessische Blätter für Volkskunde 61. 1970, 45 ff.; G. F. Meyer, Brauchtum der Jungmannschaften in Schleswig-Holstein, Flensburg 1941; H. G. Wackernagel, Altes Volkstum in der Schweiz, Basel 1956; H. Jungwirth, Die Zeche des oberen Innviertels, in: Zeitschrift für Volkskunde 6. 1932, 31; H. P. Fielhauer, Die »Schwarze« u. die »Weiße Braut« beim Begräbnis Lediger, in: Das Waldviertel 19. 1970, 72 ff.; E. Burgstaller, Burschenbrauchtum II – termingebundene Unruhnächte. Kommentar zum Österreichischen Volkskundeatlas 3/46, Wien 1968.
100 Vgl. D. Dünninger, Wegsperre u. Lösung, Berlin 1967.
101 Vgl. als Überblick K. Tenfelde, Ländliches Gesinde in Preußen, in: Archiv für Sozialgeschichte 19. 1979, 189 ff.; W. Hartinger, Bayrisches Dienstbotenleben auf dem Land vom 16. bis 18. Jahrhundert, in: Zeitschrift für Bayerische Landesgeschichte (ZBLG) 38. 1975; R. Schulte, Bauernmägde in Bayern am Ende des 19. Jahrhunderts, in: K. Hausen Hg., Frauen suchen ihre Geschichte, München 1983; N. Ortmayr, Ländliches Gesinde in Oberösterreich 1918–1938, in: Ehmer u. Mitterauer Hg.; M. Mitterauer, Gesindedienst u. Jugendphase im europäischen Vergleich, in: Geschichte u. Gesellschaft 11. 1985, 177 ff.; M. Scharfe, Bäuerliches Gesinde im Württemberg des 19. Jahrhunderts, in: H. Haumann Hg., Arbeiteralltag in Stadt u. Land. Neue Wege der Geschichtsschreibung, Berlin 1982, 40 ff.; J. Walleitner, Der Knecht. Lebens- u. Volkskunde eines Berufsstandes im Oberpinzgau, Salzburg 1947; J. Griessmair, Knecht u. Magd in Südtirol, dargestellt am Beispiel der bäuerlichen Dienstboten im Pustertal, Innsbruck 1970.
102 Zur Terminologie der Haushaltsformen vgl. P. Laslett, Introduc-

tion, in: ders. u. R. Wall, Household and Family in Past Time, Cambridge 1972, 28 ff.

103 Vgl. P. Czap, »Eine zahlreiche Familie – des Bauern größter Reichthum«. Leibeigenenhaushalte in Misino, Rußland 1814–1858, in: Mitterauer u. Sieder Hg., 192 ff.; M. Mitterauer u. A. Kagan, Russian and Central European Family Structures: A Comparative View, in: Journal of Family History 7. 1982, 103 ff.

104 Eine bemerkenswerte Ausnahme hat M. Mitterauer für einige Kärntner Pfarren beschrieben, vgl. ders., Gesindeehen in ländlichen Gebieten Kärntens – Ein Sonderfall historischer Familienbildung, in: Beiträge zur Handels- und Verkehrsgeschichte, Graz 1978, 227 ff.; verheiratetes Gesinde findet sich auch im baltischen Raum; vgl. J. Kahk u. H. Uibu, Familiengeschichtliche Aspekte der Entwicklung des Bauernhofes u. der Dorfgemeinde in Estland in der ersten Hälfte des 19. Jahrhunderts, in: Ehmer u. Mitterauer Hg., 31–101.

105 Vgl. M. Mitterauer u. R. Sieder, The Developmental Process of Domestic Groups: Problems of Reconstruction and Possibilities of Interpretation, in: Journal of Family History 4. 1979, 257 ff.; dies., Reconstruction, 309 ff.; R. Sieder, Strukturprobleme der ländlichen Familie im 19. Jahrhundert, in: ZBLG Bd. 41. 1978, 173 ff.

106 Für das 18. u. 19. Jh. vgl. Sieder u. Mitterauer, Reconstruction, 309 ff.; Sieder, Strukturprobleme, 173 ff.; L. K. Berkner, The Stem Family and the Developmental Cycle of the Peasant Household: an 18th Century Austrian Example, in: American Historical Review, 77. 1972, 399 ff.

107 Walleitner, Knecht, 25; zit. nach: Mitterauer, Formen, 193.

108 Mitterauer, Formen, 201 f.

109 Vgl. H. Plaul, Die Struktur der bäuerlichen Familiengemeinschaft im Gebiet der Magdeburger Börde unter den Bedingungen des agrarischen Fortschritts in der zweiten Hälfte des 18. Jahrhunderts, in: Ehmer u. Mitterauer Hg., 417–447.

110 Weber Hg., Mägde.

111 Vgl. Wiegelmann, Arbeitsteilung, 15.

112 Vgl. K. Baumgarten, Die Tischordnung im alten mecklenburgischen Bauernhaus, in: Deutsches Jahrbuch für Volkskunde 11. 1965, 5 ff.

113 Weber Hg., Mägde, 164.

114 Vgl. Ortmayr, Gesinde; Weber Hg., Mägde, 170.

115 Vgl. Weber, Häuslerkindheit, 33.

116 Ebd., 33; Ortmayr, Gesinde.

117 Vgl. die genaue Beschreibung des ›Einstands‹ der Dienstboten in Oberösterreich bei Ortmayr, Dienstboten. Der »Dienstbotenweiser« war auch hier meist ein Elternteil, konnte aber auch ein Geschwister oder ein Verwandter des Dienstboten sein.

118 Vgl. Sieder u. Mitterauer, Reconstruction, 331.
119 Vgl. Mitterauer, Familiengröße – Familientypen – Familienzyklus.
Probleme quantitativer Auswertung von österreichischem Quellen-
material, in: Geschichte u. Gesellschaft 1. 1975, 226 ff.
120 Vgl. M. Mitterauer, Vorindustrielle Familienformen. Zur Funktionsentlastung des »ganzen Hauses« im 17. u. 18. Jahrhundert, in:
F. Engel-Janosi u. a. Hg., Fürst, Bürger, Mensch, Wien 1975, 123 ff.
121 Vgl. u. a. J. F. Dietz, Das Dorf als Erziehungsgemeinde, Weimar
1947³; L. v. Wiese Hg., Das Dorf als soziales Gebilde, München
1928. Eine »Historische Familienforschung«, die derartigen qualitativen Interpretationen nur »äußerliche« Strukturdaten entge-
gensetzen kann, neigt dazu, rechtliche und »strukturelle« Ähnlichkeiten von Bauernkindern und Gesinde gegenüber »empirischen«
Unterschieden überzubetonen, vgl. Mitterauer, Familiengröße; Rosenbaum, Formen, 103; Sieder, Strukturprobleme.
122 Vgl. Sandgruber, Einkommens- u. Konsumaufteilung, 140 f.
123 L. Hübner, Beschreibung des Erzstiftes u. Reichsfürstenthums
Salzburg, Salzburg 1796, 416, zit. nach: Sandgruber, Einkommens-
u. Konsumaufteilung, 141.
124 C. Foltz, Die Grundlagen der Bodenproduktion von Oberösterreich, Wien 1878, 17, zit. nach: Sandgruber, Einkommens- u. Konsumaufteilung, 141.
125 Wiegelmann, Arbeitsteilung, 15.
126 Vgl. Maria Fochler, die von einem wohlhabenden Bauernhof in der
Weststeiermark mit differenziertem Gesinde und einem eigenen
Raum »im Wirtschaftsgebäude« berichtet, in dem die Dienstboten
ihre Mahlzeiten einnahmen; zit. nach Weber Hg., 166.
127 Vgl. Berkner, Stem Family, 417; Berkner bezieht sich auf das kleinbäuerliche Gebiet des niederösterreichischen Waldviertels.
128 Ebd., 169.
129 Vgl. Weber Hg., Mägde, 108.
130 Ebd.
131 Ortmayr, Gesinde.
132 Im 20. Jahrhundert wurden die abgeschafften Bauernfeiertage in gesetzlichen Landarbeiterordnungen vielfach durch Urlaub ersetzt,
vgl. ebd.
133 Weber Hg., Mägde, 109.
134 Vgl. F. Innerhofer, Schöne Tage (autobiogr. Roman), Frankfurt 1977,
27 f.: »Zu Lichtmeß wechselten die Dienstboten die Bauern. Die
meisten taten es wegen der Kost, denn sie war das Aufdringlich-
ste ... Wenn ein Knecht oder eine Magd wegging, dann auf jeden Fall
bis zum anderen Winkel des Dorfes, um alles, was mit dem alten
Bauern zusammenhing, radikal abzubrechen, was natürlich nicht
ging, denn das alte Jahr hatte sich schon im Kopf niedergelassen.«

135 E. Goody, Context of Kinship, Cambridge 1973, 128.

136 Vgl. Ortmayr, Gesinde.

137 Weber Hg., Mägde, 109.

138 Interview mit Frau R., geb. 1907, zit. nach: Gruber u. Ortmayr, Familie, 75 (vom Verf. der Schriftsprache angenähert).

139 Vgl. aufschlußreiche Interviewstellen ebd., 76 ff.

140 Vgl. ebd., 76.

141 A. Rammel, geb. 1925, zit. nach: Weber Hg., Mägde, 107.

142 K. Renner, An der Wende zweier Zeiten. Lebenserinnerungen I, Wien 1946², 116.

143 Bei den norddeutschen Großbauern waren solche Tendenzen schon im 18. Jahrhundert zu beobachten, in alpinen Gebirgsregionen hielt die Integration des Gesindes oft bis ins 20. Jahrhundert an. Für den Prozeß der »Privatisierung« der Bauernfamilie im Sinn der Separierung von »Familie« und »Personal« sind außerordentlich große Zeitverschiebungen – vor allem zwischen norddeutschen u. mittel- u. süddeutschen sowie österreichischen u. Schweizer Regionen – anzunehmen; vgl. W. Abel, Agrarkrisen u. Agrarkonjunkturen, Hamburg 1966², 201.

144 Vgl. M. Mitterauer, Familiengröße; ders. u. Sieder, Reconstruction; Sieder, Strukturprobleme, 180 ff.; Rosenbaum, Formen, 70; J. Hajnal, European Marriage Patterns, in: D. V. Glass u. D. E. C. Eversley Hg., Population in History, London 1965, 101–43.

145 Vgl. Sieder, Strukturprobleme, 181; E. Troger, Bevölkerungsgeographie des Zillertales (= Schlern-Schriften 123), Innsbruck 1954, 71 ff.; G. Winkler, Bevölkerungsgeographische Untersuchungen im Martelltal, Innsbruck 1973, 27 ff.

146 Vgl. M. Mitterauer, Familienstruktur, 186; ders., Auswirkungen, 53 ff.

147 So geschehen u. a. bei Shorter, der den bäuerlichen Verhältnissen das »reine Ideal« der Liebesheirat als den Gipfel des Menschseins entgegensetzt; vgl. ders., Geburt, 29; dies wird weder den bäuerlichen Ehen des 18. und 19. Jahrhunderts noch den modernen Verhältnissen gerecht, in denen subtile Verflechtungen von »persönlichen«, kulturellen und ökonomischen Motiven bei der Partnerwahl bestehen, die die Rede von »reinen Liebesheiraten« als naiv, ideologisch und unkritisch erscheinen lassen; vgl. R. F. Winch, Mate Selection. A Study of Complementary Needs, New York 1960; C. Safilios-Rothschild, Love, Sex, and Sex Roles, Englewood Cliffs 1977; T. Held, Soziologie der ehelichen Machtverhältnisse, Darmstadt 1978.

148 Vgl. S. Khera, Kin Ties and Social Interaction in an Austrian Peasant Village with Divided Land Inheritance, in: Behaviour Science Notes 7. 1972, 349 ff.

149 Vgl. Bourdieu, Marriage Strategies, 130 f.

150 Mitterauer, Lebensformen, 331.

151 Ebd., 332.

152 Mitterauer, Formen, 249.

153 H. Duscher, 1924 geb. Tochter einer oberösterreichischen Häusler-
     familie, zit. nach: Weber Hg., Häuslerkindheit, 60.

154 Vgl. Sieder u. Mitterauer, Reconstruction, 327 ff.

155 Vgl. Ortmayr, Gesinde; S. Khera, Social Stratification and Land In-
     heritance among Austrian Peasants, in: American Anthropologist
     75. 1973, 814 ff.

156 Als ethnologischen Vergleich der Situation alter Menschen vgl.
     L. W. Simmons, The Role of the Aged in Primitive Society, New Ha-
     ven 1945; J. Goody, Erbschaft, Eigentum u. Frauen, in: Mitterauer
     u. Sieder, Familienforschung, 88 ff.

157 »Ausnahmshaus« geht auf »Ausnahm«/»sich ausnehmen« (d. i.
     »sich ausbedingen«) und »Nahrungshäusl« auf »Nahrungsleute«
     (»alimentarii«) für die beim Bauern in Nahrung stehenden Altentei-
     ler zurück; vgl. K. Schmidt, Gutsübergabe u. Ausgedinge. Eine
     agrarpolitische Untersuchung mit bes. Berücksichtigung der Al-
     pen- u. Sudetenländer, Wien 1920; D. Gaunt, Formen der Altersver-
     sorgung in Bauernfamilien Nord- u. Mitteleuropas, in: Mitterauer
     u. Sieder Hg., Familienforschung, 156 ff.; J. Platzer, Geschichte der
     ländlichen Arbeitsverhältnisse in Bayern, München 1904.

158 Vgl. T. Held, Rural retirement arrangements in 17th- to 19th-cen-
     tury Austria: A Cross-Community Analysis, in: Journal of Family
     History 1982, 227 ff.

159 Vgl. A. Schultze, Die Rechtslage des alternden Bauern nach den
     altnordischen Rechten, in: Zeitschrift der Savigny Stiftung für
     Rechtsgeschichte, Germ. Abt. 51. 1931, 258 ff; C. L. Runde, Die
     Rechtslehre von der Leibzucht oder dem Altentheile auf deutschen
     Bauerngütern nach gemeinen u. besonderen Rechten, Oldenburg
     1805; Schmidt, Gutsübergabe.

160 Vgl. M. Mitterauer, Familienwirtschaft u. Altenversorgung, in:
     ders. u. Sieder, Patriarchat, 186 ff., hier 196.

161 Ebd., 198.

162 Vgl. v. a. W. H. Riehl, Die Familie, Leipzig 1935.

163 Vgl. T. Held, Retirement, 229.

164 Vgl. P. Goubert, Family and Province: A Contribution to the Know-
     ledge of Family Structures in Early Modern France, in: Journal of
     Family History 1. 179 ff; J.-L. Flandrin, Familien. Soziologie –
     Ökonomie – Sexualität, Frankfurt 1978, 91 ff.

165 Vgl. die kausale Verbindung von »familles souches« und »sociétés
     stables« bei F. Le Play, L'organisation de la famille, Paris 1871.

166 Vgl. Le Play, L'organisation; Riehl, Familie; T. Litt, Das Verhältnis

der Generationen ehedem u. heute, Wiesbaden 1947; H. Schelsky, Wandlungen der deutschen Familie in der Gegenwart, Stuttgart 1967[5]; I. Weber-Kellermann, Die Familie auf dem Lande in der Zeit zwischen »Bauernbefreiung« u. Industrialisierung, in: Zeitschrift für Agrargeschichte u. Agrarsoziologie 26. 1978, 66 ff. u. v. a.

167 Vgl. Gaunt, Formen, 162; H. Rebel, Peasant Stem Families in Early Modern Austria: Life Plans, Status Tactics, and the Grid of Inheritance, in: Social Science History 2. 1978, 255 ff.

168 Vgl. Schmidt, Gutsübergabe; Gaunt, Formen, 162 ff.

169 Vgl. Gaunt, Formen, 163.

170 Runde, Leibzucht, VII; zit. nach: Gaunt, Formen, 164.

171 Ebd., 166.

172 C. Horacek, Das Ausgedinge. Eine agrarpolitische Studie mit bes. Berücksichtigung der böhmischen Länder, Wien 1904, 29 ff., zit. nach: Gaunt, Formen, 170.

173 Ebd., 171.

174 L. Fick, Die bäuerliche Erbfolge im rechtsrheinischen Bayern, Stuttgart 1895, 63 ff.

175 A. v. Miaskowski, Das Erbrecht u. die Grundeigenthumsvertheilung im Deutschen Reiche, II: Das Familienfideicommiss, das landwirtschaftliche Erbgut u. das Anerbenrecht, Leipzig 1884.

176 Schmidt, Gutsübergabe, 75 ff.

177 Vgl. Sieder, Strukturprobleme, 193; ders. u. Mitterauer, Reconstruction, 318 f.

178 Ebd., 197.

179 Vgl. Held, Retirement, 250.

180 Sieder, Strukturprobleme, 193.

181 Ebd., 190.

182 Vgl. Sieder u. Mitterauer, Reconstruction, 316; H. Rauscher, Volkskunde des Waldviertels, in: E. Stepan Hg., Das Waldviertel, Bd. 3, Wien 1926, 51.

183 Gaunt, Formen, 171 ff.

184 So für dänische Bauern, vgl. Gaunt, Formen, 172.

185 Ebd., 173.

186 Vgl. für Deutschland v. Miaskowski, 196.

187 Gaunt, Formen, 179.

188 Vgl. G. Habermann, Das bäuerliche Ausgedinge u. sein Ersatz, in: Zeitschrift für Volkswirtschaft, Sozialpolitik u. Verwaltung 17. 1908, 617 ff.; S. Richter, Das bäuerliche Ausgedinge, Prag 1891.

189 Vgl. für Österreich E. Talos, Staatliche Sozialpolitik in Österreich. Rekonstruktion u. Analyse, Wien 1981, 349 f.

190 Vgl. L. Rosenmayr, Arbeit u. Familie in der ländlichen Region, Wien 1964; G. Wurzbacher, Leitbilder gegenwärtigen deutschen Familienlebens. Methoden, Ergebnisse u. sozialpädagogische Forderun-

gen einer soziologischen Analyse von 164 Familienmonographien. (Mit einem einführenden Vergleich über die bundesdeutsche Familie 1950–1968), Stuttgart 1969[4]; H. Schelsky, Wandlungen der deutschen Familie in der Gegenwart. Darstellung u. Deutung einer empirisch-soziologischen Tatbestandsaufnahme, Stuttgart 1967[5]; bes. 373.

II. Die Familien der Heimarbeiter auf dem Land

1 Brunner, Das »ganze Haus« u. die alteuropäische »Ökonomik«, in: ders., Neue Wege, 103–27.
2 P. Kriedte u. a., Industrialisierung vor der Industrialisierung, Göttingen 1977.
3 Ebd., 95 f.
4 Čajanov, Lehre.
5 Vgl. Kaschuba u. Lipp, Überleben, 25.
6 So etwa in der Region um St. Gallen, vgl. A. Tanner, Arbeit, Haushalt u. Familie in Appenzell Außerrhoden. Veränderungen in einem ländlichen Industriegebiet im 18. u. 19. Jahrhundert, in: Mitterauer u. Ehmer Hg., 452.
7 Vgl. H. O. Prinz, Zöchmeister J. A. Müller u. seine Zunft, Heimatkundliche Schriftenreihe des oberen Waldviertels 1. 1954, 48, zit. nach: Mitterauer, Formen, 232.
8 Vgl. V. Hofmann, Die Anfänge der österreichischen Baumwollindustrie in den österreichischen Alpenländern im 18. Jahrhundert, Wien 1926, 111.
9 Vgl. Schwiedland, Die Entstehung der Hausindustrie, in: ders., Kleingewerbe u. Hausindustrie in Österreich, Leipzig 1894, 3 ff.
10 Vgl. Berkner, Family, 160; 1782 wurde allein die Zahl der Spinnerinnen und Spinner der sechs privilegierten niederösterreichischen Kattunmanufakturen auf 100000 geschätzt, vgl. K. Schünemann, Österreichs Bevölkerungspolitik unter Maria Theresia, Wien 1935, 45.
11 So beschäftigte die im Jahr 1747 im tirolischen Imst gegründete Fabrik für Leinen- und Baumwollwaren etwa 8000 Spinner und Weber in über 4000 Familien aus den Gebirgstälern des westlichen Tirol. Die saisonale Wanderung der »Schwabenkinder« zur Erntearbeit in schwäbische Bauerngebiete konnte hier durch die Proto-Industrie überflüssig gemacht werden. Vgl. Uhlig, Schwabenkinder; H. Wopfner, Bergbauernbuch I/2, 368; Mitterauer, Lebensformen, 328.
12 Ebd.
13 Fitz, Frühindustrialisierung.

14 Kriedte u. a. gingen hingegen in ihrem theoretischen Modell der
   Proto-Industrialisierung von einer prinzipiellen Unvereinbarkeit
   agrarischer und proto-industrieller Produktionsverhältnisse aus.
   Zur Kritik dieser Annahme vgl. H. Linde, Proto-Industrialisierung: Zur Justierung eines neuen Leitbegriffes der sozialgeschichtli-
   chen Forschung, in: Geschichte u. Gesellschaft 6. 1980, 103 ff.;
   E. Schremmer, Industrialisierung vor der Industrialisierung. Anmerkungen zu einem Konzept der Proto-Industrialisierung, in:
   ebd., 420 ff.

15 Vgl. K. Marx, Das Kapital, I, Berlin 1969, 485; W. Sombart, Die
   deutsche Volkswirtschaft im 19. Jahrhundert, Berlin 1921[5], 289 f.;
   G. Schmoller, Die Entstehung der Volkswirtschaft, Tübingen 1922[7],
   161 ff.

16 Vgl. A. Marks, Das Leinengewerbe und der Leinwandhandel im
   Lande ob der Enns von den Anfängen bis in die Zeit Maria There-
   sias, in: Jahrbuch des oberösterreichischen Musealvereins 95. 1950,
   175 ff.; R. E. Vonwiller, Die industrielle Entwicklung der Weberei
   im Mühlviertel, in: Webereimuseum Haslach, Oberösterreich, Linz
   1970, 37; Mitterauer, Formen, 234.

17 Schremmer, Standortausweitung, 6.

18 Vgl. L. Schneider, Der Arbeiterhaushalt im 18. u. 19. Jahrhundert,
   Berlin 1967, 22 ff.; z. T. in: H. Rosenbaum Hg., Familie u. Gesellschaftsstruktur, Frankfurt 1974, 229 ff.

19 Vgl. F. Le Play, Les Ouvriers européens, Bd. 4, Tours 1877[2], 111: Le
   Play studierte die heimindustrielle Ökonomie eines Instrumenten-
   bauers aus dem Erzgebirge um 1847, der für Feldarbeiten einen Taglöhner verpflichtete.

20 Vgl. W. Kaschuba, Ländliche »Industrie«: Die Kiebinger Leinewe-
   ber, in: ders. u. Lipp, Überleben, 31.

21 Vgl. J. Schlumbohm, Der saisonale Rhythmus der Leinenproduk-
   tion im Osnabrücker Lande während des späten 18. u. der ersten
   Hälfte des 19. Jahrhunderts: Erscheinungsbild, Zusammenhänge
   und interregionaler Vergleich, in: Archiv für Sozialgeschichte 19.
   1979, 263 ff.

22 E. Sax, Die Hausindustrie in Thüringen, I, Jena 1884, 50.

23 Vgl. Tanner, 449 ff.

24 R. Braun, Industrialisierung u. Volksleben. Veränderungen der Lebensformen unter Einwirkung der verlagsindustriellen Heimarbeit
   in einem ländlichen Industriegebiet (Zürcher Oberland) vor 1800,
   Göttingen 1979[2], 200.

25 Ebd., 200.

26 J. Beckmann, Beyträge zur Ökonomie, Technologie, Polizey und
   Cameralwissenschaft, I, Göttingen 1779, 110, zit. nach: Rosenbaum, Formen, 199.

27 Vgl. Troeltsch, 278.

28 Vgl. Tanner, 451.

29 Marx, Kapital III, Kap. 47, Sekt. V, 819.

30 Troeltsch, 246.

31 Kriedte u. a., 101.

32 Vgl. Schneider, Arbeiterhaushalt, 230.

33 So W. Kaschuba über die »Weberbauern« von Kiebingen, einem Dorf nahe Tübingen, in: ders. u. Lipp, Überleben, 28.

34 Vgl. Rosenbaum, Formen, 540, Anm. 55.

35 Vgl. R. Sandgruber, Die Agrarrevolution in Österreich, in: A. Hoffmann Hg., Österreich-Ungarn als Agrarstaat, Wien 1978, 195 ff.

36 Vgl. M. Mitterauer, Auswirkungen der Agrarrevolution auf die bäuerliche Familienstruktur in Österreich, in: ders. u. Sieder Hg., Familienforschung, 241 ff.

37 D. Levine, Family Formation in an Age of Nascent Capitalism, New York 1977, 50.

38 Vgl. L. K. Berkner, Family, Social Structure and Rural Industry: A Comparative Study of the Waldviertel and the Pays de Caux in the 18th Century, Diss. Harvard University 1973, MS.

39 Vgl. Segalen, Nuptialité, 60; vgl. auch Rosenbaum, Formen, 217; Levine, Family Formation, 47; Kriedte u. a., 178.

40 Vgl. Rosenbaum, Formen, 218.

41 Vgl. Kapitel 5, 198 ff.

42 Vgl. Kriedte u. a., 184.

43 Vgl. G. Mackenroth, Bevölkerungslehre, Berlin 1954, 66.

44 Vgl. Kriedte u. a., 184.

45 J. C. Hirzel, Beantwortung der Frage: Ist die Handelsschaft, wie solche bey uns beschaffen, unserem Lande schädlich, oder nützlich, in Absicht auf den Feldbau und die Sitten des Volkes? Zürich 1792, 129, zit. nach: Braun, 61.

46 C. Meiners, Briefe über die Schweiz, 3. Teil, S. 42, Tübingen 1791, zit. nach: Braun, 62.

47 Vgl. Mackenroth, 363 ff.

48 Vgl. B. Schöne, Kultur u. Lebensweise der Lausitzer Bandweber, Berlin 1977, 50; Segalen, Nuptialité, 102.

49 Zit. nach: Braun, 66.

50 Vgl. das Mandat des Fuldaer Bischofs »das nöthige Vermögen und die Ertheilung der Vermögensscheine bey den Verehelichungen der Unterthanen betreffend: So ändern Wir die in dem älteren Gesetz vom 15ten Junius 1715 auf dem Lande auf 200 fl. und in den Städten auf 300 fl. festgesetzte Vermögenssumme dahin ab, daß für die Zukunft in unserer Residenzstadt... 350 fl...., und am Dorfe 250 fl. veranschlagt werden sollen.« Zit. nach: H. Möller, Die kleinbürgerliche Familie im 18. Jahrhundert, Göttingen 1969, 78 f.

51 S. Schinz, Das höhere Gebirge des Kanton Zürich u. der ökono-
   misch-moralische Zustand der Bewohner, mit Vorschlag der Hülfe
   u. Auskunft für die bey mangelnder Fabrikarbeit brotlose Übervölkerung, Synodalrede Zürich 1818, 11, zit. nach: Braun, 65 f.
52 Vgl. dazu allg.: N. Luhmann, Liebe als Passion, Frankfurt 1982.
53 Braun, 68.
54 Segalen, Nuptialité, 79 ff.
55 Ebd., 79.
56 Vgl. Tanner, 482.
57 J. Schulthess, Beherzigung des vor der Zürcher Synode gehaltenen
   Vortrags, Zürich 1818, 54 ff., zit. nach: Braun, Industrialisierung,
   68 f.
58 Vgl. Wikman; B. Petrei, Die Burschenschaften im Burgenland, Ei-
   senstadt 1974; M. Mitterauer, Ländliche Jugendgruppen, in: ders.,
   Sozialgeschichte der Jugend, 164 ff.
59 Vgl. Medick, Spinnstuben, 19–49; Mitterauer, Sozialgeschichte,
   187 ff.
60 F. Wintterlin Hg., Württembergische Ländliche Rechtsquellen, Bd.
   3, 36; Bd. 1, 444; Bd. 3, 303; zit. nach: Medick, Spinnstuben, 27.
61 Ebd., 26 f.
62 Zit. ebd., Spinnstuben, 28.
63 L. Schuster, »... Und immer wieder mußten wir einschreiten!« Ein
   Leben »im Dienste der Ordnung«, Wien 1986, 27.
64 Kriedte u. a., 137.
65 J. M. Schwager, Über den Ravensberger Bauer, in: Westfälisches
   Magazin zur Geographie, Historie u. Statistik 2. 1786/V, 56 f.
66 Vgl. Levine, 139.
67 Vgl. I. Pinchbeck, Women, Workers and the Industrial Revolution
   1750–1850, London, 1962[2], 270 ff.
68 Vgl. C. Ziegler, Nachricht von der Verfertigung der Spitzen im Erzgebirge, in: J. Beckmann, Beyträge zur Ökonomie, Technologie,
   Polizey und Cameralwissenschaft, I, Göttingen 1779, 108 f.
69 Vgl. J. P. Süßmilch, Die göttliche Ordnung in den Veränderungen
   des menschlichen Geschlechts, aus der Geburt, dem Tode u. der
   Fortpflanzung derselben erwiesen, 2. Bd., Berlin 1765[3], 47; siehe
   auch Kriedte u. a., 135.
70 Bericht über sämtliche Erzeugnisse, welche für die erste zu Klagenfurt im Jahre 1838 veranstaltete... Industrie-Ausstellung... einge-
   schickt worden sind, Graz 1839, 31, zit. nach: Schwiedland, Kleingewerbe, 34.
71 Vgl. Tanner, 484.
72 J. N. v. Schwerz, Beschreibung der Landwirtschaft in Westfalen u.
   Rheinpreußen (1816), I, Stuttgart 1836, 111, zit. nach: Kriedte u. a.,
   135.

73 Stadtarchiv Zürich. Berichte der Pfarrer und Armenpfleger über »den Einfluß der Fabrikverhältnisse auf das Armenwesen und über die soziale Stellung der Fabrikarbeiter«, 1857, sub Männedorf, zit. nach: Braun, Industrialisierung, 194.

74 Sax, I, 55.

75 C. H. Bitter, Bericht über den Notstand in der Senne zwischen Bielefeld u. Paderborn, Regierungsbezirk Minden, und Vorschläge zur Beseitigung derselben, aufgrund örtlicher Untersuchungen dargestellt (1853), in: Jahresbericht des Historischen Vereins für die Grafschaft Ravensberg 64. 1965, 22, zit. nach: Kriedte u. a., 134, Anm. 148.

76 K. Hausen, Familie als Gegenstand historischer Sozialwissenschaft. Bemerkungen zu einer Forschungsstrategie, in: Geschichte u. Gesellschaft 1. 1975, 200.

77 Vgl. Kriedte u. a., 136.

78 H. Nägele, Das Textilland Vorarlberg, Dornbirn 1949, 188, zit. nach: Sandgruber, Einkommens- u. Konsumaufteilung, 146.

79 Vgl. G. Wiegelmann, Volkskundliche Studien zum Wandel der Speisen u. Mahlzeiten, in: H. J. Teuteberg u. ders., Der Wandel der Nahrungsgewohnheiten unter dem Einfluß der Industrialisierung, Göttingen 1972, 249.

80 Vgl. Sandgruber, Einkommens- u. Konsumaufteilung, 147.

81 Kriedte u. a., 136.

82 Schwerz, I, 103, zit. nach: Kriedte u. a., 148.

83 Beantwortung der Frage . . . 78, zit. nach: Braun, Industrialisierung, 95.

84 C. Meiners, Briefe über die Schweiz, 3. Teil, 59, zit. nach: Braun, Industrialisierung, 59.

85 Ebd., 96.

86 G. Hanssen, Statistische Forschungen über das Herzogtum Schleswig mit besonderer Rücksicht auf nationale Eigenthümlichkeiten, Gemeindewesen, Steuerverhältnisse und den gegenwärtigen Zustand der Bauernwirthschaften, Heft 1, Heidelberg 1832, 50 f., zit. nach: J. Kuczynski, Geschichte des Alltags des deutschen Volkes, Studien, 3: 1810–1890, Berlin 1981, 316 f.

87 Vgl. E. P. Thompson, Patrizische Gesellschaft, plebeische Kultur, in: ders., Plebeische Kultur, 169 ff.

88 Kriedte u. a., 149.

89 Schöne, 71.

90 Tanner, 469.

91 Vgl. für Sachsen im 19. Jh.: F. Le Play, Bd. 4, 108: »Les familles saxonnes sont assez fécondes, habituellement on compte 4 ou 5 enfants, par ménage, il n' est pas rare d'en voir 7 ou 8.«

92 Vgl. F. Schmidt, Untersuchungen über Bevölkerung, Arbeitslohn u.

Pauperismus in ihrem gegenseitigen Zusammenhange, Leipzig 1836, 297 ff.

93 Vorher hatten sie in der Regel noch zu wenig Kraft und vermochten die Fußtritte unter dem Webstuhl zum Bewegen der Schäfte noch nicht zu erreichen; vgl. Tanner, 478.

94 Ebd., 479.

95 L. Zellweger, Ueber die Auferziehung der Kinder im Appenzellerland, in: Schweizerisches Museum 1784, Bd. 4, 899, zit. nach: Tanner, Arbeit, 479.

96 Braun, Industrialisierung, 81.

97 Ebd., 82.

98 Rosenbaum, Formen, 240 f.

99 Sax, I, 47.

100 Vgl. Kriedte u. a.

101 Schuster, »... Und immer wieder mußten wir einschreiten!«, 26 f.

102 Vgl. Rosenbaum, Formen, 548, Anm. 202: Spulen und Klöppeln sei ab fünf Jahren, Zündhölzchen-Verpacken ab sechs, Filet-Stickerei schon ab drei Jahren, Korbflechten ab drei bis vier Jahren üblich gewesen.

103 Ebd., 241.

104 G. Schnapper-Arndt, Fünf Dorfgemeinden auf dem Hohen Taunus. Eine sozialstatistische Untersuchung über Kleinbauerntum, Hausindustrie u. Volksleben, Leipzig 1883, 89.

105 L. Zietz, Aus meinem Leben, in: Die Kämpferin, Beilage, 1. 1919 Nr. 2, zit. nach: Rosenbaum, Formen, 242.

106 Vgl. K. H. Ludwig, Die Fabrikarbeit von Kindern im 19. Jahrhundert, in: Vierteljahrsschrift für Sozial- u. Wirtschaftsgeschichte 52. 1965, 84.

107 Vgl. Schriften des Vereins für Socialpolitik Bd. 42, 84; Bd. 40, 61 ff.

108 W. Bierer, Die hausindustrielle Kinderarbeit im Kreise Sonneberg, Tübingen 1913, 80 f.

109 Kaschuba u. Lipp, Überleben, 33.

110 Rosenbaum, Formen, 243.

111 Vgl. u. a. L. A. Tilly u. J. W. Scott, Women, Work, and Family, New York 1978.

112 J. Merz, Erlebnisse u. Erfahrungen eines Appenzeller Webers, Hg. J. Lorenz, Zürich 1909, 6, zit. nach: Tanner, 480.

113 Vgl. ebd., 481.

114 Vgl. R. Sandgruber, Gesindestuben, Kleinhäuser u. Arbeiterkasernen. Ländliche Wohnverhältnisse im 18. u. 19. Jahrhundert in Österreich, in: L. Niethammer Hg., Wohnen im Wandel. Beiträge zur Geschichte des Alltags in der bürgerlichen Gesellschaft, Wuppertal 1979, 107–31.

115 In Vorarlberg war es schon um 1600 zur Aufteilung der Gemeinde-

gründe gekommen: sie wurden in kleinen Stücken in Privatbesitz übergeben (»Landverteilung«); auf diesen Grundstücken wurden kleine Häuser errichtet. Dabei kam es aber zu Verteilungskämpfen zwischen der landlosen und landarmen Bevölkerung und den wohlhabenden Bauern um die Nutzung der Allmende (= Gemeindegründe); vgl. L. Welti, Vom karolingischen Königshof zur größten österreichischen Marktgemeinde, in: Lustenauer Heimatbuch, I, Lustenau 1965, 427 ff.; B. Bilgeri, Die Geschichte Vorarlbergs, Wien 1977, 287 ff.

116 Vgl. F. Lütge, Die Robot-Abolition unter Kaiser Josef II., in: H. Haushofer u. W. Boelcke Hg., Wege u. Forschungen der Agrargeschichte, 1967; Berkner, Social Structure, 176 ff.

117 Vgl. M. Mitterauer, Lebensformen, 326, der aber darauf hinweist, daß die Errichtung neuer Häuser für unterbäuerliche Schichten teilweise hinter die Robot-Abolition zurückreicht.

118 Ebd., 327.

119 Vgl. Mitterauer, Formen, 233.

120 R. Sieder, Strukturprobleme ländlicher Familien im 19. Jahrhundert, in: Zeitschrift für Bayerische Landesgeschichte 41. 1978, Tabelle 1, 176.

121 Vgl. Tanner, 455.

122 Schuster, »... Und immer wieder mußten wir einschreiten!«, 23 ff.

123 Vgl. T. Weber Hg., Häuslerkindheit. Autobiographische Erzählungen, Wien 1984, 20 f.

124 Vgl. Sieder, Strukturprobleme, Abb. 9–11, 205 ff.

125 Vgl. für den Bregenzer Wald: L. Welti, Siedlungs- u. Sozialgeschichte von Vorarlberg, Innsbruck 1973, 163 f.

126 Zit. nach: Sandgruber, Gesindestuben, 123.

127 Ebd., 121.

128 Welti, 164.

III. Die Familien der Handwerker

1 Als Überblick vgl. K.-H. Kaufhold, Handwerk u. Industrie 1800–1850, in: H. Aubin u. W. Zorn Hg., Handbuch der deutschen Wirtschafts- u. Sozialgeschichte, Bd. 2, Stuttgart 1976.

2 Vgl. W. Zorn, Gewerbe u. Handel 1648–1800, in: ebd., Bd. 1, 1971, 536.

3 Vgl. W. Fischer, Das deutsche Handwerk in den Frühphasen der Industrialisierung, in: ders., Wirtschaft u. Gesellschaft im Zeitalter der Industrialisierung, Göttingen 1972, 328.

4 Vgl. J. Kulischer, Allg. Wirtschaftsgeschichte des Mittelalters u. der Neuzeit, Bd. II, München 1965³, 480 ff.

5 Vgl. exemplarisch K.-H. Kaufhold, Das Handwerk der Stadt Hildesheim im 18. Jahrhundert, Göttingen 1968.

6 Vgl. R. Wissell, Des Alten Handwerks Recht u. Gewohnheit, II, Berlin 1971[2].

7 Vgl. Kaufhold f. Hildesheim, ders., Handwerk, 293.

8 Wissel, I, 145.

9 Dazu zählten u. a. Scharfrichter, Spielleute, »Abdecker«, Totengräber, »Spielleute« u. dgl., vgl. ebd., 145 ff.; vgl. auch Möller, Kleinbürgerliche Familie, 91 ff.

10 Vgl. dazu M. Mitterauer, Zur familienbetrieblichen Struktur im zünftischen Handwerk, in: H. Knittler Hg., Wirtschafts- u. sozialhistorische Beiträge. Festschrift A. Hoffmann, Wien 1979, 190 ff.

11 Vgl. W. Brauneder, Die Entwicklung des Ehegüterrechts in Österreich, Wien 1973, 243 ff.

12 Mitterauer, Zünftisches Handwerk, 211.

13 Kaufhold, Handwerk.

14 Vgl. dazu P. Bourdieu, Die feinen Unterschiede. Kritik der gesellschaftlichen Urteilskraft, Frankfurt 1982.

15 Vgl. Wissell, I, 272.

16 Vgl. Rosenbaum, Formen, 132.

17 Vgl. O. K. Roller, Die Einwohnerschaft der Stadt Durlach in ihren wirtschaftlichen u. kulturgeschichtlichen Verhältnissen, dargestellt aus ihren Stammtafeln, Karlsruhe 1907, 300.

18 W. Neugebauer u. E. Talos Hg., »Austrofaschismus« – Beiträge über Politik, Ökonomie u. Kultur 1934–1938, Wien 1986[3].

19 Vgl. K.-H. Kaufhold, Umfang u. Gliederung des deutschen Handwerks um 1800, in: W. Abel Hg., Handwerksgeschichte in neuerer Sicht, Göttingen 1970, 63.

20 Vgl. H. Mitgau, Berufsvererbung u. Berufswechsel im Handwerk. Untersuchungen über das Generationsschicksal im Gesellschaftsaufbau, Friedewalder Beiträge zur sozialen Frage 4. 1952, 19.

21 Vgl. Mitterauer, Zünftisches Handwerk, 213.

22 Seelenbeschreibung der Stadt Salzburg 1647 und 1794, LA Salzburg, Geheimes Archiv XXVII.

23 Mitterauer, Zünftisches Handwerk, 205.

24 Ebd., 190 ff.; Die Wanderpflicht wurde in Österreich 1780 für alle Kommerzial- und Polizeigewerbe aufgehoben, vgl. H. Zatschek, Handwerk u. Gewerbe in Wien. Von den Anfängen bis zur Erteilung der Gewerbefreiheit im Jahre 1859, Wien 1949, 51.

25 Mitterauer, Zünftisches Handwerk, 209.

26 J. Ehmer, Familie u. Arbeitsorganisation im frühindustriellen Wien, Wien 1980, 109.

27 Mitgau.

28 Roller, 326; vgl. auch Rosenbaum, Formen, 147.

29 Vgl. Roller, 166.
30 Wissell, I, 254.
31 Roller, 174.
32 Zit. nach: Rosenbaum, Formen, 151 f.
33 Ebd., 139 ff.
34 J. D. Rumpf, Der Haus-, Brot- u. Lehrherr in seinen ehelichen, väterlichen u. übrigen hausherrlichen Verhältnissen gegenüber Gesinde, Gesellen u. Lehrlingen, Berlin 1823, 8, zit. nach: Rosenbaum,
   Formen, 152.
35 Vgl. Wissell, I, 399.
36 Zatschek, 47.
37 Rosenbaum, Formen, 155.
38 Vgl. dazu K. Hausen, Die Polarisierung der »Geschlechtscharaktere« – eine Spiegelung der Dissoziation von Erwerbs- u. Familienleben, in: Conze Hg., Sozialgeschichte der Familie, 363 ff.
39 Vgl. Mitterauer, Vorindustrielle Familienformen; ders., Familiengröße, 226 ff.; ders., Zünftisches Handwerk, 214 u. Anm. 66.
40 Rosenbaum, Formen, 162.
41 Vgl. Mitterauer, Vorindustrielle Familienformen, 178.
42 M. Bucek, Geschichte der Seidenfabrikanten Wiens im 18. Jahrhundert (1710–1792), Diss. Univ. Wien 1974, 36; vgl. auch Mitterauer,
   Zünftisches Handwerk, 208.
43 Vgl. J. Schlumbohm, Straße u. Familie, in: Zeitschrift für Pädagogik
   25. 1979, 705; Rosenbaum, Formen, 531, Anm. 176; Mitterauer, Zünftisches Handwerk, 208 ff.
44 W. Harnisch, Mein Lebensmorgen, Berlin 1865, 23, zit. nach: Rosenbaum, Formen, 165.
45 Vgl. Möller, Kleinbürgerliche Familie, 122.
46 Ebd., 39 f.
47 Vgl. C. G. Salzmann, Ueber die heimlichen Sünden der Jugend,
   Leipzig 1819[4], 63, 116; zit. nach: Rosenbaum, Formen, 167.
48 Schlumbohm, Straße, 703.
49 Vgl. u. a. F. X. Bronner, Leben, von ihm selbst geschrieben, 1. Bd.,
   Zürich 1795; K. Fischer, Denkwürdigkeiten u. Erinnerungen eines
   Arbeiters, 2 Bde., Leipzig 1903; R. Köpke, Ludwig Tieck. Erinnerungen aus dem Leben des Dichters, 2 Teile, Leipzig 1855; vgl. Zitate bei
   Rosenbaum, Formen, 168 f.
50 Köpke, 19 f., zit. nach: Rosenbaum, Formen, 169 (Hervorhebung v.
   Verf.).
51 Schlumbohm, Straße, 707; zur historischen Kontinuität dieser Kompensation räumlicher Enge durch die Straße vgl. für Arbeiterkinder
   des frühen 20. Jahrhunderts: R. Sieder, Straßenkinder, in: Aufrisse,
   Zeitschrift für Politische Bildung 5/4. 1984, 8 ff.
52 Das ergibt sich jedenfalls aus den Statuten vieler Zünfte (»Zunftord-

nungen«), vgl. Wissell, I, 262. Inwieweit solche Normen auch tatsächlich exekutiert wurden, entzieht sich weitgehend unserer Kenntnis.

53 Möller, 295 ff.
54 Nolde, 53, zit. nach: Rosenbaum, 161.
55 G. Schmoller, Zur Geschichte der deutschen Kleingewerbe im 19. Jh., Halle 1870, 667.
56 Ebd.
57 So auch J. Ehmer, Familienlosigkeit u. Familienbildung von Handwerksgesellen im 19. Jh. – Mitteleuropa u. England im Vergleich, MS 1985, 6.
58 Vgl. Mitterauer, Zünftisches Handwerk.
59 Nach: Ehmer, Familienlosigkeit, 8.
60 Vgl. K. Abraham, Der Strukturwandel im Handwerk in der ersten Hälfte des 19. Jahrhunderts, Köln 1955.

IV. Die bürgerliche Familie

1 E. J. Hobsbawm, Die Blütezeit des Kapitals. Eine Kulturgeschichte der Jahre 1848–1875, München 1977, 284 f.
2 Vgl. allgemein H. Gerth, Bürgerliche Intelligenz um 1800 (1935), Hg. U. Herrmann, Göttingen 1976; U. Herrmann Hg., »Die Bildung des Bürgers«. Die Formierung der bürgerlichen Gesellschaft und die Gebildeten im 18. Jahrhundert, Weinheim 1982.
3 Hobsbawm, 287.
4 M. Riedel, »Bürger«, in: Geschichtliche Grundbegriffe, I, Stuttgart 1972, 714.
5 C. T. Perthes, Das deutsche Staatsleben vor der Revolution. Eine Vorarbeit zum deutschen Staatsrecht, Hamburg 1845, 200, zit. nach: U. Gerhard, Verhältnisse u. Verhinderungen. Frauenarbeit, Familie u. Rechte der Frauen im 19. Jahrhundert, Frankfurt 1978, 84.
6 Vgl. ebd., 85.
7 Vgl. dazu R. Koselleck, Staat u. Gesellschaft in Preußen 1815–1848, in: H.-U. Wehler Hg., Moderne deutsche Sozialgeschichte, Düsseldorf 1981, 55 ff., bes. 69 f.
8 Vgl. dazu allg. H. Henning, Das westdeutsche Bürgertum in der Epoche der Hochindustrialisierung, 1860–1914, I, Wiesbaden 1973.
9 Vgl. N. Elias, Über den Prozeß der Zivilisation. Soziogenetische u. psychogenetische Untersuchungen, I: Wandlungen des Verhaltens in den weltlichen Oberschichten des Abendlandes, Frankfurt 1976, 22.
10 Ebd., 23.
11 Vgl. W. Martens, Die Botschaft der Tugend, Stuttgart 1968.

12 Rosenbaum, Formen, 262.

13 Vgl. M. Gaus, Das Idealbild der Familie in den moralischen Wochenschriften und seine Auswirkungen auf die deutsche Literatur des 18.
   Jahrhunderts, Rostock 1936, 32 ff., zit. nach: Rosenbaum, Formen,
   265.

14 Vgl. dazu allg. Luhmann, Liebe.

15 Zit. nach: Rosenbaum, Formen, 265.

16 Vgl. Hausen, Dissoziation.

17 Brockhaus 1815, 211.

18 Hausen, Dissoziation.

19 K. Megner, Beamte. Wirtschafts- u. sozialgeschichtliche Aspekte des
   k. k. Beamtentums, Wien 1985, bes. 161 ff.

20 A. Nell, Die Entwicklung der generativen Strukturen bürgerlicher
   und bäuerlicher Familien von 1750 bis zur Gegenwart, Diss. Bochum
   1973, 69 ff., zit. nach: Rosenbaum, Formen, 288.

21 W. H. Riehl, Die Familie, Stuttgart 1861, 115 (Hervorhebung v.
   Verf.).

22 Vgl. A. Flitner u. W. Hornstein, Kindheit u. Jugendalter in geschicht-
   licher Betrachtung, in: Zeitschrift für Pädagogik 10. 1964, 323.

23 Vgl. G. Mairbäurl, Die Familie als Werkstatt der Erziehung, Wien
   1983.

24 Ebd., 166.

25 Harnisch, Lebensmorgen, 48; H. war der Sohn eines wohlhabenden
   Schneidermeisters (Hervorhebung v. Verf.).

26 Vgl. allg. M. Horkheimer, Autorität u. Familie (1936), in: ders., Traditionelle u. kritische Theorie, Frankfurt 1970, 222 ff.

27 Vgl. J. W. Goethe, Aus meinem Leben, 1. u. 3. Buch, 31 ff., 85 ff.

28 Vgl. Schlumbohm, Straße, 697 ff.

29 Zit. nach: ebd., 712.

30 Vgl. G. F. Schumacher, Genrebilder aus dem Leben eines siebenzig-
   jährigen Schulmannes, Schleswig 1841, 5 ff., zit. nach: Schlumbohm
   Hg., Kinderstuben, 365.

31 Schlumbohm Hg., Kinderstuben, 314 f.

32 Hobsbawm, 286.

33 Rosenbaum, Formen, 303.

34 J. Habermas, Strukturwandel der Öffentlichkeit. Untersuchungen
   zu einer Kategorie der bürgerlichen Gesellschaft, Neuwied 1962, 60.

35 Vgl. Rosenbaum, Formen, 320 ff.; Rosenbaum argumentiert, daß der
   gängige Begriff »Feudalisierung des Bürgertums« historisch unkor-
   rekt sei, da der Adel zu dieser Zeit keine Feudalrechte mehr besaß.

36 W. Sombart, Der Bourgeois, München 1913, 233.

37 Vgl. exemplarisch P. Feldbauer, Stadtwachstum u. Wohnungsnot. Determinanten unzureichender Wohnungsversorgung in Wien 1848–
   1914, Wien 1977.

38 G. A. Ritter u. J. Kocka, Deutsche Sozialgeschichte, II: 1870–1914, München 1974, 63.
39 Für den Ärztestand exemplarisch A. Fuchs, Ein Sohn aus gutem Haus, London 1943.
40 Vgl. exemplarisch F. A. Pichler, Polizeihofrat P. Ein treuer Diener seines ungetreuen Staates. Wiener Polizeidienst 1901–38, Wien 1984.
41 Vgl. Rosenbaum, Formen, 319.
42 Vgl. Nell, Entwicklung, 69; Nell gibt das durchschnittliche Heiratsalter für höhere Beamte, selbständige akademische Berufe u. hohe Offiziere Niedersachsens im Jahr 1899 mit 33 Jahren an.
43 Rosenbaum, Formen, 332.
44 Vgl. ebd., 565, Anm. 283.
45 Vgl. F. Redlich, Der Unternehmer, Göttingen 1964; J. Kocka, Familie, Unternehmer u. Kapitalismus, in: Zeitschrift für Unternehmensgeschichte 24. 1979, 99 ff., ders., Familie, Unternehmer u. Kapitalismus an Beispielen aus der frühen deutschen Industrialisierung, in: N. Bulst u. a. Hg., Familie zwischen Tradition u. Moderne. Studien zur Geschichte der Familie in Deutschland u. Frankreich vom 16. bis zum 20. Jh., Göttingen 1981, 221 ff.; vgl. auch L. Bergeron, Familienstruktur u. Industrieunternehmen in Frankreich (18. bis 20. Jh.), in: ebd., 225 ff.
46 Rosenbaum, Formen, 333.
47 Vgl. Kocka, Familie, 109.
48 Ebd., 128.
49 Vgl. Henning, Westdeutsche Bürgertum, 270 ff., vgl. auch Rosenbaum, Formen, 566, Anm. 299.
50 Vgl. H. C. Ehalt u. a. Hg., Glücklich ist, wer vergißt . . . ? Das andere Wien um 1900, Wien u. a. 1986; für bürgerl. Familien vgl. H. Stekl, »Sei es wie es wolle, es war doch so schön.« Bürgerliche Kindheit um 1900 in Autobiographien, in: ebd., 17 ff.
51 Vgl. G. Bock u. B. Duden, Arbeit aus Liebe – Liebe als Arbeit. Zur Entstehung der Hausarbeit im Kapitalismus, in: Frauen u. Wissenschaft. Beiträge zur Berliner Sommeruniversität für Frauen, Juli 1976, Berlin 1977, 118 ff.; Kittler, Hausarbeit.
52 Hobsbawm, 293.

V. Die Familien der industriellen Lohnarbeiter

1 O. Negt u. A. Kluge, Öffentlichkeit u. Erfahrung. Zur Organisationsanalyse von bürgerlicher u. proletarischer Öffentlichkeit, Frankfurt 1974[3].
2 Vgl. J. Kuczynski, Vier Revolutionen der Produktivkräfte, Berlin 1975, 51.

3 Vgl. A. Lüdtke, Arbeitsbeginn, Arbeitspausen, Arbeitsende, in: Huck Hg., 95 ff.

4 Vgl. E. J. Hobsbawm, Industrie u. Empire. Britische Wirtschaftsgeschichte seit 1750, 2 Bde., Frankfurt 1970[2].

5 F.-W. Henning, Die Industrialisierung in Deutschland 1800 bis 1914, Paderborn 1973; H. Mottek Hg., Studien zur Geschichte der Industriellen Revolution in Deutschland, Berlin 1960; J. Kocka, Lohnarbeit u. Klassenbildung. Arbeiter u. Arbeiterbewegung in Deutschland 1800–1875, Berlin 1983; E. Gruner, Die Arbeiter in der Schweiz im 19. Jahrhundert, Bern 1968; J. Kuczynski, Das Entstehen der Arbeiterklasse, München 1967; C. M. Cipolla Hg., The Industrial Revolution, in: ders. Hg., The Fontana Economic History of Europe, 3, Glasgow 1977[4].

6 Vgl. Henning, 114 ff.

7 Für Lancashire: M. Anderson, Family Structure in Nineteenth Century Lancashire, Cambridge 1971; ders., Household Structure and the Industrial Revolution; Midnineteenth Century Preston in Comparative Perspective, in: Laslett u. Wall Hg., Household, 215 ff.; J. Foster, Class Struggle and the Industrial Revolution. Early Industrial Capitalism in Three English Towns, London 1974; ders., 19th-century Towns: A Class Dimension, in: M. W. Flinn u. T. C. Smout Hg., Essays in Social History, Oxford 1974, 178 ff.; R. Burr-Litchfield, The Family and the Mill: Cotton Mill Work, Family Work Patterns and Fertility in Mid-Victorian Stockport, in: A. S. Wohl Hg., The Victorian Family, London 1978. Für Wien: J. Ehmer, Familienstruktur u. Arbeitsorganisation im frühindustriellen Wien, Wien 1980; das Schlußkapitel überarb. in: Mitterauer u. Sieder Hg., 300–25.

8 P. Laslett, The World We Have Lost, London 1971[2].

9 Anderson, Family Structure.

10 Anderson, Household Structure, 223.

11 Anderson, Family Structure, 34.

12 Ebd., 114 f.

13 Foster, Class Struggle, 260 ff.

14 E. Roberts, The Working-Class Extended Family. Functions and Attitudes 1890–1940, in: Oral History. The Journal of the Oral History Society 12. 1984, 48–55.

15 Ebd., 49.

16 Ebd., 49.

17 Ebd., 50.

18 Ebd., 50 (aus dem Englischen übersetzt vom Verf.).

19 Ebd., 50.

20 Interview mit Mr. T., geboren 1886, Vater: Arbeiter, Mutter: Wäscherin, vier Kinder. Mr. T. wurde nach einem Arbeitsunfall in der

Fabrik, bei dem er einen Arm verlor, Versicherungsvertreter. Seine Frau arbeitete als Spinnerin in der Fabrik, 2 Kinder; ebd., 53.

21 Ebd., 54.

22 Die Darstellung folgt Ehmer, Familienstruktur.

23 Ebd., 53, Tab. 10.

24 Ebd., 54 u. 56, Tab. 12.

25 Ebd., 42.

26 E. v. Bauernfeld, Ausgewählte Werke in vier Bänden, Hg. E. Horner, o. J., I, 59, zit. nach: Ehmer, Familie, in: Mitterauer u. Sieder Hg., Familienforschung, 300 ff.

27 F. Nicolai, Beschreibung einer Reise durch Deutschland u. die Schweiz im Jahre 1781, Berlin 1783–1796.

28 Vgl. zum Begriff: E. P. Thompson, Die »sittliche« Ökonomie der englischen Unterschichten im 18. Jahrhundert, in: D. Puls Hg., Wahrnehmungsformen u. Protestverhalten. Studien zur Lage der Unterschichten im 18. u. 19. Jahrhundert, Frankfurt 1979, 13 ff.

29 Vgl. Thompson, »Rough Music«; Ginzburg, Charivari.

30 Vgl. dazu H. Steiner, K. Marx in Wien. Die Arbeiterbewegung zwischen Revolution u. Restauration 1848, Wien 1978, 160 f.

31 Vgl. H. Matis, Österreichs Wirtschaft 1848–1913. Konjunkturelle Dynamik u. gesellschaftlicher Wandel im Zeitalter Franz Joseph I., 1972, 19.

32 Vgl. Ehmer, Familienstruktur, 63 f. u. 66 f.

33 Die Großindustrie Österreichs. Festgabe zum fünfzigjährigen Regierungsjubiläum des Kaisers Franz Josef I., dargebracht von den Industriellen Österreichs, 4. Bd., Wien 1898, 48.

34 Ehmer, Familienstruktur, 60, Tab. 13.

35 Vgl. J. Ehmer, Wohnen ohne eigene Wohnung. Zur sozialen Stellung von Untermietern u. Bettgehern, in: Niethammer Hg., Wohnen, 132 ff.

36 Vgl. Ehmer, Familienstruktur, 41, Tab. 2.

37 Ebd., 101.

38 Ebd., 99 u. Tab. 22, 100.

39 Vgl. G. Pirhofer u. R. Sieder, Zur Konstitution der Arbeiterfamilie im Roten Wien, in: Mitterauer u. Sieder Hg., Familienforschung, 326 ff.

40 Vgl. Matis, Wirtschaft, 341.

41 Vgl. H. Matis u. K. Bachinger, Österreichs industrielle Entwicklung, in: Die Habsburgermonarchie 1848–1918, I: Die wirtschaftliche Entwicklung, Wien 1973, 105 ff., hier 145 ff.; für Berlin vgl. L. Baar, Die Berliner Industrie in der industriellen Revolution, Berlin 1966, 132 f.

42 Vgl. Ehmer, Familienstruktur, 169.

43 Ebd., 82, Tab. 19; allg.: H. Grebing, Geschichte der deutschen Arbeiterbewegung, München 1970, 49.

44 Vgl. Ehmer, Familienstruktur, 41, Tab. 2.

45 Ebd., 171 u. 43, Tab. 3.

46 Ebd., 49, Tab. 7.

47 Vgl. M. Mitterauer, Produktionsweise, Siedlungsstruktur und Sozialformen im österreichischen Montanwesen des Mittelalters und der frühen Neuzeit, in: ders., Grundtypen, 176 ff.

48 Vgl. Arbeiterverhältnisse im Ostrau-Karwiner Steinkohlenreviere. Auf Grund von Erhebungen über die Lage der Bergarbeiter..., dargestellt vom k. k. Arbeitsstatistischen Amte im Handelsministerium. II. Teil, Lebens- und Wohnungsverhältnisse, Wien 1906; K. Tenfelde, Sozialgeschichte der Bergarbeiterschaft an der Ruhr im 19. Jahrhundert, Bonn 1981[2]; M. R. Haines, Fertility, Nuptiality and Occupation: A Study of Coal Mining Populations and Regions in England and Wales in the Mid-Nineteenth Century, in: Journal of Interdisciplinary History 84. 1977, 245 ff.; ders., Fertility, Marriage and Occupation in the Pennsylvania Anthracit Region 1850–1880, in: Journal of Family History 2. 1977, 28 ff.; E. A. Wrigley, Industrial Growth and Population Change: A Regional Study of the Coalfield Areas of Northwest Europe in the Later 19th Century, Cambridge 1961; A. V. John, Scratching the Surface: Women, Work and Coalmining in England and Wales, in: Oral History. The Journal of the Oral History Society 10. 1982, 13–26; F.-J. Brüggemeier u. L. Niethammer, Schlafgänger, Schnapskasinos u. schwerindustrielle Kolonie. Aspekte der Arbeiterwohnungsfrage im Ruhrgebiet vor dem ersten Weltkrieg, in: J. Reulecke u. W. Weber Hg., Fabrik, Familie, Feierabend. Beiträge zur Sozialgeschichte des Alltags im Industriezeitalter, Wuppertal 1978, 135 ff.; M. Zimmermann, Ausbruchshoffnungen. Junge Bergleute in den dreißiger Jahren, in: L. Niethammer Hg., »Die Jahre weiß man nicht, wo man die heute hinsetzen soll«. Faschismuserfahrungen im Ruhrgebiet, Berlin 1983, 97–132; A.-K. Einfeldt, Auskommen – Durchkommen – Weiterkommen. Weibliche Arbeitserfahrungen in der Bergarbeiterkolonie, in: Niethammer, »Die Jahre weiß man nicht«, 267–96.

49 K. Tenfelde, Sozialgeschichte, 115.

50 Zit. nach: ebd., 117.

51 Ebd., 117; allg.: W. Treue, Haus und Wohnung im 19. Jh. in: W. Artelt Hg., Städte-, Wohnungs- u. Kleidungshygiene d. 19. Jhs. in Deutschland, Stuttgart 1969, 34 ff.; H. J. Teuteberg u. C. Wischermann, Wohnalltag in Deutschland 1850–1914, Münster 1985, bes. 201 ff.

52 J. Schlockow, Der oberschlesische Industrie-Bezirk mit besonderer Rücksicht auf seine Kultur- u. Gesundheits-Verhältnisse, Breslau 1876, 23 f.

53 Vgl. A. Lange, Das Wohnhaus im Ruhrkohlenbezirk vor dem Aufstieg der Großindustrie, Essen 1942, zit. nach: E. Führ u.

D. Stemmrich, »Nach gethaner Arbeit verbleibt im Kreise der Eurigen«. Bürgerliche Wohnrezepte für Arbeiter zur individuellen u. sozialen Formierung im 19. Jahrhundert, Wuppertal 1985, 68 ff.; I. Lange, Die Entwicklung des Bergmannshauses in Westfalen, in: Westfälischer Heimatkalender 21. 1967, 113 f.

54 Tenfelde, Sozialgeschichte, 117 f.

55 Ebd., 120.

56 Vgl. die Wanderungen der »Schwabenkinder« in Tirol und Vorarlberg: O. Uhlig, Die Schwabenkinder aus Tirol u. Vorarlberg, Innsbruck 1978; vgl. auch die sog. »Hollandgängerei«, d. h. die saisonale Verdingung von Maurern, Ziegelarbeitern oder Zimmerleuten, Torfgräbern, Schnittern und Erntearbeitern nach Holland und dem nordwestlichen Deutschland – wovon ein großer Teil der unterbäuerlichen Bevölkerung lebte: B. Kuske, Die wirtschaftliche u. soziale Verflechtung zwischen Deutschland und den Niederlanden bis zum 18. Jahrhundert, in: Deutsches Archiv für Landes- und Volksforschung 1. 1937, 711 ff.

57 Tenfelde, Sozialgeschichte, 102 f.

58 Ebd., 195.

59 Ebd., 195.

60 Ebd., 197.

61 Vgl. H. Croon, Städtewandlung u. Städtebildung im Ruhrgebiet im 19. Jahrhundert, in: R. Dietrich u. G. Oestreich Hg., Festschrift F. Hartung, Berlin 1958, 289–306.

62 Tenfelde, Sozialgeschichte, 231.

63 Ebd., 234.

64 Vgl. B. van Deenen u. A. Valtmann, Die ländliche Familie unter dem Einfluß von Industrienähe u. Industrieferne, Berlin 1961, 95 f.

65 Vgl. u. a. Dr. Wollenweber, Mängel im Wohnungswesen im westfälischen Industriebezirk u. ihre Bedeutung für die Ausbreitung von Infektionskrankheiten, Berlin 1913, 4; vgl. auch: Gegen die »gute Stube«, in: Courier. Publikationsorgan des Deutschen Transportarbeiter-Verbandes Berlin 19. 1915, 189.

66 Brüggemeier u. Niethammer, Schlafgänger, 152.

67 Tenfelde, 329.

68 Brüggemeier u. Niethammer, Schlafgänger, 153.

69 Ähnlich argumentieren J. K. Model u. T. K. Hareven, Urbanization and the Malleable Household. An Examination of Boarding and Lodging in American Families, in: Journal of Marriage and Family 35. 1973, 467–79; vgl. auch Ehmer, Wohnen, 132 ff.

70 Aus dem Aufruf eines Agenten, zit. nach: Brüggemeier u. Niethammer, Schlafgänger, 155.

71 R. Hundt, Bergarbeiterwohnungen im Ruhrrevier, Dortmund 1902, 39.

72 Brüggemeier u. Niethammer, Schlafgänger, 155.

73 Ebd., 158 ff.

74 Schlockow, 24 f.

75 Tenfelde, Sozialgeschichte, 331; vgl. auch P. Dehn, Neues zur Ar-
    beiterwohnungsfrage, Kap. V: Wünsche und Bedürfnisse der Arbei-
    ter, in: Concordia. Zeitschrift des Vereins zur Förderung des Wohles
    der Arbeiter, Mainz 1892, Nr. 294 (24. 3. 1892), 1426 f.; Schlockow,
    Industriebezirk, 24 f.

76 Arbeiterverhältnisse, 14.

77 Volkszählung vom 31. Dezember 1900 im politischen Bezirke Mäh-
    risch-Ostrau, zit. nach: Arbeiterverhältnisse, 15.

78 Ebd., 104.

79 Vgl. Auszug aus einer Studie des k. k. Bezirksarztes in Mährisch-
    Ostrau, Dr. H. Kaan, Über die Arbeiterverhältnisse im Ostrau-Kar-
    winer Reviere, in: Arbeiterverhältnisse, 106 ff.

80 §§ 1 u. 2 des Gesetzes vom 21. Juni 1884, R.G.Bl. Nr. 115, über die
    Beschäftigung von jugendlichen Arbeitern und Frauenpersonen,
    zit. nach: Arbeiterverhältnisse, 3.

81 Ebd., 66.

82 Ebd., 107.

83 Ebd.

84 Ebd.

85 Ebd., 39.

86 Ebd., 72.

87 Ebd., 85.

88 Ebd., 39.

89 Ebd., 61.

90 Ebd., 28.

91 Ebd., 65.

92 Ebd., 66.

93 Ebd., 107.

94 Ebd., 97.

95 Ebd., 106.

96 Ebd., 92.

97 Ebd., 105.

98 Ebd.

99 Vgl. G. Orwell, Der Weg nach Wigan Pier, Zürich 1982 (engl. The
    Road to Wigan Pier, 1937). Orwell lebte zwei Monate lang, vom 31.
    Januar bis 30. März 1936, in Barnsley, Sheffield und Wigan, um das
    Leben der Bergleute kennenzulernen.

100 J. Benson, British Coalminers in the 19th Century, Dublin 1980, 28.

101 John, Scratching, 14.

102 P. N. Stearns, Abstumpfung u. Apathie. Arbeiterfrauen in England
    1890–1914, in: C. Honegger u. B. Heintz Hg., Listen der Ohn-

macht. Zur Sozialgeschichte weiblicher Widerstandsformen, Frankfurt 1981, 197.

103 Haines, Fertility, 256 ff.

104 Aus einem Interview mit der 1893 geborenen Tochter eines walisischen Bergarbeiters. Zit. nach: P. Thompson, Problems of Method in Oral History. In: Oral History. The Journal of the Oral History Society 1972, 39.

105 Public Record Office, HO 21 06 15, zit. nach: Stearns, Abstumpfung, 197.

106 John, Scratching, 20.

107 Interview, zit. nach: ebd., 20 (übersetzt vom Verf.).

108 Orwell, Weg, 53.

109 John, Scratching, 18.

110 Vgl. Einfeldt, Auskommen, 269 f.

111 Vgl. H. Tyrell, Probleme einer Theorie der gesellschaftlichen Ausdifferenzierung der privatisierten modernen Kernfamilie, in: Zeitschrift f. Soziologie 5. 1976, 393 ff.

112 Vgl. W. Sombart, Das Proletariat, Frankfurt 1906, 16.

113 Vgl. A. Bebel, Die Frau u. der Sozialismus (1879), Berlin 1962[60]; O. Rühle, Illustrierte Kultur- u. Sittengeschichte des Proletariats, I (1930), Frankfurt 1971.

114 E. Hofmann, Volkskundliche Betrachtungen zur proletarischen Familie in Chemnitz um 1900, in: Wissenschaftl. Zeitschrift der Humboldt-Universität zu Berlin. Gesellschafts- u. sprachwiss. Reihe, Jahrgang 20. 1971, 67 f.

115 E. Conrad, Lebensführung von 22 Arbeiterfamilien Münchens, München 1909, zit. nach: Rosenbaum, Formen, 403.

116 H. Mehner, Der Haushalt u. die Lebenshaltung einer Leipziger Arbeiterfamilie, in: Schmollers Jahrbuch 11. 1887, 302, zit. nach: Rosenbaum Hg., Familie, 310 ff.

117 K. T. Inama-Sternegg, Die persönlichen Verhältnisse der Wiener Armen. Statistisch dargestellt nach den Materialien des Vereins gegen Verarmung u. Bettelei, Wien 1899, 12; Wirtschaftsrechnungen u. Lebensverhältnisse von Wiener Arbeiterfamilien 1912–1914, Erhebung des k. k. Arbeitsstatistischen Amtes im Handelsministerium, Wien 1916, 35.

118 Wirtschaftsrechnungen, 37; vgl. auch I. Gruber, Die Haushaltung der arbeitenden Klassen, Jena 1878, 104.

119 Vgl. J. Ehmer, Frauenerwerbsarbeit in der industriellen Gesellschaft, in: Beiträge zur historischen Sozialkunde 1981/3, 99.

120 Vgl. L. Tilly, Occupational Structure, Women's Work and Demographic Change in Anzin and Roubaix, 1872–1906, Ms. 1977; P. N. Stearns, Working Class Women in Britain 1890–1914, in: ders. u. O. J. Walkowitz Hg., Workers in the Industrial Revolution, London

1974, 401 ff.; J. Ehmer, Frauenarbeit u. Arbeiterfamilie in Wien. Vom Vormärz bis 1934, in: Geschichte u. Gesellschaft 7. 1981, 443.

121 R. Otto, Über die Fabrikarbeit verheirateter Frauen, Stuttgart 1910, 101.

122 H. Simon, Der Anteil der Frau an der deutschen Industrie nach den Ergebnissen der Berufszählung von 1907, Jena 1910; vgl. auch W. Albrecht u. a., Frauenfrage u. deutsche Sozialdemokratie vom Ende des 19. Jahrhunderts bis zum Beginn der zwanziger Jahre, in: Archiv für Sozialgeschichte 19. 1979, 459 ff., hier umfassende Literaturangaben.

123 Census of England and Wales, 10: Occupation and Industry, London 1914.

124 Vgl. Tilly u. Scott, 63 ff.

125 Vgl. Ehmer, Frauenerwerbsarbeit; ders., Frauenarbeit, 438 ff.; E. Rigler, Frauenleitbild u. Frauenarbeit in Österreich vom ausgehenden 19. Jahrhundert bis zum Zweiten Weltkrieg, Wien 1976.

126 Die Arbeits- u. Lebensverhältnisse der Wiener Lohnarbeiterinnen. Ergebnisse u. stenographisches Protokoll der Enquete über Frauenarbeit, 1896.

127 Stearns, Abstumpfung, 205.

128 A. L. Bowley u. A. R. Burnett-Hurst, Livelihood and Poverty, London 1915; vgl. auch E. Cadbury u. a., Women's Work and Wages, ebd. 1906; M. Hewitt, Wives and Mothers in Victorian Industry, ebd. 1958.

129 Census of England and Wales, 10: Occupations and Industry, London 1914, zit. nach: Stearns, Abstumpfung, 188 ff.

130 Simons, Anteil.

131 M. Baum, Fabrikarbeit u. Frauenleben, in: Die Verhandlungen des 21. Evangelisch-sozialen Kongresses in Chemnitz 17.–19. 5. 1910, Göttingen 1910, 100.

132 Simon, Anteil.

133 L. Schneider, Arbeiterhaushalt, 101; H. Fürth, Die Fabrikarbeit verheirateter Frauen, Frankfurt 1902, 22; für Österreich u. a. K. Leichter, So leben wir ... 1320 Industriearbeiterinnen berichten über ihr Leben, Wien 1932, 54: Über 95 % der in dieser Untersuchung befragten Fabrikarbeiterinnen antworteten auf die Frage »Würden Sie, wenn ihr Mann genug verdient, zu Hause bleiben?« mit »ja«.

134 F. Sternthal, Die Heimarbeit in der Dresdner Zigarettenindustrie, München 1912, 44.

135 Zur Geschichte der Hausarbeit allg. vgl. G. Kittler, Hausarbeit. Zur Geschichte einer »Natur-Ressource«, München 1980; Bock u. Duden, 118 ff.

136 Vgl. E. Conrad, Etwas von der Lebensführung der Arbeiterfamilien, in: Blätter für Soziale Arbeit 1. 1909, 33 f.

137 Aus: H. Fürth, Die Lebenshaltung des großstädtischen Arbeiters. Nach den Akten des Hauspflegevereins Frankfurt a. M., in: Die Neue Zeit 16/I. 1897/98, 634 f.

138 A. Salomon, Stumme Märtyrerinnen, in: Die Frau 16. 1909/5, 269 ff.

139 K. Seebohm Rowntree, Poverty, a Study of Town Life, London 1901, 55, zit. nach: Stearns, Abstumpfung, 195.

140 Vgl. u. a. H. Mehner, Der Haushalt u. die Lebenshaltung einer Leipziger Arbeiterfamilie, in: Schmollers Jahrbuch 11. 1887, 302 ff.

141 Vgl. Conrad, Lebensführung, 33 f.

142 Die Arbeits- und Lebensverhältnisse der Wiener Lohnarbeiterinnen. Ergebnisse u. stenographisches Protokoll der Enquete über Frauenarbeit, Wien 1896, 404.

143 Vgl. u. a. R. Otto, Über die Fabrikarbeit verheirateter Frauen, Stuttgart, Berlin 1910, 279; O. Rademann, Wie nährt sich der Arbeiter? Frankfurt o. J.; Fürth, Lebenshaltung; Conrad, Lebensführung, 33 f.

144 Vgl. Ehmer, Frauenarbeit, 459 f.

145 Für Wien vgl. R. Sieder, Children of the War, in: R. Wall u. J. Winter Hg., The Upheaval of the War, Cambridge 1987.

146 Für Deutschland: A. Saldern, Sozialdemokratie u. kommunale Wohnungsbaupolitik in den 20er Jahren – am Beispiel von Hamburg und Wien, in: Archiv für Sozialgeschichte 25. 1985, 183 ff.; für Österreich: P. Feldbauer, Städtewachstum u. Wohnungsnot. Determinanten unzureichender Wohnungsversorgung in Wien 1848 bis 1914, Wien 1977; M. John, Hausherrnmacht u. Mieterelend. Wohnverhältnisse u. Wohnerfahrung der Unterschichten in Wien 1890–1923, ebd. 1982; Pirhofer u. Sieder, Arbeiterfamilie.

147 Vgl. für Deutschland: Erhebungen von Wirtschaftsrechnungen minderbemittelter Familien im Deutschen Reich, Berlin 1909, Tab. 61; E. Conrad, Lebensführung von 22 Arbeiterfamilien Münchens, München 1909, 68 ff.; K. Tenfelde, Arbeiterhaushalt u. Arbeiterbewegung 1850–1914, in: Sozialwissenschaftliche Informationen für Unterricht u. Studium 6. 1977/4, 60 ff.; für Österreich vgl. Wirtschaftsrechnungen u. Lebensverhältnisse von Wiener Arbeiterfamilien in den Jahren 1912–1914, Erhebungen des k. k. Arbeitsstatistischen Amtes im Handelsministerium, 1916; Die Arbeits- und Lohnverhältnisse in den Fabriken und Gewerben Niederösterreichs. Erhoben und dargestellt von der niederösterreichischen Handels- und Gewerbekammer, 1870; Die Arbeits- und Lebensverhältnisse der Wiener Lohnarbeiterinnen. Ergebnisse und stenographisches Protokoll der Enquete über Frauenarbeit, 1896.

148 Vgl. u. a. R. Spree, Strukturierte soziale Ungleichheit im Reproduktionsbereich. Zur historischen Analyse ihrer Erscheinungsformen

in Deutschland 1870–1913, in: J. Bergmann Hg., Geschichte als politische Wissenschaft, Stuttgart 1979, 55 ff., hier 83 f.

149 Fürth, Fabrikarbeit, 43.

150 Otto, Fabrikarbeit, 284 ff. Für den Waschtag in Wiener Mietkasernen und Gemeindebauten vgl. Pirhofer u. Sieder, Konstitution.

151 Vgl. P. Sloterdijk, Literatur u. Lebenserfahrung. Autobiographien der Zwanziger Jahre, Wien 1978, bes. 154 ff.; vgl. auch D. Vincent, Bread, Knowledge and Freedom: A Study of 19th-Century Working Class Autobiography, London 1981.

152 Moesegaard, In der Elisabethstraße (1911), abgedr. in: dies., Im Jahre 2000 u. Anderes, Düsseldorf 1914, 134 f.

153 Mehner, Haushalt, 63.

154 H. Grandke, Berliner Kleiderkonfektion, Leipzig 1899, 284 f.

155 Mehner, Haushalt, 66.

156 Vgl. für England: S. Humphries, Hooligans or Rebels. An Oral History of Working Class Childhood and Youth 1889–1939, Oxford 1981; für Wiener Arbeiterkinder zu Anfang des 20. Jahrhunderts vgl. R. Sieder, Gassenkinder, in: Aufrisse. Zeitschrift für polit. Bildung 5/4. 1984, 8 ff.; ders. u. H. Safrian, Gassenkinder – Straßenkämpfer. Zur polit. Sozialisation einer Arbeitergeneration in Wien 1900–1938, in: A. Plato u. L. Niethammer Hg., »Wir kriegen jetzt andere Zeiten«. Auf der Suche nach der Erfahrung des Volkes in nachfaschistischen Ländern, Bonn 1985, 117 ff.; R. Lindner, Straße – Straßenjunge – Straßenbande. Ein zivilisationsgeschichtlicher Streifzug, in: Zeitschrift für Volkskunde 79. 1983; J. Zinnecker, Straßensozialisation. Versuch, einen unterschätzten Lernort zu thematisieren, in: Zeitschrift für Pädagogik 25. 1979, 727 ff.

157 Vgl. N. J. Smelser, Social Change in the Industrial Revolution, London 1959; F. Collier, The Family Economy of the Working Classes in the Cotton Industry 1784–1833, Manchester (1921) 1965; A. Herzig, Kinderarbeit in Deutschland in Manufaktur u. Proto-Fabrik 1750–1850, in: Archiv für Sozialgeschichte 23. 1983, 311 ff.

158 Vgl. für Deutschland: H. Ludwig, Die häusliche Erziehung der Volksschulkinder, in: Die Frau 4/9. 1897, 513 ff.; für Österreich: H. Hetzer, Kindheit u. Armut, Wien 1929; M. Rada, Das reifende Proletariermädchen in seiner Beziehung zur Umwelt, Diss. Wien 1931, MS.

159 Vgl. Vincent, Bread; E. Hanisch, Arbeiterkindheit in Österreich vor dem Ersten Weltkrieg, in: Internationales Archiv für Sozialgeschichte der deutschen Literatur 7. 1982, 109 ff.; R. Sieder, »Vata, derf i aufstehn?« Kindheitserfahrungen in Wiener Arbeiterfamilien um 1900, in: H. C. Ehalt u. a. Hg., Glücklich ist, wer vergißt ...? Das andere Wien um 1900, Wien 1986, 39 ff.

160 Vgl. Mitterauer, Sozialgeschichte, 192 ff.; Gillis; D. Peukert, Die

»wilden Cliquen« in den zwanziger Jahren, in: W. Breyvogel Hg., Zur Theorie u. Geschichte des Jugendprotestes, Essen 1983, 70 ff.; R. Lindner, Bandenwesen u. Klubwesen im wilhelminischen Reich u. in der Weimarer Republik, in: Geschichte u. Gesellschaft 10. 1984, 352 ff.; Sieder u. Safrian.

161 Vgl. Ehmer, Familienstruktur, 57 ff.; H. Harnisch, Bevölkerungsgeschichtliche Probleme der industriellen Revolution, in: K. Lärmer Hg., Studien zur Geschichte der Produktivkräfte. Deutschland zur Zeit der Industriellen Revolution, 1979, 267 ff.

162 Vgl. Ehmer, Familienstruktur, 103.

163 E. Weinzierl-Fischer, Visitationsberichte österreichischer Bischöfe an Kaiser Franz I. (1804–1835), Mitteilungen des Österreichischen Staatsarchivs 6. 1953, 240 f.; zur Entwicklung der unehelichen Geburten in Wien vgl. Ehmer, Familienstruktur, Tab. 21, 96.

164 Vgl. F. X. Ritter v. Sickingen (d. i. J. Schweickhardt), Darstellung der k. k. Haupt- u. Residenzstadt Wien, 1832.

165 Vgl. Ehmer, Familienstruktur, 97 f.

166 Für Deutschland vgl. P. Göhre, Drei Monate Fabrikarbeiter u. Handwerksbursche, Leipzig 1891; für Österreich u. a. M. Winter, Das schwarze Wienerherz. Sozialreportagen aus dem frühen 20. Jh. Hg. H. Strutzmann, Wien 1982.

167 Vgl. für England P. Thompson, The Edwardians, London 1975; D. Gittins, Fair Sex. Family Size and Structure, 1900–39, ebd. 1982.

168 Vgl. A. Popp, Jugend einer Arbeiterin (1915), Berlin 1978; als literarisierten Topos vgl. F. Salten, Josefine Mutzenbacher oder Die Geschichte einer Wienerischen Dirne von ihr selbst erzählt, München 1971.

169 So z. B. M. Bernays, Auslese u. Anpassung der Arbeiterschaft in der geschlossenen Großindustrie. Dargestellt an den Verhältnissen der »Gladbacher Spinnerei und Weberei« AG zu Mönchengladbach, Leipzig 1910, 228.

170 So z. B. der sozialistische Wiener Psychoanalytiker und Pädagoge S. Bernfeld, Über die einfache männliche Pubertät, in: ders., Antiautoritäre Erziehung und Psychoanalyse: Ausgewählte Schriften Bd. 2, Hg. L. v. Werder u. R. Wolff, Frankfurt 1974, 308 ff.

171 Vgl. G. Korff, Einige Bemerkungen zum Wandel des Bettes, in: Zeitschrift für Volkskunde, 1981, 1 ff., bes. 13; O. Rühle, Illustrierte Kultur- u. Sittengeschichte des Proletariats, Berlin 1930.

172 Rosenbaum, Formen, 425.

173 Vgl. H. u. M. Muchow, Der Lebensraum des Großstadtkindes, Bensheim 1980[2].

174 Göhre, 204 ff.

175 Vgl. C. Safilios-Rothschild, Love, Sex, and Sex Roles, Englewood Cliffs 1977.

176 M. Wettstein-Adelt, Drei Monate Fabrikarbeiterin, Berlin 1893, 24 ff.

177 Ebd., 24.

178 Vgl. R. Schulte, Sperrbezirke, Frankfurt 1979, 68.

179 Für Jugendgruppen in der städtischen Arbeiterschaft allg.: Mitterauer, Sozialgeschichte, 192 ff.; für die Pariser Arbeiterjugend in den fünfziger Jahren dieses Jahrhunderts vgl. H. Lafont, Jugendbanden, in: P. Ariès u. a. Hg., Die Masken des Begehrens und die Metamorphosen der Sinnlichkeit. Zur Geschichte der Sexualität im Abendland, Frankfurt 1984, 209 ff.

180 E. Gottheiner, Studien über die Wuppertaler Textilindustrie u. ihre Arbeiter in den letzten 20 Jahren, Diss. Zürich 1903, 43 f.

181 W. Köllmann, Sozialgeschichte der Stadt Bochum, Tübingen 1960, 148; Thompson, »Rough Music«, 131 ff.; G. C. Pola Falletti di Villasfalletto, Le associazoni giovanili a Roma e nel Lazio, in: Lares 16. 1950, 40 ff.; zu den vorindustriellen Formen des Rügebrauchtums vgl. u. a. N. Z. Davis, The Reasons of Misrule, in: dies., Society and Culture in Early Modern France, London 1975; Ginzburg, Charivari; Wikman, Einleitung.

182 Vgl. Mitterauer, Jugendgruppen, 208 ff.; auch: Dünninger, Wegsperre.

183 Vgl. P. Brückner u. G. Ricke, Über die ästhetische Erziehung des Menschen in der Arbeiterbewegung, in: C. Bezzel u. a. Hg., Das Unvermögen der Realität. Beiträge zu einem anderen materialistischen Ästhetikum, Berlin 1974, 38.

184 Vgl. für Paris: Lafont, Jugendbanden; J. R. Gillis, Geschichte der Jugend, Weinheim 1980, bes. 39 ff.

185 Vgl. M. Mitterauer, Ledige Mütter. Zur Geschichte unehelicher Geburten in Europa, München 1983, bes. 82 ff.

186 K.-J. Matz, Pauperismus u. Bevölkerung, Stuttgart 1980, 247; für ländliche Regionen vgl. u. a. Kaschuba u. Lipp, Überleben, 288 ff.

187 F. Schumann, Auslese u. Anpassung der Arbeiterschaft in der Automobilindustrie, Leipzig 1911, 101.

188 R. Kempf, Das Leben der jungen Fabrikmädchen in München. Die soziale und wirtschaftliche Lage ihrer Familie, ihr Berufsleben und ihre persönlichen Verhältnisse, Leipzig 1911, 187; vgl. auch W. Holek, Lebensgang eines deutsch-tschechischen Handarbeiters, Jena 1909.

189 Wettstein-Adelt, 30.

190 O. Spann, Die geschlechtlich-sittlichen Verhältnisse im Dienstboten- u. Arbeiterinnenstande, gemessen an der Erscheinung der unehelichen Geburten, in: Zeitschrift für Socialwissenschaft 7. 1904, 287 ff., hier 299.

191 Ehmer, Familienstruktur, 104 f.

192 Vgl. Rühle, Kultur- u. Sittengeschichte, 2. Bd., 10.

193 Göhre, Drei Monate, 206; Stearns, Abstumpfung; Hewitt, Wives.

194 Wettstein-Adelt, 44 f.

195 Vgl. H. Schomerus, Die Arbeiter der Maschinenfabrik Esslingen. Forschungen zur Lage der Arbeiterschaft im 19. Jahrhundert, Stuttgart 1977, 174.

196 F. Schumann, Die Arbeiter der Daimler-Motoren-Gesellschaft Stuttgart Untertürkheim. Auslese u. Anpassung der Arbeiterschaft in der Automobilindustrie und einer Wiener Maschinenfabrik, Leipzig 1911, 97 f.

197 Vgl. Knodel, Decline, 71 ff.

198 Vgl. Popp, 125.

199 Vgl. W. Reimes, Durch die Drahtverhaue des Lebens. Aus dem Werdegang eines klassenbewußten Arbeiters, Dresden (1920), 36 ff.; für Wien vgl. E. Fischer, Krise der Jugend, in: ders., Kultur, Literatur, Politik. Frühe Schriften, Frankfurt 1984, 155 ff.; Safrian u. Sieder, Gassenkinder.

200 Vgl. Knodel, Decline, 252.

201 A. Castell, Forschungsergebnisse zum gruppenspezifischen Wandel generativer Strukturen, in: Conze Hg., Sozialgeschichte der Familie, 170; dies., Unterschichten im »demographischen Übergang«. Historische Bedingungen des Wandels der ehelichen Fruchtbarkeit und der Säuglingssterblichkeit, in: Mommsen u. Schulze Hg., 374 ff.; Spree, Ungleichheit, 99, Tab. 19.

202 J. Bertillon, La dépopulation de la France, Paris 1911, 113.

203 Vgl. Castell, Forschungsergebnisse, 167.

204 Der Deutsche Reichstag verurteilte jede Form der Geburtenverhütung als Verfehlung gegen Volk und Nation. 1914 veranstaltete die deutsche Sozialdemokratie eine Protestversammlung »gegen den staatlichen Gebärzwang«. In Österreich verhinderte die katholische Kirche die Niederlassung eines Zweiges der »Malthusian League« usw., vgl. M. Hirsch, Fruchtabtreibung u. Präventivverkehr im Zusammenhang mit dem Geburtenrückgang, Würzburg 1914, 132; vgl. allg. U. Linse, Arbeiterschaft u. Geburtenentwicklung im Deutschen Kaiserreich von 1871, in: Archiv für Sozialgeschichte 12. 1972, 205 ff., bes. 226; Castell, 380 ff.

205 Vgl. W. Hubbard, Familiengeschichte, München 1983, 115.

206 Castell, 384, hier auch zur Problematik offizieller »Abortziffern«.

207 L. N. Trallori, Vom Lieben u. vom Töten. Zur Geschichte patriarchaler Fortpflanzungskontrolle, Wien 1983, 173.

208 W. Reich, Der sexuelle Kampf der Jugend, Berlin 1932, 17; zit. nach: Trallori, 174; weder die deutschen noch die österreichischen Sozialdemokraten kämpften entschieden gegen die Strafdrohung auf Abtreibung und die damit verbundenen Folgen. Die Mehrzahl

der Funktionäre plädierte für eine begrenzte medizinische Indika-
tion; Castell, 384; für Österreich vgl. Die Frau. Sozialdemokrati-
sches Organ für Frauen u. Mädchen, Wien 1927, Nr. 2, 8.

209 Vgl. M. Marcuse, Der eheliche Präventivverkehr, seine Verbreitung,
     Verursachung und Methodik, Stuttgart 1917.
210 Castell, 380.
211 Vgl. W. Reich, Frühe Schriften, 2: Genitalität in der Theorie u. The-
     rapie der Neurose (1927), Frankfurt 1985, bes. 72 f.
212 H. Ludwig, Die Ehe im vierten Stande, in: Die Frau 1. 1896, 45 ff.
213 Vgl. die Bibliographie des Archivs für Bevölkerungspolitik, Sexual-
     ethik u. Familienkunde, Teil I: Bevölkerungslehre, Bevölkerungspo-
     litik, Bevölkerungsbewegung, 1933, H. 2, 91 ff.

VI. Lohnabhängige Familien seit dem Ersten Weltkrieg

 1 Vgl. u. a. für Österreich: W. Winkler, Die Einkommensverschiebun-
    gen in Österreich während des Weltkrieges, Wien 1930; M. Niehuss,
    Arbeiterschaft in Krieg und Inflation. Soziale Schichtung und Lage
    der Arbeiter in Augsburg und Linz 1910 bis 1925, Berlin 1985;
    J. Kocka, Klassengesellschaft im Krieg. Deutsche Sozialgeschichte
    1914–1918, Göttingen 1978[2], bes. 12 ff.
 2 Zahlen für die in die Kriegswirtschaft einbezogenen Frauen für
    Deutschland: K.-D. Schwarz, Weltkrieg u. Revolution in Nürn-
    berg, Stuttgart 1971, M.-E. Lüders, Die Entwicklung der gewerbli-
    chen Frauenarbeit im Kriege, in: Schmollers Jb. 44. 1920, 241 ff.;
    C. Lorenz, Die gewerbliche Frauenarbeit während des Krieges, in:
    P. Umbreit u. dies. Hg., Der Krieg u. die Arbeitsverhältnisse, Stutt-
    gart 1928, 307 ff.; für Österreich vgl. E. Adler, Die Regelung der
    Arbeitsverhältnisse im Kriege, Wien 1927; Winkler, Einkommens-
    verschiebungen; E. Riegler, Frauenleitbild u. Frauenarbeit in Öster-
    reich vom ausgehenden 19. Jahrhundert bis zum Zweiten Weltkrieg,
    Wien 1976.
 3 L. Grebler u. W. Winkler, The Cost of the World War to Germany
    and to Austria-Hungary, New Haven 1940.
 4 Vgl. W. Winkler, Die Totenverluste der österreichisch-ungarischen
    Monarchie nach Nationalitäten, Wien 1919. Für England vgl.
    D. Tom, Women's Employment in Britain During the First World
    War, in: Wall u. Winter Hg.; für Frankreich vgl. J. F. McMillan,
    Housewife or Harlot: The Place of Women in French Society 1870–
    1940, Brighton 1984, bes. 131 ff.
 5 Vgl. R. Sieder, Children of the War. The Daily Life of Vien-
    nese Working Class Families during World War I, in: Wall u. Winter
    Hg.

6 Vgl. für Deutschland Kocka, Klassengesellschaft, bes. 33 ff.; Sieder,
   Children.
7 Vgl. als Überblick: G. D. Feldman, Die Demobilmachung u. die
   Sozialordnung der Zwischenkriegszeit in Europa, in: Geschichte u.
   Gesellschaft 9. 1983, 156 ff.
8 Vgl. Sieder, Children.
9 Vgl. E. J. Leed, No Man's Land. Combat and Identity in World War
   I, Cambridge 1979; zur literarischen Verarbeitung des Themas vgl.
   E. Toller, Hinkemann. Eine Tragödie, Stuttgart 1979.
10 P. Federn, Zur Psychologie der Revolution. Die vaterlose Gesellschaft, Wien 1919.
11 Vgl. P. Fussell, The Great War and Modern Memory, Oxford 1979;
   D. M. Hiebert, Psychological Consequences of the War and Demo-
   bilization in Germany, 1914–1920, in: Wall u. Winter Hg.; Zur Psychoanalyse der Kriegsneurosen, mit einer Einleitung v. S. Freud u.
   einem Bericht von Ferenczi über die Psychoanalyse von Kriegsneurosen, 5. Internationaler Kongreß für Psychoanalyse in Budapest,
   1918; vgl. auch das Vorwort von C. v. Ossietzky zu: W. Lamszus,
   Menschenschlachthaus, 1912.
12 Vgl. Pirhofer u. Sieder, Konstitution; G. Uhlig, Kollektivmodell
   »Einküchenhaus«. Wohnreform und Architekturdebatte zwischen
   Frauenbewegung und Funktionalismus 1900–1933, Gießen 1981,
   mit weiterführenden Literaturangaben.
13 Tom; Riegler, 94 ff.; Sieder, Children; McMillan, 163 ff.
14 Vgl. Talos, Sozialpolitik, 123.
15 Ebd., 117 ff.
16 Vgl. für Deutschland: Feldman, Demobilmachung, 161; für Österreich: Talos, Sozialpolitik, 125 f.
17 Vgl. H. Hautmann, Die verlorene Räterepublik. Am Beispiel der
   Kommunistischen Partei Deutschösterreichs, Wien 1971, 152 ff.
18 Vgl. den Eröffnungsartikel der Wiener sozialdemokratischen Monatsschrift: Der Sozialdemokrat 1. 1919, 3: »Der Krieg hat nun revo-
   lutionär gewirkt. Er hat mit seiner Anschaulichkeit klargemacht,
   was der Staat heutzutage für das Leben jedes einzelnen Menschen
   und jeder Familie bedeutet. Dieser Staat, dessen Machtwort Millionen zum Verlassen ihrer Familien und ihrer Heimat, zur Aufopfe-
   rung ihres Lebens zwang, stellte sich als die alles überragende Macht
   in der Gesellschaft dar, deren Beherrschung von ausschlaggebender
   Bedeutung ist.«
19 Vgl. R. J. Evans, Politics and the Family: Social Democracy and the
   Working-Class Family in Theory and Practice Before 1914, in: ders.
   u. W. R. Lee Hg., 256 ff.; A. G. Frei, Rotes Wien. Austromarxismus
   u. Arbeiterkultur. Sozialdemokratische Wohnungs- u. Kommunalpolitik 1919–1934, Berlin 1984; Pirhofer u. Sieder, Konstitution;

A. v. Saldern, SPD u. Kommunalpolitik im Deutschen Kaiserreich, in: Archiv für Kommunalwissenschaft 23. 1984, 2, 201 ff.; G. Fülberth, Konzeption u. Praxis sozialdemokratischer Kommunalpolitik 1918–1933, Marburg 1984; für Schweden vgl. O. Löfgren, The Sweetness of Home: Trautes Heim. Veränderungen des Familienideals in Schweden während des 20. Jahrhunderts, in: Borscheid u. Teuteberg Hg., 80 ff.

20 Vgl. R. Rürup, Probleme der Revolution in Deutschland 1918/19, Wiesbaden 1968; Hautmann.

21 Vgl. K. Kautsky, Die Agrarfrage, Stuttgart 1899; O. Bauer, Mieterschutz, Volkskultur u. Alkoholismus (1929), Werkausgabe Bd. 3, Wien 1976, 601 ff.

22 Vgl. Hautmann; Rürup.

23 Vgl. Talos, 120 f.

24 Vgl. F. Klenner, Die österreichischen Gewerkschaften, 3. Bd., Wien 1979, 466.

25 Vgl. Ehmer, Frauenarbeit, 460.

26 Ebd., 460.

27 Vgl. M. Rada, Das reifende Proletariermädchen in seiner Beziehung zur Umwelt, Diss. Wien 1931, MS, 13.

28 Vgl. Sieder, »Vata derf i aufstehen?«

29 Vgl. Sieder, Gassenkinder.

30 Vgl. E. Fischer, Krise der Jugend, Wien 1931, z. T. in: ders., Kultur – Literatur – Politik. Frühe Schriften, Hg. K.-M. Gauß, Frankfurt 1984, 155 ff., bes. 162 ff.; vgl. auch H. Safrian u. R. Sieder, Gassenkinder – Straßenkämpfer.

31 Vgl. O. Bauer: »Die Alten, die Ruhe haben wollen, die Jungen, die alles, nur nicht Ruhe haben wollen, in Zimmer und Küche zusammengedrängt, vertragen sich natürlich nicht«, in: ders., Volkskultur, 9.

32 Vgl. Evans, Social Democracy; M. Nolan, Social Democracy. Working-class Radicalism in Düsseldorf 1890–1920, Cambridge 1981; A. Rabinbach Hg., The Austrian Socialist Experiment. Social Democracy and Austromarxism 1918–1934, London 1985; M. Seliger, Sozialdemokratie u. Sozialpolitik in Wien, Wien 1980; R. Bauböck, Wohnungspolitik im sozialdemokratischen Wien 1919–1934, Salzburg 1979; Uhlig.

33 Pirhofer u. Sieder, Konstitution, 351 ff.

34 Dieser Effekt war in Deutschland infolge der Rücknahme der im Weltkrieg getroffenen Maßnahmen zum Mieterschutz und zu höheren Mieten weniger ausgeprägt; die Zahl der »Aftermieter« sank deutlich langsamer, vgl. v. Saldern, 228.

35 Während die sozialdemokratischen Funktionäre immer wieder den klerikalen und konservativen Einfluß auf die Arbeiterfrauen als Ur-

sache für deren geringe Mobilisierbarkeit für die Arbeiterbewegung verantwortlich machten, scheint die geringe Aufmerksamkeit der Sozialdemokratie für Frauen- und Familienfragen bis zum Ersten Weltkrieg dazu geführt zu haben, daß sich viele Frauen durch die männerdominierten SD-Parteien nicht repräsentiert fühlten. Noch zum Gründungsparteitag der österreichischen Sozialdemokratie 1889 waren Frauen nicht zugelassen. Wenn sich auch später zahlreiche Frauen in diesen Parteien tonangebend an der Familienpolitik beteiligten, behielt diese ihre paternalistischen und protektionistischen Züge bei; bildhaft: im »Roten Wien« wurden die geschäftsführenden Stadträte »Gemeindeväter« genannt. Zur Diskussion um das Verhältnis von Frauen und Sozialdemokratie vgl. allg. K. Hagemann, Frauen in der Hamburger SPD der Weimarer Republik. Anspruch u. Wirklichkeit sozialdemokratischer Frauenpolitik, in: A. Herzig u. a. Hg., Arbeiter in Hamburg. Unterschichten, Arbeiter und Arbeiterbewegung seit dem ausgehenden 18. Jahrhundert, Hamburg 1983, 443 ff.; A. Vorholz, Sozialdemokratie u. Frauen 1908–1914 in Düsseldorf, Reinbek 1982; anläßlich des Wahlausgangs 1919 in Köln: Volksblatt, Bochum, 19. 2. 1919; für Österreich vgl. u. a. J. Ehmer, Rote Fahnen – Blauer Montag. Soziale Bedingungen von Aktions- u. Organisationsformen der frühen Wiener Arbeiterbewegung, in: Puls Hg., 159, 168; T. Schlesinger, Die Frau im sozialdemokratischen Parteiprogramm, Wien 1928, bes. Die Frauen u. die Religion, 21 ff.

36 Vgl. u. a. M. Adler, Neue Menschen, Berlin 1926; O. Neurath, Bauformen und Klassenkampf, in: Bildungsarbeit. Blätter für sozialistisches Bildungswesen, Wien 1926, 61 ff.; F. Schuster u. F. Schacherl, Proletarische Architektur, in: Der Kampf 1926/1; R. Wagner, Der Klassenkampf um den Menschen, Berlin 1927; G. Uhlig, Kollektivmodell »Einküchenhaus«; M. Tafuri, Kapitalismus u. Architektur. Von Corbusiers »Utopia« zur Trabantenstadt, Hamburg 1977.

37 Löfgren, 92.

38 L. Braun, Frauenarbeit u. Hauswirtschaft, Berlin 1901, bes. 1901 ff.

39 Vgl. O. Bauer, Der Weg zum Sozialismus, Wien 1919; vgl. auch T. Schlesinger, Wie will und wie soll das Proletariat seine Kinder erziehen? Wien 1921. Die Pionierarbeit zur Erforschung dieser kulturpolitischen Linien leistete G. Pirhofer, Linien einer kulturpolitischen Auseinandersetzung in der Geschichte des Wiener Arbeiterwohnungsbaues, in: Wiener Geschichtsblätter 33. 1978, 1 ff.; ihm folgten Uhlig, Kollektivmodell; P. Gorsen, Zur Dialektik des Funktionalismus heute. Das Beispiel des kommunalen Wohnungsbaus im Wien der zwanziger Jahre, in: Stichworte zur »Geistigen Situation der Zeit«, Hg. J. Habermas, 2. Bd.: Politik u. Kultur, Frankfurt 1979, 688 ff.; ist es als Indiz für die »geistige Situation der Zeit« zu

werten, daß Gorsen seine vielen Anleihen bei Pirhofer nicht hinreichend ausweist?

40 Vgl. K. Hausen, Die Polarisierung der Geschlechtscharaktere. Eine
Spiegelung der Dissoziation von Erwerbs- u. Familienleben, in:
Conze Hg., Sozialgeschichte der Familie, 363 ff.

41 Vgl. die exzellente Sekundäranalyse sozialdemokratischer Schrift-
tums bei H. Hacker, Staatsbürgerinnen, in: F. Kadrnoska Hg., Aufbruch u. Untergang. Österreichische Kultur zwischen 1918 u. 1938,
Wien 1981, 225 ff.; Pirhofer u. Sieder, Konstitution, 335 ff.

42 Vgl. F. Stadler, Spätaufklärung u. Sozialdemokratie in Wien 1918–
1938, in: Kadrnoska Hg., 441 ff.; Löfgren, 90.

43 Vgl. O. F. Kanitz, Das proletarische Kind in der bürgerlichen Gesellschaft, Frankfurt 1974, bes. 51 ff.

44 Vgl. E. Rosenhaft, A World Upside-Down. Delinquency, Family
and Work in the Lives of German Working-Class Youth 1914–1918,
in: Wall u. Winter Hg.; Sieder, Gassenkinder; Humphries.

45 Vgl. als Überblick: G. Kittler, Hausarbeit. Zur Geschichte einer
»Natur-Ressource«, München 1980, bes. 61 ff.

46 Vgl. Zeitschriften wie »Der Kuckuck«, Wien 1929–1934; Die Frau.
Sozialdemokratische Monatsschrift für Politik, Wirtschaft, Frauen-
fragen u. Literatur; Illustriertes Frauenblatt, 1919 usw.

47 Vgl. M. John, Wohnverhältnisse sozialer Unterschichten im Wien
Kaiser Franz Josephs, Wien 1984, 205 ff.; Sieder, Housing Policy,
41 ff.; für Schweden: Löfgren, 91 ff.

48 Zu diesem Komplex der Kritik an der »Rückständigkeit« proletarischen Wohnens u. Familienlebens vgl. u. a. B. Taut, Die neue
Wohnung. Die Frau als Schöpferin, Leipzig 1924; R. Wagner, Der
Klassenkampf um den Menschen. Menschenbildung u. Vergesellschaftung, Berlin 1927; Bauer, Mieterschutz; M. Pollak, Wir wollen
den glücklichen Menschen, o. O. o. J.

49 Vgl. Löfgren, 95.

50 Vgl. Castell, 393; Pirhofer u. Sieder, 328 ff.

51 A. Grotjahn, Proletariat u. Geburtenrückgang, in: Die Neue Zeit
41. 1923/2, 164 ff.; J. Tandler, Krieg u. Bevölkerung, Berlin 1917;
ders., Ehe u. Bevölkerungspolitik, Wien 1924 u. a.

52 Vgl. H. Hartmann, Die Wohlfahrtspflege Wiens, Gelsenkirchen
1929.

53 Vgl. u. a. J. Caspari, Jugendwohlfahrt, in: Die Neue Zeit 37. 1918–
1919, 570 ff.

54 Vgl. grundlegend A. Grotjahn, Leitsätze zur sozialen und generativen Hygiene (1921), Karlsruhe 1927[4]; Castell, 391 f.; U. Frevert,
»Fürsorgliche Belagerung«: Hygienebewegung u. Arbeiterfrauen
im 19. u. frühen 20. Jh., in: Geschichte u. Gesellschaft 11. 1985,
420 ff., bes. 440 ff.

55 Vgl. Pirhofer u. Sieder, Konstitution, 332.
56 Schon vor dem Ersten Weltkrieg waren in Berlin Beratungsstellen
der Säuglingsfürsorge »möglichst in die Armenviertel« gelegt worden, ihre Klientel rekrutierte sich hauptsächlich aus der ungelernten
Arbeiterschaft. »Recherche-Schwestern« nahmen bei Hausbesu-
chen Einblick in die Haushaltsführung, zogen Erkundigungen
beim Hausbesitzer ein usw. Die unterstützten Mütter hatten ihr
Kind alle ein bis zwei Wochen dem Arzt vorzustellen, die ärztlichen
Anordnungen genau zu befolgen und den Schwestern der Fürsor-
gestellen jederzeit Einlaß in die Wohnung zu gewahren; vgl. G.
Tugenreich, Säuglingsfürsorge, in: Handwörterbuch der Kommu-
nalwissenschaften 3. 1924, zit. nach: Castell, 386; diese Form der
Mutterberatung, die eng verbunden wurde mit einer Kontrolle der
häuslichen Verhältnisse der unteren Schichten, übernahmen die Sozialdemokraten in den von ihnen nach dem Weltkrieg verwalteten
großstädtischen Kommunen, war also keineswegs eine genuin sozialdemokratische Errungenschaft, vgl. für Wien: R. Sieder, Housing Policy, Social Welfare, and Family Life in »Red Vienna«, 1919–
34, in: Oral History. The Journal of the Oral History Society 13.
1985/2; Pirhofer u. Sieder, Konstitution.
57 Vgl. Pirhofer u. Sieder, 328 ff.; Sieder, Housing Policy, 35 ff.
58 Vgl. M. Rada, Proletariermädchen, 20, 29; H. Hetzer, Zur Psychologie des Wohnens, in: J. Bunzel Hg., Beiträge zur städtischen
Wohn- u. Siedelwirtschaft, 3, München 1930; Ehmer, Frauenarbeit,
462; Sieder, Housing Policy, mit Belegstellen aus Interviews mit
Fürsorgerinnen.
59 Vgl. Castell, 378; H. J. Teuteberg u. A. Bernhard, Wandel der Kin-
dernahrung in der Zeit der Industrialisierung, in: Reulecke u. Weber
Hg., 177 ff., bes. 211 f.
60 Der Ausdruck »Menschenökonomie« scheint von R. Goldscheid
kreiert worden zu sein, vgl. ders., Höherentwicklung u. Menschenökonomie. Grundlegung der Sozialbiologie, Leipzig 1911, und findet sich zwischen 1910 und 1930 häufig in den Schriften der deutschen und österreichischen Sozialdemokratie, vgl. Tandler, Krieg;
Die Neue Zeit, 1921/22, 500 f. usw.
61 Ansätze zur Selbstverwaltung wurden bürokratisch unterdrückt,
vgl. Frei, Rotes Wien, 113 f.
62 Vgl. G. Urban, Das Wiener Einküchenhaus, in: Westfälisches Woh-
nungsblatt 6, Münster 1927, 234 ff.; G. Pirhofer, Gemeinschafts-
haus u. Massenwohnungsbau, in: Transparente 5, Wien 1977; Uhlig,
Kollektivmodell; ders., Zur Geschichte des Einküchenhauses, in:
Niethammer Hg., Wohnen im Wandel, 151 ff.; das Wiener Einküchenhaus dürfte nach mündl. Auskunft von Hern Zvacek, interviewt vom Verf., nur zum geringsten Teil von Arbeitern, in der

Mehrzahl von Beamten, Angestellten und Intellektuellen bewohnt worden sein; viele Arbeiter assoziierten mit der Idee des Einküchenhauses die Kriegsküchen, mit denen sie Erinnerungen an schlechtes Essen und die Not der Kriegsjahre verbanden.

63 Ausführlicher bei Pirhofer u. Sieder, Konstitution; Sieder, Housing Policy; auch Frei, Rotes Wien.

64 In Österreich fiel der Anteil der unterstützten Arbeitslosen an der Gesamtzahl der gemeldeten (!) Arbeitslosen bis zum Jahr 1937 auf 50%; hierzu ist noch die Dunkelziffer der nicht gemeldeten Arbeitslosen in Rechnung zu stellen. Vgl. D. Stiefel, Arbeitslosigkeit. Soziale, politische und wirtschaftliche Auswirkungen – am Beispiel Österreichs 1918–1938, Berlin 1979, 29.

65 Vgl. illustrative Beispiele bei H. Safrian, »Wir ham die Zeit der Orbeitslosigkeit schon richtig genossen auch«. Ein Versuch zur (Über-) Lebensweise von Arbeitslosen in Wien zur Zeit der Weltwirtschaftskrise um 1930, in: G. Botz u. J. Weidenholzer Hg., Mündliche Geschichte u. Arbeiterbewegung, Graz 1984, 306 f.

66 Ausdruck der Wiener Arbeiter für das Nachfragen nach einer Arbeitsstelle, vgl. Safrian, 308.

67 Vgl. K. Leichter, So leben wir. 1320 Industriearbeiterinnen berichten über ihr Leben, Wien 1932, 22 ff.: 41% der am Höhepunkt der Wirtschaftskrise für diese Studie befragten Industriearbeiterinnen hatten einen arbeitslosen Ehemann. Ohne das Einkommen der befragten Frauen wären deren Familien in 92% der Fälle unter das Existenzminimum geraten.

68 Frau L., geb. 1906 in Wien, gelernte Weißnäherin, zit. nach: Safrian, 310.

69 Int. mit Frau C., einer 1905 geborenen Erzieherin, geführt vom Verf.

70 Für Berlin vgl. E. Rosenhaft, Working-Class Life and Working-Class Politics: Communists, Nazis and the State in the Battle for the Streets, Berlin 1928–1932, in: R. Bessel u. E. J. Feuchtwanger Hg., Social Change and Political Development in Weimar Germany, London 1981; für Wien: Safrian, 309 ff., Safrian u. Sieder, Gassenkinder – Straßenkämpfer, 137 ff.

71 Vgl. Safrian, 293 ff.

72 Vgl. allg. A. Wacker, Arbeitslosigkeit, Frankfurt 1976.

73 Int. mit Herrn G., geb. 1908 in Wien, zit. nach: Safrian, 315.

74 M. Jahoda, P. Lazarsfeld, H. Zeisel, Die Arbeitslosen von Marienthal. Ein soziographischer Versuch über die Wirkungen langandauernder Arbeitslosigkeit. Mit einem Anhang zur Geschichte der Soziographie (1933), Frankfurt 1975.

75 Darauf haben Jahoda u. a. selbst hingewiesen, ebd. 25; vgl. auch Safrian, Arbeitslosigkeit, 303 ff., der sich mit der häufig unbekümmer-

ten Verallgemeinerung der Ergebnisse der Marienthal-Studie in der Literatur zur Arbeitslosigkeit auseinandersetzt.

76 Ebd., 70.
77 Ebd., 91.
78 Ebd., 89.
79 Statistik des Deutschen Reiches N.F. Bd. 221.
80 E. Fromm, Die Psychologie des Nazismus, in: ders., Die Furcht vor der Freiheit (Escape from Freedom, 1941), Frankfurt 1966, 166 ff., hier 167.
81 Vgl. v. a. T. W. Adorno, Studien zum autoritären Charakter, Frankfurt 1973; G. Bataille, Die psychologische Struktur des Faschismus, München 1978; E. Bloch, Erbschaft dieser Zeit, Frankfurt 1962; H. Glaser, Sexualität u. Aggression. Sozialpathologische Aspekte der modernen Gesellschaft, München 1975, bes. 111 ff.; M. Horkheimer, Allgemeiner Teil, in: ders. Hg., Studien über Autorität u. Familie. Forschungsberichte aus dem Institut für Sozialforschung, Paris 1936, 277 ff.; z. T. in: H. Rosenbaum Hg., Seminar, 425 ff.; A. u. M. Mitscherlich, Die Unfähigkeit zu trauern. Grundlagen kollektiven Verhaltens, München 1968, bes. 71 ff.; W. Reich, Die Massenpsychologie des Faschismus, Köln 1971 etc.
82 Vgl. u. a. P. Loewenberg, The German Case. Leaders, Followers, and the Group Process, in: ders., Decoding the Past. The Psychohistorical Approach, Berkeley u. a. 1985; J. Reulecke, Männerbund versus Familie. Bürgerliche Jugendbewegung u. Familie in Deutschland im ersten Drittel des 20. Jahrhunderts, in: Th. Koebner u. a. Hg., »Mit uns zieht die neue Zeit«. Der Mythos Jugend, Frankfurt 1985, 199 ff.; H. Mommsen, Generationskonflikt und Jugendrevolte in der Weimarer Republik, in: Koebner, »Mit uns zieht ...«, 50 ff.
83 Vgl. U. Herbert, Zur Entwicklung der Ruhrarbeiterschaft 1930 bis 1960 aus erfahrungsgeschichtlicher Perspektive, in: Plato u. Niethammer Hg., 19 ff.
84 B. v. Schirach, von 1932 bis 1940 Reichsführer der Hitlerjugend: »Jugend muß von Jugend geführt werden«, vgl. einführend: M. v. d. Grün, Wie war das eigentlich? Kindheit u. Jugend im Dritten Reich, Darmstadt 1981; W. Klose, Generation im Gleichschritt, Hamburg 1964; A. Klönne, Die Hitlerjugend, Hannover u. Frankfurt 1956; H.-Ch. Brandenburg, Die Geschichte der HJ, Köln 1968; D. Reese, Bund Deutscher Mädel – Zur Geschichte der weiblichen Jugend im Dritten Reich, in: Frauengruppe Faschismusforschung. Mutterkreuz u. Arbeitsbuch, Frankfurt 1981, 163 ff.; L. Steinbach, Ein Volk, ein Reich, ein Glaube? Ehemalige Nationalsozialisten u. Zeitzeugen berichten über ihr Leben im Dritten Reich, Berlin 1983 u. v. a.

85 Fromm, Psychologie, 169.

86 Ebd., 169 f.

87 Vgl. Safrian u. Sieder, Gassenkinder – Straßenkämpfer; Sieder, Children of the War.

88 Fromm, Psychologie, 172.

89 A.-K. Einfeldt, Auskommen – Durchkommen – Weiterkommen. Weibliche Arbeitserfahrungen in der Bergarbeiterkolonie, in: L. Niethammer Hg., »Die Jahre weiß man nicht«, 267 ff.; M. Zimmermann, Ausbruchshoffnungen. Junge Bergleute in den dreißiger Jahren, in: ebd., 97 ff.; vgl. auch A. v. Plato, »Ich bin mit allen gut ausgekommen« oder: War die Ruhrarbeiterschaft vor 1933 in politische Lager gespalten? in: ebd., 31 ff.

90 Aus einem Interview mit Grete Döbler, 1920 in Paderborn geboren, Bergmannstochter, zweimal mit Bergleuten verheiratet, zit. nach: Einfeldt, 275.

91 Ebd., 276.

92 Interview mit Frau Moritz, 1901 in Essen geboren, zit. nach: ebd., 276.

93 Vgl. Reese, Bund.

94 Vgl. L. Kleiber, »Wo ihr seid, da soll die Sonne scheinen!« – Der Frauenarbeitsdienst am Ende der Weimarer Republik und im Nationalsozialismus, in: Frauengruppe Faschismusforschung, Mutterkreuz, 188 ff.

95 S. Dammer, Kinder, Küche, Kriegsarbeit – Die Schulung der Frauen durch die NS-Frauenschaft, in: ebd., 215 ff.

96 Vgl. Einfeldt, 279.

97 Vgl. u. a. H. Spode, »Der deutsche Arbeiter reist«: Massentourismus im Dritten Reich, in: Huck Hg., 281 ff.

98 Zimmermann, Ausbruchsversuche, 104.

99 Ebd., 99.

100 Zu Formen des Jugendprotests vgl. D. Peukert, Edelweißpiraten, Meuten, Swing. Jugendsubkulturen im Dritten Reich, in: Huck Hg., 307 ff.; zum Arbeiterwiderstand allg. vgl. ders., Der deutsche Arbeiterwiderstand gegen das Dritte Reich, in: Aus Politik und Zeitgeschichte 28/29. 1979, 22 ff.; ders., Volksgenossen u. Gemeinschaftsfremde, Anpassung, Ausmerze u. Aufbegehren unter dem Nationalsozialismus, Köln 1982; T. W. Mason, Arbeiterklasse u. Volksgemeinschaft, Opladen 1975; ders., Arbeiteropposition im nationalsozialistischen Deutschland, in: Peukert u. Reulecke Hg., 293 ff.; ders., Die Bändigung der Arbeiterklasse im nationalsozialistischen Deutschland, in: C. Sachse u. a., Angst, Bedrohung, Zucht u. Ordnung, Opladen 1982, 11 ff.

101 Zimmermann, Ausbruchsversuche, 110.

102 Vgl. A. Tröger, Die Planung des Rationalisierungsproletariats. Zur

Entwicklung der geschlechtsspezifischen Arbeitsteilung des weiblichen Arbeitsmarktes im Nationalsozialismus, in: A. Kuhn u. J. Rüsen Hg., Frauen in der Geschichte II, Düsseldorf 1982, 245 ff., hier 246 f.

103 Vgl. T. W. Mason, Sozialpolitik im Dritten Reich. Arbeiterklasse u. Volksgemeinschaft, Opladen 1977; ders., Zur Lage der Frauen in Deutschland 1933 bis 1940. Wohlfahrt, Arbeit und Familie, in: Gesellschaft. Beiträge zur Marxschen Theorie 6, Frankfurt 1976; Primärlit.: Reichsarbeitsblatt, Schutz der werktätigen Frau, Sonderveröffentlichung, Berlin 1941; P. Siber, Die Frauenfrage und ihre Lösung durch den Nationalsozialismus, Berlin 1933; G. Grünig u. E. Zellmer, Arbeitsschutzvorschriften für die erwerbstätige Frau und Mutter, Berlin 1942 usw.

104 Vgl. K. Berger, Zwischen Eintopf u. Fließband. Frauenarbeit u. Frauenbild im Faschismus. Österreich 1938–1945, Wien 1985, bes. 55 ff.

105 Vgl. G. Bock, Frauen u. ihre Arbeit im Nationalsozialismus, in: A. Kuhn u. G. Schneider Hg., Frauen in der Geschichte. Frauenrechte u. die gesellschaftliche Arbeit der Frauen im Wandel, Düsseldorf 1979, 113 ff.

106 E. Vorwerck, Wirtschaftliche Alltagspflichten der Frau beim Einkauf u. Verbrauch, in: NS-Frauenbuch, München 1934, 90 ff., zit. nach Berger, 41.

107 G. Scholtz-Klink, Frau u. Mutter, Lebensquell des Volkes, München 1943, 13.

108 Berger, 37 ff.

109 Vgl. u. a. K. Jurczyk, Frauenarbeit u. Frauenrolle. Zum Zusammenhang von Familienpolitik u. Frauenerwerbstätigkeit in Deutschland 1918–1975, Frankfurt 1977.

110 Vgl. als bes. illustratives Beispiel: P. Siber, Die Frauenfrage u. ihre Lösung durch den Nationalsozialismus, Berlin 1933.

111 Vgl. v. a. H. Thurnwald, Gegenwartsprobleme Berliner Familien. Eine soziologische Untersuchung an 498 Familien, Berlin 1948; G. Baumert u. E. Hünninger, Deutsche Familien nach dem Kriege, Darmstadt 1954; H. Schelsky, Wandlungen der deutschen Familie, Stuttgart 1954; E. Pfeil, Flüchtlingskinder in neuer Heimat, Stuttgart 1951; G. Wurzbacher, Leitbilder gegenwärtigen deutschen Familienlebens, Stuttgart 1958; R. Mayntz, Die moderne Familie, Stuttgart 1958; D. Wirth, Die Familie in der Nachkriegszeit. Desorganisation oder Stabilität? in: J. Becker u. a. Hg., Vorgeschichte der Bundesrepublik Deutschland, München 1979.

112 Vgl. v. a. S. Meyer u. E. Schulze, Von Liebe sprach damals keiner. Familienalltag in der Nachkriegszeit, München 1985; dies., »Als wir wieder zusammen waren, ging der Krieg im Kleinen weiter.«

Frauen, Männer u. Familien im Berlin der vierziger Jahre, in: Plato u. Niethammer Hg., 305 ff.; A.-K. Einfeldt, Zwischen alten Werten und neuen Chancen. Häusliche Arbeit von Bergarbeiterfrauen in den fünfziger Jahren, in: L. Niethammer Hg., »Hinterher merkt man, daß es richtig war, daß es schiefgegangen ist«, Nachkriegs-Erfahrungen im Ruhrgebiet, Berlin 1983, 149 ff.; A. Plato, Fremde Heimat. Zur Integration von Flüchtlingen und Einheimischen in die Neue Zeit, in: ders. u. Niethammer Hg., 172 ff.; W. Fuchs, Der Wiederaufbau in Arbeiterbiographien, in: ebd., 347 ff.; Frauen der ersten Stunde. 1945–1955, Wien 1985; D. Schubert, Frauen in der deutschen Nachkriegszeit, I: Frauenarbeit 1945–1949, Düsseldorf 1984; U. Preuss u. a. Hg., Kriegskinder – Konsumkinder – Krisenkinder, Weinheim 1983.

113 Vgl. Thurnwald; Schelsky; Baumert.

114 Thurnwald, 235.

115 Über elf Millionen deutsche Soldaten waren bis zur Kapitulation im Mai 1945 in Kriegsgefangenschaft geraten. Bis Ende 1948 wurden alle Gefangenen aus britischen, amerikanischen, französischen und belgischen Lagern entlassen. Erst im Mai 1950 trafen die letzten Gefangenentransporte aus Polen und der Sowjetunion ein; wegen Kriegsverbrechen Verurteilte kamen erst Mitte 1956 zurück; vgl.: Zur Geschichte der Deutschen Kriegsgefangenen im Zweiten Weltkrieg, 15 Bände, München 1962–1974; A. Lehmann, Gefangenschaft u. Heimkehr. Deutsche Kriegsgefangene in der Sowjetunion, München 1986.

116 Meyer u. Schulze, Liebe, 129.

117 Ebd., 130.

118 Zit. nach: Meyer u. Schulze, Liebe, 128 f.

119 Vgl. die literarische Gestaltung des Themas bei W. Borchert, Draußen vor der Tür, 1947: Heimkehrerschicksal eines »von denen, die nach Hause kommen und die dann doch nicht nach Hause kommen, weil für sie kein Zuhause mehr da ist«.

120 Vgl. Thurnwald, 197 ff.: »Bekannt wurden Fälle, in denen Männer in der Gefangenschaft bleiben wollten, weil sie, verwirrt durch Nachrichten und Gerüchte, nicht nur den Hunger fürchteten, sondern auch die Untreue ihrer Frauen, die sie dann öfter bestätigt fanden.«

121 Entfielen im deutschen Bundesgebiet 1939 auf 10000 Einwohner 7,5 Scheidungen, waren es 1948, am Höhepunkt der Scheidungswelle in den Nachkriegsjahren, 19 Scheidungen auf 10000 Einwohner; vgl. Statistisches Jahrbuch der Bundesrepublik Deutschland, 1960, 60.

122 Zit. nach: Meyer u. Schulze, Liebe, 144; vgl. auch Y. Schütze u. D. Geulen, Die »Nachkriegskinder« u. die »Konsumkinder«:

Kindheitsverläufe zweier Generationen, in: Preuss-Lausitz u. a., 29 ff.; zur möglichen Auswirkung einer psychischen Ausbeutung der Kinder, insbes. der Töchter, durch ihre Mütter vgl. A. Miller, Das Drama des begabten Kindes u. die Suche nach dem wahren Selbst, Frankfurt 1979.

123 Meyer u. Schulze, Liebe, 144.
124 Thurnwald, 197.
125 Vgl. Schütze u. Geulen, 36.
126 Vgl. Meyer u. Schulze, Liebe, 147.
127 Schütze u. Geulen, 33.
128 Ebd., 34.
129 Interview mit Anna Schauberger, geb. 1897, im Besitz des Verf.
130 Einfeldt, Auskommen, 283.
131 Schütze u. Geulen, 34.
132 Einfeldt, Auskommen, 84.
133 Vgl. Meyer u. Schulze, Liebe, 141.
134 Vgl. T. W. Adorno, Zur Einleitung, in: Baumert u. Hünniger, VII.; vgl. auch die diametral entgegengesetzten Ergebnisse v. B. Schaffner, Fatherland. A Study of Authoritarianism in the German Family, New York 1948, und D. Rodnick, Postwar Germans, An Anthropologist's Account, New Haven 1948.
135 Baumert, 120 f.
136 Ebd.

VII. »Goldenes Zeitalter« und Krise der Familie von 1960 bis zur Gegenwart

1 Anteil der Frauen an den Erwerbstätigen (in %)

Staat	1978	1979	1980	1981	1982	1983
Bundesrepublik Deutschland	37,8	37,9	38,2	38,4	38,6	38,8
Frankreich	37,7	38,0	38,0	38,3	38,8	39,2
Großbritannien	41,2	41,8	42,0	42,6	43,2	41,6
Italien	31,1	31,6	32,1	32,3	32,5	32,8
USA	41,2	41,7	42,4	42,8	43,5	43,7
Japan	38,5	38,6	38,7	38,7	39,0	39,5

Quelle: Statistik des Auslandes. Wichtigste westliche Industriestaaten 1985, Hg. Statistisches Bundesamt Wiesbaden, Stuttgart 1985, 40

2 Erwerbstätigkeit verheirateter Frauen, Deutsches Reich und Bundesrepublik Deutschland

Von 100 Ehefrauen waren erwerbstätig

1882	1895	1907	1925	1933	1957	1967	1977	1984
9,2	12,0	25,8	28,7	29,2	32,0	36,1	39,0	42,5

Quelle: Statistik Dt. R., N. F.; Wirtschaft u. Statistik 1978, 473; Stat. Jahrbuch 1986 für die Bundesrepublik 97.

3 Vgl. Familie u. Arbeitswelt 43, Tabelle 4.

4 Bundesrepublik Deutschland	1950	1970	1981
Lohnabhängig erwerbstätige verheiratete Frauen außerhalb der Landwirtschaft (in 1000)			
zusammen	898	3666	5009
davon mit Kindern unter 15. J.	336	1517	2081
ohne Kinder unter 15 J.	562	2190	2928

Quelle: Familie u. Arbeitswelt, 60.

5 In der Bundesrepublik betrug die Erwerbsbeteiligung verh. Frauen i. J. 1981:

bei einem Kind unter 3 J. 31,3% bei zwei Kindern unter 3 J. 18,3%
unter 6 J. 35,2% unter 6 J. 21,7%
unter 15 J. 42,5% unter 15 J. 32,8%

Quelle: Familie u. Arbeitswelt. Gutachten des wiss. Beirats f. Familienfragen beim Bundesministerium f. Jugend, Familie u. Gesundheit, Stuttgart o. J., 38, vgl. auch 40, Tabelle 2.

In Österreich waren im Jahr 1975 in % verh. Frauen erwerbstätig:

Alter der Mutter	ohne Kinder unter 15 J.	mit Kindern unter 15 J.
20–25	85,3%	41,9%
25–30	84,8%	39,4%
30–35	79,4%	39,2%
40–45	59,8%	39,5%
45–50	52,4%	38,7%
50–55	43,5%	36,7%
55–60	31,2%	29,0%

Quelle: Bericht über die Situation der Frau in Österreich, Heft 4, Hg. Bundeskanzleramt, Wien 1975, 35.

6 Bericht über die Situation der Familie in Österreich (Familienbericht 1979), Heft 1, Hg. Bundeskanzleramt, Wien 1979, 67.

7 Vgl. diverse empirische Untersuchungen aus den zwanziger und dreißiger Jahren des 20. Jahrhunderts, u. a. K. Leichter, So leben wir... wie Kap. V. Anm. 133.

8 Vgl. M. E. Szinovacz, Lebensverhältnisse der weiblichen Bevölkerung in Österreich. Teilnahme am Erwerbsleben u. familiäre Situation. Ergebnisse des Mikrozensus September 1977 (Schriftenreihe zur sozialen u. beruflichen Stellung der Frau 9. 1979, 21): 40% der befragten verheirateten Frauen gaben »Freude u. Interesse am Beruf«, 34% »finanzielle Unabhängigkeit« als Motiv ihrer Erwerbsarbeit an; 24,6% nannten »Möglichkeit zu Kontakten mit anderen Menschen« als Motiv ihrer Erwerbsarbeit; 50% aber gaben immer noch »Möglichkeit von Extraanschaffungen«, also das traditionelle Motiv des »Zuerwerbs« zum Einkommen des Mannes an.

9 1982 lebten in der Bundesrepublik 4,6 Millionen verheirateter Frauen zwischen 50 und 70 Jahren und 2,8 Millionen Witwen über 70 Jahren. Vgl. Statistisches Bundesamt 1984, 64.

10 Für die Bundesrepublik vgl. Zweiter Familienbericht, Bonn 1975, 35, 155; H. Pross, Die Wirklichkeit der Hausfrau, Reinbek 1975; für Österreich: L. Rosenmayr, Die junge Frau in der Industriegesellschaft. Eine soziologische Studie über Arbeiterinnen u. Angestellte u. ihre Belastung in Beruf u. Familie, Wien 1969, 48 f.; Bericht über die Situation der Frau in Österreich, Wien 1975; Struktur u. Bedeutungswandel der Familie (Österr. Familienbericht), Wien 1979, 132 ff.; R. Münz, Haus-Frauen-Arbeit. Anmerkungen zur geschlechtsspezifischen Arbeitsteilung im Reproduktionsbereich, in: Österr. Zeitschrift für Soziologie 5. 1980, 66.

11 M. Szinovacz, Entscheidungsstruktur u. Aufgabenverteilung in jungen Familien. Ergebnisse einer Untersuchung an berufstätigen Frauen u. Müttern in Wien, Niederösterreich und Burgenland, Diss. Wien 1974.

12 Münz, Haus-Frauen-Arbeit, 72.

13 Familie und Arbeitswelt, 132.

14 Bundeskanzleramt Hg., Bericht über die Situation der Frau in Österreich (Frauenbericht), Wien 1975, Heft 1, 24.

15 Münz, Haus-Frauen-Arbeit, 73.

16 Vgl. L. Rosenmayr u. H. Kreutz, Rollenerwartungen der weiblichen Jugend, Wien 1973.

17 Fessel u. GFK-Institut, Jugendstudie 1976, im Auftrag des Bundesministeriums für soziale Verwaltung, Wien 1976.

18 Brigitte u. Deutsches Jugendinstitut Hg., »Mädchen 82«, Bearb. A. Burger u. G. Seidenspinner, Hamburg 1982.

19 H. Pross, Gleichberechtigung im Beruf? Eine Untersuchung mit 7000 Arbeitnehmerinnen in der EWG, Frankfurt 1973.

20 Zweiter Familienbericht, Bonn 1975, 35.

21 Vgl. auch Forschungsinstitut für Soziologie der Universität Köln (R. Künzel), Tabellenband: Einstellungen der westdeutschen Bevölkerung zu Ehe und Ehescheidung, Manuskript 1973, zit. nach: Zweiter Familienbericht, Bonn 1975.

22 Vgl. L. Rosenmayr u. a., Barrieren im beruflichen Aufstieg. Studien über die junge Arbeitnehmerin im Spannungsfeld von Beruf, Haushalt u. Familie, Wien 1973; H. Strotzka, Zur psychosozialen Lage berufstätiger Frauen, in: L. Rosenmayr u. S. Höllinger, Soziologie-Forschung in Österreich, Wien 1969.

23 Vgl. dazu v. a. M. Haller, Schichtungsmechanismen im Prozeß der Partnerwahl u. Familienbildung. Eine theoretische Kritik der Vernachlässigung der Rolle der Frau in: ders., Klassenbildung u. soziale Schichtung in Österreich. Analysen zur Sozialstruktur, sozialen Ungleichheit u. Mobilität, Frankfurt 1982, 310 ff.

24 M. Haller, Social Stratification and the Life Cycle of Young Families. Paper for the XIIIth International Family Research Seminar, Paris 1973.

25 Rosenmayr, Junge Frau.

26 Vgl. u. a. Jugend '81. Studie im Auftrag des Jugendwerkes der Deutschen Shell, Hamburg 1981, 103 ff.

27 Zweiter Familienbericht, Bonn 1975, 19.

28 Ebd., 20. Vgl. für Österreich: E. Cyba u. a., Räumliche Bedingungen der privaten Reproduktion, in: M. Fischer-Kowalski u. J. Bucek Hg., Lebensverhältnisse in Österreich. Klassen u. Schichten im Sozialstaat, Frankfurt 1980, 153–89.

29 Vgl. u. a. M. Kohn, Class and Conformity. A Study in Values, Homewood 1969; für die Bundesrepublik vgl. G. Steinkamp, Klassen- u. schichtanalytische Ansätze in der Sozialisationsforschung, in: K. Hurrelmann u. D. Ulich Hg., Handbuch der Sozialisationsforschung, Weinheim 1980, 253–84; auch G. Steinkamp u. H. W. Stief, Lebensbedingungen u. Sozialisation, Opladen 1978.

30 G. Steinkamp, Arbeitsplatzerfahrung u. familiale Sozialisation, in L. A. Vaskovics Hg., Umweltbedingungen familialer Sozialisation, Stuttgart 1982, 120–42.

31 Steinkamp u. Stief.

32 B. Bernstein, Ein soziolinguistischer Ansatz, wie Kap. I, Anm. 80.

33 V. Grüneisen u. E.-H. Hoff, Familienbeziehung u. Lebenssituation, Weinheim 1977.

34 Ebd.

35 M. Schlösser, Freizeit u. Familienleben von Industriearbeitern,

Frankfurt 1981; 13,9% der bundesdeutschen Familienväter leisteten 1973 Schichtarbeit; vgl. Zweiter Familienbericht, Bonn 1975, 20; Inst. f. Gesellschaftspolitik Hg., Auswirkungen der Schichtarbeit, Wien 1979.

36 Vgl. als frühe Vertreter dieser Richtung F. Le Play, W. H. Riehl, aber auch noch Soziologen in den fünfziger Jahren, u. a. R. Mayntz, Die moderne Familie, Stuttgart 1955.

37 Klassisch: W. Ogburn, Die Ursachen für die Veränderung der Familie, in: ders., Kultur u. sozialer Wandel, Neuwied 1969, 238 ff.; modifiziert zur »Funktionsverlagerung« derselbe Grundgedanke bei F. Neidhardt, Die Familie in Deutschland: Gesellschaftliche Stellung, Struktur u. Funktionen, Opladen 1971³.

38 Zur Kritik dieser Vorstellungen vgl. M. Mitterauer, Der Mythos von der vorindustriellen Großfamilie, in: ders. u. Sieder, Patriarchat 38 ff.

39 Zuerst formuliert von E. Durkheim im sog. »Kontraktionsgesetz«, vgl. ders., La famille conjugale, in: Revue Philosophique 20. 1921.

40 Vgl. v. a. P. Laslett u. R. Wall Hg., Household and Family in Past Time: Comparative Studies in the Size and Structure of the Domestic Group over the Last Three Centuries in England, France, Serbia, Japan, Colonial North America, Cambridge 1972; Mitterauer, Mythos.

41 Vgl. v. a. die Verknüpfung von »familles souches« und »societé stables« bei F. Le Play, L'organisation de la famille selon le vrai modele signale par l'histoire de toutes les races et de tous les temps, Paris 1871.

42 Darauf zielte schon Durkheims Begriff der »Gattenfamilie« (»famille conjugale«); vgl. auch R. König, Die Familie der Gegenwart, München 1974.

43 Erstmals von T. Parsons ohne kulturpessimistische Untertöne als Herausbildung des »Kernfamiliensystems« beschrieben, vgl. ders., The American Family: Its Relations to Personality and the Social Structure, in: ders. u. R. F. Bales, Family, Socialization, and Interaction Process, New York 1955, 3–33; ders., Alter u. Geschlecht in der Sozialstruktur der Vereinigten Staaten, in: ders., Beiträge zur soziologischen Theorie, Neuwied 1964, 65–83.

44 Vgl. f. Österreich: Ergebnisse des Mikrozensus-Sonderprogramms über die Lebensverhältnisse der weiblichen Bevölkerung in Österreich, September 1977, zit. in: Szinovacz, Lebensverhältnisse, 14 ff.

45 Vgl. H. Schmucker, Die ökonomische Lage der Familie in der Bundesrepublik Deutschland, Stuttgart 1961, 11 ff.

46 Vgl. Familie u. Arbeitswelt, 55.

47 Durchschnittliche Haushaltsgröße der Privathaushalte 1951–1984:

	1951	1961	1971	1981	1982	1984
Bundesrepublik Deutschland	3,00	2,90	2,70	2,50	2,40	–
Österreich	3,11	3,02	2,90	2,70	2,76	2,69

Quellen: Statistisches Jahrbuch der Bundesrepublik, Stat. Handbuch für die Republik Österreich, Hg. Österr. Statistisches Zentralamt, XXXVI. Jg. NF. 1985, 37.

48 Vgl. u. a. L. Rosenmayr u. E. Köckeis, Umwelt u. Familie alter Menschen, Neuwied 1965; K. Lange, Forschung u. Planung in der Altenhilfe, dargestellt an einer Untersuchung im Landkreis Düsseldorf-Mettmann, Ratingen 1964.

49 L. Rosenmayr, Soziologie des Alters, in: R. König Hg., Handbuch der empirischen Sozialforschung, Bd. 7, Stuttgart 1976[2], 331; ähnlich auch O. Blume, Möglichkeiten u. Grenzen der Altenhilfe, Tübingen 1968.

50 Ebd., 324.

51 Vgl. R. Tartler, Das Alter in der modernen Gesellschaft, Stuttgart 1961.

52 Ebd., 326.

53 Szinovacz, Lebensverhältnisse, 15.

54 E. Köckeis, Familienbeziehungen alter Menschen, in: G. Lüschen u. E. Lupri Hg., Soziologie der Familie, Opladen 1970, 516 f. – Die Haushaltsstatistik »unterschlägt« derartige Besuchs- und Aushilfskontakte. Das läßt sich z. B. am Phänomen der »mobilen Großmutter« zeigen, die zwar ihren eigenen Haushalt führt und hier von der Statistik als Einpersonenhaushalt geführt wird, die aber – wenn sie verheiratete Kinder und Enkelkinder hat – häufig unterwegs ist und immer dort hilfreich einspringt, wo sie zur Betreuung der Kinder gebraucht wird. Dies ändert aber an der Tendenz zum Kleinfamilienhaushalt nichts. Es muß zwischen den dauerhaft zusammenlebenden Mitgliedern der Familie und ihren Besuchs- und Aushilfsbeziehungen zu nahen Verwandten unterschieden werden. Einige Familiensoziologen sprechen jedoch angesichts häufiger Interaktion zwischen Großeltern und Eltern von einer »modifizierten Erweiterung« der »Gattenfamilie« (modified extended family); vgl. v. a. E. Litwak, Occupational Mobility and Extended Family Cohesion, in: American Sociological Review 25. 1960, 9–21; M. B. Sussman, The Isolated Nuclear Family: Fact or Fiction, in: Social Problems 6. 1959, 333–40. Das hat deshalb vielfach Verwirrung gestiftet, da dieser Begriff auf soziale Interaktion zwischen getrennt wohnenden

Verwandten bezogen ist, während die übrigen familientypologischen Begriffe (Kleinfamilie, Dreigenerationenfamilie usw.) auf die Haushaltsstruktur bezogen sind. Gemessen an der Interaktionshäufigkeit stellt sich dann die Frage, warum nicht auch enge Freunde einer Kernfamilie, deren Hilfeleistungen die der Großeltern oft übertreffen mögen (z. B. in der Kinderbetreuung), zur »modified extended family« gezählt werden; vgl. dazu ausführlich H. Tyrell, Probleme einer Theorie der gesellschaftlichen Ausdifferenzierung der privatisierten modernen Kernfamilie, in: Zeitschrift für Soziologie 5. 1976, 393–417, bes. 402 ff.

55 E. Pfeil u. J. Ganzert, Die Bedeutung der Verwandten für die großstädtische Familie, in: ebd., 2. 1973, 368 f.
56 R. Münz, Kinder als Last, Kinder aus Lust. Thesen zu Familienbildung u. Kinderzahl, in: Demographische Informationen 1984, 6.
57 Ebd.
58 P. Festy, On the New Context of Marriage in Western Europe, in: Population and Development Review 6. 1980, 311–15.
59 Kinder pro Frau (»totale Periodenfertilitätsrate«)

	1960	1964	1970	1978	1982	1984	1985
Bundesrepublik Deutschland	2,37	2,51	2,06	1,38	1,40	1,29	1,30
Österreich	2,69	2,68	2,29	1,60	1,56	1,52	1,47
Frankreich	2,73	2,85	2,47	1,82	1,91	1,80	1,82
Niederlande	3,12	3,20	2,75	1,58	1,49	1,49	–
Großbritannien	2,69	2,86	2,44	1,77	1,78	1,77	1,80
Dänemark	2,54	–	1,95	1,66	1,42	1,40	1,45
Italien	2,41	2,65	2,39	1,84	1,57	1,51*	–
Schweden	2,17	2,41	1,94	1,60	1,61	1,65	1,73

Quelle: Council of Europe, Recent Demographic Developments in the Member States of the Council of Europe, Straßburg 1982 u. 1986, 67. Die Zahlen für 1985 sind vorläufig *1983.

60 R. Münz, Ursachen u. Konsequenzen des Geburtenrückganges in der Industriegesellschaft – am Beispiel Österreichs, in: E. Karlinger u. a., Kinderlose Gesellschaft? Wien 1980, 19 ff.
61 W. Schulz u. a., Ehe- u. Familienleben heute, Wien 1980, 54.
62 In Wien konnten sich 1978 bereits 52% aller Verheirateten ein »glückliches Leben« ohne Kinder vorstellen, ebd.
63 A. Girard, Dimension idéale de la famille et tendances de la fécondité. Comparaisons internationales, in: Population 31. 1976, 1119–46.

64 Zunahme unehelicher Geburten (in %)

	1965	1970	1980	1984	1985
Bundesrepublik Deutschland	4,7	5,5	7,1	8,8	9,1
Österreich	11,4	12,8	17,8	21,5	22,3
Dänemark	9,5	11,0	33,2	30,0	–
Frankreich	5,9	6,8	11,4	17,7	–
Großbritannien	7,3	8,0	11,5	17,0	18,9
Schweden	11,3	18,4	39,7	44,6	46,4

Quelle: Council of Europe, Recent Demographic Developments in the Member States of the Council of Europe, Straßburg 1986, 66.

65 Zweiter Familienbericht, Bonn 1975, 24.
66 Daten aus: Bundeskanzleramt Hg., Bericht über die Situation der Frau in Österreich (Frauenbericht 1985), Heft 1: Lebensformen, Wien 1985, Tabelle 24.
67 Wahrscheinlichkeit der Verheiratung (in %), gemessen an der totalen Erstheiratsrate von Frauen:

	1970 (%)	1980 (%)
Bundesrepublik Deutschland	98	61
Österreich	92	69
Schweiz	83	59
Großbritannien	100	80
Frankreich	92	82
Dänemark	81	59
Schweden	62	53

Daten nach Council of Europe 1981/82; A. Monnier, L'Europe et les pays developpes d'outre-mer. Donnees statistiques, in: Population 4/5. 1981, 897 ff.

68 W. Lutz, Heiraten, Scheidungen u. Kinderzahl, 3.
69 Abnahme der selbständig Erwerbstätigen (in %) im Deutschen Reich u. in der Bundesrepublik:

1882	1895	1907	1925	1933	1939	1950	1961	1970	1980	1984
28,0	25,2	19,6	16,5	16,4	13,4	14,5	12,1	10,4	8,6	9,1

Quelle: Statist. Jahrb. Bundesrepublik 1981, 98–99; Stat. Jahrbuch Bundesrepublik 1986.

70 Für Österreich vgl. P. Findl u. R. Münz, Demographische Struktur u. Entwicklung der weiblichen Bevölkerung, in: Bericht über die Situation der Frau in Österreich, Frauenbericht 1985, H. 1: Weibliche Lebensformen, Wien 1985, 28 ff.

71 König, Familie, 164.

72 H. Schelsky, Soziologie der Sexualität. Über die Beziehungen zwischen Geschlecht, Moral u. Gesellschaft, Reinbek 1955, 27 ff.

73 Schulz u. a., 43.

74 Ebd., 41: Schulz u. a. sprechen u. a. von einem großen Einfluß der »Scheidungsvorbilder« im persönlichen Umfeld des eine Scheidung erwägenden Paares; hier gilt wohl, daß besonders der Umstand interessiert, wie Bekannte die Scheidungsfolgen bewältigen.

75 Österr. Familienbericht, Wien 1979, 137.

76 Schulz u. a., 46.

77 P. Findl u. R. Münz, Demographische Struktur und Entwicklung der weiblichen Bevölkerung, in: Bericht über die Situation der Frau in Österreich, Frauenbericht 1985, H. 1, 28.

78 1979 wurden in der Bundesrepublik 58% der Scheidungen von Frauen angestrengt, vgl. J. Schmid, Bevölkerungsveränderungen, 101.

79 Vgl. J. Bernard, Remarriage. A Study of Marriage, New York 1956.

80 Schmid, 101.

81 In Österreich wurden 1983 die höchsten Scheidungsziffern im zweiten u. dritten Ehejahr festgestellt; danach sank die Scheidungshäufigkeit mit zunehmender Dauer der Ehe; vgl. Bericht über die Situation der Frau in Österreich 1985.

82 Darauf hat schon früh verwiesen E. E. Masters, Parenthood as Crisis, in: Marriage and Family Living 19. 1957. Vgl. auch H. W. Jürgens u. K. Pohl, Kinderzahl – Wunsch u. Wirklichkeit, Stuttgart 1975.

83 L. v. Rosenstiel, Psychologische Untersuchungen zum Geburtenrückgang in der Bundesrepublik Deutschland, in: R. Olechowsky Hg., Geburtenrückgang – besorgniserregend oder begrüßenswert? Freiburg 1980, 167–85.

84 A. Urdze u. M. S. Rerrich, Frauenalltag u. Kinderwunsch, Frankfurt 1981.

85 ›Brigitte‹ u. Deutsches Jugendinstitut 1982.

86 Vgl. P. C. Pineo, Disenchantment in the Later Years of Marriage, in: Marriage and Family Living 23. 1961; Schulz u. a., 43.

87 L. Roussel, Le divorce et les Francais. II – L'experience des divorces in: Travaux et Documents 72, Paris 1975.

88 Vgl. u. a. Schulz u. a.

89 Ebd., 43.

349

90 Österr. Familienbericht, Wien 1979, 139.

91 Ähnlich argumentiert König, Familie, 182.

92 Ebd., 160.

93 B. u. P. Berger, In Verteidigung der bürgerlichen Familie, Frankfurt 1974, 202.

94 Vgl. L. Rosenmayr, Über Familie in den Strukturumbrüchen heute. Forschungen u. Erwägungen in disziplinübergreifender Absicht, in: Familie – Tatsachen, Probleme, Perspektiven. Sonderveröffentlichung aus Anlaß des 71. Deutschen Fürsorgetages vom 29. bis 31. Oktober 1986 in München (= Heft 2 bis 4/1986 des Archivs), 62.

95 Vgl. P. Löcsei, Rechtlich Geschiedene u. tatsächlich Geschiedene im II. Budapester Bezirk. Untersuchung über den Familienstand der Partner zerrütteter Ehen, in: Kölner Zeitschrift für Soziologie 19. 1967.

96 Vgl. W. J. Goode, After Divorce, New York 1956; König, Familie, 168; ähnlich F. Neidhardt, Die Familie in Deutschland, 1975[4]; noch 1960 schrieb das Statistische Bundesamt der Bundesrepublik Deutschland, daß angesichts hoher Wiederverehelichungsraten Geschiedener nicht die Ehe an sich, »sondern nur die eigene Ehe« in Frage gestellt werde, zit. nach König, Familie, 160.

97 P. A. Landis, Sequential Marriage, in: Journal of Home Economics 42. 1950.

98 Schulz u. a., 48.

99 Jugend '81, Bd. 1 u. 2, Studie im Auftrag des Jugendwerkes der Deutschen Shell, Hamburg 1981.

100 Ebd., 103 ff.

101 Ebd.

102 Vgl. u.a. H. J. Mechler, Schülersexualität u. Doppelmoral, in: Österreichische Zeitschrift für Soziologie 1. 1976, 25 ff.

103 Jugendwerk der Deutschen Shell, Jugend '81, Opladen 1982, Bd. 1, 98.

104 A. Haslinger, Ehe ohne Trauschein, in: Demographische Informationen 2. 1981, Wien 1981, 21.

105 A. Fouquet u. A.-C. Morin, I. N. S. E. E., Données sociales 1984, 41.

106 K. Schwarz u. Ch. Höhn, Weniger Kinder – weniger Ehen – weniger Zukunft? Bevölkerungsentwicklung in der Bundesrepublik Deutschland gestern, heute u. morgen; Ottweiler: Deutsche Liga für das Kind in der Familie u. Gesellschaft, 1985.

107 J. Trost, Unmarried Cohabitation, Vasteras 1979.

108 O. Bertelsen, The Young Family in the 1970s. Some Results from the Survey on Family Formation and Women's Employment Outside the Home, Kopenhagen 1980.

109 L. Roussel u. O. Bourguignon, Générations nouvelles et marriage

traditionnel. Enquete aupres de jeunes de 18–30 ans. Travaux et Documents, Nr. 86, Paris 1978.
110 W. Lutz, Heiraten, Scheidungen u. Kinderzahl. Demographische Tafeln zum Familien-Lebenszyklus in Österreich, in: Demographische Informationen 1985, 3 ff.
111 A. E. Imhof, Die gewonnenen Jahre – Wozu? in: Struktur u. Lebenslage der deutschen Familie, Hamburg 1985, 32.
112 Statistisches Handbuch für die Republik Österreich, Hg. Öst. Statistisches Zentralamt XXXVI. Jg. NF, 1985, 37.
113 Von den Alleinlebenden in der Bundesrepublik Deutschland waren 1982:

		%
Witwen	3 228 000	40,7
ledige Frauen	1 556 000	19,6
ledige Männer	1 377 000	17,4
Witwer	493 000	6,2
gesch. Frauen	493 000	6,2
gesch. Männer	357 000	4,5
verh., getrennte Männer	282 000	3,6
verh., getrennte Frauen	142 000	1,8
Summe:	7 928 000	100,0

Quelle: K. Schwarz, Die Auswertung des Mikrozensus für Analysen des generativen Verhaltens, in: S. Rupp u. K. Schwarz Hg., Beiträge aus der bevölkerungswissenschaftlichen Forschung, Boppard 1983.

114 H. Schreiber, Singles. Allein leben, München 1978; Imhof, Jahre, 34.
115 Vgl. Fischer, Krise, wie Kap. VI Anm. 30.
116 Jugendwerk der Deutschen Shell, Jugend '81, Bd. 1, 328.
117 Der Bundesminister für Bildung u. Wissenschaften, Schriftenreihe Hochschule 46, 1983.
118 R. Damme, Zur Stabilität von politischen Wohngruppen; ein Modell aktivierender Sozialforschung zur Theorie u. Praxis des kollektiven Alltags, Bonn 1977.
119 E. Haider, Alltag in Wohngemeinschaften, in: Österreichische Zeitschrift für Soziologie 5. 1980, 41.
120 Ebd., 29.
121 Vgl. G. Cyprian, Sozialisation in Wohngemeinschaften, in: Sozialisation u. Kommunikation 8, Stuttgart 1978, 132.
122 Das ist das für die bürgerliche Familie in West- und Mitteleuropa geltende fundamentale Prinzip der dauerhaften blutsverwandtschaftlichen Anbindung der leiblichen Kinder an beide Ehegatten

als »Eltern«; vgl. H. Tyrell, Die Familie als Urinstitution. Neuerliche spekulative Überlegungen zu einer alten Frage, in: Kölner Zeitschrift für Soziologie 30. 1978/4, 611–51.

123 Vgl. H. Kentler, Die Wohngruppe als gesellschaftliche Institution, in: Wohngruppe, Kommune, Großfamilie, Reinbek 1972, 15; Cyprian 49 ff.

124 Haider, 51.

125 Jugendwerk der deutschen Shell, Jugend '81, Bd. 1, 483 f.; vgl. auch M. Warnke, Nachgeschmack, in: Kursbuch 79, 1985, 13.

126 Vgl. R. Just, Die immer deutlicher hervortretenden »zwei Seiten« des Wohngemeinschaftslebens, in: P. Roos Hg., Trau keinem über dreißig, Frankfurt 1982.

127 Vgl. L. Rosenmayr, Wege zum Ich vor bedrohter Zukunft, in: Soziale Welt 3. 1985, 283 ff.

128 R. Sennett, Verfall u. Ende des öffentlichen Lebens. Die Tyrannei der Intimität, Frankfurt 1986.

129 Vgl. u. a. Schulz u. a.

130 H. Tyrell, Familie u. gesellschaftliche Differenzierung, in: H. Pross Hg., Familie – wohin? Leistungen, Leistungsdefizite u. Leistungswandlungen der Familien in hochindustrialisierten Gesellschaften, Reinbek 1979, 65.

131 Schulz u. a., 55.

132 Münz, Familienpolitik 15.

133 Bundeskanzleramt, Frauenbericht 1985.

134 A. E. Imhof, Die gewonnenen Jahre. Von der Zunahme unserer Lebenserwartung seit dreihundert Jahren, oder: Von der Notwendigkeit einer neuen Einstellung zu Leben und Sterben, München 1981.

135 Von Ehe u. Familie als gesellschaftlicher »Institution« kann gesprochen werden, wenn es sich der Wahlfreiheit des einzelnen entzieht, ob er in einer Ehe oder Familie lebt oder nicht. Schelsky spricht vom objektiviert-überpersönlichen Charakter familialer Sozialbeziehungen und von einer der individuellen Disposition entzogenen kulturellen »Vormusterung« des Familienlebens. Vgl. H. Schelsky, Wandlungen der deutschen Familie in der Gegenwart, Stuttgart 1967[5], 26 ff. – »Entinstitutionalisierung« meint folglich, daß die individuelle Wahlfreiheit wächst, und zudem, daß wachsende Teile der Bevölkerung tatsächlich nicht mehr in Ehen und Familien leben. Vgl. dazu N. Luhmanns »Inklusionskonzept« in: ders., Evolution u. Geschichte, in: Geschichte u. Gesellschaft 2. 1976, 302 ff.

1 J. Kocka, Lohnarbeit, 150f.
2 Vgl. Schneider, Arbeiterhaushalt, 121 ff.; J. Mooser, Arbeiterleben in Deutschland 1900–1970, Frankfurt 1984, 75, Tab. 10.
3 Vgl. als Überblick K. Hartmann u. a. Hg., Schule u. Staat im 18. und 19. Jahrhundert. Zur Sozialgeschichte der Schule in Deutschland, Frankfurt 1974.
4 Kocka, Lohnarbeit, 151.
5 Vgl. H. Tyrell, Familie u. gesellschaftliche Differenzierung, in: H. Pross Hg., Familie – wohin? Reinbek 1979, 30.
6 R. Becker-Schmidt u. a., Familienarbeit im proletarischen Lebenszusammenhang; Was es heißt, Hausfrau zu sein, in: Gesellschaft. Beiträge zur Marxschen Theorie 14, Frankfurt 1981, 77.
7 Dazu immer noch grundlegend: M. Horkheimer, Allgemeiner Teil, in: ders. Hg., Studien über Autorität u. Familie, Paris 1936, 51 ff.

Auswahlbibliographie

Diese Bibliographie verzeichnet eine knappe, subjektive Auswahl weiterführender Literatur zur Geschichte der Familie in West- und Mitteleuropa seit dem 18. Jahrhundert.

1. Bibliographien und Forschungsberichte

Anderson, M., Approaches to the History of the Western Family 1500–1914, London 1980.

Berkner, L. K., Recent Research on the History of the Family in Western Europe, in: Journal of Marriage and the Family 35. 1973, 395 ff.

Hareven, T. K., Die Familie in historischer Perspektive. Laufende Arbeiten in England u. den Vereinigten Staaten, in: Geschichte und Gesellschaft 1. 1975, 370 ff.

Hausen, K., Historische Familienforschung, in: R. Rürup Hg., Historische Sozialwissenschaft. Beiträge zur Einführung in die Forschungspraxis, Göttingen 1977, 59 ff.

Herrmann, U. u. a., Bibliographie zur Geschichte der Kindheit, Jugend u. Familie, München 1980.

Milden, J. W., The Family in Past Time. A Guide to the Literature, New York 1977.

Soliday, G. L. Hg., History of the Family and Kinship: A Select International Bibliography, New York 1980.

2. Sammelbände, Materialien und Überblicksliteratur

Badinter, E., Die Mutterliebe. Geschichte eines Gefühls vom 17. Jh. bis heute, München 1981.

Borscheid, P. u. H. J. Teuteberg Hg., Ehe, Liebe, Tod. Zum Wandel der Familie, der Geschlechts- u. Generationsbeziehungen in der Neuzeit, Münster 1983.

Bulst, N. u. a. Hg., Familie zwischen Tradition u. Moderne. Studien zur Geschichte der Familie in Deutschland u. Frankreich vom 16. bis zum 20. Jahrhundert, Göttingen 1981.

Conze, W. Hg., Sozialgeschichte der Familie in der Neuzeit Europas, Stuttgart 1976.

Evans, R. J. u. W. R. Lee Hg., The German Family. Essays on the Social History of the Family in 19th and 20th Century Germany, London 1981.

Hubbard, W. H., Familiengeschichte. Materialien zur deutschen Familie seit dem Ende des 18. Jh., München 1983.

Kocka, J. u. a., Familie u. soziale Plazierung. Studien zum Verhältnis von Familie, sozialer Mobilität u. Heiratsverhalten im späten 18. u. 19. Jh., Köln u. Opladen 1980.

Levine, D. Hg., Proletarianization and Family History, Orlando 1984.

Mitterauer, M. u. R. Sieder, Vom Patriarchat zur Partnerschaft. Zum Strukturwandel der Familie, München 1984[3].

Dies. Hg., Historische Familienforschung, Frankfurt 1982.

Plakans, A., Kinship in the Past. An Anthropology of European Family Life 1500–1900, Oxford 1984.

Reif, H. Hg., Die Familie in der Geschichte, Göttingen 1982.

Rosenbaum, H. Hg., Seminar: Familie u. Gesellschaftsstruktur. Materialien zu den sozioökonomischen Bedingungen von Familienformen, Frankfurt 1978.

Dies., Formen der Familie. Untersuchungen zum Zusammenhang von Familienverhältnissen, Sozialstruktur u. sozialem Wandel in der deutschen Gesellschaft des 19. Jahrhunderts, Frankfurt 1982.

Saul, K. u. a. Hg., Arbeiterfamilien im Kaiserreich. Materialien zur Sozialgeschichte in Deutschland 1871–1914, Königstein 1982.

Schlumbohm, J. Hg., Kinderstuben. Wie Kinder zu Bauern, Bürgern, Aristokraten wurden 1700–1850, München 1983.

Shorter, E., Die Geburt der modernen Familie, Hamburg 1977.

Tilly, L. A. u. J. W. Scott, Women, Work, and Family, New York 1978.

Wall, R. u. a. Hg., Family Forms in Historic Europe, Cambridge 1983.

3. Zur bäuerlichen Familie

Bourdieu, P., Marriage Strategies as Strategies of Social Reproduction, in: R. Foster u. O. Ranum Hg., Family and Society. Selections from the Annales, Baltimore 1976, 117 ff.

Evans, R. J. u. W. R. Lee Hg., The German Peasantry. Conflict and Community in Rural Society from the 18th to the 20th Centuries, London u. Sydney 1986.

Kaschuba, W. u. C. Lipp, Dörfliches Überleben. Zur Geschichte materieller u. sozialer Reproduktion ländlicher Gesellschaften im 19. und frühen 20. Jh., Tübingen 1982.

Mitterauer, M., Vorindustrielle Familienformen. Zur Funktionsentlastung des »ganzen Hauses« im 17. u. 18. Jh., in: F. Engel-Janosi u. a. Hg., Fürst, Bürger, Mensch. Untersuchungen zu politischen u. soziokulturellen Wandlungsprozessen im vorrevolutionären Europa, Wien 1975, 123 ff.

Ders., Ledige Mütter. Zur Geschichte unehelicher Geburten in Europa, München 1983.

Ders. u. J. Ehmer Hg., Familienstruktur u. Arbeitsorganisation in ländlichen Gesellschaften, Wien 1986.

Ortmayr, N., Ländliches Gesinde in Oberösterreich 1918–1938, in: Ehmer u. Mitterauer Hg., Familienstruktur, 325 ff.

Segalen, M., Love and Power in the Peasant Family. Rural France in the 19th Century, Chicago 1983.

Wiegelmann, G., Bäuerliche Arbeitsteilung in Mittel- u. Nordeuropa – Konstanz oder Wandel? in: Ethnologia Scandinavica 1975, 5 ff.

4. Zur proto-industriellen Familie

Braun, R., Industrialisierung u. Volksleben, Veränderungen der Lebensformen unter Einwirkung der verlagsindustriellen Heimarbeit in einem ländlichen Industriegebiet (Zürcher Oberland) vor 1800, Göttingen 1979[2].

Kriedte, P. u. a., Industrialisierung vor der Industrialisierung. Gewerbliche Warenproduktion auf dem Land in der Formationsperiode des Kapitalismus, Göttingen 1977.

Medick, H., Familienwirtschaft als Kategorie einer historisch-politischen Ökonomie. Die hausindustrielle Familienwirtschaft in der Übergangsphase zum Kapitalismus, in: Mitterauer u. Sieder Hg., Familienforschung, 271 ff.

Schneider, L., Der Arbeiterhaushalt im 18. u. 19. Jahrhundert. Dargestellt am Beispiel des Heim- und Fabrikarbeiters, Berlin 1967, z. T. in: H. Rosenbaum Hg., Seminar: Familie und Gesellschaftsstruktur.

Tanner, A., Arbeit, Haushalt u. Familie in Appenzell-Außerrhoden. Veränderungen in einem ländlichen Industriegebiet im 18. u. 19. Jahrhundert, in: Ehmer u. Mitterauer Hg., Familienstruktur, 449 ff.

5. Zur Handwerkerfamilie

Fischer, W., Das deutsche Handwerk in den Frühphasen der Industrialisierung, in: ders., Wirtschaft u. Gesellschaft im Zeitalter der Industrialisierung, Göttingen 1972.

Mitterauer, M., Zur familienbetrieblichen Struktur im zünftischen Handwerk, in: H. Knittler Hg., Wirtschafts- u. sozialhistorische Beiträge. Festschrift für A. Hoffmann, Wien 1979, 190 ff.; u. in: ders., Grundtypen alteuropäischer Sozialformen, Stuttgart 1979, 98 ff.

Möller, H., Die kleinbürgerliche Familie im 18. Jh., Berlin 1969.

6. Zur Bürgerfamilie

Hausen, K., Die Polarisierung der »Geschlechtscharaktere« – Eine Spiegelung der Dissoziation von Erwerbs- und Familienleben, in: Conze Hg., Sozialgeschichte, 363 ff.

Hobsbawm, E., Die Welt des Bourgeois, in: ders., Die Blütezeit des Kapitals. Eine Kulturgeschichte der Jahre 1848–1875, München 1977, 284 ff.

Gerhard, U., Verhältnisse u. Verhinderungen. Frauenarbeit, Familie u. Rechte der Frauen im 19. Jahrhundert, Frankfurt 1978.

Kocka, J., Familie, Unternehmer u. Kapitalismus. An Beispielen aus der frühen deutschen Industrialisierung, in: Reif Hg., Familie, 163 ff.

Nell, A., Die Entwicklung der generativen Strukturen bürgerlicher und bäuerlicher Familien von 1750 bis zur Gegenwart, Diss. Bochum 1973.

Schlumbohm, J., Straße u. Familie. Kollektive u. individualisierende Formen der Sozialisation im kleinen u. gehobenen Bürgertum Deutschlands um 1800, in: Zeitschrift für Pädagogik 25. 1979, 697 ff.

7. Zu den Familien industrieller Lohnarbeiter

Anderson, M., Family Structure in 19th-Century Lancashire, Cambridge 1971.

Castell, A., Forschungsergebnisse zum gruppenspezifischen Wandel generativer Strukturen, in: Conze Hg., Sozialgeschichte, 161 ff.

Dies., Unterschichten im »Demographischen Übergang«. Historische Bedingungen des Wandels der ehelichen Fruchtbarkeit u. der Säuglingssterblichkeit, in: H. Mommsen u. W. Schulze Hg., Vom Elend der Handarbeit. Probleme historischer Unterschichtenforschung, Stuttgart 1981, 373 ff.

Ehmer, J., Familienstruktur u. Arbeitsorganisation im frühindustriellen Wien, Wien 1980.

Jurczyk, K., Frauenarbeit u. Frauenrolle. Zum Zusammenhang von Familienpolitik u. Erwerbsarbeit in Deutschland 1918–1975, München 1976.

Niethammer, L. u. F. Brüggemeier, Wie wohnten die Arbeiter im Kaiserreich?, in: Archiv für Sozialgeschichte 16. 1976, 61 ff.

Scott, J. W. u. L. A. Tilly, Familienökonomie u. Industrialisierung in Europa, in: C. Honegger u. B. Heintz Hg., Listen der Ohnmacht. Zur Sozialgeschichte weiblicher Widerstandsformen, Frankfurt 1981, 99 ff.

Sieder, R., »Vata, derf i aufstehn?« Kindheitserfahrungen in Wiener Arbeiterfamilien um 1900, in: H.-C. Ehalt u. a. Hg., Glücklich ist, wer vergißt...? Das andere Wien um 1900, Wien 1986, 39 ff.

Smelser, N., Sociological History. The Industrial Revolution and the British Working-Class Family, in: Journal of Social History 1. 1967, 17 ff.

Tenfelde, K., Arbeiterhaushalt u. Arbeiterbewegung 1850–1914, in: Sozialwissenschaftliche Informationen für Unterricht u. Studium 6. 1977, 160 ff.

8. Lohnabhängige Familien seit dem Ersten Weltkrieg

Baumert, G. u. E. Hünniger, Deutsche Familien nach dem Kriege, Darmstadt 1954.

Berger, K., Zwischen Eintopf u. Fließband. Frauenarbeit u. Frauenbild im Faschismus. Österreich 1938–1945, Wien 1984.

Ehmer, J., Frauenarbeit u. Arbeiterfamilie in Wien. Vom Vormärz bis 1934, in: Geschichte u. Gesellschaft 7. 1981, 438 ff.

Einfeldt, A.-K., Auskommen – Durchkommen – Weiterkommen. Weibliche Arbeitserfahrungen in der Bergarbeiterkolonie, in: L. Niethammer Hg., »Die Jahre weiß man nicht, wo man die heute hinsetzen soll.« Faschismuserfahrungen im Ruhrgebiet, Bonn 1983, 267 ff.

Evans, R. J., Politics and the Family: Social Democracy and the Working-Class Family in Theory and Practice Before 1914, in: ders. u. Lee Hg., German Family, 256 ff.

Meyer, S. u. E. Schulze, Von Liebe sprach damals keiner. Familienalltag in der Nachkriegszeit, München 1985.

Pirhofer, G. u. R. Sieder, Zur Konstitution der Arbeiterfamilie im Roten Wien. Familienpolitik, Kulturreform, Alltag u. Ästhetik, in: Mitterauer u. Sieder Hg., Familienforschung, 326 ff.

Schelsky, H., Wandlungen der deutschen Familie in der Gegenwart, Stuttgart 1967[5].

Schütze, Y. u. D. Geulen, Die »Nachkriegskinder« u. die »Konsumkinder«. Kindheitsverläufe zweier Generationen, in: U. Preuss-Lausitz u. a., Kriegskinder, Konsumkinder, Krisenkinder. Zur Sozialisationsgeschichte seit dem Zweiten Weltkrieg, Weinheim 1983, 29 ff.

9. Zur Entwicklung der Familie seit den sechziger Jahren

Bericht über die Lage der Familien i. d. Bundesrepublik Deutschland, Erster Familienbericht, Bonn 1968.

Bundesminister f. Jugend, Familie u. Gesundheit, Zweiter Familienbericht, Bonn/Bad Godesberg 1975.

Die Lage der Familien in der Bundesrepublik Deutschland, Dritter Familienbericht, Bonn/Bad Godesberg 1979.

Bundeskanzleramt Hg., Bericht über die Situation der Familie in Österreich, Wien 1975.

Bundeskanzleramt Hg., Bericht über die Situation der Familie in Österreich (Familienbericht 1979), Wien 1979.

Bundeskanzleramt Hg., Bericht über die Situation der Frau in Österreich (Frauenbericht 1985) Heft 1: Weibliche Lebensformen, Wien 1985.

R. Becker-Schmidt u. a., Familienarbeit im proletarischen Lebenszusammenhang: Was es heißt, Hausfrau zu sein, in: Gesellschaft. Beiträge zur Marxschen Theorie 14, Frankfurt 1981, 75–96.

D. Claessens u. F. W. Menne, Zur Dynamik der bürgerlichen Familie u. ihrer möglichen Alternativen, in: Soziologie der Familie, hg. v. G. Lüschen u. E. Lupri, Sonderheft 14 der Kölner Zeitschrift f. Soziologie u. Sozialpsychologie 1970, 169–198.

Council of Europe, Recent Demographic Developments in the Member States of the Council of Europe, Straßburg 1986.

G. Cyprian, Sozialisation in Wohngemeinschaften. Eine empirische Untersuchung ihrer strukturellen Bedingungen, Stuttgart 1978.

Familie und Arbeitswelt. Gutachten des wissenschaftlichen Beirats für Familienfragen beim Bundesminister f. Jugend, Familie u. Gesundheit (Schriftenreihe des BM f. Jugend, Familie u. Gesundheit Bd. 143) Stuttgart o. J.

Jugend '81. Studie im Auftrag des Jugendwerkes der Deutschen Shell, Hamburg 1981.

R. König, Soziologie der Familie, in: ders. Hg., Handbuch der empirischen Sozialforschung Bd. 7, Stuttgart 1976.

Ders., Die Familie der Gegenwart. Ein interkultureller Vergleich, München 1974.

P. Milhoffer, Familie u. Klasse. Ein Beitrag zu den politischen Konsequenzen familialer Sozialisation, Frankfurt 1973.

F. Neidhardt, Die Familie in Deutschland, Opladen 1975[4].

H. Tyrell, Familie u. gesellschaftliche Differenzierung, in: H. Pross Hg., Familie – wohin? Leistungen, Leistungsdefizite u. Leistungswandlungen der Familien in hochindustrialisierten Gesellschaften, Reinbek 1979, 13–77.

10. Zeitschriften, in denen häufig Beiträge zur Geschichte der Familie erscheinen

Annales E. S. C.
Annales de Démographie Historique
Geschichte u. Gesellschaft
Journal of Family History

The Journal of Interdisciplinary History
Journal of Social History
Continuity and Change
Oral History. The Journal of the Oral History Society
Ethnologia Europaea

Soziologie, Ethnologie, Anthropologie
in der edition suhrkamp

Soziologie, Ethnologie, Anthropologie
in der edition suhrkamp

Elias, Norbert: Humana conditio. Beobachtungen zur Entwicklung der Menschheit am 40. Jahrestag eines Kriegsendes (8. Mai 1985). es 1384

Norbert Elias über sich selbst. Ein biographisches Interview mit Norbert Elias von A. J. Heerma van Voss und A. van Stolk. Norbert Elias: »Notizen zum Lebenslauf«. es 1590

Elias, Norbert / Wolf Lepenies: Zwei Reden anläßlich der Verleihung des Theodor W. Adorno-Preises 1977. es 954

Entwurf zu einer Empirie des Alltagsbewußtseins. Thomas Leithäuser, Birgit Volmerg, Gunther Salje, Ute Volmerg, Bernhard Wutka. es 878

Esser, Josef: Gewerkschaften in der Krise. Die Anpassung der deutschen Gewerkschaften an neue Weltmarktbedingungen. es 1131

Favret-Saada, Jeanne: Die Wörter, der Zauber, der Tod. Der Hexenglaube im Hainland von Westfrankreich. Aus dem Französischen übersetzt von Eva Moldenhauer. es 981

Gerhard, Ute: Verhältnisse und Verhinderungen. Frauenarbeit, Familie und Rechte der Frauen im 19. Jahrhundert. Mit Dokumenten. es 933

Gerhardt, Uta: Patientenkarrieren. Eine medizinsoziologische Studie. es 1325

Göckenjan, Gerd: Kurieren und Staat machen. Gesundheit und Medizin in der bürgerlichen Welt. es 1309

Goffman, Erving: Asyle. Über die soziale Situation psychiatrischer Patienten und anderer Insassen. Aus dem Amerikanischen von Nils Lindquist. es 678

– Geschlecht und Werbung. Aus dem Amerikanischen von Thomas Lindquist. es 1085

Habermas, Jürgen: Legitimationsprobleme im Spätkapitalismus. es 623

– Theorie des kommunikativen Handelns. 2 Bde. es 1502

Häußermann, Hartmut / Walter Siebel: Die Zukünfte der Städte. es 1432

»Hauptsache, ich habe meine Arbeit«. Mit Beiträgen von Henri Bents, Hans-Hermann Braune, Birgit Geissler, Dierk Juelich, Enno Neumann, Mechthild Oechsle und Rainer Zoll. Herausgegeben von Rainer Zoll. es 1228

Heinsohn, Gunnar / Rolf Knieper / Otto Steiger: Menschenproduktion. Allgemeine Bevölkerungstheorie der Neuzeit. es 914

Hijiya-Kirschnereit, Irmela: Das Ende der Exotik. Essays zur japanischen Kultur und Gesellschaft der Gegenwart. es 1466

Jahoda, Marie / Paul F. Lazarsfeld / Hans Zeisel: Die Arbeitslosen von Marienthal. Ein soziographischer Versuch über die Wirkungen langandauernder Arbeitslosigkeit. Mit einem Anhang zur Geschichte der Soziographie. es 769

Soziologie, Ethnologie, Anthropologie
in der edition suhrkamp

Soziologie, Ethnologie, Anthropologie
in der edition suhrkamp

Maruyama, Masao: Denken in Japan. Eingeleitet und aus dem Japanischen übertragen von Wolfgang Schamoni und Wolfgang Seifert. es 1398

Marx, Karl: Die ethnologischen Exzerpthefte. Herausgegeben von Lawrence Krader. Übersetzt von Angelika Schweikhart. es 800

de Mause, Lloyd: Grundlagen der Psychohistorie. es 1175

Der Mensch als Risiko. Zur Logik von Prävention und Früherkennung. Herausgegeben von Manfred Max Wambach. Übersetzungen aus dem Französischen und Italienischen von Christa Schulz. es 1153

Mythos ohne Illusion. Mit Beiträgen von Jean-Pierre Vernant, Marcel Detienne, Pierre Smith, Jean Pouillon, André Green und Claude Lévi-Strauss. Aus dem Französischen von Ulrike Bokelmann. es 1220

Nakane, Chie: Die Struktur der japanischen Gesellschaft. Aus dem Englischen von Jobst-Mathias Spannagel und Heide Günther- Spannagel. es 1204

Naturplan und Verfallskritik. Zu Begriff und Geschichte der Kultur. Herausgegeben von Helmut Brackert und Fritz Wefelmeyer. es 1211

Negt, Oskar / Alexander Kluge: Öffentlichkeit und Erfahrung. Zur Organisationsanalyse von bürgerlicher und proletarischer Öffentlichkeit. es 639

Oevermann, Ulrich: Sprache und soziale Herkunft. Ein Beitrag zur Analyse schichtenspezifischer Sozialisationsprozesse und ihrer Bedeutung für den Schulerfolg. es 519

Prokop, Dieter: Medien-Wirkungen. es 1074

Prokop, Ulrike: Weiblicher Lebenszusammenhang. Von der Beschränktheit der Strategien und der Unangemessenheit der Wünsche. es 808

Radkau, Joachim: Technik in Deutschland. Vom 18. Jahrhundert bis zur Gegenwart. NHB. es 1536

Die Realität der Armut. Herausgegeben von Diether Döring, Walter Hanesch, Ernst-Ulrich Huster. es 1595

Rechtsalltag von Frauen. Herausgegeben von Ute Gerhard und Jutta Limbach. es 1423

Rüstung und soziale Sicherheit. Friedensanalysen Bd. 20. es 1196

Sachße, Christoph: Mütterlichkeit als Beruf. Sozialarbeit, Sozialreform und Frauenbewegung 1871-1929. es 1351

Das Schwinden der Sinne. Herausgegeben von Dietmar Kamper und Christoph Wulf. es 1188

Segbers, Klaus: Der sowjetische Systemwandel. es 1561

Sieferle, Rolf Peter: Die Krise der menschlichen Natur. Zur Geschichte eines Konzeptes. es 1567

305/4/6.90

Soziologie, Ethnologie, Anthropologie
in der edition suhrkamp

305/5/6.90